譯註
禮記類編大全
❸

譯註
禮記類編大全

최석정崔錫鼎 저
정병섭鄭秉燮 역

　본 역서는 조선후기 학자인 최석정(崔錫鼎)의 『예기유편대전(禮記類編大全)』을 번역한 것이다. 최석정은 예학이나 조선사에서 자주 거론되는 인물이므로, 별도로 설명을 덧붙이지는 않겠다. 역자가 이 책을 번역한 것은 최석정의 학문적 업적을 밝히려거나 조선 예학사의 특징을 규명하고자 하는 거창한 의도에 의한 것이 아니다. 또 그럴 만한 그릇도 안 된다. 이 책을 번역하게 된 것은 아주 사소한 이유 때문이다. 모교에 있는 한국유경편찬센터에 잠시 들렀다가 책장에 꽂혀 있는 『예기유편』과 『예기유편대전』을 보게 되었다. 호기심에 책을 뽑아 펼쳐보니 『예기』에 대한 주석서인 것 같은데, 경문(經文) 순서가 내가 알고 있던 것과 전혀 달라서 유심히 살펴보게 되었다. 내용을 읽어나가다 보니 최석정이 자신의 견해에 따라 『예기』 전체 문장을 재배열하였다는 것을 알게 되었다. 그 당시는 때마침이라는 표현이 적합할 정도로 강의가 끝난 방학 중이었고 밀린 일거리도 없어서 약간의 휴식기에 접어들던 참이었다. 휴식이라고 해보았자 한없이 나태해질 것이 뻔하였으므로, 이 책을 펼친 김에 번역을 시작하게 되었다. 이것이 내가 이 책을 번역한 지극히도 사소하고 자잘한 이유이다.
　최석정의 『예기유편(禮記類編)』은 본래 『예기』의 경문(經文)만 수록하고, 간단한 음주(音註) 등을 덧붙인 책이다. 이후 진호(陳澔)의 『집설(集說)』과 최석정의 부주(附註)가 덧붙여져 『예기유편대전(禮記類編大全)』이 편찬되었는데, 역자가 번역한 것은 바로 『예기유편대전』이다. 이 책의 가장 큰 특징은 『예기』 경문의 배열을 재배치했다는 점이다. 권근(權近)의 『예기천견록(禮記淺見錄)』 또한 경문의 배열을 바꾸고 있지

4

만, 하나의 편 안에서만 이루어진 작업이었다. 반면 이 책은 편의 구분에 구애되지 않고 동일한 주제에 따라 경문을 새롭게 배열했다는 점에서, 예학사와 경학사적 측면에서 중요한 자료가 된다. 또 『효경(孝經)』을 『예기』의 부류라고 여겨서, 하나의 편으로 삽입한 것 또한 주목해볼 점이다.

나는 재질도 보잘것없고 성격도 게을러서 학문도 깊지 못하다. 따라서 번역서를 내놓을 때마다 항상 부끄럽고 또 부끄럽다. 이 책에 나온 오역은 모두 역자의 실력이 부족해서이다. 다른 사람에게 도움이 되고자 출판하는 것이 번역서인데, 보잘것없는 재주로 인해 오히려 해를 끼치고 있지 않은가 반성하게 된다. 다만 이 책을 발판으로 더 좋은 번역서가 나왔으면 하는 바람이다. 끝으로 『예기유편대전』을 출판할 수 있도록 허락해주신 학고방의 하운근 사장님께 감사를 전한다.

5

• 본 책은 역주서(譯註書)로써, 『예기유편대전(禮記類編大全)』을 완역하고, 자세한 주석을 첨부했다.

• 『예기유편대전』은 진호(陳澔)의 『예기집설(禮記集說)』에 대한 주석서로, 『예기』의 경문(經文)과 진호의 『집설』을 수록하고 자신의 견해를 덧붙이고 있다.

• 『예기유편대전』의 가장 큰 특징은 경문 배열을 수정한 것이다. 각 편의 구분에 구애되지 않고, 각 문장들을 주제별로 묶어서 순서를 바꾼 것이 많다. 이러한 점들을 나타내기 위해, 각 편의 첫 부분에는 『예기집설』의 문장순서와 『예기유편대전』의 문장순서를 비교하여 도표로 제시하였고, 각 경문 기록 뒤에는 〈001〉・〈002〉・〈003〉 등으로 표시하여, 이 문장이 『예기집설』에서는 몇 번째 문장에 해당하는지 나타내었다. 또 다른 편에서 가져온 기록인 경우, 숫자 앞에 각각의 편명을 제시하였다.

• 『예기』 경문 해석은 진호의 『집설』에 따랐다. 최석정의 부주(附註)에는 진호의 해석에 대해 이견을 나타낸 것이 많은데, 특별한 경우를 제외하면 주석을 통해 최석정의 경문 해석을 확인할 수 있으므로, 최석정의 주석에 따른 새로운 경문 해석은 별도로 제시하지 않았다.

• 『예기유편대전』은 수권(首卷), 1~40권, 말권(末卷)으로 구성되어 있다. 말권에는 예류혹문(禮類或問)과 부록(附錄)이 수록되어 있다. 그러나 혹문과 부록의 원문이 입력되지 않은 상태여서 번역을 하지 못했다. 따라서 이 책은 수권으로부터 40권까지를 번역한 것이며, 혹문과 부록의 원문이 이후 입력된다면 나중에 보권으로 출판할 계획이다.

- 본 역서의 『예기유편대전(禮記類編大全)』 원문과 표점은 한국유경편찬센터(http://ygc.skku.edu)의 자료를 사용하였다.

- 『예기유편대전』의 주석 대상이 되는 『예기집설』의 저본은 다음과 같다.

  『禮記』, 서울 : 保景文化社, 초판 1984 (5판 1995)

- 經文으로 표시된 것은 『예기』의 경문 기록이다.

- 集說로 표시된 것은 진호의 『집설』 기록이다.

- 類編으로 표시된 것은 『예기유편』의 본래 주석이다.

- 附註로 표시된 것은 『예기유편』을 『예기유편대전』으로 출판하며 덧붙여진 최석정의 부주이다.

禮記類編大全卷之十三 『예기유편대전』 13권

禮記類編大全卷之九

『예기유편대전』 9권

◇ 文王世子第七 / 「문왕세자」 7편

類編 此篇記世子問安視膳之節, 及教世子公子之法 · 立學教士之方 · 視學養老之制. 其下二節, 以他記之文附焉.

이 편은 세자가 문인인사를 드리고 음식을 살피는 예절과 세자와 공자를 가르치는 법도, 학교를 세워서 학사들을 가르치는 방도, 학교를 시찰하고 노인을 봉양하는 제도를 기록하고 있다. 그 아래 2개 절은 다른 기록의 문장으로 덧붙였다.

類編 本居曾子問之下. 凡七節.

본래는 『예기』 「증자문(曾子問)」편 뒤에 수록되어 있었다. 모두 7개 절이다.

「문왕세자」편 문장 순서 비교		
『예기집설』	『예기유편대전』	
	구분	문장
001	世子問安視膳之禮	048
002		049
003		050
004		001
005		002
006		003
007		004
008		005
009	教世子之禮	017
010		018
011		019
012		020
013		021
014		022
015		023
016	教公子之禮	024

「문왕세자」편 문장 순서 비교		
『예기집설』	『예기유편대전』	
	구분	문장
017		025
018		026
019		027
020		028
021		029
022		030
023		031
024		032
025		033
026		034
027		035
028		036
029		037
030		038
031		039
032		040
033		006
034		007
035		008
036		009
037		010
038	立學敎士之禮	011
039		012
040		013
041		014
042		015
043		016
044		041
045		042
046		043
047	視學養老之禮	044
048		045
049		046
050		047

「문왕세자」편 문장 순서 비교		
『예기집설』	『예기유편대전』	
	구분	문장
	貴老敬長之禮	祭義-014
		祭義-015
		祭義-039
		祭義-040
		祭義-041
		祭義-042
		祭義-043
		祭義-044
		祭義-045
		祭義-046
		祭義-047
		祭義-048
		祭義-049
		祭義-050
		祭義-052後
	卜筮敬神之禮	祭義-052前
		玉藻-011
		少儀-015
		曲禮上-203
		曲禮上-204
		曲禮上-205
		曲禮上-206

◇ 세자가 문안인사를 드리고 음식을 살피는 예절[世子問安視膳之禮]

【001】

世子之記曰, 朝夕至于大寢之門外, 問於內豎曰: "今日安否何如?"
內豎曰: "今日安." 世子乃有喜色. 其有不安節, 則內豎以告世子, 世
子色憂不滿容. 內豎言復初, 然後亦復初.〈048〉 [本在"典于學"下.]

「세자지기」편에서 말하길, 일반 세자들이 부왕을 모실 때에는 아침과 저녁
때에만 문안인사를 드린다. 문안인사를 드릴 때에는 부왕이 거처하는 대침
의 문밖으로 가서, 숙직을 섰던 환관에게 묻기를, "오늘 부친의 안부는 어
떠하시느냐?"라고 한다. 숙직했던 환관이 "오늘은 편안하십니다."라고 말
하면, 세자는 곧 얼굴에 기뻐하는 기색을 나타낸다. 부왕에게 병이 생겨서
평상시와 다른 점이 발생하게 되면, 숙직했던 환관은 이 사실을 세자에게
알린다. 그러면 세자는 얼굴에 수심이 가득하여, 위엄과 용모를 제대로 갖
출 수 없게 된다. 숙직했던 환관이 부왕이 평상시처럼 회복되었다고 알리
고 난 이후에야 세자도 평상시처럼 행동하였다. [본래는 "학문에 펼친다."[1]라고
한 문장 뒤에 수록되어 있었다.]

集說 "世子之記", 古者敎世子之禮篇也. 不滿容, 不能充其儀觀之
美也. 此節約言之, 以見文王·武王爲世子之異於常人也. 文王朝王
季日三, 此朝夕而已. 文王行不能正履, 此色憂而已.

「세자지기(世子之記)」는 고대에 세자를 가르쳤던 『고례』의 한 편을 뜻
한다. '불만용(不滿容)'이라는 말은 위엄과 외양의 아름다움을 충분히 갖
출 수 없다는 뜻이다. 이곳 문장에서는 문안인사 드리는 절차를 간략하게
언급하여, 이로써 문왕과 무왕이 세자가 되었을 때 시행했던 예법이 일반
세자들이 따랐던 예법과 달랐다는 사실을 나타내고 있다. 문왕은 왕계에

---

1) 『예기』「문왕세자」047장: 是故聖人之記事也, 慮之以大, 愛之以敬, 行之以禮,
脩之以孝養[去聲], 紀之以義, 終之以仁. 是故古之人一舉事而衆皆知其德之備
也. 古之君子擧大事, 必愼其終始, 而衆安得喩焉? 兌[悅]命曰: "念終始典于學."

게 문안인사 드리는 것을 하루에 세 차례나 하였지만, 이곳 문장에서는 아침과 저녁에만 한다고 했을 뿐이다. 또 문왕은 부친이 편안치 못하다는 소식을 듣고서, 걷는 것조차 제대로 걸을 수가 없었는데, 이곳 문장에서는 얼굴에만 수심이 가득했다고 했을 뿐이다.

集說 石梁王氏曰: 古世子之禮亡, 此餘其記之一節, 小戴以附篇末.
석양왕씨가 말하길, 고대에 세자를 교육시켰던 예는 이미 망실되어 전해지지 않는다. 여기에 기록된 문장들은 그 기록들 중의 한 단락에 해당하며, 소대(小戴)[2]가 이 문장을 「문왕세자」편의 말미에 붙여둔 것이다.

【002】
朝夕之食上[上聲], 世子必在視寒煖之節. 食下, 問所膳羞, 必知所進, 以命膳宰, 然後退. 若內豎言疾, 則世子親齊[側皆反]玄而養[去聲]. 〈049〉
아침저녁으로 음식을 올릴[‘上’자는 상성으로 읽는다.] 때 세자는 반드시 음식의 차갑고 따뜻한 정도가 적당한지를 살펴보아야 한다. 음식이 물려나올 때에는 차려올린 음식 중에 어느 것을 많이 드시고 또 어느 것을 적게 드셨는지에 대해 물어서, 반드시 드신 음식들에 대해 알아야 하며, 이로써 선재에게 명령하여, 남은 음식을 가지고 다시 밥상을 차리는 일이 없도록 하고, 그렇게 한 이후에야 물려난다. 만약 숙직했던 환관이 부왕에게 질병이 있다고 알리면, 세자는 직접 제현의[‘齊’자는 ‘側(측)’자와 ‘皆(개)’자의 반절음이다.] 복장을 착용하고서 부왕을 봉양한다.[‘養’자는 거성으로 읽는다.]

集說 羞, 品味也. 必知所進, 必知親所食也. 命膳宰, 卽篇首所命之言也. 養疾者, 衣齊玄之服, 卽齊時所著玄冠緇布衣, 裳則貴賤異制, 謂之玄端服也.

---

2) 소대(小戴)는 『소대례기(小戴禮記)』를 편찬한, 한(漢)나라 때의 대성(戴聖)을 가리킨다.

'수(羞)'자는 각종 맛있는 음식들을 뜻한다. '필지소진(必知所進)'이라는 말은 반드시 부친이 드신 음식들을 알아야 한다는 뜻이다. 선재에게 명령하는 내용은 곧 「문왕세자」편의 첫머리에서 명령했던 내용이다. 병든 자를 봉양할 때에는 제현의 복장을 착용하는데, '제현(齊玄)'이라는 복장은 곧 재계를 하고 나서 착용하는 검은 색의 관과 검은 포로 만든 상의를 뜻하며, 하의는 귀천의 등급에 따라 제도적 차이가 있었는데, 그것들을 총칭하여 '현단복(玄端服)'3)이라고도 부른다.

【003】

膳宰之饌, 必敬視之. 疾之藥, 必親嘗之. 嘗饌善, 則世子亦能食. 嘗饌寡, 世子亦不能飽. 以至于復初, 然後亦復初. 〈050〉

세자는 선재가 올리는 음식들에 대해서, 반드시 공경스러운 자세로 직접 그것들을 살펴보아야 한다. 또한 부왕의 질병에 쓰는 약에 대해서도 세자가 반드시 직접 그 약을 맛보아야 한다. 부왕이 음식을 잘 드시면 세자도 잘 먹을 수 있다. 부왕이 음식 드신 것이 적다면 세자도 배불리 먹을 수 없다. 세자는 부왕이 병중에 있을 때 이처럼 시행하며, 부왕이 평소처럼 회복된 다음에야 세자 또한 평소처럼 행동할 수 있다.

---

3) 현단(玄端)은 고대의 예복(禮服) 중 하나이다. 흑색으로 만든 옷이다. 주로 제사 때 사용했으며, 천자 및 제후로부터 대부(大夫)와 사(士) 계급에 이르기까지 모두 이 복장을 착용할 수 있었다. '현단'은 상의와 하의 및 관(冠)까지 포함하는 용어이다. 한편 손이양(孫詒讓)의 주장에 따르면, '현단'은 의복에만 해당하는 용어이며, 관(冠)은 포함하지 않는다고 주장한다. 그리고 천자로부터 사 계급에 이르기까지 이 복장을 제복(齊服)으로 사용했다고 설명한다. 『주례』「춘관(春官)·사복(司服)」편에는 "其齊服有玄端素端."이라는 기록이 있는데, 손이양의 『정의(正義)』에서는 "玄端素端是服名, 非冠名, 蓋自天子下達至於士通用爲齊服, 而冠則尊卑所用互異."라고 풀이하였다. 그리고 '현단'은 천자가 평소 거처할 때 착용했던 복장을 가리키기도 한다. 『예기』「옥조(玉藻)」편에는 "卒食, 玄端而居."라는 기록이 있고, 이에 대한 정현의 주에서는 "天子服玄端燕居也."라고 풀이하였다.

集說 善, 猶多也. 不能飽, 以視武王之亦一亦再又異矣. 此篇首言文王 · 武王爲世子之事, 故篇終擧記文乃以終之云.

'선(善)'자는 "많이 먹는다."는 뜻이다. 배불리 먹을 수 없다고 하니, 이 기록을 통해서 무왕이 했던 것처럼 부친이 한 수저를 뜨면 자신도 한 수저를 뜨고, 두 수저를 뜨면 자신도 두 수저를 뜨는 수준과는 다르다는 것을 확인할 수 있다. 「문왕세자」편의 첫머리에서 문왕과 무왕이 세자였을 때 시행했던 일들에 대해 언급하였는데, 이것은 성인에 대한 예법이므로 일반인들은 따르기 어렵다. 그렇기 때문에 편의 끝부분에는 「세자지기」편에서 언급한 기록들을 인용하여, 일반 세자들에 대한 내용으로 끝을 맺은 것이다.

【004】

文王之爲世子, 朝於王季, 日三, 雞初鳴而衣[去聲]服, 至於寢門外, 問乃豎[樹]之御者曰: "今日安否, 何如?" 內豎曰: "安." 文王乃喜. 及日中, 又至, 亦如之, 及莫[暮], 又至, 亦如之. 〈001〉 [本篇首章.]

문왕이 세자였을 때, 부친인 왕계에게 하루에 세 번씩 문안인사를 드렸다. 새벽녘에 닭이 처음 울기 시작하면, 의복을 갖춰 입고서['衣'자는 거성으로 읽는다.] 부친이 주무시는 처소의 문밖으로 갔다. 그리고 그곳에서 숙직을 섰던 환관에게['豎'자의 음은 '樹(수)'이다.] 묻기를 "오늘 부친의 안부는 어떠하시느냐?"라고 했다. 숙직을 섰던 환관이 "편안하십니다."라고 말하면, 문왕은 곧 기뻐하였다. 그리고 점심때가 되면 또한 침소에 가서 아침에 했던 것처럼 하였고, 저녁때가['莫'자의 음은 '暮(모)'이다.] 되어서도 또한 침소에 가서 아침에 했던 것처럼 하였다. [본래는 편의 첫 장에 수록되어 있었다.]

集說 內豎, 內庭之小臣. 御, 是直日者. 世子朝父母, 惟朝夕二禮, 今文王日三, 聖人過人之行也.

'내수(內豎)'는 내궁의 일을 담당하는 환관이다. '어(御)'자는 숙직을 섰던 자를 가리킨다. 일반적으로 세자가 부모에게 문안인사를 드리는 것은 아침과 저녁에만 시행하여, 하루에 총 2번하는 것이 일반적인 예법이다. 그런데 지금 이곳 문장에서는 문왕이 하루에 3번씩 문안인사를 드렸다고 하였으니, 이것이 바로 성인이 일반인보다 뛰어나게 행동했던 점이다.

【005】

其有不安節, 則內竪以告文王, 文王色憂, 行不能正履. 王季復膳然後, 亦復初. 食上[上聲], 必在視寒煖之節, 食下, 問所膳, 命膳宰曰: "末有原." 應曰: "諾." 然後退.〈002〉

만약 왕계에게 병이 생겨서 평상시와 다른 점이 발생하면, 내수는 이러한 사실들을 문왕에게 아뢴다. 그러면 문왕은 부친을 근심하는 마음 때문에 얼굴에 근심스러움이 나타났고, 노심초사하는 마음 때문에 걷는 것도 제대로 걸을 수가 없었다. 왕계가 다시 기력을 회복하여 평상시처럼 음식을 먹게 된 이후에야 문왕 또한 문안인사 드리는 것을 평상시처럼 시행하였다. 그리고 문왕은 왕계에게 밥상을 들일 때['上'자는 상성으로 읽는다.] 반드시 음식의 차갑고 따뜻한 정도를 살펴봤고, 밥상을 내올 때에는 어느 음식을 많이 드시고 어느 음식을 적게 드시는지를 물어보았다. 그리고 음식을 만드는 선재에게 명령하여, "남은 음식들을 다시 올리는 일이 없도록 하라."라고 하고, 선재가 응답하길, "알겠습니다."라고 말하면, 그 대답을 듣고서야 물러갔다.

集説 不安節, 謂有疾不能循其起居飲食之常時也. 食上, 進膳於親也. 在, 察也. 食下, 食畢而徹也. 問所膳, 問所食之多寡也. 末, 猶勿也, 原, 再也, 謂所食之餘, 不可再進也.

'불안절(不安節)'은 질병이 생겨서 그가 평상시처럼 기거하거나 먹고 마시는 것을 할 수 없다는 뜻이다. '식상(食上)'은 부친에게 밥상을 올린다는 뜻이다. '재(在)'자는 살핀다는 뜻이다. '식하(食下)'는 식사를 다 끝내고서 상을 치운다는 뜻이다. '문소선(問所膳)'은 음식을 드신 양을 묻는 것이다. '말(末)'자는 하지 말라는 뜻과 같고, '원(原)'자는 '재차[再]'라는 뜻이니, '말유원(末有原)'이라는 말은 먹고 남은 음식들을 다시 차려내서는 안 된다는 뜻이다.

【006】

武王帥而行之, 不敢有加焉. 文王有疾, 武王不說[脫]冠帶而養[去聲], 文王一飯[上聲], 亦一飯, 文王再飯, 亦再飯, 旬有二日, 乃間. 〈003〉

무왕도 문왕이 왕계를 섬기던 예법을 그대로 따라서 시행하였으며, 감히 더 보탠 것이 없었다. 한번은 문왕이 병환에 들자 무왕은 의관을 풀지도['說'자의 음은 '脫(탈)'이다.] 않은 채 문왕을 봉양하였다.['養'자는 거성으로 읽는다.] 문왕이 기력이 약해져 수저를 한 번 뜨면['飯'자는 상성으로 읽는다.] 자신 또한 식사를 할 때 수저를 한 번만 뗬고, 문왕이 두 번 수저를 뜨면 자신 또한 수저를 두 번만 뗬다. 이렇게 행동하기를 12일간이나 하자 곧 문왕이 병에서 쾌유되었다.

集說 不敢有加, 不可踰越父之所行也.

"감히 더 보태지 않았다."고 한 이유는 부친이 행동했던 것을 자식이 감히 뛰어넘을 수 없기 때문이다.

集說 疏曰: 病重之時, 病恒在身, 無少間空隙. 病今旣損, 不恒在身, 其間有空隙, 故謂病瘳爲間也.

소에서 말하길, 병이 위중할 때에는 병마가 항상 그 자신에게 있게 되어, 잠시도 틈이 없게 된다. 병이 덜해지게 되면, 그 자신에게 항상 있는 것이 아니니, 그 사이에는 틈이 있게 된다. 그렇기 때문에 병이 쾌유되는 것을 '간(間)'이라고 부르게 된 것이다.

【007】

文王謂武王曰: "女[汝]何夢矣?" 武王對曰: "夢帝與我九齡." 文王曰:
"女以爲何也?" 武王曰: "西方有九國焉, 君王其終撫諸." 文王曰: "非
也. 古者, 謂年齡, 齒亦齡也. 我百, 爾九十, 吾與爾三焉." 文王九十
七乃終, 武王九十三而終.〈004〉

문왕이 무왕에게 말하길, "너는['女'자의 음은 '汝(여)'이다.] 어떤 꿈을 꾸었느
냐?"라고 묻자 무왕이 "꿈에 상제께서 저에게 구령(九齡)을 주셨습니다."
라고 대답했다. 문왕이 "너는 그것을 어떤 뜻이라고 생각하느냐?"라고 묻
자 문왕이 "서방에 아홉 개의 나라가 있으니, 군왕께서 끝내 그 나라들을
통치할 것이라는 뜻일 겁니다."라고 대답했다. 문왕이 "틀렸다. 옛날에는
나이를 '연령(年齡)'이라 하였고, 이빨 또한 '영(齡)'이라 하였다. 너의 꿈
은 내가 100살까지 살고, 네가 90살까지 산다는 뜻이니, 내가 너에게 3살을
더 주겠다."라고 했다. 이후 문왕은 97세가 되어 임종하였고, 무왕 또한
93세가 되어 임종하였다.

集說 文王疾瘳之後, 武王乃得安寢, 故問其何夢. 武王對云, 夢天
帝言與我九齡, 齡字從齒, 齒之異名也, 故言年齡, 又言年齒, 其義一
也. 大戴禮云: "男八月生齒, 八歲而齔." 齒是人壽之數也. 然數之脩
短, 稟氣於有生之初. 文王雖愛其子, 豈能減己之年而益之哉? 好事
者爲之辭而不究其理, 讀記者信其說而莫之敢議也.

문왕이 질병에서 완쾌된 이후 무왕은 곧 편안하게 잘 수 있었다. 그렇기
때문에 문왕이 그것을 예상하고 무왕에게 어떤 꿈을 꾸었는지 물어본 것이
다. 무왕이 대답하길, "꿈속에서 천제가 저에게 구령(九齡)을 주겠다고
말하였습니다."라고 했다. '영(齡)'자는 치(齒)자를 부수로 삼고, 치(齒)
자의 이체자로도 사용된다. 그렇기 때문에 나이를 '연령(年齡)'이라고 부
르는 것이며, 또한 '연치(年齒)'라고도 말하는 것이니, 그 의미는 동일하
다. 『대대례기』에서는 "남자아이는 태어난 지 8개월 만에 젖니가 나오고,
8세 때 젖니가 빠지고 영구치가 나온다."[4]라고 하였으니, '치(齒)'라는 말

은 바로 수명의 길이를 뜻하는 것이다. 그러나 수명의 길고 짧음은 태어날 때 품수 받게 되는 기질에 좌우되는 것이다. 문왕이 비록 그의 아들을 총애하였지만, 어찌 자신의 수명을 덜어서 그에게 보태줄 수 있겠는가? 따라서 이 문장은 일 꾸미기를 좋아하는 자들이 지어낸 것이며, 또한 이야기를 지어내면서 그 이치를 자세히 따져보지도 않은 것이다. 그리고 『예기』를 읽는 자들 또한 그 주장을 신봉하여, 감히 의론조차 제기하지 않았던 것이다.

【008】

成王幼, 不能涖阼. 周公相[去聲], 踐阼而治, 抗世子法於伯禽, 欲令成王之知父子 · 君臣 · 長幼之道也. 成王有過, 則撻伯禽, 所以示成王世子之道也, 文王之爲世子也.〈005〉

성왕은 나이가 너무 어려서 천자의 자리에 오를 수 없었다. 그래서 주공이 재상이 되어['相'자는 거성으로 읽는다.] 성왕 대신 임시로 천자의 직위에 올라 천하를 다스렸다. 그리고 자신의 아들 백금에게 세자를 가르치던 법도대로 교육하여, 성왕으로 하여금 백금을 관찰하도록 해서, 부자 · 군신 · 장유 사이에서 지켜야 하는 도리를 알게 하고자 하였다. 만약 성왕이 과실을 저지르게 되면, 주공은 성왕 대신 백금을 회초리로 때렸다. 그 이유는 성왕에게 세자로서 지켜야 하는 도리를 보이고자 했기 때문이다. 여기까지의 내용이 바로 문왕이 세자였을 때 시행하였던 도리이다.

集說 石梁王氏曰: "文王之爲世子也"一句, 衍文.

석양왕씨가 말하길, '문왕지위세자야(文王之爲世子也)'라는 한 구문은 연문이다.

集說 劉氏曰: 成王幼弱, 雖已涖阼爲天子, 而未能行涖阼之事. 書

---

4) 『대대례기』「본명(本命)」: 故男以八月而生齒, 八歲而齔, 一陰一陽然後成道.

曰: "小子同未在位", 亦言其雖已在位, 與未在位同也. 故周公以冢
宰攝政, 相助成王, 踐履其臨阼之事而治天下. 以幼年卽尊位, 而不
知父子‧君臣‧長幼之道, 何以治天下哉? 故周公擧世子事君親長
上之法, 以敎伯禽, 使日夕與成王遊處, 俾其有所視效也. 其或成王
出入起居之間有愆乎禮法者, 則撻伯禽以責其不能盡事君之道, 所
以警敎成王, 而示之以爲世子之道也. 然伯禽所行, 卽文王所行世子
之道; 文王所行, 乃諸侯世子之禮, 故曰"文王之爲世子也", 言伯禽所
行, 非王世子之禮也.

유씨가 말하길, 성왕은 나이가 너무 어려서 비록 이미 군주의 자리에 올
라서 천자가 되었지만, 아직 군주로서 해야 할 일들을 시행할 수 없었다.
『서』에서 "소자는 아직 재위에 오르지 않은 것과 같다."5)라고 말한 것도
그가 비록 이미 제위에 있었지만, 아직 제위에 오르지 않은 것과 같다는
뜻이다. 그렇기 때문에 주공이 총재가 되어 섭정을 해서 성왕을 보좌하
고, 군왕의 일들을 대신 시행하며 천하를 다스렸던 것이다. 성왕은 너무
어린 나이에 가장 존귀한 지위에 올랐으므로, 부자‧군신‧장유 사이에
서 지켜야 할 도리들을 알지 못하였으니, 무엇을 가지고 천하를 다스리겠
는가? 그렇기 때문에 주공이 세자가 군주‧부친‧연장자를 섬기는 도리
를 가지고 백금을 교육하여, 백금으로 하여금 아침저녁으로 성왕이 노닐
던 곳에 함께 지내게 해서, 성왕이 백금을 보고 배우는 점이 있게끔 한
것이다. 그 중 성왕이 출입하고 나서고 머무는 사이에 혹시 예법에 맞지
않게 시행한 점이 있게 된다면, 백금에게 회초리를 대서 백금이 군주를
섬기는 도리를 제대로 다하지 못한 것을 책망하였다. 이것은 곧 잘 타이
르는 방법으로 성왕을 교육시켜서, 세자가 되었을 때 지켜야 하는 도리를
간접적으로 보여주었던 방법이다. 그러나 백금이 행동한 것은 곧 문왕이
제후의 신분이었을 때 행동하였던 세자로서의 도리이다. 따라서 문왕이

---

5) 『서』「주서(周書)‧군석(君奭)」 : <u>小子同未在位</u>, 誕無我責.

행동한 것은 곧 제후의 세자에게 해당하는 예법이다. 그렇기 때문에 경문에서 "이것은 문왕이 세자였을 때 실천했던 방법이다."라고 말한 것이니, 이 말은 곧 백금이 행동한 것은 천자의 세자에 해당하는 예법이 아니라는 사실을 뜻한다.

附註 夢與九齡, 成王幼不能涖阼. 二段當刪而姑附于篇. 踐阼, 陳註"踐履其臨阼之事", 文理未當. 當以小註嚴陵方氏爲正. 文王之爲世子也, 石梁云衍文是, 劉氏註非是.

"꿈에서 구령을 주었다."고 했고, "성왕이 어려서 천자의 자리에 오를 수 없다."고 했는데, 이 두 단락은 마땅히 삭제를 해야 하지만 일부러 이곳 편에 덧붙여둔다. '천조(踐阼)'에 대해 진호의 주에서는 "임조(臨阼)의 사안을 천리(踐履)하다."라 했는데, 문리상 타당하지 않다. 마땅히 소주에 나온 엄릉방씨의 주장을 정론으로 삼아야 한다.[6] '문왕지위세자야(文王之爲世子也)'에 대해 석량은 연문이라 했는데 이 말이 옳다. 유씨의 주는 옳지 않다.

類編 右世子問安視膳之禮.
여기까지는 '세자문안시선지례(世子問安視膳之禮)'에 대한 내용이다.

---

6) 엄릉방씨는 "'이조(涖阼)'는 조정을 주관한다는 뜻이다. '조(阼)'자는 주인이 어떤 일이 있을 때, 밟고 올라가는 계단을 뜻한다. 그렇기 때문에 적장자가 주인의 동쪽 계단에서 관례를 치르는 것은 이것을 통해 부친의 지위를 계승하게 될 것임을 상징적으로 드러내는 것이다. 따라서 제왕의 지위를 계승한 자가 조정에 임해, 국정을 시행하는 것을 이조라고 부른 것도 또한 마땅한 것이다. '이(涖)'자는 지위로 임하게 된다는 뜻이며, '천(踐)'자는 발로 밟는다는 뜻이다. 성왕은 군주이기 때문에 조계(阼階)에 대해서 '오른다.'고 말한 것이며, 주공은 보좌를 할 뿐이므로, 조계에 대해서 '밟는다.'고만 말한 것이니, 이것이 바로 경중(輕重)의 차별이다. (嚴陵方氏曰: 涖阼, 臨朝也. 阼者, 主人所有事之階, 故適子冠於阼以著代, 則繼禮之臨朝行事, 謂之涖阼, 亦宜矣. 涖, 言以位臨之, 踐, 言以足履之. 成王主也, 故於阼曰涖, 周公相之而已, 故於阼曰踐, 此輕重之別也.)"라 했다.

◇ 세자를 가르치는 예절[教世子之禮]

【009】

凡三王教世子, 必以禮樂. 樂, 所以脩內也, 禮, 所以脩外也. 禮樂交錯於中, 發形於外, 是故其成也懌, 恭敬而溫文.〈017〉 [本在"教世子"下.]
삼왕의 시기에 세자를 교육할 때에는 반드시 예악으로써 가르쳤다. 악은 내면을 수양하는 방법이고, 예는 외양을 수양하는 방법이다. 예와 악이 내면에서 서로 교차하며 가르침을 이루게 되면, 밖으로 그 완성된 모습이 나타나게 되니, 이러한 까닭으로 그 가르침을 이룬 자는 기뻐하게 되며, 공경스러운 덕성을 구비하게 되고, 온화하고 아름다운 기상을 갖추게 된다. [본래는 "세자를 교육하는 내용이다."[1]라고 한 문장 뒤에 수록되어 있었다.]

集說 脩內者, 消融其邪慝之蘊; 脩外者, 陶成其恭肅之儀. 禮之脩達於中, 樂之脩達於外, 所謂交錯於中也. 有諸中, 必形諸外, 故其成也懌. 此懌字, 與魯論"不亦說乎"之說相似, 既有恭敬之實德, 又有溫潤文雅之氣象, 禮樂之敎大矣.

'수내(脩內)'라는 말은 마음속에 있는 사악하고 간특한 속내를 없앤다는 뜻이며, '수외(脩外)'라는 말은 공손하고 정숙한 행동거지를 완성한다는 뜻이다. 예의 수양을 통해 마음가짐까지도 변화시키고, 악의 수양을 통해 외양까지도 변화시키니, 이것이 이른바 "안에서 서로 교차한다."는 말이다. 마음속에 형성된 것이 있으면, 반드시 외양으로 드러나게 된다. 그렇기 때문에 완성을 이루게 되면 기뻐하는 것이다. 여기에서의 '역(懌)'이라는 글자는 『노론(魯論)』[2]의 "또한 기쁘지 아니한가?"[3]라고 할 때의 '열

---

1) 『예기』「문왕세자」 016장 : 始立學者, 既興器用幣, 然後釋菜, 不舞, 不授器, 乃退, 儐于東序, 一獻, 無介語可也. 教世子.

2) 노론(魯論)은 『노논어(魯論語)』를 가리킨다. 『노논어』는 본래 『논어』에 대한 판본 중 하나인데, 현행본 『논어』의 근간이 되었으므로, 『논어』를 지칭하는 용어로도 사용된다. 『논어』의 판본으로는 대표적으로 세 가지가 있었다. 세 가지 판본은

(說)'자와 유사한 것이니, 교육을 받은 자가 공경스러운 덕성을 갖추고 있으면서도, 또한 온화하고 윤택하며 화려하고 아름다운 기상도 갖추게 되는 것이다. 따라서 예악의 가르침은 이처럼 위대한 것이다.

【010】

立太傅·少傅, 以養之, 欲其知父子·君臣之道也. 太傅, 審父子·君臣之道, 以示之, 少傅, 奉世子, 以觀太傅之德行[去聲], 而審喩之. 太傅在前, 少傅在後, 入則有保, 出則有師. 是以敎喩而德成也. 師也者, 敎之以事, 而喩諸德者也. 保也者, 愼其身, 以輔翼之, 而歸諸道者也. 記曰: "虞·夏·商·周有師·保, 有疑·丞, 設四輔及三公, 不必備, 唯其人", 語使能也.〈018〉

삼대 때의 제왕들은 태부(太傅)4)와 소부(少傅)5)를 세워서 세자를 교육했는데, 그렇게 하는 이유는 세자가 부자와 군신 사이에서 지켜야 하는 도리를 깨우치게끔 하고자 해서이다. 태부는 부자와 군신 간의 도리를 자세히 살펴서, 세자에게 그것을 제시한다. 소부는 세자를 받들어 모시면서, 세자

『노논어』, 『제논어(齊論語)』, 『고문논어(古文論語)』이다. 육덕명(陸德明)의 『경전석문(經典釋文)』에는 "漢興, 傳者則有三家, 魯論語者, 魯人所傳, 卽今所行篇次是也."라는 기록이 있다. 즉 한(漢)나라 때 유학이 부흥하게 되었는데, 『논어』를 전수한 학파는 세 종류가 있었다. 그 중에 『노논어』라는 것은 노(魯)나라에서 전수되던 것으로, 오늘날 전해지는 『논어』의 편차는 이 판본을 근간으로 정한 것이다.

3) 『논어』 「학이(學而)」 : 子曰, 學而時習之, 不亦說乎?

4) 태부(太傅)는 주(周)나라 때의 관직으로, 삼공(三公) 중 하나이며, 삼공 중 서열은 두 번째에 해당한다. 천자를 보좌하여 국정 전반을 다스렸다. 『서』 「주서(周書)·주관(周官)」편에는 "立太師·太傅·太保, 玆惟三公, 論道經邦, 燮理陰陽."이라는 기록이 있다. 이 관직은 진(秦)나라 때 폐지되었다가, 한(漢)나라 때 다시 설치되기도 하였다.

5) 소부(少傅)는 주(周)나라 때 설치된 관직이다. 군주를 보필하는 임무를 맡았다. 소사(少師) 및 소보(少保)와 함께 삼고(三孤)가 된다.

로 하여금 태부가 제시하는 덕행들을['行'자는 거성으로 읽는다.] 살펴보게 만들어서, 자세히 깨우치도록 만든다. 태부는 길을 걸을 때 세자의 앞에서 걷고, 소부는 세자의 뒤에서 걸으며, 세자가 항상 올바르게 행동할 수 있도록 돕는다. 세자가 집안에 머물 때에는 세자의 교육을 돕는 보(保)가 있게 되고, 집을 벗어나게 되면 세자의 교육을 돕는 사(師)가 있게 된다. 이렇게 하는 이유는 이러한 자들을 통해서, 세자를 가르치고 깨우쳐서 세자의 덕을 완성시키기 위해서이다. 사(師)를 담당하는 자들은 실제적인 일들로 세자를 가르쳐서, 덕을 깨우치도록 만드는 자이다. 보(保)를 담당하는 자들은 세자 본인의 몸가짐을 신중하게 하도록 만들며, 이러한 방법으로 세자를 보필해서 도로 귀의시키는 자이다. 옛 기록에서 말하길, "우·하·상·주나라 때에는 세자의 교육을 돕는 자로는 사(師)와 보(保)가 있었고, 의(疑)와 승(丞)이 있었다고 하니, 이러한 사보(四輔)들과 태사·태부·태보라는 삼공(三公)의 자리를 마련하되, 반드시 그 자리를 채워야 하는 것은 아니며, 단지 그 자리에 걸맞은 인물들이 있었을 때에만 그 자리에 앉힌다."라고 하였다. 이 말은 곧 세자를 교육하는 직책에는 유능한 사람을 등용해야 한다는 뜻이다.

集說 養者, 長而成之之謂. 番喩, 詳審言之使通曉也. 前後, 以行步言. 出入, 以居處言. 愼其身, 使之謹守其身也. 師保疑丞, 四輔也. 一說, 前疑·後丞·左輔·右弼, 爲四輔. 四輔與三公不必其全備, 唯擇其可稱職者. 唯其人以上, 皆記文. 語言也. "語使能也"一句, 是記者釋之之辭.

'양(養)'이라는 말은 장성하게 만들어서 완성을 시킨다는 뜻이다. '심유(審喩)'는 먼저 본인이 자세히 살펴보고 상대방에게 그것을 설명해주어서, 그로 하여금 완전히 깨우치게 한다는 뜻이다. '전(前)'과 '후(後)'라는 말은 길가에서 걸어 다닐 때를 기준으로 언급한 것이다. '출(出)'과 '입(入)'이라는 말은 거처하는 곳을 기준으로 말한 것이다. '신기신(愼其身)'은 그로 하여금 몸가짐을 신중하게 하도록 만든다는 뜻이다. '사(師)'·'보(保)'·'의(疑)'·'승(丞)'이 곧 사보(四輔)이다. 일설에는 앞에서 보좌

하는 의(疑), 뒤에서 보좌하는 승(丞), 좌측에서 보좌하는 보(輔), 우측에
서 보좌하는 필(弼)이 사보(四輔)가 된다고 하였다.6) 사보와 삼공의 직
책은 반드시 채워두어야 하는 자리가 아니며, 오직 그 직책에 걸맞은 자
가 있을 때에만 채운다. '유기인(惟其人)' 앞에 있는 말들은 모두 옛 기록
의 문장들이다. '어(語)'자는 "뜻한다."는 말이다. '어사능야(語使能也)'
라는 한 구절은 『예기』를 기록한 자가 기문의 말을 해석한 것이다.

集說 朱子曰: 師保疑丞, 疑字曉不得, 想止是有疑卽問他之意.
주자가 말하길, '사(師)' · '보(保)' · '의(疑)' · '승(丞)' 중에서 '의(疑)'라는
관직에 대해서는 잘 모르겠지만, 아마도 세자가 의문이 생기면, 곧 그에
게 질문을 하였기 때문에 붙여진 명칭 같다.

【011】
君子曰: "德." 德成而教尊, 教尊而官正, 官正而國治, 君之謂也.〈019〉
군자가 말하길, "세자에 대한 교육에서는 세자의 덕을 기르는 것이 무엇보
다도 중요하다."라고 하였다. 세자의 덕이 완성되면 교육의 법도가 존엄해
지고, 교육의 법도가 존엄해지면 관직자들이 공명정대하게 되며, 관직자들
이 공명정대하게 되면 나라가 제대로 다스려지게 되니, 그런 뒤에야 세자
를 군주가 될 만한 자라고 말할 수 있다.

集說 "君子曰德", 此德是指世子之德. 世子之德有成, 則教道尊嚴
而無敢慢易者, 故凡居官守者, 皆以正自處, 官正而國治, 世子爲君
之謂也.
'군자왈덕(君子曰德)'이라고 할 때의 '덕(德)'자는 세자의 덕을 가리킨다.
세자의 덕이 완성되면 교육의 법도가 존엄해져서, 감히 태만하거나 소홀

---

6) 『상서대전』 「하서(夏書)」: 古者天子必有四鄰, 前曰疑, 後曰丞, 左曰輔, 右曰弼.

히 행동하는 자가 없게 된다. 그렇기 때문에 관직에 몸담고 있는 모든 자들이 공명정대함을 자처하게 되니, 관직자들이 공명정대해지면 나라가 올바르게 다스려지게 되어, 세자를 군주가 될 만한 재목이라고 부를 수 있다.

附註 君子曰德, 一德字衍.

'군자왈덕(君子曰德)'이라 했는데, 1개의 덕(德)자는 연문이다.

【012】

仲尼曰: "昔者周公攝政, 踐阼而治, 抗世子法於伯禽, 所以善成王也. 聞之曰: '爲人臣者, 殺其身, 有益於君, 則爲之.' 況于迁其身, 以善其君乎? 周公優爲之." 〈020〉

공자가 말하길, "옛적에 성왕의 나이가 너무 어려서 주공이 섭정을 하게 되었다. 그래서 천자의 직위에 올라서 나라를 다스렸고, 자신의 아들 백금에게 세자를 가르치는 법도에 따라 가르쳤으니, 이것은 성왕을 잘 보필하는 방법이었다. 내가 듣기로는 '신하된 자는 그 자신을 희생하더라도 군주에게 보탬이 된다면 그 일을 시행한다.'라고 하였다. 이처럼 자신을 희생시키더라도 그러한 일들을 하는데, 하물며 자신의 행동을 간접적으로 드러내서, 주군인 성왕을 잘 보필하는 일을 주공이 어찌 행동하지 않았겠는가? 그러므로 주공은 여유로운 태도로 그러한 일들을 시행하였던 것이다."라고 했다.

集說 前言周公相踐阼而治, 此缺相字, 而下文又有"周公踐阼"之言, 皆記者之失也. 以世子之法敎世子, 直道也. 今擧世子法於伯禽而敎成王, 是迁曲其事也. 人臣殺身爲國, 猶尙爲之. 今周公不過迁曲其身之所行, 以成君之善, 宜乎優爲之也.

이전 문장에서는 "주공이 재상이 되어 천자의 직위에 올라서 다스렸다."고 하였는데, 이곳 문장에는 '상(相)'자가 빠져 있고, 아래 문장에서도 "주공이 천자의 직위에 올랐다."고만 언급하고 있다. 이 두 문장에서 '상(相)'자가 빠져 있는 것은 모두 『예기』를 기록한 자의 실수이다. 세자가 지켜야하는 법도를 가지고 세자를 교육하는 것은 직선적인 방법이다. 그런데 지금 이곳 문장에서 언급하는 것처럼, 세자가 지켜야 하는 법도를 백금에게 적용하여서, 간접적으로 성왕을 가르친 것은 그 사안을 우회적이며 완곡하게 시행한 것이다. 신하된 자는 자신을 희생시키더라도 국가에 보탬이 된다면, 오히려 그러한 일들을 일찍이 시행해 왔었다. 지금 이곳 문장에서 언급하는 것처럼, 주공의 행위는 그 자신의 행동을 우회적으로

나타내서 군주의 선함을 완성시키는 일에 불과할 따름이니, 여유로운 태
도로 그것들을 시행하는 것이 마땅한 것이다.

集說 劉氏曰: 書·蔡仲之命曰: "惟周公位冢宰, 正百工." 此言攝政
踐阼而治, 是以冢宰攝行踐阼之政, 非謂攝居天子之位也. 孔子言周
公擧世子法於伯禽者, 非自敎其子, 蓋示法以善成王也. 吾聞古人言
爲人臣者, 殺身而有益於君, 猶且爲之, 況止迂其身以善其君乎? 此
大人正己而物正之事. 周公大聖人也, 故優爲之.

유씨가 말하길, 『서』「채중지명(蔡仲之命)」편에서는 "다만 주공은 총재
의 지위에 올라서, 백공들을 바로잡았을 뿐이다."[1]라고 하였다. 이 말은
곧 주공이 천자의 직무를 섭정하여 천하를 대신 다스렸다는 의미이니,
이러한 까닭으로 주공이 총재가 되어 천자가 시행해야 할 정사를 대신
시행했던 것이지, 성왕을 대신해서 천자의 지위에 올랐다는 뜻이 아니다.
공자의 말뜻은 다음과 같다. "주공이 세자를 교육하는 법도를 백금에게
적용시켰다."는 것은 자신의 아들에게 제멋대로 세자에 대한 교육을 시켰
다는 말이 아니며, 무릇 세자가 지켜야 하는 법도를 백금을 통해 보여줌
으로써, 성왕이 올바르게 성장할 수 있도록 보필하였다는 뜻이다. 그리고
공자는 옛날 사람들이 했던 말을 들은 적이 있었는데, "신하된 자는 자신
을 희생하더라도 군주에게 이로움이 있다면, 오히려 그러한 행동을 한
다."고 하였다. 따라서 신하된 자가 어찌 자신의 행위를 우회적으로 표현
하여 군주를 이롭게 하는 것에 그쳤겠는가? 이것이 바로 대인은 자신을
바르게 해서 만물도 바르게 만든다는 뜻이다.[2] 주공은 위대한 성인이었
기 때문에, 여유롭게 그러한 일들을 시행했던 것이다.

---

1) 『서』「주서(周書)·채중지명(蔡仲之命)」: 惟周公位冢宰, 正百工, 群叔流言, 乃
　致辟管叔于商, 囚蔡叔于郭鄰, 以車七乘, 降霍叔于庶人, 三年不齒.
2) 『맹자』「진심상(盡心上)」: 有大人者, 正己而物正者也.

【013】

是故, 知爲人子, 然後可以爲人父, 知爲人臣, 然後可以爲人君, 知
事人, 然後能使人. 成王幼, 不能涖阼, 以爲世子, 則無爲也. 是故,
抗世子法於伯禽, 使之與成王居, 欲令成王之知父子 · 君臣 · 長幼
之義也. 君之於世子也, 親則父也, 尊則君也, 有父之親, 有君之尊,
然後兼天下而有之. 是故, 養世子, 不可不愼也.〈021〉

이러한 까닭으로 자식된 자가 지켜야 하는 도리를 안 이후에야, 부모된
자가 지켜야 하는 도리를 시행할 수 있고, 신하된 자가 지켜야 하는 도리를
안 이후에야, 군주된 자가 지켜야 하는 도리를 시행할 수 있으며, 남을 섬
길 줄 안 이후에야, 사람을 잘 부릴 수 있는 것이다. 그런데 성왕은 나이가
너무 어려서 천자의 지위에 오를 수 없었고, 성왕을 세자로 삼아서 교육을
시키려 한다고 하더라도, 무왕이 이미 붕어한 상태이기 때문에 성왕이 세
자로 처신할 수 없었다. 이러한 까닭으로 주공은 자신의 아들 백금에게
세자가 지켜야 하는 법도를 적용하여 가르쳤고, 백금으로 하여금 성왕과
함께 기거하게 해서, 성왕으로 하여금 백금을 관찰하여 부자 · 군신 · 장유
사이에서 지켜야 하는 도리들을 알게끔 했던 것이다. 군주는 세자에 대해
서 친하기로 따지자면 부친이 되고, 존엄하기로 따지자면 군주가 되니, 세
자에게 부자 · 군신 사이에서 지켜야 하는 법도를 잘 가르치려고 한다면,
본인이 부친으로서의 친애함과 군주로서의 존엄함을 갖추어야만 가능하
며, 이러한 덕목을 갖춘 연후에야 천하를 온전하게 소유할 수 있다. 이러한
까닭으로 세자를 양육하는 일은 신중하게 하지 않을 수가 없는 것이다.

集說 武王旣崩, 則成王無父, 雖年幼未知君道, 若以之爲世子, 則
無爲子之處矣. 故云: "以爲世子, 則無爲也." 君於世子, 以親言則是
父, 以尊言則是君. 能盡君父之道以敎其子, 然後可以保有天下之
大. 不然, 則他日爲子者不克負荷矣, 可不愼乎?

무왕이 이미 붕어하였으니, 성왕에게는 부친이 없게 되었고, 비록 성왕의
나이가 너무 어려서 군주의 도리를 아직 알지 못한다 하더라도, 만약 그
를 세자로 여긴다면 성왕 본인은 자식으로 처신할 곳이 없게 된다. 그렇

기 때문에 경문에서 "성왕을 세자로 삼아서 교육을 시키려 한다고 하더라도, 세자로 처신할 수 없었다."라고 말한 것이다. 군주는 세자에 대해서, 친함을 기준으로 말한다면 그의 부친이 되고, 존엄함을 기준으로 말한다면 그의 군주가 된다. 군주와 부친으로서 지켜야 하는 도리를 극진히 하여, 세자를 교육시킬 수 있은 연후에야, 천하의 법도를 보존할 수 있게 된다. 그렇지 않다면 머지않아 세자가 그 책임을 이겨낼 수 없게 될 것이니, 신중하지 않을 수 있겠는가?

【014】

行一物, 而三善皆得者, 唯世子而已. 其齒於學之謂也. 故世子齒於學, 國人觀之曰: "將君我, 而與我齒讓, 何也?" 曰: "有父在, 則禮然." 然而衆知父子之道矣. 其二曰: "將君我, 而與我齒讓, 何也?" 曰: "有君在, 則禮然." 然而衆著於君臣之義也. 其三曰: "將君我, 而與我齒讓, 何也?" 曰: "長長也." 然而衆知長幼之節矣. 故父在, 斯爲子, 君在, 斯謂之臣, 居子與臣之節, 所以尊君親親也. 故學[音效, 下二學同.]之爲父子焉, 學之爲君臣焉, 學之爲長幼焉. 父子・君臣・長幼之道得而國治. 語曰: "樂正司業, 父師司成, 一有元良, 萬國以貞." 世子之謂也.〈022〉

한 가지 선한 일을 시행하여 세 가지 선한 도리를 모두 얻게 할 수 있는 자는 오직 세자 밖에 없다. 한 가지 선한 일이라는 것은 바로 세자가 태학에서 국자들과 지위가 아닌 나이에 따라 겸양하는 것을 뜻한다. 그러므로 세자가 태학에서 국자들과 나이에 따라 겸양을 하면, 국자들은 그 모습을 보고 의혹스러워 하며, "장차 우리들의 군주가 되실 분이 우리들과 함께 나이에 따라 겸양을 하는 것은 무슨 이유인가?"라고 묻게 된다. 그러면 그 까닭을 알고 있는 자가 말해주길, "세자라 하더라도, 부친이 생존해 계실 때에는 남 앞에 나서지 않고 항상 자신을 겸손하게 낮추는 것이니, 본래 예가 그러한 것이다."라고 대답해준다. 그렇게 되면 국자들은 세자의 모습을 보고 부자 사이에서 지켜야 하는 도리를 알게 된다. 이것이 바로 첫 번째 선한 도리에 해당한다. 두 번째 선한 도리와 관련해서 말해 본다면, 국자들은 "장차 우리들의 군주가 되실 분이 우리들과 함께 나이에 따라 겸양을 하는 것은 무슨 이유인가?"라고 의혹을 제시한다. 그러면 다시 그 까닭을 알고 있는 자가 말해주길, "세자라고 하더라도, 부친인 군주가 생존해 계시므로 세자는 아직 신하의 신분이다. 그렇기 때문에 남 앞에 나서지 않고 항상 자신을 겸손하게 낮추는 것이니, 본래 예가 그러한 것이다."라고 대답해준다. 그렇게 되면 국자들은 세자의 모습을 보고, 군신 사이에서 지켜야 하는 도리를 알게 된다. 세 번째 선한 도리와 관련해서 말해 본다면, 국자들은 "장차 우리들의 군주가 되실 분이 우리들과 함께 나이에 따라 겸양을 하는 것은 무슨 이유인가?"라고 의혹을 제시한다. 그러면 다시 그 까닭을 알고 있는 자가 말해주길, "아무리 세자의 신분이라 하더라도, 웃어른은 웃어른으로 섬겨야 하는 것이다."라고 대답해준다. 그렇게 되면 국자들은 세자의 모습을 보고, 장유 사이에서 지켜야 하는 도리를 알게 된다. 그러므로 부친이 생존해 계실 때 세자는 자식의 입장이 되고, 군주가 생존해 계실 때 세자를 신하라고 부르니, 자식과 신하였을 때 준수해야 하는 도리는 군주를 높이고 부친을 친애하는 것이다. 그렇기 때문에 세자에게 부자 사이에서 지켜야 하는 도리를 가르치고['學'자의 음은 '效(효)'이며, 뒤에 나오는 2개의 '學'자도 그 음이 이와 같다.] 군신 사이에서 지켜야 하는 도리를 가르치며, 장유 사이에서 지켜야 하는 도리를 가르치는 것이다. 세자가 부자·군신·장유 사이에서 지켜야 하는 도리를 얻게 되면 천하가 잘 다스려지게 된다. 옛말에, "악정은 세자의 학업 완성하는 일을 담당하고, 부사는 세자의 덕성 완성하는 일을 담당한다. 한 사람이 크게 어질면 온 천하가 바르게 된다."라고 했다. 이 문장의 한 사람이란 바로 세자를 가리킨다.

集說 一物, 一事也, 與國人齒讓之一事也. 三善, 謂衆人知父子·君臣·長幼之道也. 君我, 君臨乎我也. 世子與同學之人讓齒, 其不知禮者見之而疑, 其知禮者從而曉之曰: "父在之時, 常執謙卑, 不敢居人之前, 其禮當如此也". 如此而衆知父子之道矣. 其二其三, 皆此意. 學之, 敎之也. 語, 古語也. 樂正, 主世子詩書之業. 父師, 主於成就其德行. 一有, 書作一人, 謂世子也. 世子有大善, 則萬邦皆正矣.

'일물(一物)'은 한 가지 일을 뜻하니, 곧 세자가 국자들과 함께 나이에 따라 서로 겸양하는 한 가지 일에 해당한다. '삼선(三善)'은 국자 무리들이 부자·군신·장유 사이에서 지켜야 하는 도리를 안다는 것을 뜻한다. '군아(君我)'는 군주로서 우리에게 군림한다는 뜻이다. 세자가 함께 수학하는 사람들과 나이에 따라 겸양을 하게 되면, 그들 무리 중에 예를 잘 모르는 자들은 그 모습을 보고 의혹스러워하게 되니, 그들 무리 중에 예를 아는 자가 그들의 의혹을 깨우쳐주길, "세자의 부친이 생존해 계실 적에는 항상 겸손하게 자신을 낮추어 행동하여서, 감히 남의 앞에 나서지 않는 것이므로, 세자가 시행하는 예가 마땅히 이와 같은 것이다."라고 한다. 이처럼 된다면 그 무리들은 부자 사이에서 지켜야 하는 도리를 알게 된다. 두 번째 선한 도리와 세 번째 선한 도리라는 것도 모두 이러한 뜻이다. '효지(學之)'는 가르친다는 뜻이다. '어(語)'는 옛말이다. '악정(樂正)'은 세자에게 『시』와 『서』 가르치는 업무를 주관한다. '부사(父師)'는 세자의 덕행 완성하는 일을 주관한다. '일유(一有)'를 『서』에서는 '일인(一人)'으로 기록하였으니,[3] 곧 세자를 가리킨다. 세자가 큰 선함을 갖추게 되면 온 천하가 모두 바르게 된다는 뜻이다.

【015】
周公踐阼.〈023〉
주공이 섭정을 했다.

集說 石梁王氏曰: 此當爲衍文.
석량왕씨가 말하길, 이 문장은 마땅히 연문(衍文)이 된다.

---

3) 『서』「주서(周書)·태갑하(太甲下)」 : 一人元良, 萬邦以貞.

集說 劉氏曰: 此四字, 說者以下文更端, 故著此以結上文周公相踐
阼之事. 然因其缺一相字, 遂啓明堂位周公踐天子位之說, 其後馴致
新莽居攝簒漢之禍, 實此語基之.

유씨가 말하길, '주공천조(周公踐阼)'라는 네 글자에 대해서, 어떤 자들
은 아래 문장이 새로운 내용으로 시작되기 때문에, 이 네 글자를 기록하
여, 앞의 경문 기록 중 주공이 재상이 되어, 천자의 직위에서 섭정했던
일을 결론 맺은 것이라고 여겼다. 그런데 이 네 글자에는 '재상'이라는
한 글자가 빠져있어서, 마침내 『예기』「명당위(明堂位)」편에서는 "주공
이 천자의 지위에 올랐다."는 주장까지 하게 되었으니,4) 후대에 신나라의
왕망5)이 섭위(攝位)가 되어, 한나라의 제위를 찬탈하게 된 화근은 실제
로 이 네 글자가 그 기틀을 마련해준 셈이다.

類編 右敎世子之禮.

여기까지는 '교세자지례(敎世子之禮)'에 대한 내용이다.

---

4) 『예기』「명당위」 006장 : 昔殷紂亂天下, 脯鬼侯以饗諸侯, 是以周公相武王以伐
   紂. 武王崩, 成王幼弱, 周公踐天子之位以治天下. 六年朝諸侯於明堂, 制禮作
   樂頒度量, 而天下大服. 七年致政於成王.
5) 왕망(王莽, B.C.45 ~ A.D.23) : 한(漢)나라 때의 인물이다. 자(字)는 거군(巨君)이
   다. 한나라 평제(平帝)를 독살하고, 제왕의 지위를 찬탈하였다. 신(新)나라로 국
   호를 명명하였다.

◇ 공자를 가르치는 예절[教公子之禮]

【016】
庶子之正於公族者, 教之以孝弟 · 睦友 · 子愛, 明父子之義 · 長幼之序.〈024〉

서자(庶子)¹⁾라는 관직자들은 공족(公族)²⁾의 자제들에게 정령을 시행하는 자이니, 그들에게 효제 · 목우 · 자애의 덕목을 가르쳐서, 공족의 자제들이 부자 관계에서 지켜야 하는 도리와 장유 관계에서 지켜야 하는 질서를 깨닫게 한다.

集說 庶子, 司馬之屬官. 正於公族, 爲政於公族也. 周禮庶子掌國子之倅, 倅, 副貳也. 國子, 是公 · 卿 · 大夫 · 士之子, 則貳其父者也.

'서자(庶子)'는 사마에게 소속된 관리이다. '정어공족(正於公族)'이라는 말은 공족에게 정령을 시행한다는 뜻이다. 『주례』에서는 서자가 국자 중의 졸(倅)들을 담당한다고 하였는데,³⁾ 이때의 '졸(倅)'자는 보좌한다는 뜻이다. 국자들은 공 · 경 · 대부의 자제들이므로, '국자지졸(國子之倅)'이라는 말은 결국 그들의 부친을 보좌하는 장남이라는 뜻이다.

---

1) 서자(庶子)는 주(周)나라 때 설치되었던 관직으로, 사마(司馬)에게 소속된 관리이다. 제후 및 경(卿) · 대부(大夫)의 자제들에 대한 교육 등을 담당하였다. 『주례』의 체제에 따르면 제자(諸子)에 해당한다. 『예기』「연의(燕義)」편에는 "古者, 周天子之官有庶子官."이라는 기록이 있는데, 이에 대한 정현의 주에서는 "庶子, 猶諸子也. 周禮諸子之官, 司馬之屬也."라고 풀이하였다.
2) 공족(公族)은 제후 및 군왕과 성(姓)이 같은 친족들을 뜻한다. '공족'에서의 '공'자는 본래 제후를 뜻하는 글자이다. 『시』「위풍(魏風) · 서리(黍離)」편에는 "殊異乎公族."이라는 기록이 있고, 이에 대한 정현의 전(箋)에서는 "公族, 主君同姓昭穆也."라고 풀이했다.
3) 『주례』「하관(夏官) · 제자(諸子)」: 諸子, 掌國子之倅.

【017】

其朝于公內朝則東面北上, 臣有貴者, 以齒.〈025〉

공족들이 제후에게 조회를 할 때, 조회하는 장소가 내조인 경우에는 서쪽에 서서 동쪽을 바라보되, 서열이 높은 자부터 북쪽에 서게 되고, 참가한 인원들 중에 신분이 높은 자가 있다 하더라도, 신분에 상관없이 나이에 따라 서열의 순서를 정한다.

集說　內朝, 路寢之庭也. 言公族之人, 若朝見於公之內朝, 則立於西方而面向東, 尊者在北, 以次而南. 然旣均爲同姓之臣, 則一以昭穆之長幼爲序, 父兄雖賤必居上, 子弟雖貴必處下也.

'내조(內朝)'는 노침(路寢)⁴⁾의 마당이다. 공족의 사람들이 만약 제후의 내조에서 제후를 조회하며 알현할 경우에는 서쪽에 서고 얼굴은 동쪽을 바라보게 되며, 가장 존귀한 자는 그 북쪽에 위치하고, 차례대로 그의 남쪽으로 정렬한다. 그러나 일반적인 경우와 다르게 참가한 자들이 모두 동성인 신하가 된다면, 예외 없이 소목 항렬의 연장자 순서로 서열을 정한다. 따라서 부친과 형 항렬의 사람들이 비록 신분이 낮더라도 반드시 상등의 위치에 서고, 자식과 동생 항렬의 사람들이 비록 신분이 높더라도 반드시 하등의 위치에 서게 된다.

【018】

其在外朝, 則以官, 司士爲之.〈026〉

---

4) 노침(路寢)은 천자나 제후가 정무를 처리하던 정전(正殿)이다. 『시』「노송(魯頌)·민궁(閟宮)」편에는 "松桷有舄, 路寢孔碩."이라는 기록이 있는데, 이에 대한 모전(毛傳)에서는 "路寢, 正寢也."라고 풀이했고, 『문선(文選)』에 수록된 장형(張衡)의 '서경부(西京賦)'에는 "正殿路寢, 用朝群辟."이라는 기록이 있는데, 이에 대한 설종(薛綜)의 주에서는 "周曰路寢, 漢曰正殿."이라고 하여, 주(周)나라에서는 '정전'을 '노침'으로 불렀다고 풀이했다.

공족들이 외조에서 조회하는 경우라면, 나이가 아닌 관직의 차등에 따라 서열을 정하며, 그 일은 사사가 담당을 하여 자리를 배열한다.

集說 外朝, 路寢門外之朝也. 若公族朝見於外朝, 與異姓之臣雜列, 則以官之高卑爲次序, 不序年齒也. 司士, 亦司馬之輩, 主爲朝見之位次者.

'외조(外朝)'는 노침의 문 밖에 있던 조정이다. 만약 공족들이 외조에서 제후를 조회하면서, 이성의 신하들과 뒤섞여 도열하게 된다면, 관직의 차등에 따라 서열을 정하지 나이에 따라 서열을 정하지 않는다. '사사(司士)' 또한 사마에게 속한 관료이며, 조회를 할 때 서열 정하는 일을 주관하는 자이다.[5]

【019】
其在宗廟之中, 則如外朝之位. 宗人授事, 以爵以官.〈027〉

공족들이 종묘 안에 있는 경우라면, 외조에서의 자리 배치와 같게 한다. 종인이 일을 분담하여 임무를 전달할 때에는 작위의 등급에 따라 높은 자가 앞 열에 서게 되고, 관직에 따라서 일을 분담한다.

集說 宗人之官, 掌禮及宗廟中授百官以職事者. 以爵, 隨其爵之尊卑, 貴者在前, 賤者在後也. 以官, 隨其官之職掌, 使各供其事也.

종인이라는 관리는 예 및 종묘 안에서 백관들에게 직무를 분담시키는 일을 담당하는 자이다. "작위로써 한다."는 말은 작위의 등급에 따른다는 의미로, 작위가 높은 자는 앞줄에 서게 하고, 작위가 낮은 자는 뒷줄에 서게 한다는 뜻이다. "관직으로써 한다."는 말은 관직별로 담당하는 업무

---

5) 『주례』 「하관(夏官)·사사(司士)」: 掌群臣之版, 以治其政令, 歲登下其損益之數, 辨其年歲與其貴賤, 周知邦國都家縣鄙之數, 卿大夫士庶子之數.

에 따른다는 의미로, 그들로 하여금 각각 자신이 맡은 일에 힘쓰게 한다
는 뜻이다.

【020】
其登, 餕・獻・受爵, 則以上嗣. 〈028〉
당상에 올라가서 제사에서 남은 음식을 먹고, 술잔을 바치며, 술잔을 받는
경우에는 적장자를 가장 우선시하고, 나머지는 그 아래에 차례대로 도열한다.

集說 登, 自堂下而升堂上也. 餕, 食尸之餘也. 尸出, 宗人使嗣子及
長兄弟, 升堂相對而餕也. 以特牲禮次序言之, 先時祝酌爵鉶奠于鉶
南, 俟主人獻內兄弟畢, 長兄弟及衆賓長爲加爵之後, 宗人使嗣子飮
鉶南之奠爵. 嗣子盥而入拜, 尸執此奠爵, 嗣子進受, 復位而拜, 尸答
拜, 嗣子飮畢拜尸, 尸又答拜, 所謂受爵也. 嗣子又擧所奠爵洗而酌
之以入獻尸, 尸拜而受, 嗣子答拜, 所謂獻也. 無筭爵之後, 禮畢尸出
乃餕. 此三事者, 受爵在先, 獻次之, 餕最在後. 今言餕獻受爵, 以重
在餕, 故逆言之歟. 上嗣, 適子之長者爲最上也. 此謂士禮, 大夫之
嗣無此禮者, 避君也, 故少牢禮無嗣子擧奠之文.

'등(登)'자는 당하에서 당상으로 올라간다는 뜻이다. '준(餕)'자는 시동에
게 음식을 대접하고 남은 음식을 뜻한다. 시동이 제실에서 나오면 종인은
적장자 및 장형제들로 하여금 당상에 올라가서 서로 마주보게 하고, 남은
음식들을 먹게 한다. 『의례』 「특생궤식례(特牲饋食禮)」편에 기록된 순
서대로 말하자면, 먼저 축관이 치라는 술잔에 술을 따라서 국그릇의 남쪽
에 바친다. 주인이 내형제들에게 술잔을 따라주는 절차가 다 끝나면, 그
다음에 장형제 및 빈객들의 수장에 대한 술잔을 채우고, 그 일이 다 끝나
기를 기다린 이후에, 종인은 적장자로 하여금 국그릇의 남쪽에 바쳤던
술잔을 마시게 한다. 이때의 절차에 대해 말해보자면, 적장자는 대야에서
손을 씻고서 묘실에 들어와 절을 한다. 그러면 시동은 국그릇 남쪽에 바

쳤던 술잔을 들어 올리고, 적장자는 앞으로 나아가 그 술잔을 받는다. 적장자가 다시 제자리로 돌아와서 절을 하면 시동은 답배를 하고, 적장자가 받은 술잔을 다 마시고 나면 시동에게 다시 절을 하며, 시동 또한 다시 답배를 하니, 이것을 이른바 '수작(受爵)'이라고 부른다. 적장자는 또 국그릇 남쪽에 바쳤던 술잔을 씻고서 그 잔에 다시 술을 따른다. 그리고 그 잔을 가지고 들어와서 시동에게 바친다. 시동은 절을 하고 그 술잔을 받고, 적장자는 답배를 하는데, 이것을 이른바 '헌(獻)'이라고 한다. 무산작(無筭爵)[6]을 한 이후에 제례 절차가 다 끝나게 되면, 시동이 밖으로 나오게 되는데, 그런 뒤에는 곧 준(餕)을 하게 된다. 이 세 가지 일들 중에서 수작이 가장 먼저 시행하는 것이고, 헌은 그 다음에 시행하며, 준을 가장 마지막에 시행한다. 그런데 이곳 문장에서는 준, 헌, 수작의 순으로 기록하고 있다. 그 이유는 주안점이 준에 있기 때문에, 역순으로 언급한 것이다. '상사(上嗣)'라는 말은 적자들 중에서도 가장 연장자를 가장 높은 자로 삼는다는 뜻이다. 이 문장의 내용은 사 계급에 해당하는 예를 뜻한다. 반면 대부의 사자에게는 이러한 예법이 적용되지 않는데, 그 이유는 대부의 경우에는 군주에 대한 예법보다 낮춰서 시행하기 때문이다. 그래서 『의례』「소뢰궤식례(少牢饋食禮)」편에는 "사자가 술잔을 든다."는 기록이 없다.

---

6) 무산작(無筭爵)은 술잔의 수를 헤아리지 않는다는 뜻이다. 여수(旅酬)를 한 이후에, 빈객들의 제자들과 형제들의 자제들은 각각 그들의 수장에게 술을 따르고, 잔을 들어 올리는 것도 각각 그들의 수장에게 한다. 그리고 빈객들이 잔을 가져다가, 형제들 집단에 술을 권하고, 장형제(長兄弟)들은 잔을 가져다가 빈객의 무리들에게 술을 권하게 된다. 이처럼 여러 차례 술을 따르고 권하기 때문에, 이러한 절차를 '무산작'이라고 부르는 것이다.

【021】

庶子治之, 雖有三命, 不踰父兄.〈029〉

서자는 공족들이 내조에서 조회하는 예법을 담당하니, 비록 공족들 중 삼
명(三命)의 등급에 해당하는 존귀한 신분을 가진 자가 있더라도, 그 자는
자신의 부형이 서는 위치를 넘어서 상석에 설 수 없다.

集說 庶子治公族朝內朝之禮, 雖有三命之貴, 而其位次, 不敢踰越
無爵之父兄而居其上, 卽上章所言臣有貴者以齒也.

서자는 공족들이 내조에서 조회하는 예법을 담당하는데, 비록 공족들 중
에 삼명의 등급에 해당하는 존귀한 신분을 가진 자가 있더라도, 그에 대
한 자리배치는 감히 작위가 없는 부형이라 할지라도 그들의 자리를 넘어
서 상석에 위치할 수 없다. 이 말은 곧 앞 문장에서 말한 "신하들 중에
존귀한 신분을 가진 자가 있더라도 나이에 따라 서열을 정한다."[7]라는
내용에 해당한다.

集說 疏曰: 若非內朝, 其餘會聚, 則一命齒于鄉里. 謂一命尙卑, 若
與鄉里長宿燕食, 則猶計年也. 再命齒于父族, 謂再命漸尊, 不復與
鄉里計年, 惟官高在上, 但公族爲重, 猶計年爲列也. 三命不齒, 謂三
命大貴, 則亦不復與父族計年, 燕會則別席獨坐在賓之東矣.

소에서 말하길, 내조에서 모이는 경우가 아니라 그 나머지 회합인 경우라
면, 일명(一命)인 자들은 향리에서 나이의 서열에 따른다고 했다. 이 말
은 곧 일명의 등급에 해당하는 자들은 신분이 여전히 낮으므로, 만약 향
리의 장숙(長宿)[8]들과 함께 연회에 참가하게 된다면, 여전히 나이를 따
지게 된다는 뜻이다. 그리고 이명(二命: =再命)인 자들은 부계 인척들과
의 자리에서 나이의 서열에 따른다고 했다. 이 말은 곧 이명의 등급에

---

7) 『예기』「문왕세자」025장 : 其朝于公, 內朝則東面北上, 臣有貴者, 以齒.
8) 장숙(長宿)은 나이가 많고 덕망이 있는 사람들을 가리키는 말이다.

해당하는 자들은 신분이 조금 높아진 것이므로, 향리에서는 다시금 나이에 따른 서열을 따르지 않고, 오직 관직이 높은 자가 그들의 상석에 위치하게 된다. 그러나 부계 인척들은 중요한 관계이므로, 여전히 나이를 따져서 서열을 정하게 된다는 뜻이다. 그리고 삼명(三命)인 자들은 나이의 서열에 따르지 않는다고 했다.[9] 이 말은 곧 삼명의 등급에 해당하는 자들은 신분이 매우 높으니, 부계 인척들과의 자리에서도 나이를 따지지 않게 되니, 연회를 하게 되면 별도의 좌석을 설치하여, 빈객들의 동쪽 편에 홀로 앉아 있게 된다.

【022】

其公大事, 則以其喪服之精麤爲序, 雖於公族之喪, 亦如之, 以次主人. 〈030〉

군주의 상사에서는 상복의 거칠고 조밀한 차이로 서열을 정하며, 비록 공족의 상이라 하더라도, 또한 이처럼 상복의 차이로 서열을 정하되, 상주를 가장 상석에 위치하게 하고 나머지는 서열에 따라 상주 뒤로 정렬한다.

集說 此謂君喪而庶子治其禮事. 大事, 喪事也. 臣爲君皆斬衰, 然衰制雖同, 而升數之多寡則各依本親. 庶子序列位次, 則辨其本服之精麤, 使衰麤者在前, 衰精者在後. 非但公喪如此, 公族之內有相爲服者亦然, 蓋亦是庶子序其精麤先後之次也. 以次主人者, 謂雖有庶長父兄尊於主人, 亦必次於主人之下, 使主人在上爲喪主也.

이 문장의 내용은 군주의 상에서 서자가 관련된 예식절차들을 다스린다는 뜻이다. '대사(大事)'는 상사를 뜻한다. 신하들은 죽은 군주를 위해서 원칙적으로 모두 참최복을 입게 되는데, 참최복을 입는 것은 비록 동일하다 하더라도, 베의 올 수가 많고 적은 차이는 각각 군주와의 친속 관계에

---

9) 『주례』「지관(地官)·당정(黨正)」: 壹命齒于鄕里, 再命齒于父族, 三命而不齒.

따르게 된다. 이러한 상황에서 서자가 서열에 따른 위치를 배분할 때에는 군주의 상에 참여하는 자들이 본래부터 입게 되는 상복의 거칠고 조밀한 정도에 따라 변별하여, 거친 상복을 입은 자는 앞에 서게 하고, 조밀한 상복을 입은 자는 뒤에 서게 한다. 그런데 단지 군주의 상에서만 이렇게 하는 것이 아니니, 군주의 친인척 상에서도, 상사의 일을 돕게 되어, 상복을 입어야 하는 자들 또한 이처럼 하게 되니, 아마도 이러한 경우에서도 서자가 또한 그들이 입게 되는 상복의 거칠고 조밀한 정도에 따라서, 앞에 서거 하거나 뒤에 서게 하는 등의 서열을 나누게 될 것이다. "주인 다음으로 한다."는 말은 비록 여러 친인척들 중 나이가 많은 부형들이 상주보다 존귀한 신분을 가지고 있다 하더라도, 또한 반드시 상주의 뒤에 차례대로 서야 한다는 뜻으로, 이처럼 하는 이유는 주인을 가장 상석에 앉혀서 상주로 삼기 때문이다.

【023】

若公與族燕, 則異姓爲賓, 膳宰爲主人, 公與父兄齒. 族食世降一等.〈031〉

만약 군주가 친족들과 연회를 하게 된다면, 이성인 자를 빈객으로 삼고, 선재(膳宰)[10]를 주인으로 삼아서 술을 따라주게 하며, 군주와 친족들은 나이에 따라 서열을 정한다. 친족들과 연회를 할 때에는 촌수에 따라 한 등급씩 낮춘다.

集說 公與族人燕食, 亦庶子掌其禮, 族人雖衆, 其初一人之身也,

---

10) 선재(膳宰)는 선부(膳夫)와 같은 말이다. 군주가 먹는 음식 등을 담당했던 관리이다. 천자에게 소속된 '선재'를 '선부'라고 불렀으며, 상사(上士)가 담당했다. 『의례』「연례(燕禮)」편에는 "膳宰具官饌于寢東."라는 기록이 있는데, 이에 대한 정현의 주에서는 "膳宰, 天子曰膳夫, 掌君飲食膳羞者也."라고 풀이했다. 그리고 『주례』「천관(天官)·선부(膳夫)」편에는 "膳夫掌王之食飲膳羞."라는 기록이 있다.

豈可以賓客之道外之? 故以異姓一人爲賓, 而使膳宰爲主, 與之抗禮酬酢, 君尊而賓不敢敵也. 君雖尊而與父兄列位序尊卑之齒者, 篤親親之道也. 族食, 與族人燕食也. 世降一等, 謂族人旣有親疎, 則燕食, 亦隨世降殺也.

군주가 친족들과 함께 연회를 할 때에도 또한 서자가 그 예법을 담당한다. 그런데 비록 친족들의 수가 많다고 하더라도, 한 사람의 시조에게서 연원한 자들이므로 모두 동성이 되는 자들인데, 어찌 빈객에 대한 도리로 그들을 타인 대하듯 할 수 있겠는가? 그렇기 때문에 이성이 되는 자 한 사람을 대신 빈객으로 삼는 것이며, 또 선재를 주인으로 앉혀서, 그와 함께 예법에 따라 술잔을 주고받게 시키는 것이다. 이처럼 선재를 주인의 자리에 앉히는 이유는 군주는 존귀한 존재여서, 빈객이 감히 마주대할 수 없기 때문이다. 군주가 비록 존귀한 존재라 하더라도, 부형들과 함께 자리를 정할 때에는 나이의 서열에 따른다. 이처럼 시행하는 이유는 친한 자를 친애하는 도리를 돈독하게 만들기 위해서이다. '족식(族食)'은 친족들과 연회를 한다는 뜻이다. '세강일등(世降一等)'이라는 말은 족인들 개개인에게는 이미 군주와의 친하고 소원한 관계가 정해져 있으니, 연회를 할 때에도 또한 각 촌수에 따라서 등급을 낮춘다는 뜻이다.

集說 疏曰: 假令本是齊衰, 一年四會食, 若大功則一年三會食, 小功則一年再會食, 緦麻則一年一會食, 是世降一等也.

소에서 말하길, 가령 군주와 자최복을 입는 관계에 해당하는 자에게, 1년에 4번 연회를 한다고 기준을 정한다면, 대공복을 입는 관계라면 1년에 3번 연회를 하고, 소공복을 입는 관계라면 1년에 2번 연회를 하며, 시마복을 입는 관계라면 1년에 1번 연회를 하니, 이것이 바로 세대마다 한 등급씩 낮춘다는 뜻이다.

【024】

其在軍, 則守於公禰.〈032〉

서자가 군주의 출정에 따라가게 되어 군대 대열에 있게 된다면, 함께 모셔
온 신주를 지킨다.

集說　禰, 當讀作祧.

'녜(禰)'자는 마땅히 조(祧)자로 해석해야 한다.

集說　公禰, 謂遷主載在齊車, 隨公出行者也. 庶子言旣從在軍, 故
守衛此齊車之行主也.

'공녜(公禰)'는 천묘한 신주를 제거에 실은 것으로, 군주가 군대를 이끌고
밖으로 출동할 때 함께 따라 나가게 되는 신주를 뜻한다. 위에서 언급하
는 상황은 서자라는 관리가 이미 군주를 쫓아 함께 출동하여 군대에 머물
러 있는 상태이다. 그렇기 때문에 이러한 제거에 실린 행주(行主)[11]를
수호하게 되는 것이다.

附註　公禰, 如字自通, 不必作祧.

'공녜(公禰)'에서의 녜(禰)자는 글자대로 읽어도 그 자체로 뜻이 통하니,
조(祧)자로 고칠 필요가 없다.

---

11) 행주(行主)는 군주의 행차에 함께 따라간 신주(神主)를 뜻한다. 공녜(公禰)와 같
　　은 말이다.

【025】

公若有出疆之政, 庶子以公族之無事者守於公宮, 正室守大廟, 諸
父守貴宮貴室, 諸子諸孫守下宮下室. 〈033〉

군주에게 만약 국경 밖으로 나가게 될 정무가 생기게 된다면, 서자는 공족
들 중에서 특별히 담당하고 있는 임무가 없는 자들로 하여금 왕실을 지키게
게 하고, 공족의 적장자들로는 태묘를 지키게 하며, 군주의 백부 및 숙부들
로는 태조 밑의 대수가 높은 선조의 묘와 군주의 노침을 지키게 하고, 공족
의 적장자를 제외한 여러 아들과 손자들로는 대수가 낮은 조묘 및 군주의
연침을 지키게 한다.

集說 上章專言出軍, 則此出疆之政, 蓋朝覲會同之事也. 無事者,
謂不從行及無職守之人也. 公宮, 總言公之宗廟宮室也. 正室, 公族
之爲卿 · 大夫 · 士者之適子也, 大廟, 太祖之廟也. 諸父, 公之伯
父 · 叔父也. 宮以廟言, 室以居言. 貴宮, 尊廟也; 貴室, 路寢也; 下
宮下室, 則是親廟與燕寢也.

앞장에서는 전적으로 군대를 출병하는 일에 대해서만 언급하였으니, 이
곳 문장에서 말하는 국경을 벗어나게 되는 정무는 아마도 조근(朝覲)이
나 회동(會同)과 관련된 일들을 가리키는 것 같다. 일이 없는 자들은 군
주를 따라 나가지 않았거나 특별히 맡고 있는 직무가 없는 자들을 뜻한
다. '공궁(公宮)'은 군주의 종묘 및 궁실들을 총칭하는 말이다. '정실(正
室)'은 공족들 중에서도 경 · 대부 · 사들의 적장자를 뜻한다. '태묘(太
廟)'는 태조의 묘이다. '제부(諸父)'는 군주의 백부 및 숙부들을 뜻한다.
'궁(宮)'자는 묘를 뜻하는 말로 사용한 것이며, '실(室)'자는 거주하는 곳
을 뜻하는 말로 사용한 것이다. 따라서 '귀궁(貴宮)'은 존귀한 자들의 묘
를 뜻하고, '귀실(貴室)'은 노침을 뜻하며, '하궁(下宮)' 및 '하실(下室)'은
친묘(親廟: =祖廟)와 연침을 뜻하게 된다.

【026】

五廟之孫, 祖廟未毀, 雖爲庶人, 冠[去聲]取[去聲]妻, 必告, 死必赴, 練
祥則告.〈034〉

제후는 다섯 개의 묘를 세우는데, 시조의 묘를 제외하고 나머지 네 개의
묘에 모시고 있는 선조들의 경우, 해당 선조의 자손들에 대해서는 그들
선조의 묘가 대수가 끝나지 않아서 아직 헐리지 않았다면, 비록 그 자손들
의 신분이 서인이 되었다 하더라도, 관례를[`冠`자는 거성으로 읽는다.] 치르거나
부인을 맞이하는[`取`자는 거성으로 읽는다.] 혼례를 치르게 될 때, 반드시 제후
에게 그 사실을 아뢰고, 그가 죽게 되면 자손들은 반드시 제후에게 부고를
알리며, 연상(練祥)[1]과 같은 경우에도, 또한 그 사실을 제후에게 아뢴다.

> **集說** 諸侯五廟, 始封之君爲太祖, 百世不遷, 此下親盡則遞遷. 此
> 言五廟之孫, 是始封之君, 卽五世祖, 故云祖廟未毀. 未毀, 未遞遷
> 也. 此孫雖無祿仕, 然冠昏必告于君, 死必赴, 練祥之祭必告者, 以其
> 親未盡也.

제후는 다섯 개의 묘를 세우는데, 처음 봉지를 분봉 받은 군주가 태조가
되니, 세대가 변하더라도 그 묘의 신주는 옮겨지지 않고, 그 이하 4개의
묘는 대수가 다하게 되면 옮겨지게 된다. 이 문장에서는 오묘의 후손들이
라고 하였는데, 이 말은 곧 처음 분봉 받은 군주인 태조까지 포함하여,
오세조가 된다는 뜻이다. 그러나 실질적으로는 군주와 고조가 같은 후손
들까지만 포함된다. 그러므로 "조묘를 아직 헐지 않았다."라고 한 것인데,
아직 헐지 않았다는 말은 아직 옮겨지지 않았다는 뜻이다. 그 후손들이
비록 관직에 몸담거나 작위를 받지 않았다 하더라도, 관례나 혼례를 치를
때에는 반드시 군주에게 아뢰며, 죽었을 때에도 반드시 부고를 알리고,
연상의 제사 때에도 반드시 아뢰게 된다. 그 이유는 군주와의 친속 관계
가 아직 끝나지 않았기 때문이다.

---

1) 연상(練祥)은 소상(小祥)과 대상(大祥)을 뜻한다.

【027】

族之相爲[去聲]也, 宜弔不弔, 宜免[問]不免, 有司罰之. 至于賵[芳鳳反]
賻[附]承[贈]含[去聲], 皆有正焉. ⟨035⟩

족인들은 상사 등의 일을 서로 도와야[爲'자는 거성으로 읽는다.] 하는 것이니,
마땅히 조문을 해야 하는 상대에 대해서 조문을 하지 않고, 또 마땅히 단문
을['免'자의 음은 '問(문)'이다.] 해야 하는 상대에 대해서 단문을 하지 않는다면,
유사가 그들을 벌한다. 각종 부의를 보내는 봉['賵'자는 '芳(방)'자와 '鳳(봉)'자의
반절음이다.] · 부['賻'자의 음은 '附(부)'이다.] · 증['承'자의 음은 '贈(증)'이다.] · 함['含'자
는 거성으로 읽는다.]에 대해서도 모두 정해진 예법이 있다.

集說 四世而緦, 服之窮也. 五世親盡, 祖免而已. 祖免, 說見前篇.
六世以往, 弔而已矣. 當弔而不弔, 當免而不免, 皆爲廢禮, 故有司者
罰之, 所以肅禮敎也. 賵以車馬, 賻以貨財, 含以珠玉, 襚以衣服, 四
者摠謂之贈, 隨其親踈, 各有正禮, 庶子官治之, 有司, 卽庶子也.

친족들 중 4대가 지나게 되면 상대방에 대해서 시마복을 입는 관계가
되는데, 시마복은 상복 중에서도 가장 수위가 낮은 것이다. 따라서 대수
가 더 올라가게 되면 상복을 입는 관계도 끝나게 된다. 그러므로 5대부터
는 친속관계가 다 끝나게 되므로 상복을 입지 않고, 단지 단문만 할 따름
이다. 단문에 대해서는 그 설명이 앞 편에 나온다. 6대 이상부터는 상복
도 입지 않고 단문도 하지 않으며, 단지 조문만 할 따름이다. 그러나 마땅
히 조문을 해야 하는데도 조문을 하지 않고, 마땅히 단문을 해야 하는데
도 단문을 하지 않는 행위는 모두 예법에 따르지 않은 경우가 된다. 그렇
기 때문에 담당자가 그들을 벌하게 되는데, 그 이유는 예법에 따른 교화
를 엄숙하게 지키기 위해서이다. '봉(賵)'은 부의로 수레와 말을 보내는
것이고, '부(賻)'는 부의로 재화를 보내는 것이며, '함(含)'을 부의로 구슬
과 옥을 보내는 것이고, '수(襚)'는 부의로 의복을 보내는 것이다. 이 네
가지를 총괄하여, '증(贈)'이라고 부르는데, 여기에 대해서도 각각 친속
관계에 따른 정해진 예법이 있으며, 서자라는 관리가 그 일들을 담당한

다. 따라서 이 문장의 '유사(有司)'는 곧 서자를 뜻한다.

附註 賵賻承含皆有正, 賻贈之不如禮者, 有司以法正之也.
'봉부승함개유정(賵賻承含皆有正)'은 물건을 보내준 것이 예법에 맞지 않은 경우, 유사가 예법으로 바로잡는다는 뜻이다.

【028】

公族, 其有死罪, 則磬于甸人. 其刑罪, 則纖[箴]剸[之兗反], 亦告[鞠]于
甸人. 公族無宮刑. 〈036〉

군주의 족인들 중에 사형에 해당하는 죄를 범한 자가 있다면, 전인(甸人)¹⁾
에게 알려서, 족인에 대해 사형 중 목매다는 형벌을 집행하게 한다. 육형
(肉刑)²⁾에 해당하는 죄를 범했다면, 절단하는[纖'자의 음은 '箴(잠)'이다. '剸'자는
'之(지)'자와 '兗(연)'자의 반절음이다.] 형벌을 내리니, 또한 전인에게 죄상에 대한
내용을 알려서['告'자의 음은 '鞠(국)'이다.] 그로 하여금 형벌을 집행하게 한다.
군주의 족인들은 대가 끊어지면 안 되니, 생식기를 자르는 형벌은 내리지
않는다.

> **集說** 磬, 懸縊殺之也. 左傳"室如懸磬", 皇氏云: "如懸樂器之磬也."
> 甸人, 掌郊野之官, 爲之隱, 故不於市朝. 其刑罪之當纖刺剸割之時,
> 亦鞠讀刑法之書於甸人之官也. 漢書每云"鞠獄", 鞠, 盡也. 推審罪
> 狀, 令無餘蘊, 然後讀其所犯罪狀之書而刑之. 無宮刑者, 不絕其類
> 也.

'경(磬)'은 목매달아 죽이는 형벌이다. 『좌전』에는 "집집마다 마치 경을
매달아 놓은 것 같다."³⁾라고 하였고, 황간은 "마치 악기 중 하나인 경을
매달아 놓은 모습과 같은 것이다."라고 하였다. '전인(甸人)'은 교야(郊
野)⁴⁾를 담당하는 관리인데, 공족이 죄를 범했다는 사실을 숨기고자 하여

---

1) 전인(甸人)은 교외(郊外)에 대한 일과 공족(公族)들에 대한 형벌 집행을 담당하
던 관리이다. 『주례』의 체제에 따르면, 전사(甸師)가 된다.
2) 육형(肉刑)은 죄인의 신체를 자르거나 찌르는 형벌을 총칭하는 말이다. 궁형(宮
刑), 묵형(墨刑), 의형(劓刑) 등에 해당하는데, 후대에는 육체상에 가하는 모든
형벌들을 지칭하는 용어로도 사용하였다.
3) 『춘추좌씨전』「희공(僖公) 26년」: 齊侯曰, "室如懸磬, 野無靑草, 何恃而不恐?"
4) 교야(郊野)는 도성(都城) 밖의 외곽지역을 범범하게 지칭하는 용어이다. 한편 주
(周)나라 때에는 왕성(王城)의 경계로부터 사방 100리(里)까지를 '교(郊)'라고 불
렀으며, 300리 떨어진 지점까지를 '야(野)'라고 불렀다. 따라서 이 공간 안에 포함

여타의 경우처럼 시장이나 조정에서 벌을 주지 않는 것이다. 형벌을 받게
되는 죄목이 절단하는 형벌에 해당될 때에는 또한 국문을 하고 형법에
대한 기록을 전인이라는 관리에게 읽어주게 된다. 『한서』에서는 매번
"죄상을 국문한다."[5]라고 했는데, '국(鞠)'자는 끝까지 조사한다는 뜻이
다. 죄상을 끝까지 밝혀내어 밝혀지지 않은 사실로 인해 잘못된 판단이
없게끔 하고, 그런 연후에 그가 범한 죄상에 대해서 읽어주고서 형벌을
내리게 된다. "궁형(宮刑)[6]이 없다."는 것은 그의 자손이 끊어지지 않도
록 하기 위해서이다.

附註 纖劃, 刑罪如刖·如劓刵之屬, 視凡人略加劃割. 纖, 如字. 如
當劃九分者, 劃七分. 註音箋非, 古註音殲亦非.

'섬전(纖劃)'은 그 형벌에 대한 죄가 월형이나 코나 귀를 베는 부류와 같
은 것으로, 일반인들에 견주어 베어버리는 형벌을 간략히 부여하는 것이
다. 따라서 섬(纖)자는 글자대로 읽는다. 예를 들어 마땅히 9분을 베어야
할 경우 7분만 베어버린다. 주의 음에서 '잠(箋)'이라 한 것은 잘못되었으
며, 고주의 음에서 '섬(殲)'이라 한 것 또한 잘못되었다.

된 땅을 통칭하여 '교야'라고 불렀다.
5) 『한서』「형법지(刑法志)」: 今遣廷史與郡鞠獄, 任輕祿薄, 其爲置廷平, 秩六百
   石, 員四人.
6) 궁형(宮刑)은 궁벽(宮辟)이라고도 부르며, 오형(五刑) 중 하나이다. 남자의 생식
   기를 자르거나, 여자의 생식 기능을 파괴하는 형벌이다. 일설에는 여자에 대한
   '궁형'은 감금을 하여 노비로 전락시키는 것이라고 설명한다. 『서』「주서(周書)·
   여형(呂刑)」편에는 "宮辟疑赦."라는 기록이 있고, 이에 대한 공안국(孔安國)의
   전(傳)에서는 "宮, 淫刑也. 男子割勢, 婦人幽閉, 次死之刑."이라고 풀이했다.

【029】

獄成, 有司讞[魚列反]于公. 其死罪, 則曰: "某之罪在大辟[婢亦反]." 其
刑罪, 則曰: "某之罪在小辟." 公曰: "宥之." 有司又曰: "在辟." 公又
曰: "宥之." 有司又曰: "在辟." 及三宥, 不對走出, 致刑于甸人. 公又
使人追之曰: "雖然, 必赦之." 有司對曰: "無及也." 反命于公. 公素服
擧, 爲[去聲]之變. 如其倫之喪, 無服, 親哭之.〈037〉

취조가 다 끝나서 판결문이 작성되면, 유사는 군주와 형벌 수위에 대해서
의논한다.['讞'자는 '魚(어)'자와 '列(렬)'자의 반절음이다.] 그 죄가 사형에 해당한다
면 유사는 군주에게 "아무개의 죄는 대벽(大辟)1)에['辟'자는 '婢(비)'자와 '亦(역)'
자의 반절음이다.] 해당합니다."라 보고하고, 그 죄가 사형을 제외한 나머지
형벌에 해당한다면 유사는 군주에게 "아무개의 죄는 소벽(小辟)2)에 해당
합니다."라 보고한다. 그러면 군주는 유사에게 "그의 죄를 용서하라."라고
명령한다. 유사는 다시 "그에게는 죄가 있습니다."라 대답하고, 군주는 다
시 "그의 죄를 용서하라."라고 명령한다. 그러면 유사는 다시 "그에게는
죄가 있습니다."라고 하는데, 이처럼 세 차례 사면을 해주라는 군주의 말이
나오면, 유사는 더 이상 대답을 하지 않고 달려 나가서, 전인에게 형벌을

---

1) 대벽(大辟)은 사형(死刑)을 뜻한다. 오형(五刑) 중 하나이다. '벽(辟)'자는 '죄(罪)'
자와 통용되므로, '대벽'은 죄 중에서도 가장 큰 죄를 뜻한다. 따라서 '사형'에 해당
한다. 『서』「주서(周書)·여형(呂刑)」편에는 "大辟疑赦, 其罰千鍰."이라는 기록
이 있고, 이에 대한 공안국(孔安國)의 전(傳)에서는 "死刑也."라고 풀이했으며,
공영달(孔穎達)의 소(疏)에서는 "釋詁云, 辟, 罪也. 死是罪之大者, 故謂死刑爲
大辟."이라고 풀이했다.

2) 소벽(小辟)은 사형(死刑) 이외의 형벌을 뜻한다. 사형을 뜻하는 대벽(大辟)과 상
대되는 말이다. 고대에는 당일 집행하게 될 형벌에 대해서 제왕에게 보고를 했다.
만약 사형에 해당하는 자가 있다면, "아무개의 죄는 '대벽'에 해당합니다."라고 보
고를 하고, 사형 이외의 형벌에 해당하는 자에 대해서는 "아무개의 죄는 '소벽'에
해당합니다."라고 보고를 했다. 『주례』「추관(秋官)·장수(掌囚)」편에는 "及刑殺
告刑于王."이라는 기록이 있고, 이에 대한 정현의 주에서는 "告王以今日當行刑
及所刑姓名也. 其死罪, 則曰, 某之罪在大辟. 其刑罪, 則曰, 某之罪在小辟."이
라고 풀이했다.

집행하도록 전한다. 군주는 또 유사에게 사람을 보내서, "비록 죄가 있다고 하지만, 반드시 그의 죄를 사면해주어라."라고 전달하게 한다. 그러면 유사는 대답하길, "분부에 따를 수가 없습니다."라 하고, 군주에게 돌아가서 이미 처벌하였다고 보고한다. 그러면 군주는 소복(素服)[3]을 입고, 식사를 할 때에도 성대한 음식을 차리지 않게 하니, 형벌을 받은 족인을 위하여['爲'자는 거성으로 읽는다.] 이처럼 평소 때의 예법을 바꾸는 것이다. 따라서 군주는 마치 족인 중에 상을 당한 자가 있을 때처럼 행동을 하되, 그를 위해서는 상복을 입지 않고, 직접 곡만 할 따름이다.

集說 獄成, 謂所犯之事, 訊問已得情實也. 讞, 議刑也. 殺牲盛饌曰擧. 素服不擧, 爲之變其常禮, 示憫惻也. 如其親疏之倫而不爲弔服者, 以不親往故也. 但居外, 不聽樂, 及賻贈之類, 仍依親疏之等耳. 親哭之者, 爲位于異姓之廟, 而素服以哭之也. 天子·諸侯絶旁親, 故知此言無服, 是不爲弔服.

'옥성(獄成)'은 범죄를 저지른 일에 대해서, 심문을 통해 그 실정을 파악했다는 뜻이다. '얼(讞)'자는 형벌에 대해서 의논한다는 뜻이다. 희생물을 잡아서 고기를 올리고 반찬을 융성하게 차리는 것을 '거(擧)'라고 부른다. 소복을 입고 성대한 음식을 먹지 않는 행위는 그를 위해서 평상시의 예법을 변화시키는 것으로, 측은함을 나타내는 행동이다. 이처럼 형벌을 받아서 죽은 족인이 있는 경우, 마치 족인 중에 상을 당한 자에 대한 예법처럼 행동하지만, 그를 위해 조문을 하거나 상복을 입지는 않는다. 그 이유는 군주가 직접 찾아가지 않기 때문이다. 대신 군주는 외침에 머물고 음악을 듣지 않는다. 그러나 부의를 보내는 일 등에 대해서는 곧 그와의 친소

---

3) 소복(素服)은 흰색의 옷감으로 상의와 하의를 만든 옷을 뜻한다. 또한 채색하지 않은 옷감으로 만든 상의와 하의를 가리키기도 한다. 상(喪)을 당하거나, 흉사(凶事)를 접했을 때 착용하던 복장이다. 『예기』「교특생(郊特牲)」편에는 "皮弁素服而祭, 素服以送終也."라는 기록이 있고, 이에 대한 정현의 주에서는 "素服, 衣裳皆素."라고 풀이했다. 한편 후대에는 일상복을 뜻하는 용어로도 사용하였다.

관계에 따를 뿐이다. "직접 곡을 한다."는 말은 군주가 이처럼 부끄러운 사실이 있었음을 조상에게 아뢸 수 없으므로, 대신 이성의 묘에 자리를 마련하여 소복을 입고서 곡을 한다는 뜻이다. 천자와 제후는 방계의 친족에 대해서는 본래부터 상복을 입지 않는다. 그렇기 때문에 이 문장에서 '무복(無服)'이라고 한 말은 그를 위해 조문을 하거나 상복을 입지 않는다는 뜻임을 알 수 있다.

【030】

公族朝于內朝, 內親也. 雖有貴者以齒, 明父子也. 外朝以官, 體異姓也. 宗廟之中以爵爲位, 宗德也. 宗人授事以官, 尊賢也. 登餞受爵以上嗣, 尊祖之道也. 喪紀以服之輕重爲序, 不奪人親也. 公與族燕則以齒, 而孝弟之道達矣. 其族食世降一等, 親親之殺[色介反]也. 戰則守於公禰, 孝愛之深也. 正室守大廟, 尊宗室而君臣之道著矣. 諸父諸兄守貴室, 子弟守下室, 而讓道達矣.〈038〉

군주가 공족들을 내조에서 조회하는 것은 친족들을 친근하게 대하기 위해서이다. 비록 친족들 중에 존귀한 신분을 가진 자가 있더라도 나이에 따라 서열을 정하는 것은 소목의 질서를 밝히기 위해서이다. 외조에서 나이가 아닌 관직의 등급에 따라 서열을 정하는 것은 이성인 신하들까지도 예로 대우하기 위해서이다. 종묘 안에서 작위의 등급에 따라 위치를 정하는 것은 덕을 숭상하기 위해서이다. 종인이 일을 분배할 때 관직의 등급에 따르는 것은 현명한 자를 높이기 위해서이다. 당상에 올라가서 제사에서 남은 음식을 먹거나 술잔을 받는 경우, 적장자를 가장 우선시하는 것은 선조를 존숭하는 도리이다. 상사에서 상복의 수위에 따라 서열을 정하는 것은 친소의 관계를 문란하게 만들지 않기 위해서이다. 군주가 족인들과 연회를 할 경우, 군주는 신분을 따지지 않고 족인들과 나이에 따라 서열을 정함으로써, 효제의 도리를 온 천하에 두루 통용되게 한다. 군주가 족인들과 연회를 할 때, 촌수마다 한 등급씩 낮춰서 시행하는 이유는 친친의 도리가 등급에 따라 낮춰지기['殺'자는 '色(색)'자와 '介(개)'자의 반절음이다.] 때문이다. 전쟁에 참전하게 되면 공녜를 수호하는데, 이것은 효애의 마음이 깊은 것이다. 족인들 중 적장자들이 태묘를 수호하는 것은 종실을 높여서 군신의 도리가 밝게 드러나도록 하는 것이다. 또한 백부 및 숙부의 항렬에 속한 족인들이 귀실을 수호하고, 아들과 손자 항렬에 속한 족인들이 하실을 수호하여, 온 세상에 겸양의 도리가 두루 퍼지게 된다.

集說 此以下, 覆解前章庶子三公族以下諸事. 內親, 謂親之, 故進之於內也. 明父子, 昭穆不可紊也. 體異姓, 體貌異姓之臣也. 崇德, 德之尊者, 爵必尊也. 尊賢, 惟賢者能任事也. 上嗣, 繼祖者也, 故爲尊祖之道. 服之輕重, 本於屬之親疎. 親疎之倫, 不可易奪也. 燕食主於親親, 以齒相序, 所以達孝弟之道也. 親親施於生者, 宜有降殺之等. 孝愛施於死者, 宜有深遠之思. 君臣之道, 以輕重言. 讓道, 則以貴賤言也.

이 문장부터 그 아래의 문장은 앞 문장에서 언급했던 서자가 공족을 바르게 다스리는 일 등의 여러 사안들을 다시 설명하는 기록이다. '내친(內親)'은 그를 친근하게 대하기 때문에, 내조로 들인다는 뜻이다. "부자 관계를 밝힌다."는 말은 소목의 항렬을 어지럽힐 수 없다는 뜻이다. "이성을 내 몸처럼 대한다."는 말은 이성인 신하들까지도 예에 맞게 대우한다는 뜻이다. 덕을 가진 자를 존숭하는 이유는 덕이 높은 자는 작위 또한 반드시 높기 때문이다. 현명한 자를 존숭하는 이유는 오직 현명한 자만이 임무를 수행할 수 있기 때문이다. '상사(上嗣)'는 선조의 지위를 계승하는 자를 뜻한다. 그렇기 때문에 적장자를 높이는 일은 곧 선조를 존숭하는 도리가 된다. 상복의 수위는 친속 관계에 따른다. 친속 관계의 질서는 마음대로 바꿀 수 없다. 연회를 할 때에는 친친의 도리에 주안점을 두어, 나이로 서열을 매기니, 천하에 효제의 도리를 두루 통하게 만들기 위해서이다. 친친의 도리는 살아있는 사람에게 시행되는 것으로, 마땅히 높아지고 줄어드는 등급 차이가 있게 된다. 효애의 도리는 죽은 자에게 시행되는 것으로, 마땅히 심원하게 애도하는 마음이 있어야 한다. 군신의 도리는 경중을 기준으로 언급한 말이다. 겸양의 도리는 귀천을 기준으로 언급한 말이다.

【031】

五廟之孫, 祖廟未毀, 雖及庶人, 冠取妻必告, 死必赴, 不忘親也. 親未絶而列於庶人, 賤無能也. 敬弔臨[如字]賻贈, 睦友之道也. 古者庶子之官治而邦國有倫, 邦國有倫而衆鄕[去聲]方矣.〈039〉

제후는 다섯 개의 묘를 세우는데, 시조의 묘를 제외하고 나머지 네 개의 묘에서 모시고 있는 선조의 경우, 해당 선조의 자손들에 대해서는 그들 선조의 묘가 대수가 끝나지 않아서 아직 헐리지 않았다면, 비록 그 자손의 신분이 서인이 되었다 하더라도, 관례를 치르거나 부인을 맞이하는 혼례를 치르게 될 때, 반드시 제후에게 그 사실을 아뢰고, 그가 죽게 되면 그의 자손들은 반드시 제후에게 부고를 알린다. 이것은 친애하는 도리를 잊지 않기 때문이다. 아직 친척 관계가 끊어지지 않았는데도, 그 자가 서인으로 전락하였다면, 사사로운 감정으로 그의 신분을 상승시켜주지 않으니, 이것은 그의 무능함을 천시하기 때문이다. 제후가 족인들에 대해서 조문을 하고['臨'자는 글자대로 읽는다.] 부의를 하는 일에 공경을 다하는 것은 화목과 우애를 지키는 도리이다. 고대에는 서자라는 관리가 이러한 일들을 잘 다스려서, 나라에는 군주와 족인 간에 인륜이 살아 있었고, 또한 인륜이 살아 있게 되자 백성들이 지향해야['鄕'자는 거성으로 읽는다.] 할 방향을 알게 되었다.

集說 人君任官, 本無親疎之間, 顧賢否何如耳. 親盡而賢, 亦必仕之. 今親未盡而已在庶人之列, 是以其無能故賤之也. 族人有喪, 君必敬謹其弔臨賻贈之禮者, 是皆和睦友愛族人之道也. 鄕方, 所鄕之方, 謂皆知趨禮敎也.

군주가 관리를 임명할 때에는 본래부터 친인척 관계 등을 따지지 않았고, 그 사람이 현명한가의 여부만을 따졌을 뿐이다. 친척 관계가 다 끝났다 하더라도 그 사람이 현명하다면, 또한 반드시 그를 임명하게 된다. 현재 친척 관계가 아직 끊어지지 않았는데도 그가 이미 서인의 대열에 포함되어 있다면, 그것은 그가 현명하지 못해서 등용되지 못한 것이다. 이러한 까닭으로 그의 무능함을 이유로 그를 천대하는 것이다. 족인들 중에 상사의 일이 발생하면, 군주가 조문을 하거나 부의를 보내는데, 이러한 예법에 대해서 반드시 공경스럽고 신중하게 하는 이유는 이러한 절차들은 모두 족인들을 화목하게 대하고 우애롭게 대하는 도리가 되기 때문이다. '향방(鄕方)'은 지향하는 방향이니, 백성들 모두가 예법과 교화를 추종해야 함을 알게 된다는 뜻이다.

附註 鄕方, 向於道也. 註云"向之方", 恐非.
'향방(鄕方)'은 도를 향한다는 뜻이다. 주에서 '지향하는 방향'이라고 한 말은 아마도 잘못된 설명인 것 같다.

【032】

公族之罪, 雖親不以犯有司正術也, 所以體百姓也. 刑于隱者, 不與
國人慮兄弟也. 弗弔, 弗爲服, 哭于異姓之廟, 爲[去聲]忝祖, 遠[去聲]
之也. 素服居外, 不聽樂, 私喪之也, 骨肉之親無絶也. 公族無宮刑,
不翦其類也.〈040〉

공족들 중 죄를 범한 자에 대해서, 그가 비록 군주와 가까운 친척이 된다
하더라도, 이러한 이유 때문에 유사가 집행하는 공명정대한 법령에 간여해
서는 안 된다. 이것이 바로 백성들과 차별 없이 대하는 방법이다. 공족에
대한 형벌 집행을 외진 곳에서 하는 이유는 나라 사람들이 자신의 형제가
범한 과오에 대해서 따져보지 못하게 하기 위해서이다. 사형을 받아서 죽
은 족인에 대해서는 조문을 하지 않고, 그를 위해 상복도 입지 않지만, 그
대신 이성의 묘에 가서 곡을 한다. 그 이유는 그가 조상의 얼굴에 먹칠을
하였기 때문에['爲'자는 거성으로 읽는다.] 그를 소원하게['遠'자는 거성으로 읽는다.]
대하는 것이다. 이처럼 그를 소원하게 대하면서도 군주 본인은 소복을 입
고 밖에 거처하며 음악도 듣지 않는데, 그 이유는 개인적으로 그를 애도하
기 때문이며, 골육지친의 친근함은 끊어질 수 없기 때문이다. 공족에게 궁
형을 집행하지 않는 이유는 그 가문의 후사를 끊지 않기 위함이다.

集說 正術, 猶言常法也. 公族之有罪者, 雖是君之親, 然亦必在五
刑之例而不赦者, 是不以私親而干犯有司之正法也. 所以然者, 以立
法無二制, 當與百姓一體斷決也. 與, 猶許也. 刑于旬師隱僻之處者,
是不許國人見而謀度吾兄弟之過惡也. 刑已當罪而猶私喪之者, 以
骨肉之親, 雖陷刑戮, 無斷絶之理也. 受宮刑者絶生理, 故謂之腐刑,
如木之朽腐無發生也. 此刑不及公族, 不忍翦絶其生生之類耳.

'정술(正術)'은 상법(常法)이라는 뜻이다. 공족들 중에 죄가 있는 자는
그가 비록 군주와 가까운 친척이 된다 하더라도, 또한 반드시 오형의 범주
를 적용하고 사면해주지 않는데, 사적인 친근함을 가지고서 유사가 시행
하는 공명정대한 법집행에 간여하지 않기 때문이다. 그렇게 하는 이유는
법을 세울 때에는 예외 규정을 둠이 없으니, 마땅히 백성들과 동일하게

적용해서 판결을 해야 하기 때문이다. '여(與)'자는 "허락한다."는 뜻이다. 전사(甸師)[1])에게 외진 곳에서 형벌을 집행하도록 시키는 이유는 백성들이 그것을 보고, 자신의 형제가 범한 과오에 대해서 따져보는 것을 허락하지 않기 위해서이다. 죄에 따른 형벌을 이미 집행했으면서도, 오히려 개인적으로 그를 애도하는 이유는 뼈와 살을 나눈 친척이 비록 형벌을 받아 죽게 되더라도, 그와의 관계에는 끊어질 수 없는 이치가 있기 때문이다. 궁형을 받은 자는 자손을 낳을 수 있는 능력이 없어지게 된다. 그렇기 때문에 그것을 '부형(腐刑)'이라고도 부르니, 마치 나무가 썩어서 더 이상 생장하지 못하는 것과 같은 뜻이다. 이 형벌을 공족에게 적용하지 않는 이유는 차마 그의 가계가 이어지는 일을 단절시킬 수 없기 때문이다.

附註 以犯有司, 句. 正術也, 術, 法也, 正其法也.
'이범유사(以犯有司)'에서 구문을 끊는다. '정술야(正術也)'라고 했는데, '술(術)'자는 법을 뜻하니, 그 법을 바르게 한다는 의미이다.

類編 右教公子之禮.
여기까지는 '교공자지례(教公子之禮)'에 대한 내용이다.

---

1) 전사(甸師)는 전사씨(甸師氏)·전인(甸人)이라고도 부른다. 주(周)나라 때의 관직이다. 『주례』의 체제에 따르면, '전사'는 천관(天官)에 소속된 관직으로, 하사(下士) 2명이 담당을 하였고, 잡무를 맡아보는 부(府) 1명, 사(史) 2명, 서(胥) 30명, 도(徒) 300명이 배속되어 있었다. 『주례』「천관총재(天官冢宰)」편에는 "甸師, 下士二人, 府一人, 史二人, 胥十人, 徒三百人."이라는 기록이 있다. '전사'는 주로 교외(郊外)에 있는 천자의 경작지를 담당하여, 예하의 인원들을 동원하여 그곳을 경작하였고, 교외에서 생산되는 곡식, 과실, 초목 등을 공급하였다. 또한 천자와 동성(同姓)인 친족들에 대해서 형벌을 집행하기도 했다. 『주례』「천관(天官)·전사(甸師)」편에는 "甸師, 掌帥其屬而耕耨王藉, 以時入之, 以共齊盛. 祭祀共蕭茅, 共野果蓏之薦. 喪事代王受眚災. 王之同姓有罪, 則死刑焉."라는 기록이 있다.

◇ 학교를 세우고 사를 가르치는 예절[立學敎士之禮]

【033】

凡學[四學字, 皆音效.]世子及學士, 必時, 春·夏學干·戈, 秋·冬學羽·籥, 皆於東序.〈006〉[本在"文王之爲世子也"下.]

무릇 세자를 교육시키고[4개의 '學'자는 모두 그 음이 '效(효)'이다.] 태학에 입학한 국자들을 교육할 때에는 반드시 계절별로 각각 다르게 가르쳐야 한다. 즉 봄과 여름에는 방패와 창을 들고 추는 춤을 가르치고, 가을과 겨울에는 깃털과 피리를 들고 추는 춤을 가르치되, 이러한 교육 모두를 동서(東序)1) 에서 시행한다. [본래는 "문왕이 세자였을 때 시행하였던 도리이다."2)라고 한 문장 뒤에 수록되어 있었다.]

集說 學, 敎也. 士, 卽王制所謂司徒論俊選而升於學之士也. 必時, 四時各有所敎也. 干, 盾也, 扞兵難之器. 戈, 句矛戟也. 羽, 翟雉之羽也. 籥, 笛之屬也. 四物皆舞者所執, 干戈爲武舞, 故於陽氣發動之時敎之, 示有事也; 羽籥爲文舞, 故於陰氣凝寂之時敎之, 示安靜也. 東序, 大學也.

'학(學)'자는 가르친다는 뜻이다. '사(士)'는 곧 『예기』 「왕제(王制)」편에서 사도가 준사와 선사 중에 덕성과 능력을 논정하여 태학에 추천한 사이다. '필시(必時)'는 사계절마다 각각 고유하게 가르치는 과목이 있다는 뜻이다. '간(干)'은 방패이니 전란을 막는 도구이다. '과(戈)'는 창끝이 구부러지고 길이가 짧은 창이다. '우(羽)'는 꿩의 깃털이다. '약(籥)'은 피리

---

1) 동서(東序)는 본래 하후씨(夏后氏) 때의 태학(太學)을 가리킨다. 『예기』 「왕제 (王制)」편에는 "夏后氏, 養國老於東序, 養庶老於西序."라는 기록이 있다. 후대에는 일반적인 학교 기관을 가리키는 용어로도 사용되었다.

2) 『예기』 「문왕세자」 005장: 成王幼, 不能涖阼. 周公相, 踐阼而治, 抗世子法於伯禽, 欲令成王之知父子·君臣·長幼之道也. 成王有過, 則撻伯禽, 所以示成王世子之道也, 文王之爲世子也.

등의 부류이다. 이 네 가지 물건들은 모두 무용수들이 춤을 출 때 잡는 도구들이다. 그리고 간과 과로는 무무(武舞)[3]를 추기 때문에, 양기가 발동하는 계절인 봄과 여름에 가르쳐서, 만물을 생성하고 성장시키는 자연의 운행에 따라 인간 세상에도 일삼는 것이 있음을 나타내는 것이며, 우와 약으로는 문무(文舞)[4]를 추기 때문에, 음기가 응축되어 적막해지는 계절인 가을과 겨울에 가르쳐서 안정됨을 나타내는 것이다. '동서(東序)'는 태학 건물군에 포함된 학교건물이다.

【034】

小樂正學[二學字, 皆音效]干, 大胥贊之, 籥師學戈, 籥師丞贊之, 胥鼓南.〈007〉

소악정이 방패를 들고 추는 악무를 국자들에게 가르치면[2개의 '學'자는 모두 그 음이 '效(효)'이다.] 대서는 소악정을 도와서 함께 가르치고, 약사가 창을 들고 추는 악무를 국자들에게 가르치면, 약사승은 약사를 도와서 함께 가르치는데, 대서는 남(南)이라는 음악에 맞춰 북을 울려서 악무의 빠르기를 조절한다.

集說 四人, 皆樂官之屬. 贊, 相助之也. 胥, 卽大胥也. 南, 南夷之樂也. 東夷之樂曰昧, 南夷之樂曰南, 西夷之樂曰朱離, 北夷之樂曰禁. 明堂位又云: "任, 南蠻之樂也." 周禮旄人敎國子南夷樂之時, 大胥則擊鼓以節其音曲, 故云"胥鼓南"也. 先王作樂, 至矣盛矣, 而猶

---

3) 무무(武舞)는 문무(文舞)와 상대되는 용어이다. 주(周)나라 때에 생겨났다. 무용수들이 도끼와 방패 등의 병장기를 들고 추는 춤이다. 통치자의 무공(武功)을 기리는 뜻을 춤으로 표현한 것이다.
4) 문무(文舞)는 무무(武舞)와 상대되는 용어이다. 무용수들이 피리 및 깃털 등의 도구를 들고 추는 춤이다. 통치자의 치적(治積)을 기리는 뜻을 춤으로 표현한 것이다.

以遠方蠻夷之樂敎人者, 所以示輿圖之無外, 異類之咸賓, 奏之宗廟
之中, 侈其盛也. 獨擧南樂, 則餘三方皆敎習可知.

소악정·대서·약사·약사승 네 사람은 모두 악관에 소속된 관리이다.
'찬(贊)'자는 보조하여 돕는다는 뜻이다. '서(胥)'는 대서를 가리킨다. '남
(南)'은 남쪽 오랑캐의 음악이다. 동쪽 오랑캐의 음악을 '매(昧)'라 부르
고, 남쪽 오랑캐의 음악을 '남(南)'이라 부르며, 서쪽 오랑캐의 음악을 '주
리(朱離)'라 부르고, 북쪽 오랑캐의 음악을 '금(禁)'이라 부른다. 『예기』「
명당위(明堂位)」편에서도 또한 "임(任)은 남만의 음악이다."라고 했다.
『주례』에서 기록하고 있는 것처럼, 모인이 국자들에게 남쪽 오랑캐의 음
악을 교육시킬 때,5) 대서는 북을 두드리며 그 음악의 악곡을 조절한다고
하므로, 경문에서 "대서가 남에 대해서 북을 친다."고 말한 것이다. 선왕
이 음악을 제정할 때에는 곡진하면서도 융성하게 만들었는데, 오히려 먼
이방민족인 오랑캐들의 음악으로 사람들을 교육시킨다고 하였다. 그 이
유는 선왕이 다스리는 강토에서는 오랑캐들의 영토에까지 교화가 미쳤
다. 따라서 차별 없이 오랑캐들까지도 모두 손님으로 대접하였으니,6) 그
들의 음악을 종묘 안에서 연주하는 것은 교화의 융성함을 흘러넘치도록
한다는 사실을 상징적으로 보여주는 행위이다. 그런데 경문에서는 유독
남쪽 오랑캐의 음악만을 제시하고 있다. 이것은 특별한 뜻이 아니라 단순
히 문장을 생략한 것이다. 따라서 나머지 세 오랑캐들의 음악도 모두 교
육하여 익히게 했음을 알 수 있다.

---

5) 『주례』「춘관(春官)·모인(旄人)」: 旄人, 掌敎舞散樂舞夷樂. 凡四方之以舞仕
者屬焉. 凡祭祀賓客舞其燕樂.
6) 『서』「주서(周書)·여오(旅獒)」: 明王愼德, 四夷咸賓, 無有遠邇, 畢獻方物, 惟
服食器用.

【035】

春誦, 夏弦, 太師詔之瞽宗. 秋學[如字]禮, 執禮者詔之, 冬讀書, 典書
者詔之, 禮在瞽宗, 書在上庠.〈008〉

태학의 교육에 있어서, 봄에는 국자들에게 노랫말을 암송하도록 가르치고,
여름에는 현악기로 음악을 연주하게 하되, 이러한 일들 모두는 태사가 고
종(瞽宗)[7]에서 가르친다. 가을에는 예(禮)를 배우니['學'자는 글자대로 읽는다.]
예제를 담당하는 자가 가르치고, 겨울에는 글을 읽으니, 서적을 담당하는
자가 가르치되, 예는 고종에서 가르치고, 글은 상상(上庠)[8]에서 가르친다.

集說 誦, 口誦歌樂之篇章也. 弦, 以琴瑟播被詩章之音節也. 皆太
師詔教之. 瞽宗, 殷學名; 上庠, 虞學名. 周有天下, 兼立虞 · 夏 ·
殷 · 周之學也.

'송(誦)'은 노랫말이 적힌 편들을 입으로 암송하는 것이다. '현(弦)'은 노
랫말에 따른 음악을 금슬 등으로 연주하는 것이다. 이들 모두는 태사가
가르친다. '고종(瞽宗)'은 은나라 때의 학교 명칭이고, '상상(上庠)'은 우
때의 학교 명칭이다. 주나라는 천하를 통일하고서, 우 · 하 · 은 · 주 때의
학교를 태학이라는 건물군에 함께 건립하였다.

---

7) 고종(瞽宗)은 본래 은(殷)나라 때의 학교 명칭이다. 주(周)나라 때에는 태학의
   건물들 중 하나로 여겼다.
8) 상상(上庠)은 본래 유우씨(有虞氏) 때의 태학(太學)을 가리킨다. 서교(西郊)에
   위치하였다. 참고적으로 유우씨 때의 소학(小學)은 하상(下庠)이다. 『예기』「왕제
   (王制)」편에는 "有虞氏, 養國老於上庠, 養庶老於下庠."이라는 기록이 있고, 이
   에 대한 정현의 주에서는 "上庠右學, 大學也, 在西郊, 下庠左學, 小學也, 在國
   中王宮之東."이라고 풀이했다. 또한 '상상'은 주(周)나라 태학에 건립된 건물들
   중 하나를 가리키기도 한다.

【036】

凡祭與養老乞言·合語之禮, 皆小樂正詔之於東序.〈009〉

모든 제사의 예법 및 노인을 봉양하며 걸언하였던 예법과 합어하였던 예법
에 대해서는 모두 소악정이 담당을 하여, 동서에서 국자들에게 가르쳤다.

集說 祭是一事, 養老乞言是一事, 合語是一事, 故以凡言之. 養老
乞言, 謂行養老之禮之時, 因乞善言之可行者於此老人也. 合語, 謂
祭及養老者, 與鄉射·鄉飲·大射·燕射之禮, 至旅酬之時, 皆得言
說先王之法, 合會義理而相告語也. 其閒各有威儀容節, 皆須小樂正
詔教之於東序之中.

경문 중의 제사는 별개의 사안이고, 노인을 봉양하며 걸언하는 것도 별개
의 사안이며, 합어도 별개의 사안이다. 그렇기 때문에 '범(凡)'이라는 글
자를 덧붙인 것이다. 노인을 봉양하며 걸언하는 것은 노인을 봉양하는
예를 시행할 때, 그것을 기회삼아서 봉양을 받는 노인들에게 자문을 해
서, 시행할 수 있는 좋은 말들을 구한다는 뜻이다. '합어(合語)'는 제사를
지내거나 노인을 봉양하거나 향사례(鄉射禮)9)·향음례(鄉飮禮)10)·대

---

9) 향사례(鄉射禮)는 활쏘기를 하며 음주를 했던 의례(儀禮)이다. 크게 두 가지로
나뉘는데, 하나는 지방의 수령이 지방학교인 서(序)에서 사람들을 모아서 활쏘기
를 익히며 음주를 했던 의례이고, 다른 하나는 향대부(鄉大夫)가 3년마다 치르는
대비(大比)라는 시험을 끝내고 공사(貢士)를 한 연후에, 향대부가 향로(鄉老) 및
향인(鄉人)들과 향학(鄉學)인 상(庠)에서 활쏘기를 익히고 음주를 했던 의례이다.
『주례』「지관(地官)·향대부(鄉大夫)」편에는 "退而以鄉射之禮五物詢眾庶."라
는 기록이 있는데, 이에 대한 손이양(孫詒讓)의 『정의(正義)』에서는 "退, 謂王受
賢能之書事畢, 鄉大夫與鄉老, 則退各就其鄉學之庠而與鄉人習射, 是爲鄉射
之禮."라고 풀이하였다.

10) 향음례(鄉飮禮)는 '향음주례(鄉飮酒禮)'라고도 부른다. 주(周)나라 때에는 향학
(鄉學)에서 3년마다 대비(大比)라는 시험을 치러서, 선발된 자들을 천거하였다.
이러한 행사를 실시할 때 향대부(鄉大夫)는 음주 연회의 자리를 만들어서, 선발된
자들에게 빈례(賓禮)에 따라 대접을 하며, 그들에게 술을 따라주었는데, 이 의식

사례(大射禮)11)·연사례(燕射禮)12) 등에서, 술잔을 주고받는 시기에 이
르게 되면, 선왕의 예법들에 대해 언급하며, 그것의 의미와 이치들을 종
합하여 서로 일러줄 수 있는 것을 뜻한다. 이러한 행사들을 진행하는 동
안에는 각각의 절차에 맞는 위엄 있는 의식, 용모의 꾸밈 및 행동방법들
이 필요하게 되는데, 이러한 내용들 모두를 행사 이전에 소악정이 동서
안에서 국자들에게 교육시키는 것이다.

【037】

大樂正學[效]舞干戚·語說[如字]·命乞言, 皆大樂正授數, 大司成論
說, 在東序.〈010〉

대악정은 국학에서 국자들에게 방패와 도끼를 들고 추는 춤, 합어를 하였
던 말들['說'자는 글자대로 읽는다.] 걸언을 시행하는 예법들을 가르치니['學'자의
음은 '效(효)'이다.] 이러한 교육 내용 모두에 대해서는 대악정이 가르칠 편과
장 등의 수치를 정해서 내려주고, 대사성은 동서에서 가르침을 받는 자들
의 깨우친 정도와 그들의 재주 및 능력의 우열을 판별한다.

을 '향음례' 또는 '향음주례'라고 불렀다. 『의례』「향음주례(鄕飮酒禮)」편에 대한
가공언(賈公彦)의 소(疏)에서는 정현의 『삼례목록(三禮目錄)』을 인용하여, "諸
侯之鄕大夫三年大比, 獻賢者能於其君, 以賓禮待之, 與之飮酒. 於五禮屬嘉
禮."라고 풀이했다.

11) 대사례(大射禮)는 천자가 '교외 및 종묘[郊廟]'에서 제사를 지낼 때, 제후 및 군신
(群臣)들과 미리 활쏘기를 하여, 적중함이 많은 자를 채택하고, 채택된 자로 하여
금 천자가 주관하는 제사에 참여하도록 하는 의례(儀禮)이다. 『주례』「천관(天
官)·사구(司裘)」편에는 "王大射, 則共虎侯, 熊侯, 豹侯, 設其鵠."이라는 기록
이 있는데, 이에 대한 정현의 주에서는 "大射者, 爲祭祀射. 王將有郊廟之事,
以射擇諸侯及群臣與邦國所貢之士可以與祭者. …… 而中多者得與於祭."라고
풀이하였다.

12) 연사례(燕射禮)는 연회 때 활쏘기를 했던 의례(儀禮)를 가리킨다. 천자는 제후
및 군신(群臣)들에게 연회를 베풀며, 그들의 노고를 치하했는데, 연회를 하며 활
쏘기 또한 시행했다. 이처럼 연회 때 활쏘기를 하는 의식을 '연사례'라고 부른다.

集說 戚, 斧也. 大樂正敎世子及士以舞干戚之容節, 及合語之說, 與乞言之禮. 此三者, 皆大樂正授之以篇章之數. 於是大司成之官於東序, 而論說此受敎者, 義理之淺深·才能之優劣也.

'척(戚)'은 춤 출 때 사용하는 도끼이다. 대악정은 세자 및 국자들에게 방패와 도끼를 들고 추는 춤의 형태와 절차, 합어를 통해 나온 좋은 말들, 걸언을 시행하는 예법들에 대해서 가르친다. 이 세 가지 교육 내용은 모두 대악정이 그것들에 해당하는 편과 장의 수치를 정해서 내려준다. 이때에 대사성이라는 관리는 동서에 위치하여, 이러한 가르침을 받은 자들이 그 의미와 이치를 깨우친 수준 및 그들의 재주와 능력의 우열을 판정한다.

【038】

凡侍坐於大司成者, 遠近間[平聲]三席, 可以問. 終則負墻, 列事未盡, 不問.〈011〉

무릇 대사성을 모시고 앉을 경우에는 대사성과 적절한 거리를 두고 앉게 되는데, 앞으로 나아가 질문을 할 때에는 좌석 3개를 놓을 정도의 거리로[‘間’자는 평성으로 읽는다.] 다가가야만 질문을 할 수 있다. 질문이 다 끝나면 다른 사람들을 위해 다시 자신의 자리로 돌아와서 벽을 등지고 앉는다. 대사성이 질문에 대해 답해주는 말들이 다 끝나지 않았다면, 재차 질문을 하지 않는다.

集說 席廣三尺三寸三分寸之一. 三席, 所謂函丈也. 相對遠近如此, 取其便於咨問. 問終則却就後席, 背負墻壁而坐, 以避後來問事之人. 其問事之時, 尊者有敎, 而己猶未達, 則必待其言盡, 然後更問. 若陳列未竟, 則不敢先問以參錯尊者之言也.

1개 좌석의 폭은 3척과 3과 3분의 1촌이다. '삼석(三席)'은 3개 좌석만큼의 폭을 뜻하니, 이른바 '함장(函丈)'이라는 것이다. 질문을 할 때 서로 마주보는 거리가 이와 같은데, 이 정도의 거리를 벌리는 이유는 가르침을 구하기에 편안한 거리만큼 벌리기 때문이다. 자신의 질문이 끝나면, 물러나서 뒤에 놓여 있는 자신의 자리로 돌아가고, 또한 그곳에서 벽을 등지고서 앉게 되는데, 이처럼 행동하는 이유는 이후에 질문을 하기 위해 앞으로 나서게 될 사람들을 위해 자리를 피해주어야 하기 때문이다. 질문을 했을 때, 대사성이 가르쳐 주었으나 본인이 아직 깨우치지 못했다면, 곧바로 되묻는 것이 아니라 반드시 그의 말이 다 끝날 때까지 기다린 이후에 재차 질문을 해야 한다. 만약 대사성이 예시 등을 열거하며 대답을 해주게 되어, 그 말들이 아직 다 끝나지 않았다면, 감히 말이 끝나기도 전에 질문을 하여 대사성의 말을 끊어서는 안 된다.

【039】

凡學, 春官釋奠于其先師, 秋·冬亦如之.〈012〉

무릇 태학에서는 봄마다 교육을 담당하는 관리들이 태학에서 위패를 모시고 있는 선사들에게 석전을 올리며, 가을과 겨울, 그리고 여름에도 또한 봄과 같이 석전을 올린다.

集說 官, 掌教詩·書·禮·樂之官也. 若春誦·夏弦, 則太師釋奠; 教干·戈, 則小樂正及樂師釋奠. 秋學禮, 冬讀書, 則其官亦如之. 釋奠者, 但奠置所祭之物而已, 無尸無食飮酬酢等事. 所以若此者, 以其主於行禮, 非報功也. 先師, 謂前代明習此事之師也.

'관(官)'은 『시』·『서』·『예』·『악』에 대한 교육을 담당하는 관리들이다. 봄에는 국자들에게 암송하는 것을 가르치고, 여름에는 현악기 연주를 가르치는데, 태사가 그 교육들을 주관하므로, 봄과 여름에는 태사가 석전을 올린다. 방패와 창을 들고 추는 춤을 가르치는 경우에는 소악정 및 악사가 그 교육을 주관하므로, 이들이 석전을 올린다. 가을에는 『예』를 가르치고, 겨울에는 『서』를 가르치므로, 해당 교육의 담당관들이 석전을 올린다. '석전(釋奠)'이라는 제사는 단지 제사 때 바치는 제수만을 진설

해둘 뿐이며, 시동도 없고 제수를 맛보거나 술잔을 주고받는 등의 절차가 없다. 이처럼 하는 이유는 석전은 그 의례를 시행하는데 주안점이 있는 것이지, 선사들의 공적에 보답하는 제사가 아니기 때문이다. '선사(先師)' 는 이러한 교과목에 능통하였던 앞 세대의 스승들을 뜻한다.

【040】

凡始立學者, 必釋奠于先聖 · 先師, 及行事, 必以幣.〈013〉

처음 태학을 세우는 경우에는 반드시 선성과 선사들에게 석전을 지내며, 석전의 의례를 시행할 때에는 반드시 폐백을 진설한다.

集說 諸侯初受封, 天子命之敎, 於是立學, 所謂始立學也. 立學事重, 故釋奠于先聖 · 先師. 四時之敎常事耳, 故惟釋奠于先師, 而不及先聖也. 行事, 謂行釋奠之事. 必以幣, 必奠幣爲禮也. 始立學而行釋奠之禮則用幣, 四時常奠不用幣也.

제후가 처음으로 분봉을 받으면, 천자가 그에게 학교를 세우라고 명령을 내리니, 이에 태학을 세우게 된다. 이것이 이른바 "처음 태학을 세운다." 는 경우이다. 태학을 건립하는 사안은 중대한 일이기 때문에, 선성과 선사에게 석전을 지내는 것이다. 사계절마다 교육을 실시하는 것은 일상적인 일들일 뿐이다. 그렇기 때문에 선사에게만 석전을 지내고, 선성에게는 지내지 않는다. '행사(行事)'는 석전의 의례를 시행한다는 뜻이다. "반드시 폐로써 한다."는 말은 반드시 폐백을 진설하여 석전의 의례를 시행한다는 뜻이다. 처음 태학을 세우고서 석전의 의례를 시행하는 경우에는 폐백을 사용하지만, 사계절마다 일상적으로 지내는 석전에서는 폐백을 사용하지 않는다.

【041】

凡釋奠者, 必有合也. 有國故, 則否. 凡大合樂, 必遂養老.〈014〉

석전을 지낼 경우에는 반드시 음악을 합주하는 의식이 있게 된다. 그러나 나라에 변고가 발생한 경우라면 음악 합주를 하지 않는다. 무릇 성대한 규모로 음악을 합주할 경우에는 반드시 노인을 봉양하는 의식까지도 시행한다.

集説 凡行釋奠之禮, 必有合樂之事. 若國有凶喪之故, 則雖釋奠, 不合樂也. 常事合樂, 不行養老之禮, 惟大合祭之時, 人君視學, 必養老也. 舊說: "合者, 謂若本國無先聖·先師, 則合祭鄰國之先聖·先師. 本國故有先聖·先師, 如魯有孔·顏之類, 則不合祭鄰國之先聖·先師也." 未知是否.

석전의 의례를 시행할 경우에는 반드시 음악을 합주하는 행사가 있게 된다. 만약 나라에 흉사나 상사와 같은 변고가 발생하였다면, 비록 석전 자체는 지내더라도 음악을 합주하지는 않는다. 일상적인 석전의 행사에서는 음악을 합주하지만, 노인을 봉양하는 의례는 시행하지 않고, 오직 성대한 규모로 음악을 합주할 때에만 군주가 시학(視學)[13]을 하며, 또한 반드시 노인을 봉양하는 의례까지도 시행한다. 옛 학설에서 "'합(合)'이라는 말은 자신의 제후국에 선성과 선사로 모실 분이 없는 경우라면, 이웃 제후국에서 모시고 있는 선성과 선사를 합사하여 제사를 지낸다는 뜻이다.

---

13) 시학(視學)은 천자가 석전(釋奠) 및 양로(養老) 등의 의례를 위해, 친히 태학(太學)에 왕림하는 것을 말한다. 일반적으로 천자가 '시학'을 하는 시기는 중춘(仲春), 계춘(季春), 중추(仲秋)에 해당한다. 중춘 때에는 태학에서 합무(合舞)를 하고, 계춘 때에는 합악(合樂)을 하며, 중추 때에는 합성(合聲)을 하기 때문이다. 『예기』「문왕세자(文王世子)」편에는 "天子視學."이라는 기록이 있는데, 이에 대한 공영달(孔穎達)의 소(疏)에서는 "天子視學, 必遂養老之法則, 養老既畢, 乃命諸侯群吏令養老之事. 天子視學者, 謂仲春合舞, 季春合樂, 仲秋合聲. 於此之時, 天子親往視學也."라고 풀이했다.

즉 자신의 제후국에 예전부터 전해져 내려온 선성과 선사가 있는 경우, 예를 들어 노나라에서는 예전부터 공자와 안연을 모시고 있었는데, 이런 경우에는 이웃 제후국에서 모시던 선성과 선사를 합사하여 제사를 지내지 않는다."라고 하였는데, 이것이 옳은 말인지 아닌지는 잘 모르겠다.

【042】

凡語于郊者, 必取賢斂才焉. 或以德進, 或以事擧, 或以言揚. 曲藝, 皆誓之, 以待又語. 三而一有焉, 乃進其等, 以其序, 謂之郊人, 遠[去聲]之. 於成均, 以及取爵於上尊也.〈015〉

교외에 있는 소학에서 수학하는 자들의 능력을 평가할 경우에는 반드시 현명한 자를 선발하고 재주가 있는 자를 선발한다. 어떤 이들은 덕을 기준으로 선발하고, 어떤 이들은 업무처리 능력으로 선발하며, 어떤 이들은 언변술로 선발한다. 한 가지 기예만 갖춘 자들에게는 그들 모두에게 더욱 열심히 하도록 격려하여, 매진하도록 만들어서 다음 번 선발시험까지 기다리도록 한다. 덕, 업무처리 능력, 언변술 등 이 세 가지 항목 중에 하나를 갖춘 자들은 곧 그들을 승진시키되, 그로 하여금 소학 안에서의 우열을 정하도록 한다. 이런 자들을 '교인(郊人)'이라 부르되, 그들은 미천한 신분이므로, 국자들에 비해 소원하게[遠'자는 거성으로 읽는다.] 대한다. 그러나 태학에서 행사를 시행할 때에는 교인의 노고를 치하하게 되니, 그들도 초청하며, 당상에 설치된 술동이로 술 권하는 의식은 할 수 있도록 허용한다.

集說 語于郊者, 論辨學士才能於郊學之中也. 有賢德者, 則錄取之, 有才能者, 則收斂之. 道德爲先, 事功次之, 言語又次之. 曲藝, 一曲之藝, 小小技能, 若醫卜之屬. 誓, 戒謹也. 學士中或無德無事無言之可取, 而有此曲藝之人, 欲投試考課者, 皆却之使退, 而謹習所能, 以待後次再語之時, 乃考評之也. 三而一有者, 謂此曲藝之人擧說三事而一事有可善者. 乃進其等, 卽於其同等之中, 枝而升進之也. 然猶必使之於同輩中以所能高下爲次序, 使不混其優劣也. 如此之人,但止目之曰郊人, 非俊選之比也, 以非士類, 故踈遠之. 成均, 五帝大學之名, 天子設四代之學. 上尊, 堂上之酒尊也. 若天子飮酒於成均之學宮, 此郊人雖賤, 亦得取爵於堂上之尊以相旅勸焉, 所以榮之也. 人字, 之字, 均字, 皆句絕.

'어우교(語于郊)'는 교학(郊學)[14] 안에서 학사들의 재주와 능력을 논변한다는 뜻이다. 현명하고 덕이 있는 자라면 기록을 하여 선발하고, 재주와 능력이 있는 자라면 거두어들인다. 도덕을 갖춘 사람이 우선순위가 되고, 일처리에 뛰어난 자가 그 다음 순번이 되며, 언변술이 뛰어난 자가 또한 그 다음이 된다. '곡예(曲藝)'는 한 가지의 기예를 뜻하니, 소소한 재주로 마치 의술이나 점술과 같은 부류들이다. '서(誓)'는 더욱 열심히 정진하라고 독려한다는 뜻이다. 학사들 중에 혹시 등용할 만큼의 덕성이 없거나 아니면 일처리에 뛰어난 점이 없거나 아니면 언변술에 뛰어난 점이 없더라도, 이처럼 한 가지 기예를 가지고 있는 자의 경우에는 시험을 부여하여 그들의 능력을 살피게끔 한다. 그 이유는 그들 모두를 잠시 뒤로 물러나게 해서, 자신이 잘하는 것들을 더욱 정진하여 익히도록 하고, 다음 평가까지 기다리게 한 다음 재평가를 하기 위해서이다. '삼이일유(三而一有)'라는 말은 이러한 기예를 가지고 있는 자들 중, 덕성, 업무처리 능력, 언변술 중 한 가지 분야에서 잘하는 점이 있는 자들을 뜻하니, 이러한 자들은 곧 그의 등급을 올려주는 것이다. '내진기등(乃進其等)'이라는 말은 그를 선발하여 승진시킨다는 뜻이다. 그런데 그들에 대해서는 반드시 동급의 무리들과 함께 머물게 하되, 능력의 우열에 따라서 등급을 매기게 하였다. 그 이유는 우열에 따른 서열을 문란하게 만들지 않기 위해서이다. 이와 같은 사람들은 단지 '교인(郊人)'이라고만 부르니, 준사(俊士)[15]나 선사(選士)[16]와 같은 자들에 비견할 바가 아니다. 따라서 그

---

14) 교학(郊學)은 주(周) 나라 때 원교(遠郊) 지역에 설치된 소학(小學)을 뜻한다. 참고적으로 향학(鄕學)은 근교(近郊) 안에 위치하였다.

들은 태학의 학사들이 아니기 때문에 거리를 두고 대하는 것이다. '성균(成均)'은 오제 때의 태학 명칭이다. 이러한 명칭을 사용할 수 있는 이유는 주나라 때의 천자는 네 왕조 때의 태학을 함께 건립하였기 때문이다. '상준(上尊)'은 당상에 있는 술동이이다. 천자가 성균이라는 학교 건물에서 술을 마시는 경우, 이러한 교인들은 비록 미천한 자들이라고 하지만, 또한 당상에 있는 술동이에서 술을 따라 다른 사람들에게 술을 권할 수 있으니, 이러한 것들을 허용해주는 이유는 그들의 노고를 위로하기 위해서이다. 경문의 '위지교인원지어성균(謂之郊人遠之於成均)'이라는 문장을 해석할 때에는 '교인(郊人)'의 '인(人)'자, '원지(遠之)'의 '지(之)'자, '성균(成均)'의 '균(均)'자에서 모두 구문을 끊는다.

附註 三而一有, 言德進事擧言揚三之中有其一也. 註未安. 謂之郊人句, 遠之於成均句. 註以遠之句, 於成均句, 未當. 一云: "遠, 當作達." '삼이일유(三而一有)'는 덕으로 선발하고, 업무처리 능력으로 선발하며, 언변술로 선발한다고 한 세 가지 중에서 그 중 하나를 가지고 있다는 뜻이다. 주의 설명은 타당하지 않다. '위지교인(謂之郊人)'에서 구문을 끊고 '원지어성균(遠之於成均)'에서 구문을 끊는다. 주에서는 '원지(遠之)'에서 구문을 끊고 '어성균(於成均)'에서 구문을 끊었는데, 타당하지 않다. 한편에서는 "원(遠)자는 마땅히 달(達)자로 기록해야 한다."라고도 주장한다.

---

15) 준사(俊士)는 선사(選士)들 중에서도 덕행과 재주가 뛰어나서, 국학(國學)에 입학하였던 자들을 뜻한다. 참고로 향학(鄕學)의 사(士)들 중에서 덕행과 재예(才藝)가 뛰어난 사를 수사(秀士)라고 불렀고, 수사들 중에서도 뛰어난 사람은 사도(司徒)에게 천거되는데, 그 사람을 선사(選士)라고 불렀다.

16) 선사(選士)는 수사(秀士)들 중에서 덕행과 능력이 출중하여, 사도(司徒)에게 천거된 자를 뜻한다. 참고로 수사는 향학(鄕學)의 사(士) 중에서 덕행과 재예(才藝)가 뛰어난 사를 뜻한다.

【043】

始立學者, 旣興[釁]器用幣, 然後釋菜, 不舞, 不授器, 乃退, 儐于東
序, 一獻, 無介語可也. 敎世子.〈016〉

처음 태학을 건립하는 경우에는 예기(禮器)들이 아직 갖춰지지 않았으므
로, 우선 예기들을 제작한다. 그리고 그것이 다 완성되면, 갈라진 틈 사이
에 희생물의 피 바르는['興'자의 음은 '釁(흔)'이다.] 의식을 시행하고, 그 의식이
끝나면 폐백을 진설하여 아뢴다. 그런 뒤에야 석채를 지내게 되는데, 이러
한 경우에는 일반적인 예법보다 간략하게 시행하므로, 이때의 석채에서는
춤을 추지 않으며, 또한 춤을 추지 않으므로 자연히 무용수들에게 무용
도구를 지급하지 않는다. 그리고 이러한 석채 행사가 끝나면, 곧 석채를
치르던 우상(虞庠)[1]에서 물러나서, 동서로 이동하여, 이곳에서 빈객들을
대접하게 된다. 그런데 이러한 경우에는 예법을 간소하게 하므로, 이때에
도 한 번 술잔을 바치는 것만 하고, 개(介)나 어(語)는 하지 않아도 괜찮다.
세자를 교육하는 내용이다.

[集說] 立學之初, 未有禮樂之器, 及其制作之成, 塗釁旣畢, 卽用幣
于先聖先師, 以告此器之成. 繼又釋菜, 以告此器之將用也. 凡祭祀
用樂舞者, 則授舞者以所執之器, 如干戈羽籥之類. 今此釋菜禮輕,

---

1) 우상(虞庠)은 주(周)나라 때의 소학(小學)으로 서교(西郊)에 위치하였다. 주나라
에서는 유우씨(有虞氏) 때의 상(庠)에 대한 제도를 본떠서, 소학을 지은 것이기
때문에, 그 학교를 '우상'이라고 부른 것이다. 『예기』 「왕제(王制)」편에는 "周人養
國老於東膠, 養庶老於虞庠. 虞庠在國之西郊."라는 기록이 있고, 이에 대한 정
현의 주에서는 "虞庠亦小學也. 西序在西郊, 周立小學於西郊 …… 周之小學爲
有虞氏之庠制, 是以名庠云."이라고 풀이했다. 한편 '우상'에는 두 가지 뜻이 포함
되어 있는데, 하나는 태학(太學)의 건물들 중 북쪽에 있는 학교를 뜻하는 것으로,
이것을 또한 상상(上庠)이라고도 불렀고, 다른 하나는 앞서 설명한 것처럼 교외
(郊外)에 설치했던 소학을 뜻한다. 『주례』 「춘관(春官)·대사악(大司樂)」편에는
"掌成均之灋."이라는 기록이 있는데, 이에 대한 손이양(孫詒讓)의 『정의(正義)』
에서는 "案虞庠有二, 一爲大學之北學, 亦曰上庠, 一爲四郊之小學, 曰虞庠."이
라고 풀이했다.

旣不用舞, 故不授舞器也. 諸侯有功德者, 亦得立異代之學. 東序,
夏制也, 與虞庠相對. 東序在東, 虞庠在西. 乃退儐于東序者, 謂釋
菜在虞庠之中, 禮畢, 乃從虞庠而退, 儐禮其賓於東序之中. 其禮旣
殺, 惟行一獻, 無介無語, 於禮亦可也. 此以上, 雖不專是敎世子之
事, 然以敎世子爲主, 故以此句總結上文.

태학을 건립한 초기에는 예악과 관련된 기물들을 아직 갖추지 못하였으
니, 그 기물들의 제작이 완성될 때에는 기물의 틈 사이에 피 바르는 의식을
끝내고서, 곧 선성과 선사들에게 폐백을 사용하여, 이러한 기물들이 완성
되었음을 아뢴다. 또한 그것에 연속하여 석채를 지내서, 이러한 기물들이
장차 사용될 것임을 아뢴다. 무릇 제사에서 악무를 사용하게 된다면, 무용
수들에게는 그들이 손에 쥐게 되는 기물들을 주게 되는데, 그 기물들은
방패 · 창 · 깃털 · 피리 등의 부류와 같은 것들이다. 지금 이 문장에서는
석채를 지내는데 그 예법이 일반적인 경우보다 간소하므로, 악무를 사용
하지 않는다고 하였다. 그렇기 때문에 무용 도구들 또한 지급하지 않는
것이다. 제후들 중에서 공적과 덕망이 있는 자의 경우에는 주나라가 아닌
앞선 왕조의 태학들도 건립할 수 있었다. '동서(東序)'는 하나라 때의 학제
에 해당하니, 우상과 서로 대비가 되는 것이다. 그러므로 동서는 동쪽에
있고, 우상은 서쪽에 있다. '내퇴빈우동서(乃退儐于東序)'라는 말은 우상
안에서 석채를 지내고, 그 의례가 다 끝나게 되면 곧 우상에서 물러나와
빈객들을 인도해서 동서 안에서 빈객들에게 예로 대접을 한다는 뜻이다.
그런데 그 예법들에 대해서 이미 간략하게 한다고 하였으니, 빈객들을
대접하는 의례에서도 오직 한 번 술잔을 바치는 절차만 시행하고, 개(介)
나 어(語)가 없게 된다. 그리고 이처럼 간략하게 진행해도 예법상으로도
괜찮은 것이다. 이곳 문장까지의 경문 내용들은 비록 세자를 교육하는
일만 전적으로 다루고 있는 것은 아니지만, 세자를 교육하는 내용을 위주
로 언급하고 있다. 그렇기 때문에 "이것이 세자를 교육하는 방법이다."라
는 구문으로, 위의 경문 내용들을 결론지은 것이다.

集說 石梁王氏曰: 三字亦衍文.

석량왕씨가 말하길, '교세자(敎世子)'라는 세 글자 또한 연문이다.

類編 右立學敎士之禮.

여기까지는 '입학교사지례(立學敎士之禮)'에 대한 내용이다.

◇ 학교를 시찰하고 노인을 봉양하는 예절[視學養老之禮]

【044】

天子視學, 大昕鼓徵, 所以警衆也. 衆至然後, 天子至, 乃命有司, 行事, 興秩節, 祭先師·先聖焉. 有司卒事, 反命. 〈041〉 [本在"不翦其類也"下.]

천자가 태학을 시찰할 때, 동틀 무렵에 북을 치는 이유는 의식행사에 참여해야 할 사람들에게 일찍 모이도록 알리는 방법이기 때문이다. 사람들이 모두 모인 이후에 천자가 도착을 하게 되면, 곧 유사에게 명령하여 일을 집행하되, 통상적인 예법에 따라 시행하여, 선사 및 선성에게 제사를 지내도록 시킨다. 유사는 의식행사가 다 끝나고 나면, 다시 천자에게 그 결과를 보고한다. [본래는 "그 가문의 후사를 끊지 않기 위함이다."¹⁾라고 한 문장 뒤에 수록되어 있었다.]

集說 天子視學之日初明之時, 學中擊鼓以徵召學士, 蓋警動衆聽使早至也. 凡物以初爲大, 末爲小, 故以大昕爲初明也. 有司, 敎詩書禮樂之官也. 興, 擧; 秩, 常; 節, 禮也. 卒事反命, 謂釋奠事畢, 復命于天子也.

천자가 시학하는 당일 동틀 무렵에는 태학에서 북을 울려 학사들을 부르니, 아마도 학사들을 깨워서 그들로 하여금 일찍 도착하도록 하기 위해서일 것이다. 모든 사물에 있어서 통상적으로 처음부분을 '대(大)'라 부르고, 끝 부분을 '소(小)'라 부른다. 그렇기 때문에 '대흔(大昕)'을 하루의 시작이라는 뜻에서 동틀 무렵이라고 한 것이다. '유사(有司)'는 『시』·『서』·『예』·『악』을 가르치는 관리이다. '흥(興)'자는 "거행한다."는 뜻이고, '질(秩)'자

---

1) 『예기』「문왕세자」 040장 : 公族之罪, 雖親不以犯有司正術也, 所以體百姓也. 刑于隱者, 不與國人慮兄弟也. 弗弔, 弗爲服, 哭於異姓之廟, 爲忝祖, 遠之也. 素服居外, 不聽樂, 私喪之也, 骨肉之親無絶也. 公族無宮刑, <u>不翦其類也</u>.

는 '통상[常]'이라는 뜻이며, '절(節)'자는 '예(禮)'를 뜻한다. "일을 다 끝내고 반명한다."는 말은 석전 의식을 다 끝내고서 천자에게 재차 그 사실을 보고한다는 뜻이다.

【045】

始之養也, 適東序, 釋奠於先老, 遂設三老五更[平聲]·群老之席位 焉.〈042〉

처음 태학을 건립하게 되면, 천자는 노인을 봉양하는 장소로 가는데, 동서로 가서 선대의 삼로와 오경이었던 자들에게 석전을 올리고, 그 일이 끝나면, 현재의 삼로 및 오경과['更'자는 평성으로 읽는다.] 군로들의 자리를 설치한다.

集說 天子視學在虞庠之中, 事畢反國, 明日乃之東序而養老. 始, 謂始初立學之時也. 若非始立學, 則無釋奠先老之禮. 先老, 先世之 爲三老·五更者也. 三老·五更各一人, 群老無定數. 蔡邕云: "更, 當爲叟. 三老三人, 五更五人." 未知是否. 然皆年老更事致仕者, 舊 說取象三辰·五星.

천자가 시학하는 것은 우상 안에서 하며, 의식행사가 다 끝나면 궁성으로 돌아간다. 그리고 다음날이 되면 다시 동서로 가서 노인을 봉양한다. '시 (始)'자는 태학을 처음 세웠을 때를 뜻한다. 만약 처음으로 태학을 세웠 을 때가 아니라면, 선로에게 석전을 지내는 예가 없다. '선로(先老)'는 전 세대의 삼로와 오경이었던 자들이다. 삼로와 오경은 각각 1명씩이며, '군로(群老)'는 정해진 수가 없다. 채옹은 "'경(更)'자는 마땅히 노인을 뜻 하는 '수(叟)'자가 되어야 한다. 삼로는 3명이고 오경은 5명이다."라고 하 였는데, 옳은 주장인지는 잘 모르겠다. 그러나 이들 모두는 나이가 연로 하여 세상사를 두루 겪어서 알고 관직에서 물러난 자들인데, 옛 학설에서 는 이 사람들을 삼로와 오경이라고 부르는 이유에 대해, 삼진(三辰)[2]과 오성(五星)[3]을 본떴기 때문이라고 설명하였다.

【046】

適饌, 省[息井反]醴・養老之珍具, 遂發咏[詠]焉, 退, 脩之以孝養[去聲]也.〈043〉

천자는 음식이 차려진 장소로 가서, 단술과 노인을 봉양하기 위해 차려진 음식 상태를 사열하니['省'자는 '息(식)'자와 '井(정)'자의 반절음이다.] 그 일이 끝나면 밖으로 나간다. 그리고 마침내 음악이 연주되면['咏'자의 음은 '詠(영)'이다.] 천자는 음악소리에 맞춰 노인들을 인도하여, 음식이 차려진 장소로 들어오고, 그들이 자리에 앉게 되면 다시 물러나서, 단술을 들고 그들에게 잔을 따라주게 되니, 이것은 효성으로 노인을 봉양하는['養'자는 거성으로 읽는다.] 도리를 수행하는 것이다.

集說 設席位畢, 天子親至陳饌之處, 省視醴酒及養老珍羞之具. 省具畢, 出迎三老・五更. 將入門, 遂作樂聲, 發其歌咏以延進之. 老更旣入, 卽西階下之位, 天子乃退而酌醴以獻之, 是脩行孝養之道也.

노인들의 자리를 설치하는 일이 다 끝나면, 천자는 직접 음식이 차려진 장소에 가서 단술 및 노인들을 대접하게 될 음식들이 완비된 상태를 사열한다. 갖춰진 상태를 사열하는 일이 끝나게 되면, 밖으로 나와서 삼로와 오경 등을 맞이한다. 문으로 들어가게 되면 마침내 음악과 노래를 연주하니, 그 노랫소리가 흘러나오면 천자는 그들을 인도하여 자리로 나아가는 것이다. 삼로와 오경이 다 들어오게 되면 서쪽 계단 아래에 설치된 자리

---

2) 삼신(三辰)은 해[日], 달[月], 별[星]을 가리킨다. 『춘추좌씨전』「환공(桓公) 2년」편에는 "三辰旂旗, 昭其明也."라는 기록이 있는데, 이에 대한 두예(杜預)의 주에서는 "三辰, 日・月・星也."라고 풀이했다.

3) 오성(五星)은 목성(木星), 화성(火星), 토성(土星), 금성(金星), 수성(水星)의 다섯 행성(行星)을 가리킨다. 『사기(史記)』「천관서론(天官書論)」편에는 "水火金木塡星, 此五星者, 天之五佐."라는 기록이 있다. 방위와 이명(異名)으로 설명하자면, '오성'은 동쪽의 세성(歲星: =木星), 남쪽의 형혹(熒惑: =火星), 중앙의 진성(鎭星: =塡星・土星), 서쪽의 태백(太白: =金星), 북쪽의 진성(辰星: =水星)을 가리킨다.

로 가게 된다. 그들이 자리를 잡으면 천자는 곧 자리에서 물러나서 단술을 따라 그들에게 잔을 바치니, 이것은 바로 효성으로 노인을 봉양하는 도리를 수행하는 것이다.

【047】

反, 登歌淸廟. 旣歌而語以成之也, 言父子·君臣·長幼之道, 合德音之致, 禮之大者也.〈044〉

노인들이 술잔을 받고난 뒤에 자신의 자리로 모두 되돌아가면, 악공들은 당상에 올라가서, 청묘라는 시를 노래로 부르고, 또한 노래에 맞춰서 음악을 연주한다. 노래가 다 끝나면 서로 선왕의 선한 도에 대해 말하게 되니, 이때에는 부자·군신·장유 관계에서 지켜야 하는 도리를 언급하여, 청묘라는 시가 나타내는 문왕의 지극한 덕음에 합치시키는데, 이것은 예 중에서도 성대한 것에 해당한다.

集說 反, 反席也. 老更受獻畢, 皆立於西階下東面. 今皆反升就席, 乃使樂工登堂歌淸廟之詩以樂之. 歌畢至旅酬時, 談說善道, 以成就天子養老之禮也. 其所言說者, 皆是講明父子·君臣·長幼之道理, 集合淸廟詩中所詠文王道德之音聲, 皆德之極致, 禮之大者也.

'반(反)'자는 자리로 돌아간다는 뜻이다. 삼로와 오경이 천자가 따라주는 술잔을 다 받게 되면, 모두 서쪽 계단아래에 서서 동쪽을 바라보게 된다. 이곳 문장에서 말하는 상황은 모두가 자신의 자리로 되돌아가 자리에 앉은 것이니, 그렇게 되면 곧 악공들을 시켜서 당상에 올라가 청묘(淸廟)라는 시를 노래 부르며, 그것에 맞춰 음악을 연주한다. 노래가 다 끝나서 서로 술잔을 주고받는 때가 되면, 선한 도에 대해 이야기를 하며, 천자가 노인을 봉양하는 의례를 성대하게 마무리 짓는다. 그들이 말하는 내용들은 모두 부자·군신·장유 사이에서 지켜야 하는 도리를 강론하여 밝힌 것인데, 이것은 청묘라는 시에서 노래로 표현하고 있는 문왕의 도덕에 대한 말들에 부합된다. 따라서 이것들은 모두 덕의 지극한 면모이며, 예 중에서도 성대한 것에 해당한다.

【048】

下管象, 舞大武, 大合衆以事, 達有神, 興有德也. 正君臣之位, 貴賤 之等焉, 而上下之義行矣.〈045〉

당하에서는 상무(象舞)에 맞는 악곡을 관악기로 연주하고, 마당에서는 대무(大武)를 춤추며, 국학의 학생들을 모두 불러 모아서 노인을 봉양하는 일에 참여하게 하여, 신명에 소통하게 만들고, 그들의 덕성을 진작시키는 것이다. 그리고 이것을 통해 군신의 지위를 바르게 하고, 귀천의 등급을 바르게 하며, 그리고 상하의 의로운 행동을 바르게 한다.

〔集說〕 下管象者, 堂下以管奏象舞之曲也. 舞大武者, 庭中舞大武之 舞也. 象是文王之舞, 周頌·維淸乃象舞之樂歌. 武則大武之樂歌 也. 武頌言勝殷遏劉, 維淸不言征伐, 則象·舞決非武舞矣. 註疏以 文王·武王之舞皆名爲象, 維淸象舞爲文王, 下管象爲武王, 其意蓋 謂淸廟與管象, 若皆爲文王, 不應有上下之別. 殊不知古樂歌者在 上, 匏竹在下, 凡以人歌者皆曰升歌, 亦曰登歌, 以管奏者皆曰下管, 周禮太師帥瞽登歌, 下管奏樂器, 書言下管鼗鼓是也. 淸廟以人歌 之, 自宜升, 象以管奏之, 自宜下. 凡樂皆有堂上堂下之奏也. 此嚴 氏之說, 足以正舊說之非, 故今從之. 大合衆以事, 謂大會衆學士, 以 行此養老之事. 而樂之所感, 足以通達神明, 興起德性也. 一說, 周 道之四達, 以有神明相之, 周家之興起, 以世世脩德, 皆可於樂中見 之. 上言父子·君臣·長幼之道, 此言正君臣之位, 貴賤之等, 而上 下之義行, 則先王養老之禮, 豈苟爲虛文而已哉?

'하관상(下管象)'이라는 말은 당 아래에서 관악기로 상무에 맞는 악곡을 연주한다는 뜻이다. '무대무(舞大武)'라는 말은 마당 가운데에서 대무라는 춤을 춘다는 뜻이다. 상무는 문왕의 덕을 표현한 춤이며, 『시』「주송(周頌)·유청(維淸)」편이 곧 상무라는 춤에 해당하는 노래가사이다. 그리고 『시』「주송(周頌)·무(武)」편은 대무라는 춤에 해당하는 노래가사이다. 한편 「무」편은 은나라를 이겨서 살육을 멈추게 한 사실을 밝히는 내용이며, 「유청」편에서는 정벌을 언급하지 않고 있으니, 상무와 대무는 결코 무무가 아니다. 정현의 주와 공영달의 소에서는 문왕과 무왕에 대한 춤을 모두 '상(象)'이라 부르고 있으며, 유청과 상무를 문왕에 대한 것이라 여기고, 당 아래에서 관악기로 연주하는 상을 무왕에 대한 것이라고 여겼다. 그들의 의중은 아마도 다음과 같았을 것이다. 즉 청묘와 당 아래에서 연주하는 상을 모두 문왕에 대한 것이라 한다면, 당상과 당하의 구별이 서지 않기 때문에, 이처럼 구분을 했던 것이다. 그러나 고대에는 노래를 부르는 자가 당상에 있고, 포죽(匏竹)4)과 같은 관악기들이 당하에 있게 되어, 무릇 사람이 노래를 부르는 것을 모두 '승가(升歌)'라고 불렀던 것이고, 또한 '등가(登歌)'라고도 불렀던 것이며, 한편 관악기로 연주하는 것을 모두 '하관(下管)'이라고 불렀던 것이다. 그들은 이러한 사실을 몰랐기 때문에 이처럼 주장한 것인데, 『주례』「대사(大師)」편에서 "장님 악사들을 인솔하여 등가를 한다."고 하고, "하관하여 악기들을 연주한다."고 하며,5) 『서』에서 "하관하여 도고를 연주한다."6)라고 한 말이 바로 앞서 설명했던 사실들을 나타낸다. 청묘는 사람이 노래로 부르는 것이니, 당상에 올라간다고 표현하는 것이 마땅하고, 상은 관악기로 연주

---

4) 포죽(匏竹)은 대나무로 만든 악기로, 생(笙)·우(竽)·소(簫)·적(笛) 등의 악기를 뜻한다. 『국어(國語)』「주어하(周語下)」편에는 "匏竹利制."라는 기록이 있고, 이에 대한 위소(韋昭)의 주에서는 "匏, 笙也; 竹, 簫管也."라고 풀이했다.

5) 『주례』「춘관(春官)·대사(大師)」 : 大祭祀帥瞽登歌令奏擊拊. 下管播樂器令奏鼓朄.

6) 『서』「우서(虞書)·익직(益稷)」 : 虞賓在位, 群后德讓, 下管鼗鼓, 合止柷敔, 笙鏞以間.

하는 것이니, 당하라고 표현하는 것이 또한 마땅하다. 다만 모든 음악에 있어서 연주를 할 때에는 당상과 당하에서 모두 연주를 하게 된다. 이것은 엄릉방씨의 주장으로, 그 주장이 타당하여 옛 주석의 잘못된 점을 바로잡을만한 것이므로, 여기에서는 이 주장에 따른다. "크게 중인들을 모아서 일하게 한다."는 말은 학사들을 모두 불러 모아서 노인 봉양하는 일을 시행하도록 한다는 뜻이다. 그리고 이러한 일들을 통해, 학사들은 음악을 듣고 감흥하게 되어, 충분히 신명과 소통할 수 있게 되며, 그들의 덕성 또한 진작시킬 수 있게 된다. 일설에는 이 말을 "주나라의 도가 사방에 두루 통하여 신명이 그를 돕게 되니, 주나라가 흥기하게 되어 대대로 덕을 닦았는데, 이러한 모든 내용들을 그 음악 속에서 확인할 수 있다."는 뜻이라고 주장한다. 앞 문장에서는 부자·군신·장유 사이에서 지켜야 하는 도리에 대해 언급하였고, 이곳 문장에서는 군신간의 지위와 귀천의 차이, 그리고 상하 계층 간의 의로운 행동에 대해서 바로잡는다고 하였으니, 선왕이 노인을 봉양하는 의례에 대해서, 어찌 허례허식이라고 여겼겠는가?

【049】
有司告以樂闋, 王乃命公·侯·伯·子·男及群吏曰: "反, 養老幼于 東序." 終之以仁也.〈046〉

유사가 천자에게 음악이 다 끝났다고 아뢰면, 천자는 곧 의식행사에 참여했던 공작·후작·백작·자작·남작 및 향과 수를 담당하는 관리들에게 명령하여, "이제 너희들의 행정구역으로 돌아가서, 동서에서 노인과 어린이를 봉양하는 의식을 시행하거라."라고 하니, 이것은 천자의 인자한 은덕으로 일을 끝맺는 것이다.

集說 闋, 終也. 此時幾內之諸侯, 及鄕遂之吏, 皆與禮席. 天子使其反國, 各行養老之禮, 是天子之仁恩, 始于一處而終皆徧及也.

'결(闋)'자는 "끝난다."는 뜻이다. 이 시기에 천자의 수도 안에 머물러 있던 제후들과 천자의 궁성 외곽에 있는 향과 수를 담당하는 관리들은 모두 이러한 의식 행사에 참여하게 된다. 천자는 그들로 하여금 각자 자신들이 담당하고 있는 제후국 및 행정구역으로 돌아가서, 노인을 봉양하는 의례를 시행하도록 하니, 이것은 천자의 인자한 은혜가 처음에는 한 장소에서 시작되지만 끝내는 두루 퍼지게 된다는 뜻이다.

集說 馮氏曰: 石梁先生於此經塗去幼字, 今按疏有其義, 而鄭註無養幼之文, 疑是訛本擅入一字.

풍씨가 말하길, 석양왕씨는 이곳 경문 중 '유(幼)'자를 잘못 기록된 글자로 여겨서 제거하였는데, 지금 기록들을 살펴보니, 공영달의 소에서는 어린이를 부양한다는 뜻이 기록되어 있지만, 정현의 주에는 '양유(養幼)'에 대한 기록이 없다. 따라서 이것은 아마도 잘못된 판본으로 '유(幼)'라는 한 글자가 잘못 삽입된 것 같다.

【050】

是故聖人之記事也, 慮之以大, 愛之以敬, 行之以禮, 脩之以孝養[去聲], 紀之以義, 終之以仁. 是故古之人一擧事而衆皆知其德之備也. 古之君子擧大事, 必愼其終始, 而衆安得喩焉? 兌[悅]命曰: "念終始典于學."〈047〉

이러한 까닭으로 성인이 노인을 봉양하는 예법을 기록함에는 효제의 대도를 고려하였고, 사랑하길 공경함으로써 하였으며, 시행하길 예법에 맞춰서 하였고, 다스리길 효에 따른 봉양의['養'자는 거성으로 읽는다.] 도리로써 하였으며, 기강을 잡길 도리로써 하였고, 끝맺기를 인자한 은덕으로써 하였다. 이러한 까닭으로 고대 사람들은 한 차례 노인 봉양하는 의식을 시행함에 대중들이 모두 그 속에 도덕이 완비되어 있다는 사실을 알게 되었다. 고대에는 군자가 큰일을 시행할 때, 반드시 시작과 끝을 한결같이 신중하게 시행하였는데, 대중들이 어찌 그 의미를 깨우치지 못할 수 있었겠는가? 그래서 『서』「열명(說命)」편에서 ['兌'자의 음은 '悅(열)'이다.] "시작과 끝을 항상 신중하게 생각하여, 학문에 펼친다."[7]라고 한 것이다.

集說 虞 · 夏 · 商 · 周皆有養老之禮, 後王養老, 亦皆記序前代之事也. 人道莫大於孝弟, 慮之以大者, 謂謀慮此孝弟之大道而推行之也. 愛敬, 省具之事; 行禮, 親迎肅之也; 孝養, 獻禮也; 紀義, 旣歌而語也; 終仁, 令侯國行之也. 一事之中, 人皆知其衆德之全備者, 以其愼終如始也, 如此則衆安得不嚼曉乎? 養老之禮行於學, 又因終始之義, 故引說命以結之也.

우 · 하 · 은 · 주나라 때에는 모두 노인을 봉양하는 예법이 있었고, 후대의 제왕들이 노인을 봉양할 때에도 모두들 앞선 왕조에서 시행했던 일들을 차례대로 기록해두었다. 인도 중에 효제보다 큰 것이 없으니, "고려하길 대로써 한다."는 말은 이러한 효제의 큰 도리를 고려하여, 그것을 미루어 실천한다는 뜻이다. 공경함에 따라 사랑함은 음식이 차려진 것을 직접 살피는 일에 해당하며, 예에 따라 시행함은 직접 그들을 맞이하며 정중하게 대우하는 일에 해당하고, 효에 따라 봉양함은 술을 따라 예로 대접하는 것에 해당하며, 의에 따라 기강을 잡음은 노래가 끝나고서 합어를 하는 일에 해당하고, 인자함으로 끝냄은 제후들로 하여금 그들의 나라에서 이러한 의식을 시행하도록 하는 일에 해당한다. 한 가지 일을 시행하는 중에 사람들은 모두 그 속에 온갖 도덕이 완비되어 있음을 알 수 있게 된다. 그 이유는 끝마무리를 처음 시작처럼 신중히 하기 때문인데, 이와 같이 한다면 대중들이 어찌 깨우치지 못할 수 있겠는가? 노인을 봉양하는 예법은 태학에서 시행하는데, 이 또한 끝과 시작을 한결같이 한다는 뜻에 따른 것이다. 그렇기 때문에 『서』「열명(說命)」편의 말을 인용하여

---

7) 『서』「상서(商書) · 열명하(說命下)」 : 惟斅學半, <u>念終始典于學</u>, 厥德修罔覺.

결론을 맺은 것이다.

附註 記讀作擧, 古音相近.
'기(記)'자는 거(擧)자로 풀이하니, 고음과 근사하다.

類編 右視學養老之禮. [以上竝本篇.]
여기까지는 '시학양로지례(視學養老之禮)'에 대한 내용이다. [여기까지는 모두 본편에 수록된 내용들이다.]

【051】

先王之所以治天下者五: 貴有德, 貴貴, 貴老, 敬長, 慈幼. 此五者, 先王之所以定天下也. 貴有德, 何爲[去聲]也? 爲其近於道也. 貴貴, 爲其近於君也. 貴老, 爲其近於親也. 敬長, 爲其近於兄也. 慈幼, 爲其近於子也. 是故至孝近乎王[去聲], 至弟近乎霸. 至孝近乎王, 雖天子必有父. 至弟近乎霸, 雖諸侯必有兄. 先王之敎, 因而弗改, 所以領天下國家也.〈祭義-014〉[本在"成人之道也"下.]

선왕이 천하를 다스렸던 방도는 다섯 가지이다. 덕을 갖춘 자를 존귀하게 대하며, 존귀한 자를 존귀하게 대하고, 노인을 존귀하게 대하며, 연장자를 공경스럽게 대하고, 어린 자를 자애롭게 대하는 것이다. 이 다섯 가지는 선왕이 천하를 안정시켰던 방도이다. 덕을 갖춘 자를 존귀하게 대하는 것은 어째서인가?['爲'자는 거성으로 읽는다.] 그는 도에 가깝기 때문이다. 존귀한 자를 존귀하게 대하는 것은 그가 군주와 가깝기 때문이다. 노인을 존귀하게 대하는 것은 그가 부모와 가깝기 때문이다. 연장자를 공경스럽게 대하는 것은 그가 형과 가깝기 때문이다. 어린 자를 자애롭게 대하는 것은 그가 자식과 가깝기 때문이다. 이러한 까닭으로 지극한 효를 갖춘 자는 천자와['王'자는 거성으로 읽는다.] 가깝고, 지극한 우애를 갖춘 자는 패자에 가깝다. 지극한 효를 갖춘 자는 천자와 가까우니, 비록 천자라 할지라도 반드시 효를 다하게 되는 부모가 있다. 또 지극한 우애를 갖춘 자는 패자에 가까우니, 비록 제후라 할지라도 반드시 우애를 다하게 되는 형이 있다. 선왕의 가르침에 대해서는 따르기만 하고 고치지 않으니, 이를 통해서 천하와 국가를 통솔한다. [본래는 "성인으로서 따라야 하는 도이다."[1]라고 한 문장 뒤에 수록되어 있었다.]

---

1) 『예기』「제의(祭義)」013장 : 孝子之有深愛者, 必有和氣; 有和氣者, 必有愉色; 有愉色者, 必有婉容. 孝子如執玉, 如奉盈, 洞洞屬屬然如弗勝, 如將失之. 嚴威儼恪, 非所以事親也, 成人之道也.

應氏曰: 仁以事親, 而廣其愛, 極其至, 則王者以德行仁之心
也. 義以從兄, 而順其序, 極其至, 則霸者以禮明義之擧也. 孝弟之
根本立乎一家, 王霸之功業周乎天下, 雖未能盡王霸之能事, 而亦近
之矣. 天子至尊, 內雖致睦於兄弟, 而族人不敢以長幼齒之, 故所尊
者惟父, 而諸侯特言有兄. 道渾全無迹, 德純實有方, 蓋以人行道而
有得於身也, 故曰近之矣.

응씨가 말하길, 인에 따라 부모를 섬기고, 친애함을 넓히고 지극함을 극
대화한다면, 천자가 덕에 따라 인을 행하는 마음이 된다. 의에 따라 형을
따르고, 질서에 순응하고 지극함을 극대화한다면, 패자가 예법에 따라
의를 밝히는 행동이 된다. 효제의 근본은 한 가정에서 확립되고, 천자와
패자의 공업은 천하에 두루 퍼지니, 비록 천자와 패자가 할 수 있는 일을
다 할 수 없더라도 또한 그에 가깝게 된다. 천자는 지극히 존귀하여 내적
으로 비록 형제에 대한 화목함을 지극히 하더라도, 족인들이 감히 자신의
나이에 따라 천자와 서열을 매길 수 없다. 그렇기 때문에 존귀하게 여기
는 자로는 오직 부모만 있을 뿐이고, 또 제후에 대해서는 단지 형만 있다
고 말한 것이다. 도가 완전하여 자취가 없고 덕이 순일하여 반듯함이 있
으니, 무릇 사람으로서 그 도를 시행하여, 자신에게 터득함이 있었던 것
이다. 그렇기 때문에 가깝다고 말했다.

石梁王氏曰: 王孝霸弟, 此非孔子之言.

석량왕씨가 말하길, 천자가 효를 하고 패자가 제를 한다는 것은 공자의
말이 아니다.

劉氏曰: 道之理一而德之分殊, 人之有德者, 未必皆能盡道之
大全也, 然曰有德, 則亦違道不遠矣, 此德之所以近道也.

유씨가 말하길, 도의 이치는 동일하지만 덕이 나뉨에 차이가 있으니, 사
람들 중 덕을 갖춘 자들이 모두 도의 전체를 다할 수 있는 것은 아니다.

그런데도 "덕이 있다."고 말했다면, 이 또한 도와의 거리가 멀지 않으니, 이것은 덕이 도에 가까운 이유이다.

附註 至弟近乎霸, 石梁王氏以此爲非孔子之言, 蓋以王霸兼言故也. 然桓‧文之羞道, 以假仁也, 非以其霸也. 如昆吾‧豕韋, 無假仁之失, 但德有廣狹耳. 文王得師尙父, 卜曰霸王之輔, 桓‧文之前已有霸王之名矣. 石梁之說失之陋.

'지제근호패(至弟近乎霸)'에 대해 석량왕씨는 이것은 공자의 말이 아니라고 했는데, 아마도 왕도와 패도를 함께 언급했기 때문일 것이다. 그런데 환공과 문공에 대해 말하기도 부끄러워하는 것은 인을 가차했기 때문이지 그들이 패자였기 때문이 아니다. 예를 들어 곤오나 시위와 같은 자들은 인을 가차하는 잘못이 없었으나 단지 덕에 넓고 좁은 차이만 있었을 따름이다. 문왕이 사상보를 얻었을 때에도 점괘에서는 패왕을 보좌할 자라고 했으니, 환공이나 문공 이전에 이미 '패왕(霸王)'이라는 명칭이 있었다. 석량의 주장은 너무 궁벽한 잘못을 범한 것이다.

【052】

子曰: "立愛自親始, 敎民睦也. 立敬自長始, 敎民順也. 敎以慈睦, 而民貴有親. 敎以敬長, 而民貴用命. 孝以事親, 順以聽命, 錯[措]諸天下, 無所不行."〈祭義-015〉

공자는 "친애의 도리를 세울 때 자신의 부모를 친애하는 것으로부터 시작하는 것은 백성들에게 화목의 도리를 가르치는 것이다. 공경의 도리를 세울 때 자신보다 연장자를 공경하는 것으로부터 시작하는 것은 백성들에게 순종의 도리를 가르치는 것이다. 자애로움과 화목함으로 가르쳐서 백성들은 부모를 섬기는 것을 존귀하게 여긴다. 또 공경함과 어른을 따르는 것으로 가르쳐서 백성들은 윗사람의 명령 따르는 것을 존귀하게 여긴다. 효를 시행하여 부모를 섬기고, 순종함으로써 명령을 따르니, 이러한 것들을 천하에 시행하면['錯'자의 음은 '措(조)'이다.] 행하지 못할 것이 없게 된다."라고 했다.

集說 此言愛敬二道, 爲齊家治國平天下之本. 君自愛其親以敎民睦, 則民皆貴於有親; 君自敬其長以敎民順, 則民皆貴於用上命. 愛敬盡於事親事長, 而德敎加於百姓, 擧而措之而已.

이 문장은 친애함과 공경함의 두 도리는 집안을 다스리고 국가를 다스리며 천하를 다스리는 근본이 됨을 뜻한다. 군주 본인이 자신의 부모를 친애하여 백성들에게 화목의 도리를 가르친다면, 백성들은 모두 부모를 친애하는 도리를 존귀하게 여긴다. 또 군주 본인이 자신보다 연장자를 공경하여 백성들에게 순종의 도리를 가르친다면, 백성들은 모두 윗사람의 명령에 따르는 것을 존귀하게 여긴다. 부모를 섬기고 연장자를 섬기는 일에서 친애함과 공경함을 다하고, 덕에 따른 교화를 백성들에게 베풀게 되니, 단지 이것을 들어서 저곳에 둘 따름이다.

【053】

昔者有虞氏貴德而尚齒, 夏后氏貴爵而尚齒, 殷人貴富而尚齒, 周人貴親而尚齒, 虞‧夏‧殷‧周, 天下之盛王也, 未有遺年者. 年之貴乎天下久矣, 次乎事親也.〈祭義-039〉[本在"可謂孝矣"下.]

예전에 유우씨 때에는 덕을 존귀하게 여겼고 나이를 숭상했으며, 하후씨 때에는 작위를 존귀하게 여겼고 나이를 숭상했으며, 은나라 때에는 부귀하게 함을 존귀하게 여겼고 나이를 숭상했으며, 주나라 때에는 친애하는 것을 존귀하게 여겼고 나이를 숭상했다. 우‧하‧은‧주를 통치했던 자들은 천하의 성왕들이었는데, 나이가 많은 자를 챙기지 않았던 자가 없었다. 그러므로 나이가 천하에서 존귀하게 대접받은 것은 매우 오래된 일이니, 부모를 섬기는 것 다음으로 오래되었다. [본래는 "효라고 할 수 있다."[1]라고 한 문장 뒤에 수록되어 있었다.]

集說 劉氏曰: 大舜貴以德化民, 有天下如不與, 而民化之, 幾於不知爵之爲貴矣, 故禹承之以爵爲貴, 而使民知貴貴之道也. 然貴爵之弊, 其終也, 在上者過於亢, 而澤不及下, 故湯承之以務富其民爲貴. 然富民之弊, 終也, 民各私其財, 而不知親親之道, 故武王承之以親親爲貴, 所謂周之宗盟, 異姓爲後, 是也. 四代之治, 隨時救弊, 所貴雖不同, 而尙齒則同也, 未有遺年齒而不尙者. 齒居天下之達尊久矣, 老吾老以及人之老, 故尊高年, 次於事親也. 然四者之所貴, 亦四代之所同, 記者但主於自古尙齒爲言耳, 讀者不以辭害意可也.

---

1) 『예기』 「제의(祭義)」 038장: 樂正子春下堂而傷其足, 數月不出, 猶有憂色. 門弟子曰: "夫子之足瘳矣, 數月不出, 猶有憂色, 何也?" 樂正子春曰: "善如爾之問也, 善如爾之問也. 吾聞諸曾子, 曾子聞諸夫子曰: '天之所生, 地之所養, 無人爲大. 父母全而生之, 子全而歸之, 可謂孝矣. 不虧其體, 不辱其身, 可謂全矣. 故君子頃步而弗敢忘孝也.' 今予忘孝之道, 予是以有憂色也. 壹擧足而不敢忘父母, 壹出言而不敢忘父母. 壹擧足而不敢忘父母, 是故道而不徑, 舟而不游, 不敢以先父母之遺體行殆. 壹出言而不敢忘父母, 是故惡言不出於口, 忿言不反於身. 不辱其身, 不羞其親, 可謂孝矣."

유씨가 말하길, 순임금은 덕으로 백성들을 교화하는 것을 존귀하게 여겼고, 천하를 소유하였음에도 관여하지 않는 것처럼 하여, 백성들이 교화되면서도 작위를 존귀하게 여겨야 한다는 사실을 거의 몰랐다. 그렇기 때문에 우임금은 순임금을 계승하며 작위를 존귀하게 여겼고, 백성들로 하여금 존귀한 자를 존귀하게 여기는 도를 알게끔 했다. 그러나 작위를 존귀하게 여기는 폐단은 그 끝에 이르러서 윗자리에 있는 자들은 높은 곳을 지나치게 추구했고 그 은택이 백성들에게까지 미치지 못했다. 그렇기 때문에 탕임금은 우임금을 계승하며 백성들을 부유하게 하는데 힘쓰는 것을 존귀하게 여겼다. 그러나 백성들을 부유하게 만드는 폐단은 그 끝에 이르러서 백성들이 각각 그들의 재산을 사유물로 여기고, 친근한 자를 친애해야 하는 도를 알지 못하게 되었다. 그렇기 때문에 무왕은 탕임금을 계승하며 친근한 자를 친애해야 하는 도를 존귀하게 여겼으니, "주나라 때 제후들과 회맹을 함에는 천자와 동성인 자를 먼저 기록하고 이성인 자를 뒤에 기록했다."[2]라고 한 뜻에 해당한다. 사대 때의 통치는 그 시기에 따라 폐단을 구제하여, 존귀하게 여기는 것이 비록 달랐지만, 나이를 존숭하는 것은 동일하여, 나이가 많은 자를 챙기지 않거나 숭상하지 않았던 자가 없었다. 따라서 나이가 천하의 모든 사람들이 공동으로 높이는 대상이 된 것은 오래된 일이니,[3] "나의 어르신을 어르신으로 모셔서 남의 어르신에게까지 미친다."[4]라고 한 것이다. 그러므로 나이가 많은 자를 존귀하게 높였던 것이고, 부모를 섬겼던 것 다음으로 존귀하게 여겼다. 그러나 존귀하게 높였던 네 가지 또한 사대 때 동일하게 여겼던 것이지

---

2) 『춘추좌씨전』「은공(隱公) 11년」: 公使羽父請于薛侯曰, "君與滕侯辱在寡人, 周諺有之曰, '山有木, 工則度之; 賓有禮, 主則擇之.' 周之宗盟, 異姓爲後. 寡人若朝于薛, 不敢與諸任齒. 君若辱貺寡人, 則願以滕君爲請."

3) 『맹자』「공손추하(公孫丑下)」: 天下有達尊三, 爵一, 齒一, 德一.

4) 『맹자』「양혜왕상(梁惠王上)」: 老吾老, 以及人之老, 幼吾幼, 以及人之幼. 天下可運於掌.

만, 『예기』를 기록한 자는 고대로부터 나이를 숭상했다는 것에 주안점을 두어 말했기 때문에 이처럼 기록한 것이니, 독자들은 표면적인 기록에 의해 참된 뜻을 놓치지 말아야 한다.

【054】
是故朝廷同爵則尚齒. 七十杖於朝, 君問則席, 八十不俟朝, 君問則就之, 而弟達乎朝廷矣. 〈祭義-040〉

이러한 까닭으로 조정에서는 작위가 같으면 나이가 많은 자를 높인다. 또 70세가 된 신하는 조정에서 지팡이를 짚을 수 있고, 군주가 그에게 하문하게 되면 그를 위해 자리를 펴고 그를 자리에 앉게 한다. 또 80세가 된 신하는 조정의 일이 모두 끝날 때까지 기다리지 않고 군주에게 읍을 하면 물러가며, 군주가 그에게 하문하게 되면 그의 집으로 찾아가니, 어른을 공경함이 조정에서 두루 시행되었던 것이다.

集說 古者視朝之禮, 君臣皆立, 七十杖於朝, 據杖而立也. 君問則席, 謂君若有問, 則爲之布席於堂而使之坐也. 不俟朝, 謂見君而揖之卽退, 不待朝事畢也. 就之, 卽其家也.

고대에 조정에 참여하는 예법에서는 군주와 신하가 모두 자리에 서 있었으니, 70세인 자가 조정에서 지팡이를 잡는다고 한 것은 지팡이에 의지하여 서 있다는 뜻이다. '군문즉석(君問則席)'은 군주가 만약 하문할 일이 있다면, 그를 위해 당상에 자리를 펴고 그로 하여금 자리에 앉게 만든다는 뜻이다. '불사조(不俟朝)'는 군주를 알현하고 읍을 하면 곧 물러나며, 조정의 일이 모두 끝날 때까지 기다리지 않는다는 뜻이다. '취지(就之)'는 그의 집으로 찾아간다는 뜻이다.

【055】

行肩而不倂[步項反], 不錯則隨, 見老者則車徒辟[避], 斑白者不以其
任行乎道路, 而弟達乎道路矣.〈祭義-041〉

도로에서 나이가 어린 자와 많은 자가 함께 걸어가게 되면 나이가 어린
자는 나이가 많은 자와 어깨를 나란히['倂'자는 '步(보)'자와 '項(정)'자의 반절음이
다.] 해서 걷지 않고, 상대가 자신의 형 연배에 해당한다면 대각선 방향으로
물러나서 걷고, 자신의 부친 연배에 해당한다면 바로 뒤쪽 방향으로 물러
나서 걷는다. 또 도로에서 노인을 보게 된다면 수레에 탔거나 도보로 걷는
자들은 모두 그를 피해준다.['辟'자의 음은 '避(피)'이다.] 머리가 반백인 자들은
짐을 지고 도로에서 걷지 않으니, 어른을 공경함이 도로에서 두루 시행되
었던 것이다.

集說 此言少者與長者同行之禮. 倂, 竝也, 肩而不倂, 謂少者不可
以肩齊竝長者之肩, 當差退在後也. 不錯則隨, 謂此長者若是兄之
輩, 則爲鴈行之差錯, 稍偏而後之; 若是父之輩, 則直隨從其後矣. 車
徒辟, 言或乘車, 或徒行, 皆當避之也. 任, 所負戴之物也, 不以任行
道路, 卽孟子"頒白者不負戴於道路矣."

이것은 나이가 어린 자와 많은 자가 함께 걸어갈 때의 예법을 뜻한다.
'병(倂)'자는 나란히라는 뜻이니, '견이불병(肩而不倂)'은 나이가 어린 자
는 자신의 어깨를 나이가 많은 자의 어깨와 나란히 두고 걸을 수 없으므
로, 마땅히 뒤로 조금 물러나야 한다는 뜻이다. '불착즉수(不錯則隨)'는
나이가 많은 자가 만약 자신의 형과 동년배라고 한다면 기러기가 날아갈
때 삼각형으로 대열을 짜서 날아가는 것처럼 하니, 조금 측면으로 치우쳐
서 뒤로 물러나서 걷고, 만약 자신의 부친과 동년배라고 한다면 그와 일
직선상에서 그 뒤를 따라간다는 뜻이다. '거도피(車徒辟)'는 수레에 탔거
나 도보로 걷는 자들은 모두 그를 피해주어야 한다는 뜻이다. '임(任)'은
등에 짊어지거나 머리에 얹은 물건이니, 짐을 들고 도로를 걷지 않는 것
은 『맹자』에서 "머리가 반백인 자는 도로에서 짐을 짊어지거나 머리에

엏지 않는다."5)라고 한 말에 해당한다.

附註 肩而不倂, 言肩隨而不倂行. 車徒, 謂車馬僕從也.
'견이불병(肩而不倂)'은 조금 뒤로 물러서서 따라가며 나란히 가지 않는
다는 뜻이다. '거도(車徒)'는 수레와 말 및 종복들을 뜻한다.

---

5) 『맹자』「양혜왕상(梁惠王上)」 : 謹庠序之敎, 申之以孝悌之義, 頒白者不負戴於
   道路矣.

【056】

居鄕以齒, 而老窮不遺, 強不犯弱, 衆不暴寡, 而弟達乎州巷矣.〈祭義
-042〉

향리에 있을 때에는 나이에 따라 서열을 정하고, 나이가 들거나 궁벽한
자라도 버려두지 않는다. 또 강한 자가 약한 자를 범하지 않고 다수가 소수
에게 난폭하게 굴지 않으니, 어른을 공경함이 향리에서 두루 시행되었던
것이다.

> **集說** 遺, 棄也.
> '유(遺)'자는 "버린다."는 뜻이다.

> **集說** 鄭氏曰: 一鄕者, 五州. 巷, 猶閭也.
> 정현이 말하길, 1개의 향(鄕)은 5개의 주(州) 단위이다. '항(巷)'은 여(閭)
> 라는 행정단위와 같다.

【057】

古之道, 五十不爲甸徒, 頒禽隆諸長者, 而弟達乎獀[蒐]狩矣.〈祭義
-043〉

고대의 도리에 있어서, 50세가 된 자는 사냥의 몰이꾼으로 동원되지 않는
다. 사냥을 끝내고 짐승들을 나눠줄 때에는 나이가 많은 자에게 더 많이
분배하니, 어른을 공경함이 사냥에서['獀'자의 음은 '蒐(수)'이다.] 두루 시행되었
던 것이다.

> **集說** 四井爲邑, 四邑爲丘, 四丘爲甸, 君田獵, 則起其民爲卒徒, 故
> 曰甸徒, 五十始衰, 故不供此役也. 頒, 猶分也. 隆, 猶多也. 田畢分
> 禽, 則長者受賜多於少者. 春獵爲獀, 冬獵爲狩, 擧此則夏秋可知.
> 4개의 정(井)은 1개의 읍(邑)이 되고, 4개의 읍(邑)은 1개의 구(丘)가 되

며, 4개의 구(丘)는 1개의 전(甸)이 되는데, 군주가 사냥을 하게 되면 그 지역에 속한 백성들을 동원하여 몰이꾼으로 삼는다. 그렇기 때문에 '전도(甸徒)'라고 부른 것이며, 50세가 되면 비로소 쇠약해지기 시작하기 때문에 이러한 부역에 참여하지 않는다. '반(頒)'자는 "나눠준다."는 뜻이다. '융(隆)'자는 "많다."는 뜻이다. 사냥이 끝나면 포획한 짐승들을 나눠주는데, 나이가 많은 자는 나이가 어린 자보다 많이 받는다는 뜻이다. 봄의 사냥을 '수(蒐)'라고 부르고, 겨울의 사냥을 '수(狩)'라고 부르니, 이 두 말을 제시하였다면, 여름과 가을의 사냥에서도 이처럼 했음을 알 수 있다.

【058】

軍旅什伍, 同爵則尚齒, 而弟達乎軍旅矣. 〈祭義-044〉

군대의 대오에서 계급이 같다면 나이가 많은 자를 숭상하니, 어른을 공경함이 군대에서 두루 시행되었던 것이다.

集說 五人爲伍, 二伍爲什.

5명은 1오(伍)가 되고, 2오(伍)는 1십(什)이 된다.

【059】

孝弟發諸朝廷, 行乎道路, 至乎州巷, 放[上聲]乎蒐狩, 脩乎軍旅, 衆以義死之而弗敢犯也. 〈祭義-045〉

효제의 도리가 조정에서 지켜지기 시작하여, 도로에서 행해지고, 향리에서 시행되며, 사냥과 군대에서까지 지켜지면['放'자는 상성으로 읽는다.] 모두가 효제의 도리에 따라 죽음을 무릅쓰고 감히 범하지 않는다.

集說 自朝廷至軍旅, 其人可謂衆矣, 然皆以通達孝弟之義, 死於孝弟而不敢干犯也.

조정으로부터 군대에 이르기까지 그 안에 포함된 사람들은 '중(衆)'이라 부를 수 있다. 그런데 모두가 효제의 도의에 통달함으로써 효제를 위해 죽음을 무릅쓰고 감히 범하지 않는다.

【060】

祀乎明堂, 所以敎諸侯之孝也. 食[嗣]三老·五更於大[泰]學, 所以敎諸侯之弟也. 祀先賢於西學, 所以敎諸侯之德也. 耕藉, 所以敎諸侯之養[去聲]也. 朝覲, 所以敎諸侯之臣也. 五者天下之大敎也.〈祭義-046〉

명당에서 제사를 지내는 것은 제후들이 지녀야 할 효의 도리를 가르치는 방법이다. 태학에서['大'자의 음은 '泰(태)'이다.] 삼로와 오경에게 식사를['食'자의 음은 '嗣(사)'이다.] 대접하는 것은 제후들이 지녀야 할 공경의 도리를 가르치는 방법이다. 서학에서 선현에게 제사를 지내는 것은 제후들이 지녀야 할 덕을 가르치는 방법이다. 적전을 경작함은 제후들이 시행해야 할 봉양의['養'자는 거성으로 읽는다.] 도리를 가르치는 방법이다. 조근의 의례를 시행하는 것은 제후들이 지녀야 할 신하의 도리를 가르치는 방법이다. 이러한 다섯 가지는 천하를 다스리는 큰 교화이다.

集說 西學, 西郊之學, 周之小學也, 王制云 "虞庠在國之西郊", 是也.

'서학(西學)'은 서쪽 교외에 설치한 학교이니, 주나라 때의 소학(小學)이다. 『예기』「왕제(王制)」편에서 "우상은 수도의 서쪽 교외에 위치했다."고 한 말에 해당한다.

集說 方氏曰: 先賢, 則樂祖是也. 西學, 則瞽宗是也. 樂祖有道德者, 故曰敎諸侯之德. 耕藉, 所以事神致養之道, 故曰敎諸侯之養. 朝覲, 所以尊天子, 故曰敎諸侯之臣. 樂記先朝覲而後耕藉者, 武王初有天下, 君臣之分, 辨之不可不早也.

방씨가 말하길, '선현(先賢)'은 악조(樂祖)[1]에 해당한다. '서학(西學)'은 고종에 해당한다. 악조는 도덕을 갖춘 자이기 때문에 "제후들이 지녀야 할 덕을 가르친다."고 했다. "적전을 경작한다."는 것은 신을 섬기며 봉양을 다하는 도리이다. 그렇기 때문에 "제후들이 지녀야 할 봉양의 도리를 가르친다."고 했다. '조근(朝覲)'은 천자를 존숭하는 것이다. 그렇기 때문에 "제후들이 지녀야 할 신하의 자세를 가르친다."고 했다. 『예기』「악기(樂記)」편에서 조근을 먼저 언급하고 적전 경작하는 일을 뒤에 말한 것은 무왕이 최초 천하를 소유했을 때, 군신간의 구분에 있어서 하루빨리 구별하지 않을 수 없었기 때문이다.

【061】

食三老・五更於大學, 天子袒而割牲, 執醬而饋, 執爵而酳[以刃反], 冕而揔干, 所以敎諸侯之弟也. 是故鄕里有齒, 而老窮不遺, 强不犯弱, 衆不暴寡, 此由大學來者也.〈祭義-047〉

태학에서 삼로와 오경에게 식사를 대접할 때, 천자는 옷을 걷고 희생물을 직접 자르고, 장 등을 들고서 음식을 바쳤으며, 술잔을 들고서 입가심하는 ['酳'자는 '以(이)'자와 '刃(인)'자의 반절음이다.] 술을 따랐고, 면류관을 쓰고 방패를 들고서 춤을 추웠으니, 제후들이 지녀야 할 공경의 도리를 가르치는 방법이다. 이러한 까닭으로 향리에서는 나이에 따른 서열을 지키게 되어서, 나이가 들거나 궁벽한 자라도 버려두지 않았으며, 강한 자가 약한 자를 범하지 않았고, 다수가 소수에게 난폭하게 굴지 않았으니, 이러한 도리는 모두 태학의 가르침으로부터 나타난 것이다.

---

1) 악조(樂祖)는 예악(禮樂)을 가르쳤던 선사(先師)들이다. 예전에는 도덕(道德)을 갖춘 인물로 태학(太學)에 들여보내서, 국자(國子)들을 가르치도록 하였다. 그리고 그들이 죽게 되면 '악조'로 삼아서, 고종(瞽宗)에서 제사를 지냈다. 『주례』「춘관(春官)・대사악(大司樂)」편에는 "凡有道者有德者, 使敎焉. 死則以爲樂祖, 祭於瞽宗."이라는 기록이 있다.

集說 祖而割牲者, 祖衣而割制牲體爲俎實也. 饋, 進食也. 酳, 食畢
而以酒虛口也. 捴干, 捴持干盾以立于舞位也. 鄕里有齒, 言人皆知
長少之序也.

'단이할생(祖而割牲)'은 옷을 걷고 희생물의 몸체를 갈라 도마에 올린다
는 뜻이다. '궤(饋)'자는 음식을 바친다는 뜻이다. '인(酳)'은 식사를 끝내
면 술로 입을 헹군다는 뜻이다. '총간(捴干)'은 방패를 들고 무용수들의
대열에 위치한다는 뜻이다. '향리유치(鄕里有齒)'는 사람들이 모두 나이
에 따른 서열을 안다는 뜻이다.

【062】
天子設四學, 當入學而大[泰]子齒.〈祭義-048〉
천자는 사대 때의 학교를 세우지만, 태자가['大'자의 음은 '泰(태)'이다.] 학교에
입학하게 되면 동급생들과 함께 나이에 따라 서열을 정한다.

集說 四學, 虞·夏·殷·周四代之學也. 大子齒, 謂大子與同學者
序長幼之位, 不以貴加人也.

'사학(四學)'은 우·하·은·주 사대 때의 학교를 뜻한다. '태자치(大子
齒)'는 태자는 동급생들과 함께 나이에 따른 서열을 정하며, 신분의 고귀
함을 빌미로 남보다 위에 있지 않다는 뜻이다.

【063】
天子巡守[去聲], 諸侯待于竟[境], 天子先見百年者. 八十九十者東行,
西行者弗敢過; 西行, 東行者弗敢過, 欲言政者, 君就之可也.〈祭義
-049〉
천자가 순수를['守'자는 거성으로 읽는다.] 하게 되면 제후는 국경까지['竟'자의 음
은 '境(경)'이다.] 마중 나와서 기다리며, 천자가 제후국에 들어가면 우선적으

로 나이가 100세인 자를 만나본다. 80세나 90세인 자가 동쪽으로 가게 되면 서쪽으로 가던 일행은 감히 그를 앞질러서 가지 않는다. 또 그들이 서쪽으로 가게 되면 동쪽으로 가던 일행은 감히 그를 앞질러서 가지 않는다. 노인 중 정치적 의견을 진술하고자 하는 자가 있다면 군주는 그에게 찾아가서 그 말을 듣는 것이 옳다.

集說 應氏曰: 彼向東, 此向西; 彼西行, 此趨東. 是相違而不相値, 然必駐行反, 迂謁而見之, 不敢超越徑過也.

응씨가 말하길, 상대가 동쪽을 향해 가고 본인이 서쪽을 향해 가며, 상대가 서쪽을 향해 하고 본인이 동쪽을 향해 간다는 뜻이다. 이러한 경우에는 서로 거리를 두어서 서로 겹치지 않도록 하니, 반드시 가던 것을 멈추어 되돌아오고 우회하여 청해서 만나보며, 감히 상대를 앞질러 빨리 가서는 안 된다.

【064】

壹命齒于鄕里, 再命齒于族, 三命不齒, 族有七十者弗敢先. 七十者不有大故不入朝; 若有大故而入, 君必與之揖讓, 而後及爵者.〈祭義 -050〉

1명의 등급을 가진 자는 향리에서 나이에 따라 서열을 정한다. 2명의 등급을 가진 자는 족인들과 나이에 따라 서열을 정한다. 3명의 등급을 가진 자는 나이에 따라 서열을 정하지 않지만, 족인들 중 70세인 자가 있다면, 감히 그보다 먼저 자리에 앉지 않는다. 70세인 자는 중대한 이유가 있지 않으면 입조하지 않는다. 만약 중대한 이유가 있어서 입조하게 되면, 군주는 조정에 참관하여 우선적으로 그와 읍을 해서 겸양의 뜻을 나타내야 하며, 그 이후에는 작위를 가진 자들에게 읍을 한다.

集說 方氏曰: 一命齒于鄕里, 非其鄕里, 則以爵而不以齒可知. 再命齒于族, 非其族, 則以爵而不以齒亦可知. 三命不齒, 雖於其族, 亦不得而齒之矣, 則鄕里又可知. 然此特貴貴之義耳, 至於老老之仁, 又不可得而廢焉, 故族有七十者弗敢先也. 先, 謂鄕飮之席, 待七十者先入而后入也. 君與之揖讓而后及爵者, 豈族之三命得以先之乎? 五州爲鄕, 五鄰爲里, 於遠擧鄕, 則近至於五比之閭可知; 於近擧里, 則遠達於五縣之遂可知. 六鄕六遂, 足以互見也. 此言族, 周官所謂父族也. 蓋有天下者謂之王族, 有國者謂之公族, 有家者則謂之官族, 以傳代言之則曰世族, 以主祭言之則曰宗族.

방씨가 말하길, "1명(命)의 등급을 가진 자는 향리에서 나이에 따라 서열을 정한다."라고 했는데, 향리가 아니라면 작위에 따라 서열을 정하며 나이에 따라 서열을 정하지 않는다는 사실을 알 수 있다. "2명(命)의 등급을 가진 자는 족인들과 나이에 따라 서열을 정한다."라고 했는데, 족인들과의 자리가 아니라면 작위에 따라 서열을 정하며 나이에 따라 서열을 정하지 않는다는 사실 또한 알 수 있다. "3명(命)의 등급을 가진 자는 나이에 따라 서열을 정하지 않는다."라고 했으니, 비록 그의 족인들과 있는 자리라도 또한 나이에 따라 서열을 정할 수 없으니, 향리에서도 나이에 따라 서열을 정하지 않는다는 사실 또한 알 수 있다. 그러나 이것은 단지 존귀한 자를 존귀하게 대하는 도의일 따름이니, 노인을 노인으로 대하는 인(仁)은 또한 폐지할 수 없다. 그렇기 때문에 족인들 중 70세인 자가 있다면 감히 그보다 먼저 자리에 앉지 않는 것이다. '선(先)'은 향음주례 등을 시행할 때의 자리이니, 70세인 자가 먼저 들어갈 때까지 기다린 뒤에야 들어간다는 뜻이다. 군주는 그와 함께 읍을 하며 겸양의 뜻을 나타내고 그 이후에 작위를 가진 자들에게 읍을 한다고 했으니, 어찌 족인들 중 3명의 등급을 가진 자가 70세인 자보다도 먼저 자리에 위치할 수 있겠는가? 5개의 주(州)는 1개의 향(鄕)이 되고, 5개의 인(鄰)은 1개의 리(里)가 되는데, 먼 지역에 대해서 향(鄕)을 거론했다면, 가까이 5개의 비(比)가 되는 1개의 여(閭)에 있어서도2) 이처럼 하게 된다는 사실을 알 수 있고, 가까운 지역에 대해 리(里)를 거론했다면, 멀리 5개의 현(縣)

이 되는 1개의 수(遂)에 있어서도[3] 이처럼 하게 된다는 사실을 알 수 있다. 따라서 육향(六鄕)과 육수(六遂)를 거론한 것은 이를 통해 상호 그 뜻을 보완적으로 나타낼 수 있다. 이곳에서 '족(族)'이라고 한 말은 『주례』에서 말한 '부족(父族)'[4]에 해당한다. 무릇 천하를 소유한 자의 친족에 대해서는 '왕족(王族)'이라 부르고, 제후국을 소유한 자의 친족에 대해서는 '공족(公族)'이라 부르며, 대부의 영지를 소유한 자의 친족에 대해서는 '관족(官族)'이라 부르고, 세대를 계승한 것을 기준으로 말한다면 '세족(世族)'이라 부르며, 제사를 주관하는 것을 기준으로 말한다면 '종족(宗族)'이라 부른다.

【065】
天子有善, 讓德於天. 諸侯有善, 歸諸天子. 卿·大夫有善, 薦於諸侯. 士·庶人有善, 本諸父母, 存諸長老. 祿爵慶賞, 成諸宗廟, 所以示順也.〈祭義-051〉 善則稱人, 過則稱己, 敎不伐, 以尊賢也.〈祭義-05 2〉[5] [善則稱人以下, 本在"以尊天地"下.]

천자에게 좋은 일이 있으면 하늘에게 그 덕을 양보한다. 제후에게 좋은 일이 있으면 천자에게 그 공을 돌린다. 경과 대부에게 좋은 일이 있으면

---

2) 『주례』「지관(地官)·대사도(大司徒)」: 令五家爲比, 使之相保. 五比爲閭, 使之相受. 四閭爲族, 使之相葬. 五族爲黨, 使之相救. 五黨爲州, 使之相賙. 五州爲鄕, 使之相賓.

3) 『주례』「지관(地官)·수인(遂人)」: 五家爲鄰, 五鄰爲里, 四里爲酇, 五酇爲鄙, 五鄙爲縣, 五縣爲遂.

4) 『주례』「지관(地官)·당정(黨正)」: 國索鬼神而祭祀, 則以禮屬民, 而飮酒于序以正齒位: 壹命齒於鄕里, 再命齒於父族, 三命而不齒.

5) 『예기』「제의(祭義)」 052장: 昔者, 聖人建陰陽天地之情, 立以爲易. 易抱龜南面, 天子卷冕北面, 雖有明知之心, 必進斷其志焉, 示不敢專, 以尊天地; 善則稱人, 過則稱己, 敎不伐, 以尊賢也.

제후에게 그 공을 돌린다. 사와 서인에게 좋은 일이 있으면, 부모에게서 비롯되었음을 알리고, 친족 중의 연장자에게 그 공을 돌린다. 군주가 녹봉과 작위 및 상을 하사하는 것을 종묘에서 시행하는 것은 순종함을 드러내는 방법이다. 좋은 일이 있으면 남에게 그 공을 돌리고, 과실이 발생하면 자신을 탓하니, 자랑하지 않음을 가르쳐서 이를 통해 현자를 존귀하게 높인다. ["좋은 일이 있으면 남에게 그 공을 돌린다."라고 한 말로부터 그 이하의 기록은 본래 "천지를 존귀하게 높인다."라고 한 문장 뒤에 수록되어 있었다.]

集說 成諸宗廟, 言於宗廟中命之也, 詳在祭統十倫章.

'성저종묘(成諸宗廟)'는 종묘 안에서 명령을 내린다는 뜻으로, 상세한 설명은 『예기』「제통(祭統)」편의 '십륜장(十倫章)'에 나온다.

類編 右貴老敬長之禮. [此一節祭義文.]

여기까지는 '귀로경장지례(貴老敬長之禮)'에 대한 내용이다. [이 1개 절은 「제의」편의 문장이다.]

◇ 거북점과 시초점을 치고 신을 공경하는 예절[卜筮敬神之禮]

【066】

昔者, 聖人建陰陽天地之情, 立以爲易. 易抱龜南面, 天子卷[袞]晃北面, 雖有明知[去聲]之心, 必進斷其志焉, 示不敢專, 以尊天地.〈祭義 -052)1) [祭義. 本在"所以示順也"下.]

예전에 성인은 음양과 천지의 실정을 세워서 『역』을 만들었다. 역관은 거북점을 들고 남쪽을 바라보며, 천자는 곤면을['卷'자의 음은 '袞(곤)'이다.] 착용하고 북쪽을 바라보는데, 비록 밝은 지혜를['知'자는 거성으로 읽는다.] 갖추고 있더라도, 반드시 거북점을 쳐서 그 뜻을 결정하니, 이를 통해 감히 자기 마음대로 한 것이 아님을 드러내어 천지를 존귀하게 높인다. [「제의」편의 문장이다. 본래는 "순종함을 드러내는 방법이다."2)라고 한 문장 뒤에 수록되어 있었다.]

集說 方氏曰: 明吉凶之象者莫如易, 示吉凶之象者莫如龜. 南, 則明而有所示之方也, 故易抱龜南面焉. 天子北面, 則以臣禮自處而致其尊也. 南面, 內也; 北面, 外也. 自外至內謂之進, 故曰進斷其志.

방씨가 말하길, 길흉의 형상을 밝히는 것 중에는 『역』만한 것이 없고, 길흉의 형상을 드러내는 것 중에는 거북껍질만한 것이 없다. 남쪽을 향한다면 밝아서 드러내는 방향이 있게 된다. 그렇기 때문에 역관(易官)은 거북껍질을 들고 남쪽을 바라본다. 천자가 북쪽을 바라본다면 신하의 예법으로 자처하여 존경함을 지극히 나타내는 것이다. 남쪽을 바라보는 것은 안쪽에 해당하고 북쪽을 바라보는 것은 바깥쪽에 해당한다. 바깥쪽으

---

1) 『예기』「제의(祭義)」 052장 : <u>昔者, 聖人建陰陽天地之情, 立以爲易, 易抱龜南面, 天子卷晃北面, 雖有明知之心, 必進斷其志焉, 示不敢專, 以尊天地</u>; 善則稱人, 過則稱己, 敎不伐, 以尊賢也.

2) 『예기』「제의(祭義)」 051장 : 天子有善, 讓德於天. 諸侯有善, 歸諸天子. 卿·大夫有善, 薦於諸侯. 士·庶人有善, 本諸父母, 存諸長老. 祿爵慶賞, 成諸宗廟, <u>所以示順也</u>.

로부터 안쪽으로 향하기 때문에 '진(進)'이라 했다. 그렇기 때문에 "나아가서 그 뜻을 결정한다."라고 말한 것이다.

集說 應氏曰: 易, 書也; 抱龜者, 人也. 不曰掌易之人, 而直以爲易者, 蓋明以示天下者易也. 易之道不可屈, 故不於北而於南, 明此以北面者, 臣也, 臣之位不可踰, 故不曰人而曰易, 蓋有深意焉.

응씨가 말하길, 『역』은 책이며, 거북껍질을 들고 있는 자는 사람이다. 그런데 『역』을 담당하는 자라고 말하지 않고 단지 '역(易)'이라고만 말한 것은 천하에 드러내는 것이 『역』임을 나타내기 위해서이다. 『역』의 도는 굽힐 수 없기 때문에 북쪽을 향하도록 하지 않고 남쪽을 향하도록 하는 것이다. 이를 통해서 북쪽을 바라보는 것은 신하임을 드러내니, 신하의 자리로는 뛰어넘을 수 없다. 그렇기 때문에 사람을 언급하지 않고 『역』이라고 말한 것이니, 깊은 뜻이 숨어 있다.

集說 石梁王氏曰: 此說卜者之位, 與儀禮不合, 亦近於張大之辭.

석량왕씨가 말하길, 이것은 거북점을 치는 자의 자리를 설명한 것인데, 『의례』의 기록과 부합되지 않으니, 아마도 과장된 말에 가까운 것 같다.

集說 劉氏曰: 易代天地鬼神以吉凶告天子, 故南面, 如祭祀之尸, 代神之尊也. 天子北面問卜以斷其志, 蓋尊天事神之禮也.

유씨가 말하길, 『역』은 천지의 귀신을 대신하여 길흉을 통해 천자에게 알려준다. 그렇기 때문에 남쪽을 바라보니, 마치 제사의 시동이 신의 존귀함을 대신하는 것과 같다. 천자는 북쪽을 바라보며 거북점을 쳐서 묻고, 이것을 통해 그 뜻을 결정하니, 하늘을 존귀하게 높이고 귀신을 섬기는 예법에 해당한다.

【067】

卜人定龜, 史定墨, 君定體.〈玉藻-011〉[玉藻. 本在"不得造車馬"下.]

복인은 거북껍질을 정돈하고, 사는 거북껍질에 사용하는 먹을 정돈하며,
군주는 갈라진 조짐을 판결한다. [「옥조」편의 문장이다. 본래는 "말이나 수레를 새로
운 것으로 마련하지 않는다."³⁾라고 한 문장 뒤에 수록되어 있었다.]

集說 周禮龜人所掌, 有天地四方六者之異, 各以方色與體辨之, 隨
所卜之事, 各有宜用, 所謂卜人定龜也. 史定墨者, 凡卜必以墨畫龜,
以求吉兆, 乃鑽之以觀其所坼. 若從墨而坼大謂之兆廣, 若裂其旁歧
細出則謂之墨坼, 亦謂之兆釁. 韻書釁, 音問, 器破而未離之名也.
體者, 兆象之形體. 定, 謂決定其吉凶也.

『주례』의 구인이 담당하는 거북껍질에는 천지 및 사방에 따른 서로 다른
여섯 종류의 거북껍질이 있어서, 각각 그 방위의 색깔과 몸체로 변별을
한다고 하니,⁴⁾ 거북점을 쳐야 하는 사안에 따라서, 각각 합당한 것을 사
용하는 것으로, 이것이 바로 "복인은 거북껍질을 정돈한다."고 한 말에
해당한다. "사는 묵을 정돈한다."라고 했는데, 무릇 거북점을 칠 때에는
반드시 거북껍질에 먹을 이용해 표식을 하여, 길한 징조를 구하고, 곧
구멍을 내고 불로 지져서 갈라진 상태를 관찰한다. 만약 먹에 따라서 크
게 갈라졌다면, 그것을 '조광(兆廣)'이라 부르며, 측면으로 터져서 가늘게
갈라져 나온다면, 그것을 '문탁(墨坼)'이라 부르고, 또한 '조문(兆釁)'이
라고도 부른다. 『운서』에서는 '문(釁)'자의 음은 '問(문)'이며, 어떤 기물
이 깨졌는데 완전히 떨어지지 않았을 때 쓰는 명칭이라고 했다. '체(體)'

---

3) 『예기』「옥조(玉藻)」 010장 : 年不順成, 君衣布搢本, 關梁不租, 山澤列而不賦,
   土功不興, 大夫<u>不得造車馬</u>.
4) 『주례』「춘관(春官)・귀인(龜人)」 : 龜人; 掌六龜之屬, 各有名物. 天龜曰靈屬,
   地龜曰繹屬, 東龜曰果屬, 西龜曰雷屬, 南龜曰獵屬, 北龜曰若屬. 各以其方之
   色與其體辨之.

는 조짐의 형태를 뜻한다. '정(定)'은 길흉을 판정한다는 뜻이다.

集說 疏曰: 尊者視大, 卑者視小.
소에서 말하길, 존귀한 자는 큰 것을 살펴보고, 미천한 자는 작은 것을
살펴본다.

【068】

不貳問. 問卜筮, 曰: "義與[平聲]志與?" 義則可問, 志則否.〈少儀-015〉
[本在"執箕膺擖"下.]

거북점과 시초점은 동일한 사안에 대해 재차 점을 치지 않는다. 거북점과
시초점을 치는 것을 보고 어떤 사안인가 궁금하여 질문을 하게 되면, "의로
운 일인가?['與'자는 평성으로 읽는다.] 아니면 자신의 뜻에 따른 것인가?"라고
말한다. 의로운 일이라면 어떤 사안인지 물어볼 수 있지만, 자신의 뜻에
따른 일이라면 물어보아서는 안 된다. [본래는 "쓰레받기를 들었을 때 그 입구가
자신의 가슴 쪽을 향하도록 든다."5)라고 한 문장 뒤에 수록되어 있었다.]

集說 見人卜筮, 欲問其所卜何事, 則曰義與志與. 義者, 事之宜爲.
志則心之隱謀也. 故義者則可問其事, 志則不可問其事也. 一說, 卜
者, 問求卜之人, 義則爲卜之, 志則不爲之卜. 亦通. 不貳問, 謂謀之
龜筮, 事雖正而兆不吉, 則不可以不正者再問之也.

남이 거북점과 시초점을 치는 것을 보고서, 어떤 일에 대해 점을 치는가
를 묻고자 한다면, "의로운 일인가? 자기의 뜻에 따른 것인가?"라고 말한
다. 의로운 일은 마땅히 시행해야 할 사안을 뜻한다. 자기의 뜻에 따른
것은 마음속으로 은밀히 계획을 세운 것이다. 그렇기 때문에 의로운 일에
해당하면 그 사안에 대해 물어볼 수 있지만, 자기의 뜻에 따른 것이라면

---

5) 『예기』「소의(少儀)」 014장 : 氾埽曰埽, 埽席前曰拚. 拚席不以鬣, 執箕膺擖.

그 사안을 물어볼 수 없다. 일설에는 점치는 자가 점을 의뢰한 자에게 질문한 것으로, 의로운 일에 해당한다면 그를 위해 점을 치고, 그 자의 개인적인 뜻에 따른 것이라면 그를 위해 점을 치지 않는 뜻이라고 하는데, 이 또한 통용되는 해석이다. "질문을 두 번 하지 않는다."는 말은 거북점과 시초점을 통해 계책을 물을 때, 그 사안이 비록 바르지만 조짐이 길하지 않다고 나왔다면, 올바르지 않은 것으로 재차 거북점과 시초점을 쳐서는 안 된다는 뜻이다.

【069】

外事以剛日, 內事以柔日.〈曲禮上-203〉 [本在"入門而問諱"下.]

외사는 강일(剛日)[6]에 해당하는 날에 시행하고, 내사는 유일(柔日)에 해당하는 날에 시행한다. [본래는 "그 집에 들어서면, 피휘를 해야만 하는 글자들을 물어본다."[7]라고 한 문장 뒤에 수록되어 있었다.]

集說 甲丙戊庚壬爲剛, 乙丁己辛癸爲柔. 先儒以外事爲治兵, 然巡狩朝聘盟會之類, 皆外事也. 內事, 如宗廟之祭, 冠昏之禮皆是.

십간 중 갑(甲)·병(丙)·무(戊)·경(庚)·임(壬)자가 들어가는 날이 '강일(剛日)'이 되고, 을(乙)·정(丁)·기(己)·신(辛)·계(癸)자가 들어가는 날이 '유일(柔日)'이 된다. 선대 유학자들은 '외사(外事)'를 군대를 다스리는 일로 여겼는데, 순수를 하거나 조빙 및 회맹 등의 부류도 모두 외사에 포함된다. 그리고 '내사(內事)'에 대해서는 종묘에서 지내는 제사

---

6) 강일(剛日)은 십간(十干)을 음양(陰陽)으로 구분했을 때, 양(陽)에 해당하는 날짜를 뜻한다. 십간에 따라 날짜를 구분할 때 갑(甲)·병(丙)·무(戊)·경(庚)·임(壬)자가 들어가는 날이 '강일'이 된다. '강일'과 반대되는 말은 유일(柔日)이며, 십간 중 을(乙)·정(丁)·기(己)·신(辛)·계(癸)자가 들어가는 날이 '유일'이 된다.

7) 『예기』「곡례상(曲禮上)」 202장 : 入竟而問禁, 入國而問俗, <u>入門而問諱</u>.

를 뜻한다고 하였는데, 관례나 혼례들도 모두 내사에 포함된다.

【070】

凡卜筮日, 旬之外曰遠某日, 旬之內曰近某日. 喪事先遠日, 吉事先
近日. 〈曲禮上-204〉

무릇 의식을 치르기 위해 날짜를 점칠 때, 해당 하는 날이 열흘 이후의
날에 해당한다면, 먼 어느 날이라고 부르며, 열흘 이내의 날에 해당한다면,
가까운 어느 날이라고 부른다. 상사에서는 먼 날에 대해서 먼저 점을 치고,
길사에서는 가까운 날에 대해서 먼저 점을 친다.

集說 疏曰: 今月下旬, 筮來月上旬, 是旬之外日也. 主人告筮者云
欲用遠某日, 此大夫禮. 士賤職褻, 時至事暇可以祭, 則於旬初卽筮
旬內之日, 主人告筮者云用近某日. 天子諸侯有雜祭, 或用旬內, 或
用旬外, 其辭皆與此同. 喪事, 謂葬與二祥, 是奪哀之義, 非孝子所
欲, 但不獲已, 故先從遠日而起, 示不宜急, 微伸孝心也. 吉事, 謂祭
祀冠昏之屬, 少牢云"若不吉, 則及遠日", 是先近日也.

소에서 말하길, 이번 달 하순경에 다음 달 상순에 해당하는 날을 점칠
때가 바로 열흘 이후의 날을 점치는 일에 해당한다. 주인이 점치는 자에
게 알리며, "먼 어느 날에 의식을 치르고자 한다."라고 말하는 경우는 대
부에게 해당하는 예법이다. 사는 신분이 낮고 맡은 소임도 보잘것없는
것들이니, 의식을 치를 시기가 다가올 때, 일이 한가하다면, 곧바로 제사
를 지내게 되니, 열흘 중 초입부에서 곧바로 열흘 이내의 날짜에 대해서
점을 치게 된다. 따라서 주인의 신분이 사인 경우라면, 점치는 자에게
알리며, "가까운 어느 날에 의식을 치르고자 한다."라고 말하는 것이다.
천자나 제후의 경우에는 여러 가지 제사들을 지내게 되므로, 어떤 때는
열흘 이내의 날짜에 치르고, 또 어떤 때는 열흘 이후의 날짜에 치르게
되는데, 그때 점치는 자에게 하는 말들은 모두 여기에서 말한 내용과 동

일하다. 상사는 곧 장례와 이상(二祥)[8]을 뜻하는데, 이러한 두 의식에는 슬픔을 털어내는 뜻이 포함되어 있으니, 자식된 입장에서 바라는 것이 아니고, 다만 부득이해서 지내는 것일 뿐이다. 따라서 먼저 먼 날부터 점을 쳐서, 급급해하지 않는다는 뜻을 보이고, 효심(孝心)을 미약하게나마 펼치게 되는 것이다. 길사(吉事)는 제사·관례·혼례 등을 뜻하는데, 『의례』「소뢰궤식례(少牢饋食禮)」편에서는 "만약 불길하다는 점괘가 나오면, 다시 점을 치되 먼 날부터 점친다."[9]라고 하였으니, 이 말은 곧 '길사'에는 가까운 날을 우선적으로 점친다는 사실을 나타낸다.

【071】

曰: "爲[去聲]日, 假爾泰龜有常", "假爾泰筮有常." 卜筮不過三, 卜筮不相襲.〈曲禮上-205〉

점치는 자가 거북점을 치며 말하길, "길일을 정하기 위하여['爲'자는 거성으로 읽는다.] 그대 귀중한 거북에 있는 신령스러움을 잠시 빌리노라."라고 말한다. 그리고 시초점을 칠 때에는 "길일을 정하기 위하여 그대 귀중한 시초에 있는 신령스러움을 잠시 빌리노라."라고 말한다. 거북점과 시초점은 세 번 이상 치지 않고, 또 거북점과 시초점은 서로 연달아서 치지 않는다.

集說　曰, 命辭也. 爲字, 去聲讀. 爲卜吉日, 故曰爲日. 卜則命龜曰 "爲日假爾泰龜有常", 筮則命蓍曰 "爲日假爾泰筮有常". 假, 因也, 託也. 泰者, 尊上之辭. 有常, 言其吉凶常可憑信也. 此命蓍龜之辭. 不過三者, 一不吉, 至再至三, 終不吉, 則止而不行. 襲, 因也. 卜不吉則止, 不可因而更筮, 筮不吉則止, 不可因而更卜也.

---

8) 이상(二祥)은 대상(大祥)과 소상(小祥)을 뜻한다. '연상(練祥)'이라고도 부른다. '소상'은 죽은 지 13개월 만에 지내는 제사이며, '대상'은 25개월 만에 지내는 제사이다.

9) 『의례』「소뢰궤식례(少牢饋食禮)」: <u>若不吉, 則及遠日,</u> 又筮日如初.

'왈(曰)'자 이하의 내용은 명령을 내리며 하는 말이다. '위(爲)'자는 거성으로 읽는다. 길일을 점치기 위한다는 뜻이다. 그렇기 때문에 '위일(爲日)'이라고 말한 것이다. 거북점을 치게 되면, 거북껍질에게 명령하며, "길일을 정하기 위하여, 그대 귀중한 거북에 있는 신령스러움을 잠시 빌리노라."라고 말한다. 그리고 시초점을 치게 된다면, 시초에게 명령하며, "길일을 정하기 위하여, 그대 귀중한 시초에 있는 신령스러움을 잠시 빌리노라."라고 말한다. '가(假)'자는 "~따른다."는 뜻이며, "~의탁한다."라는 뜻이다. '태(泰)'자는 존귀하게 높일 때 붙이는 말이다. '유상(有常)'은 그것으로 길흉을 판정할 때 항상 믿고 의지할 수 있다는 뜻이다. 이 말들은 모두 시초나 거북에게 명령하면서 하는 말들이다. "세 번을 넘지 않는다."는 말은 한 번 점을 쳐서 길(吉)하다는 점괘가 나오지 않으면, 두 번, 세 번 점을 치게 되는데, 최종적으로 불길하다는 점괘가 나오게 되면, 거기에서 멈추며, 다시 점을 치지 않는다. '습(襲)'자는 '~연유하여'라는 뜻이다. 예를 들어 거북점을 쳤는데, 불길하다는 점괘가 나오면 거기에서 멈추는 것이니, 거북점으로 불길하다는 점괘가 나왔다고 해서 다시 시초점을 쳐서는 안 되고, 시초점을 쳐서 불길하다는 점괘가 나오면, 거기에서 멈추는 것이니, 시초점으로 불길하다는 점괘가 나왔다고 해서 다시 거북점을 쳐서는 안 된다.

附註 爲日假爾泰龜, 按: 爲日, 猶爲期. 爲, 猶治也, 如字讀.
'위일가이태귀(爲日假爾泰龜)'라 했는데, 살펴보니, '위일(爲日)'은 위기(爲期)와 같은 말이다. '위(爲)'자는 치(治)자와 같은 뜻이니, 글자대로 읽는다.

【072】

龜爲卜, 筮爲筮. 卜筮者, 先聖王之所以使民信時日, 敬鬼神, 畏法令也, 所以使民決嫌疑, 定猶與[去聲]也. 故曰: "疑而筮之, 則弗非也, 日而行事, 則必踐[如字]之." 〈曲禮上-206〉 [以上並曲禮.]

거북껍질로는 거북점을 치고, 시초로는 시초점을 친다. 거북점과 시초점은 선대 성왕이 이로써 백성들로 하여금 시간과 날짜를 믿게 한 것이고, 귀신을 공경하게 한 것이며, 법령을 두려워하게 했던 것이다. 그리고 거북점과 시초점을 이용하여, 백성들로 하여금 의심스러운 것을 결정하게 만들고, 주저하며 망설이는['與'자는 거성으로 읽는다.] 일을 확정하게 했던 것이다. 그렇기 때문에 "의문스러우면 시초점을 치되 그 결과를 부정해서는 안 되며, 점을 쳐서 날짜를 정하여 그 일을 시행하기로 했다면, 반드시 그 일을 실천['踐'자는 글자대로 읽는다.]해야 한다."라고 한 것이다. [여기까지는 모두 「곡례」편의 문장이다.]

類編 右卜筮敬神之禮.

여기까지는 '복서경신지례(卜筮敬神之禮)'에 대한 내용이다.

禮記類編大全卷之十

『예기유편대전』 10권

◇ 玉藻第八 / 「옥조」 8편

此篇記上下冠服之制, 即王制之一節也. 間多錯脫, 頗加釐正.

이 편은 상하 계층의 관과 의복의 제도를 기록하고 있으니, 『예기』「왕제(王制)」편의 1절에 해당한다. 중간에는 착간되고 누락된 것이 많아서 정리하여 바로잡았다.

本居內則之下. 凡十節.

본래는 『예기』「내칙(內則)」편 뒤에 수록되어 있었다. 모두 10개 절이다.

「옥조」편 문장 순서 비교		
『예기집설』	『예기유편대전』	
	구분	문장
001	冠	031
002		032
003		033
004		034
005		035
006		036
007		038
008		雜記上-050
009		雜記上-051
010	衣裘	039
011		040
012		041
013		042
014		043
015		044
016		045

「옥조」편 문장 순서 비교		
『예기집설』	『예기유편대전』	
	구분	문장
017		046
018		047
019		048
020		049
021		050
022		051
023		052
024		053
025		054
026		055
027		056
028		109前
029		少儀-073
030		057
031		058
032		059
033	笏	060
034		018
035		019
036		020
037		雜記下-085
038		061
039		062
040		063
041		064
042	帶	065
043		066
044		067
045		068
046		069
047		雜記下-059

「옥조」편 문장 순서 비교		
『예기집설』	『예기유편대전』	
	구분	문장
048	佩玉	084
049		085
050		086
051		087
052		080
053		081
054		082
055		083
056	韠	070
057		071
058	婦人服	072
059		073
060		074
061	童子服	088
062		089前
063	上下服食之節	001
064		002
065		003
066		004
067		005
068		006
069		007
070		008
071		009
072		010
073		曲禮下-032
074		曲禮下-034
075		曲禮下-033
076		少儀-079
077		少儀-080
078		雜記下-074
079	車馬僕御之禮	012

「옥조」편 문장 순서 비교		
『예기집설』	『예기유편대전』	
	구분	문장
080		曲禮上-222
081		曲禮上-223
082		曲禮上-224
083		曲禮上-225
084		曲禮上-226
085		曲禮上-227
086		檀弓下-121
087		曲禮上-216
088		曲禮上-180前
089		曲禮上-183
090		曲禮上-184
091		曲禮上-185
092		曲禮上-186
093		曲禮上-187
094		曲禮上-188
095		曲禮上-189
096		曲禮上-190
097		曲禮上-191
098		少儀-053
099		少儀-034中
100		109後
101		檀弓下-104後
102		曲禮上-219
103		曲禮上-213
104		曲禮上-214
105		曲禮上-220
106		曲禮上-221
107		曲禮上-207
108		曲禮上-208
109		曲禮上-209
110		曲禮上-210
111		曲禮上-211

「옥조」편 문장 순서 비교		
『예기집설』	『예기유편대전』	
	구분	문장
112		曲禮上-212
113		少儀-022
114		少儀-041
115		少儀-042
116		曲禮上-215

◇ 관(冠)

【001】

始冠[去聲]緇布冠, 自諸侯下達. 冠而敝之可也.〈031〉 [本在"士側尊用禁"
下.]

관례를 치를 때 처음에는 치포관(緇布冠)을 씌워주니[᾽冠᾽자는 거성으로 읽는다.]
이것은 제후로부터 그 이하의 계층에게 모두 통용되는 예법이다. 다만 이
관은 현재 사용하지 않는 것이니, 관례를 치른 뒤에 폐지하여 사용하지
않는 것이 옳다. [본래는 "사의 측준에는 금을 사용한다."[1]라고 한 문장 뒤에 수록되어
있었다.]

集說 冠禮初加緇布冠, 諸侯以下通用. 存古故用之, 非時王之制
也. 故既用卽敝, 棄之可矣.

관례를 치를 때, 처음으로 치포관을 씌워주는데, 이것은 제후로부터 그
이하의 계층에게 통용되는 예법이다. 고대의 예법을 보존하였기 때문에
사용하는 것이니, 당시 왕조에서 제정한 제도가 아니다. 그렇기 때문에
사용했다면 곧 폐지하여 사용하지 않는 것이 옳다.

【002】

玄冠朱組纓, 天子之冠也. 緇有冠繢[會]緌[蕤], 諸侯之冠也. 玄冠丹組
纓, 諸侯之齊[齋]冠也. 玄冠綦[其]組纓, 士之齊冠也.〈032〉
현관에 주색의 끈으로 갓끈을 단 것은 천자가 쓰는 관이다. 치포관에 회유
를[᾽繢᾽자의 음은 ᾽會(회)᾽이다. ᾽緌᾽자의 음은 ᾽蕤(유)᾽이다.] 한 것은 제후가 쓰는 관이
다. 현관에 단색의 끈으로 갓끈을 단 것은 제후가 재계를[᾽齊᾽자의 음은 ᾽齋(재)᾽

---

1) 『예기』 「옥조」 030장 : 凡尊必尙玄酒. 唯君面尊. 唯饗野人皆酒. 大夫側尊用棜,
士側尊用禁.

이다.] 할 때 쓰는 관이다. 현관에 푸르고 하얀 빛을 내는['綦'자의 음은 '其(기)'이
다.] 끈으로 갓끈을 단 것은 사가 재계를 할 때 쓰는 관이다.

集說 天子始冠之冠則玄冠, 而以朱組爲纓. 諸侯雖是緇布冠, 却用
雜采之纊爲纓緌, 爲尊者飾耳, 非古制也. 齊冠, 齋戒時所服者. 諸
侯與士皆玄冠, 但其纓則有丹組綦組之異. 朱, 色紅而明. 丹, 赤色
也. 綦, 帛之蒼白艾色者. 一說, 文也.

천자의 경우, 관례를 치를 때 처음으로 씌워주는 관은 현관이고, 주색의
끈으로 갓끈을 만든다. 제후는 비록 치포관을 처음으로 쓰게 되지만, 여
러 채색을 섞어 만든 끈으로 영유를 만드니, 존귀한 자를 위해서 장식한
것일 뿐이며, 고대의 제도는 아니다. '재관(齊冠)'은 재계를 할 때 착용하
는 것이다. 제후와 사는 모두 현관을 착용하지만, 영에 있어서는 단색의
끈을 쓰고, 잡색이 섞인 끈을 사용하는 차이점이 있다. '주(朱)'는 그 색깔
이 홍색을 띠며 선명한 것이다. '단(丹)'은 적색을 뜻한다. '기(綦)'는 비단
중 쑥처럼 푸르며 하얀 것을 뜻한다. 일설에는 무늬를 뜻한다고 한다.

【003】
縞冠玄武, 子姓之冠也. 縞冠素紕[皮], 旣祥之冠也. 〈033〉
호관에 현무를 단 것은 손자가 쓰는 관이다. 호관에 소비를['紕'자의 음은 '皮
(피)'이다.] 단 것은 상제를 치른 뒤에 쓰는 관이다.

集說 縞, 生絹也. 武, 冠卷也. 以縞爲冠, 凶服也. 武則玄色, 吉也.
所以吉凶相半者, 蓋父有喪服, 子不可用純吉, 故曰子姓之冠. 姓, 生
也. 孫是子之所生, 故謂之子姓. 素, 熟絹也. 紕, 冠兩邊及卷下畔之
緣也. 縞冠素紕, 謂冠與卷身皆用縞, 但以素緣之耳. 旣祥之冠者,
祥祭后所服也.

'호(縞)'자는 생사를 뜻한다. '무(武)'는 관의 테두리이다. 생사로 관을 만

든 것은 흉복(凶服)2)에 해당한다. 무가 현색인 것은 길한 복장에 해당한다. 길과 흉에 속하는 것을 반반씩 섞은 이유는 무릇 부친이 상복을 착용하고 있다면, 자식은 순전히 길복에 해당하는 것을 착용할 수 없다. 그렇기 때문에 "자성의 관이다."라고 말한 것이다. '성(姓)'자는 "낳다."는 뜻이다. 손자는 자식이 낳은 아들이다. 그렇기 때문에 손자를 '자성(子姓)'이라고 부르는 것이다. '소(素)'자는 정련시킨 명주를 뜻한다. '비(紕)'는 관의 양쪽 측면 및 테두리 밑의 경계지점에 대는 가선이다. 호관에 소비를 달았다는 것은 관과 테두리 몸체를 모두 생사를 사용해서 만들되, 명주를 이용해서 가선을 댄 것을 뜻할 따름이다. 기상의 관이라는 것은 상제(祥祭)3) 이후 착용하는 복식이다.

集說 方氏曰: 爲祖之亡也, 故冠縞以示其凶; 爲父之存也, 故武玄以示其吉. 冠上而武下, 爲祖而縞者, 尊尊於上也; 爲父而玄者, 親親於下也.

방씨가 말하길, 조부가 돌아가셨기 때문에, 호관을 착용하여 흉사를 드러내는 것이며, 부친이 생존해 계시기 때문에, 현무를 대서 길사를 드러내는 것이다. 관은 위에 있고 무는 그 밑에 있으니, 조부를 위해서 호관을 착용하는 것은 위에 대해서 존귀한 자를 존귀하게 여긴다는 뜻을 나타낸 것이며, 부친을 위해서 현무를 대는 것은 밑에 대해서 친근한 자를 친근하게 여긴다는 뜻을 나타낸 것이다.

---

2) 흉복(凶服)은 상복(喪服)과 같은 말이다. 상(喪)을 당한 것은 흉사(凶事)에 해당하므로, 상을 치르며 입는 복장을 '흉복'이라고도 부르는 것이다. 『논어』「향당(鄉黨)」편에는 "凶服者式之."라는 기록이 있고, 이에 대한 하안(何晏)의 『집해(集解)』에서는 공안국(孔安國)의 주장을 인용하여, "凶服, 送死之衣物."이라고 풀이했다.

3) 상제(祥祭)는 대상(大祥)과 소상(小祥) 때의 제사를 뜻한다. '소상'에서의 제사는 부모가 죽은 지 만 1년 만에 지내는 제사이고, 대상(大祥)에서의 제사는 만 2년 만에 지내는 제사이다.

【004】

垂緌五寸, 惰游之士也.〈034〉

호관에 소비를 덧대고, 갓끈을 5촌으로 늘어트린 것은 한가롭게 노닐며
생업을 잃은 사의 관이다.

集說 此言縞冠素紕而緌之垂者長五寸, 蓋以其爲惰游失業之士, 使
之服此以恥之耳.

호관에 소비를 대며 유를 늘어트린 길이가 5촌이라고 했는데, 아마도 한
가롭게 노닐며 생업을 잃은 사에게 이러한 복장을 착용하게 하여, 수치스
러움을 느끼게 했던 것일 뿐이다.

【005】

玄冠縞武, 不齒之服也.〈035〉

현관에 호무를 덧댄 것은 변방으로 내쫓긴 자들이 착용하는 관이다.

集說 不齒, 卽王制所謂不帥敎而屛棄之者. 使之玄冠縞武, 亦以恥
辱之.

'불치(不齒)'는 곧 『예기』「왕제(王制)」편에서 말한 가르침에 따르지 않
아서 변방으로 내친 자를 뜻한다. 그들로 하여금 현관에 호무를 덧대게
하는 것 또한 수치스러움을 느끼게끔 하기 위해서이다.

【006】

居冠屬[燭]武, 自天子下達, 有事然後緌.〈036〉

한가롭게 거처할 때의 관은 테두리와 연결만['屬'자의 음은 '燭(촉)'이다.] 시켜두
니, 이처럼 하는 것은 천자로부터 그 이하의 모든 계층에게 통용되고, 특별
한 일이 있은 뒤에야 갓끈을 단다.

集說　禮服之冠, 則臨著乃合其武, 有儀飾故也. 若燕居之冠, 則冠與武相連, 以非行禮之時, 故率略少威儀也. 此冠無分貴賤皆著之, 故云自天子下達. 凡緌所以致其飾, 故有事乃緌, 無事則否也.

예복에 착용하는 관은 착용할 때가 되어야만 곧 그 테두리를 결합하니, 의례에 따른 꾸밈이 포함되기 때문이다. 만약 한가롭게 거처할 때의 관이라면, 관과 테두리를 서로 연결만 해두니, 의례를 시행하는 때가 아니기 때문에, 간략히 하여 위엄스러운 모습을 적게 나타내는 것이다. 이 관은 신분의 차등과 관계없이 모두 착용한다. 그렇기 때문에 천자로부터 그 이하의 계층에게 통용된다고 말한 것이다. 무릇 유를 다는 것은 장식을 지극히 하는 것이다. 그렇기 때문에 특별한 일이 있은 뒤에야 유를 다는 것이고, 특별한 일이 없다면 달지 않는 것이다.

【007】

大帛不緌. 玄冠紫緌, 自魯桓公始也.〈038〉[本在"親沒不髦"下.]

흉복에 해당하는 흰 관에는 갓끈을 하지 않는다. 현관에 자주색의 유를 한 것은 노나라 환공으로부터 시작되었다. [본래는 "부모가 돌아가시게 되면, 모의 머리 방식을 하지 않는다."[4]라고 한 문장 뒤에 수록되어 있었다.]

集說　方氏曰: 大帛, 冠之白者. 凶服去飾, 故不緌也. 玄冠之緌不宜用紫色, 爲其非正色也. 後世用之, 則自魯桓公始.

방씨가 말하길, '대백(大帛)'은 관 중에서도 백색인 것을 뜻한다. 흉복을 착용할 때에는 장식을 제거한다. 그렇기 때문에 유(緌)를 하지 않는 것이다. 현관의 유(緌)는 마땅히 자주색으로 해서는 안 되니, 그 색깔은 정색(正色)[5]이 아니기 때문이다. 후세에는 이것을 사용하였으니, 노나라 환

---

4) 『예기』「옥조」037장 : 五十不散送, 親沒不髦.

5) 정색(正色)은 간색(間色)과 대비되는 말로, 청색(靑色)·적색(赤色)·황색(黃

공으로부터 시작된 일이다.

【008】

大白冠, 緇布之冠, 皆不緌. 委武玄縞而后緌.〈雜記上-050〉[雜記. 本在
"喪車皆無等"下.]

대백관과 치포관에는 모두 갓끈 장식을 달지 않는다. 관의 테두리가 달린
현관과 호관인 뒤에야 갓끈 장식을 단다. [「잡기」편의 문장이다. 본래는 "상거는
모두 귀천에 따른 차등이 없다."[6]라고 한 문장 뒤에 수록되어 있었다.]

集說 大白冠, 太古之白布冠也. 緇布冠, 黑布冠也. 此二冠無飾, 故
皆不緌. 然玉藻云: "緇布冠繢緌, 是諸侯之冠", 則此不緌者, 謂大
夫·士也. 委武, 皆冠之下卷, 秦人呼卷爲委, 齊人呼卷爲武. 玄, 玄
冠也. 縞, 縞冠也. 玄縞二冠既別有冠卷, 則必有緌, 故云委武玄縞
而后緌也.

'대백관(大白冠)'은 태고 때 사용하던 백색의 포로 만든 관이다. '치포관
(緇布冠)'은 흑색의 포로 만든 관이다. 이 두 관에는 장식이 없기 때문에
모두 갓끈 장식을 달지 않는다. 그런데 『예기』「옥조(玉藻)」편에서는 "치
포관에 궤유를 한 것은 제후가 쓰는 관이다."라고 했으니, 여기에서 갓끈
장식을 달지 않는다고 한 것은 대부와 사의 경우를 뜻한다. '위(委)'와
'무(武)'는 모두 관에 달린 아래 테두리를 뜻하는데, 진나라 사람들은 테
두리를 '위(委)'라고 불렀고, 제나라 사람들은 테두리를 '무(武)'라고 불렀
다. '현(玄)'은 현관을 뜻한다. '호(縞)'는 호관을 뜻한다. 현관과 호관은
이미 별도로 관의 테두리가 달린 것이니, 반드시 갓끈의 장식이 포함된

色)·백색(白色)·흑색(黑色) 등 순일한 다섯 종류의 색깔을 뜻한다.
6) 『예기』「잡기상(雜記上)」 049장 : 祭稱"孝子"·"孝孫", 喪稱"哀子"·"哀孫". 端
衰喪車皆無等.

다. 그렇기 때문에 "테두리가 달린 현관과 호관인 뒤에라야 갓끈 장식을 단다."라고 말한 것이다.

【009】

大夫冕而祭於公, 弁而祭於己. 士弁而祭於公, 冠而祭於己. 士弁而親迎[去聲], 然則士弁而祭於己可也. 〈雜記上-051〉

대부는 치면을 착용하고서 군주의 제사를 돕고, 작변을 착용하고서 자신의 묘에서 제사를 지낸다. 사는 작변을 착용하고서 군주의 제사를 돕고, 현관을 착용하고서 자신의 묘에서 제사를 지낸다. 사는 작변을 착용하고서 친영을['迎'자는 거성으로 읽는다.] 하므로, 그렇다면 이 시기에 사가 작변을 착용하고서 자신의 묘에서 제사를 지내는 것도 괜찮다.

集說 冕, 絺冕也. 祭於公, 助君之祭也. 弁, 爵弁也. 祭於己, 自祭其廟也. 冠, 玄冠也. 助祭爲尊, 自祭爲卑, 故冠服有異也. 儀禮·少牢: "上大夫自祭用玄冠", 此云弁而祭於己者, 此大夫指孤而言也. 記者以士之親迎用弁, 以爲可以弁而祭於己, 然親迎之弁, 暫焉攝用耳, 祭有常禮, 不可紊也.

'면(冕)'은 치면을 뜻한다. '제어공(祭於公)'은 군주의 제사를 돕는다는 뜻이다. '변(弁)'은 작변을 뜻한다. '제어기(祭於己)'는 자신의 묘에서 직접 제사를 지낸다는 뜻이다. '관(冠)'은 현관을 뜻한다. 군주의 제사를 돕는 것은 존귀한 일이고, 직접 자신의 묘에서 제사를 지내는 것은 상대적으로 미천한 일이다. 그렇기 때문에 관과 복장에도 차이가 생긴다. 『의례』「소뢰궤식례(少牢饋食禮)」편에서는 "상대부는 직접 제사를 지낼 때 현관을 사용한다."라고 했고, 이곳에서는 작변을 착용하고 자신의 묘에서 제사를 지낸다고 했으니, 여기에서 말한 '대부(大夫)'는 고(孤)[7]를 가리

---

7) 고(孤)는 고대의 작위이다. 천자에게 소속된 '고'는 삼공(三公) 밑의 서열에 해당

커서 한 말이다. 『예기』를 기록한 자는 사가 친영을 하며 작변을 착용하니, 이를 통해 작변을 착용하고서 자신의 묘에서 제사를 지낼 수도 있다고 여겼다. 그러나 친영을 하며 착용했던 작변을 사용하는 것은 잠시 다른 것을 대신해서 사용할 따름이며, 제사에서는 항상된 예법이 있으니, 문란하게 만들 수 없다.

類編 右冠.

여기까지는 '관(冠)'에 대한 내용이다.

하며, 육경(六卿)보다 높았다. 고대에는 소사(少師)·소부(少傅)·소보(少保)를 삼고(三孤)라고 불렀다.

◇ 의구(衣裘)

【010】
朝玄端, 夕深衣.〈039〉 [本在"魯桓公始也"下.]

대부와 사는 아침에 현단을 착용하고, 저녁에 심의를 착용한다. [본래는 "노나라 환공으로부터 시작되었다."[1]라고 한 문장 뒤에 수록되어 있었다.]

【集說】 前章言夕深衣祭牢肉者, 國君之禮也. 此言朝玄端夕深衣者, 謂大夫·士在私朝及家朝夕所服也.

앞장에서 저녁식사를 할 때 심의를 착용하고 뇌육으로 제사를 지낸다고 한 것은 제후에게 해당하는 예이다. 이곳에서 아침에 현단을 착용하고 저녁에 심의를 착용한다는 말은 대부와 사가 사조 및 가조에 있을 때, 아침저녁으로 착용하는 복장을 뜻한다.

【011】
深衣三袪[嶇], 縫[平聲]齊[咨]倍要[平聲], 衽當旁, 袂可以回肘.〈040〉

심의를 만들 때에는 그 허리부분의 둘레를 소매의 끝단 너비의['袪'자의 음은 '嶇(구)'이다.] 3배로 만들며, 끝부분을['齊'자의 음은 '咨(자)'이다.] 재봉한['縫'자는 평성으로 읽는다.] 것은 허리부분의 너비보다['要'자는 평성으로 읽는다.] 2배로 하고, 연결 부분을 꿰맨 것은 양쪽 측면으로 오도록 하며, 상의와 연결시키는 소매부분은 팔을 그 안에서 돌릴 수 있도록 넓게 만든다.

【集說】 袪, 袖口也, 尺二寸, 圍之爲二尺四寸. 要之廣三, 其二尺四寸, 則七尺二寸也. 故云三袪. 齊者, 裳之下畔. 要爲裳之上畔, 縫齊倍要者, 謂縫下畔之廣一丈四尺四寸, 是倍要之七尺二寸也. 衽, 裳

---

1) 『예기』「옥조」 038장 : 大帛不綾. 玄冠紫綾, 自魯桓公始也.

交接之處也. 在身之兩旁, 故云衽當旁. 袂, 袖之連衣者也, 上下之廣二尺二寸, 肘長尺二寸, 故可以回肘也.

'거(袪)'자는 소매의 입구를 뜻하니, 1척 2촌의 길이이며, 둘러서 2척 4촌으로 만든다. 허리의 너비는 3배로 하니, 소매의 입구가 2척 4촌이라면, 7척 2촌이 된다. 그렇기 때문에 "거의 3배로 한다."라고 말한 것이다. '자(齊)'는 하의의 하단부 끝부분을 뜻한다. 허리 부분은 하의의 상단부 끝부분이 되는데, '봉자배요(縫齊倍要)'라는 말은 하단부 끝부분의 너비를 1장 4척 4촌으로 꿰맨다는 뜻으로, 이것은 곧 허리둘레인 7척 2촌의 2배가 된다는 의미이다. '임(衽)'은 하의 중 서로 겹쳐지는 부분을 뜻한다. 몸의 양쪽 측면에 놓이게 되므로, "임은 측면에 닿는다."라고 말한 것이다. '몌(袂)'는 소매가 상의와 연결된 부분으로, 상하의 너비가 2척 2촌이며, 팔꿈치의 길이는 1척 2촌이므로, 그 안에서 팔꿈치를 돌릴 수 있는 것이다.

【012】

長中繼揜尺, 袷[如]二寸, 袪尺二寸, 緣[去聲]廣[去聲]寸半.〈041〉
장의와 중의는 소매의 끝부분에 천을 덧대길 1척 정도 하고, 목 뒤의 옷깃은['袷'자의 음은 '劫(겁)'이다.] 2촌이며, 소매의 통은 1척 2촌으로 하고, 가선의['緣'자는 거성으로 읽는다.] 너비는['廣'자는 거성으로 읽는다.] 1.5촌으로 한다.

集說 長中者, 長衣・中衣也. 與深衣制同而名異者, 著於內則曰中衣, 蓋著在朝服或祭服之內也; 著於外則曰長衣, 以素爲純緣者也. 雜記云: "練冠長衣以筬". 註云: "深衣之純以素者也. 若凶服之純以布者, 則謂之麻衣." 繼揜尺者, 幅廣二尺二寸, 以半幅繼續袂口, 而揜覆一尺也. 袷, 曲領也. 其廣則二寸.

'장중(長中)'이라는 말은 장의(長衣)[2]와 중의를 뜻한다. 심의와 만드는 제도가 동일하지만 명칭이 다른데, 그 이유는 안쪽에 착용하면 그 옷을

'중의(中衣)'라 부르니, 무릇 조복이나 제복 안에 입는 것이고, 겉에 착용하면 그 옷을 '장의(長衣)'라 부르니, 백색의 명주로 가선을 댄 것이다. 『예기』「잡기(雜記)」편에서는 "연관과 장의를 착용하고 시초점을 친다."고 했고, 정현의 주에서는 "심의의 가선을 백색의 명주로 한 것이다. 마약 흉복처럼 가선을 포로 단다면, 이것은 '마의(麻衣)'라고 부른다."라고 했다. '계엄척(繼揜尺)'이라는 말은 폭의 너비가 2척 2촌인데, 반폭을 소매의 입구와 연결시키고, 1척을 덮는다는 뜻이다. '겁(袷)'자는 굽은 옷깃을 뜻하니, 그 너비는 2촌이 된다.

【013】
以帛裏布, 非禮也. 〈042〉
포로 만든 겉옷을 입었는데 비단으로 된 옷을 그 안에 입는 것은 비례이다.

〔集說〕 外服是布, 則不可用帛爲中衣以裏之, 謂不相稱也. 冕服是絲衣, 皮弁服 · 朝服 · 玄端服是麻衣, 皆十五升布. 凡裏各如其服.

겉옷이 포로 만든 옷이라면, 비단으로 중의를 만들어서 그 안에 입을 수 없으니, 서로 대칭이 되지 않는다는 의미이다. 면복은 생사로 만든 옷에 해당하고, 피변복 · 조복 · 현단복은 마로 만든 옷에 해당하니, 모두 15승의 포를 이용해서 만든다. 무릇 그 안에 입는 옷은 각각 그 겉옷에 맞추게 된다.

---

2) 장의(長衣)는 고대의 귀족들이 상중에 착용하는 순백색의 포로 된 옷이다. 『의례』
「빙례(聘禮)」편에는 "遭喪將命於大夫, 主人長衣練冠以受."라는 기록이 있는데, 이에 대한 정현의 주에서는 "長衣, 純素布衣也."라고 풀이했다.

【014】

士不衣[去聲]織[志]. 無君者不貳采.〈043〉

사 계급은 신분이 미천하므로, 염색한 실로는 옷을 만들어['織'자의 음은 '志(지)'이다.] 입지['衣'자는 거성으로 읽는다.] 않으며, 지위를 잃은 신하는 의복과 관의 색깔을 동일하게 맞춘다.

集說 染絲而織之爲織. 功多色重, 故士賤不得衣之也. 無君, 去位之臣也. 不貳采, 謂衣裳與冠同色.

생사를 염색하여 직조한 것을 '직(織)'이라 한다. 공력이 많이 들어가면 색감이 무겁다. 그렇기 때문에 사처럼 미천한 계급은 이러한 옷을 입을 수 없다. '무군(無君)'은 지위를 떠난 신하를 뜻한다. "채색을 두 가지로 하지 않는다."는 말은 상의와 하의 및 관을 동일한 색깔로 맞춘다는 뜻이다.

集說 疏曰: 大夫士去國, 三月之內, 服素衣素裳; 三月之後, 服玄端玄裳.

소에서 말하길, 대부와 사가 그 나라를 떠나게 되면, 3개월 동안은 소의와 소상을 착용하며, 3개월이 지나게 되면, 현단과 현상을 착용한다.

【015】

衣正色, 裳間[去聲]色. 非列采不入公門, 振[上聲]絺綌不入公門, 表裘不入公門, 襲裘不入公門.〈044〉

상의는 정색으로 만들고, 하의는 간색으로['間'자는 거성으로 읽는다.] 만든다. 신분에 따른 정식 복장이 아니라면 공문으로 들어가지 않고, 갈포로 만든 홑옷을['振'자는 상성으로 읽는다.] 입었다면 공문으로 들어가지 않으며, 석의를 걸치지 않고 갖옷만 입었다면 공문으로 들어가지 않고, 습의로 재차 석의를 가렸다면 공문으로 들어가지 않는다.

集說 正色者, 靑·赤·黃·白·黑, 五方之正色也. 木靑克土黃, 故
緣色靑黃, 爲東方之間色; 火赤克金白, 故紅色赤白, 爲南方之間色;
金白克木靑, 故碧色靑白, 爲西方之間色; 水黑克火赤, 故紫色赤黑,
爲北方之間色; 土黃克水黑, 故駵黃之色黃黑, 爲中央之間色也. 列
采, 爲正服之色各有尊卑品列也. 非此則是褻服. 振, 讀爲袗, 禪也.
禪則見體. 裘上必有裼衣. 表裘, 是無裼衣而表在外也. 襲裘, 謂揜其
襲衣而不露裼衣也. 表與襲皆爲不敬, 故此四者, 皆不可以入公門也.

'정색(正色)'이라는 것은 동쪽의 청색, 남쪽의 적색, 중앙의 황색, 서쪽의
백색, 북쪽의 백색 등 오방에 해당하는 올바른 색상을 뜻한다. 목에 해당
하는 청색은 토에 해당하는 황색을 이긴다. 그렇기 때문에 녹색은 청색과
황색이 합쳐진 것으로, 동쪽에 해당하는 간색이 된다. 화에 해당하는 적
색은 금에 해당하는 백색을 이긴다. 그렇기 때문에 홍색은 적색과 백색이
합쳐진 것으로, 남쪽에 해당하는 간색이 된다. 금에 해당하는 백색은 목
에 해당하는 청색을 이긴다. 그렇기 때문에 푸른색은 청색과 백색이 합쳐
진 것으로, 서쪽에 해당하는 간색이 된다. 수에 해당하는 흑색은 화에
해당하는 적색을 이긴다. 그렇기 때문에 자주색은 적색과 흑색이 합쳐진
것으로, 북쪽에 해당하는 간색이 된다. 토에 해당하는 황색은 수에 해당
하는 흑색을 이긴다. 그렇기 때문에 유황색은 황색과 흑색이 합쳐진 것으
로, 중앙에 해당하는 간색이 된다. '열채(列采)'는 정복의 색깔은 각각
신분의 차이에 따른 종류가 정해져 있는 것을 뜻한다. 이러한 복장이 아
니라면, 그 옷은 개인이 편안히 거처할 때 착용하는 복장이 된다. '진(振)'
자는 진(袗)자로 풀이하니, 홑옷을 뜻한다. 홑옷을 입게 되면, 신체가 비
친다. 갓옷 위에는 반드시 석의를 입게 된다. '표구(表裘)'는 석의가 없어
서 갓옷을 외투로 입었다는 뜻이다. '습구(襲裘)'는 습의로 가리고, 석의
를 드러내지 않았다는 뜻이다. 드러나고 가리는 것들은 모두 공경스럽지
못한 자세가 된다. 그렇기 때문에 이러한 네 가지 복장 방식을 취한 자들
은 모두 공문으로 들어갈 수 없다.

【016】

纊爲繭, 縕[縕]爲袍, 禪[丹]爲絅[古逈反], 帛爲褶[牒]. 〈045〉

새로 만든 솜을 덧댄 옷을 '견(繭)'이라 부르고, 오래된 솜을['縕'자의 음은 '縕(온)'이다.] 덧댄 옷을 '포(袍)'라 부르며, 겉감은 있되 안감이 없는 옷을['禪' 자의 음은 '丹(단)'이다.] '경(絅)'이라['絅'자는 '古(고)'자와 '逈(형)'자의 반절음이다.] 부르고, 겉감과 안감이 있되 덧대는 것이 없는 옷을 '첩(褶)'이라['褶'자의 음은 '牒(첩)'이다.] 부른다.

集說 纊, 新綿也. 縕, 舊絮也. 衣之有著者, 用新綿則謂之繭, 用舊絮則謂之袍, 有表而無裏者謂之絅, 有表裏而無箸者謂之褶.

'광(纊)'은 새로 만든 솜을 뜻한다. '온(縕)'자는 오래된 솜을 뜻한다. 옷에 덧대는 것이 있을 때, 새로 만든 솜을 덧대게 된다면 그 옷을 '견(繭)'이라 부르고, 오래된 솜을 덧대게 된다면 그 옷을 '포(袍)'라 부르며, 겉감만 있고 안감이 없는 옷을 '경(絅)'이라 부르고, 겉감과 안감이 있되 덧대는 것이 없는 옷을 '첩(褶)'이라 부른다.

【017】

朝服之以縞也, 自季康子始也. 〈046〉

조복을 흰색의 명주로 만든 것은 노나라 계강자로부터 시작되었다.

集說 朝服之布十五升, 先王之制也. 季康子始用生絹, 後人因之, 故記者原其所自. 凡古禮之亡皆由於變.

조복의 포를 15승짜리로 만드는 것은 선왕이 만든 제도이다. 계강자는 처음으로 생견을 이용해서 만들었고, 후대 사람들은 그것을 답습하였다. 그렇기 때문에 『예기』를 기록한 자는 그 유래에 대해 원흉을 밝힌 것이다. 무릇 고대의 예법이 망실된 것은 모두 예법을 바꾼 것으로부터 시작되었다.

【018】

孔子曰: "朝服而朝, 卒朔然後服之." 〈047〉

공자가 말하길, "조복을 입고서 조정에 참관하지만, 반드시 청삭을 마친 뒤에야 조복을 착용해야 한다."라고 했다.

集說 聽朔重於視朝, 諸侯之朝服玄端素裳, 而聽朔則皮弁, 故卒聽朔之禮, 然後服朝服而視朝也.

청삭은 조정에 참관하는 것보다 중대한 일이고, 제후의 조복은 현단에 흰색의 하의를 착용하고, 청삭을 한다면 피변을 착용한다. 그렇기 때문에 청삭의 의례를 마친 뒤에야 조복을 착용하고서 조정에 참관하는 것이다.

【019】

曰: "國家未道, 則不充其服焉." 〈048〉

계속하여 공자가 말하길, "그 국가에서 선왕의 도리를 시행하지 못한다면, 선왕이 만든 복장을 갖출 수 없다."라고 했다.

集說 曰字承上文, 亦孔子之言也. 禮樂刑政, 未合於先王之道, 則亦不宜充盛其衣服.

'왈(曰)'자는 앞 문장과 연이어 있으니, 이 또한 공자의 말에 해당한다. 예악과 형정이 아직 선왕의 도리에 합치되지 않았다면, 또한 그 의복에 대해서도 마땅히 성대히 갖춰서는 안 된다.

集說 鄭氏曰: 謂若衛文公者.

정현이 말하길, 마치 위나라 문공과 같은 자를 뜻한다.

【020】

唯君有黼裘以誓省[息井反], 大裘非古也.〈049〉

오직 제후만이 갓옷에 보 무늬를 새긴 옷을 착용하고서 군대에 대한 맹세
와 농사와 관련된 일을 감독하니['省'자는 '息(식)'자와 '井(정)'자의 반절음이다.] 대
구를 착용하는 것은 참람된 예법이므로 제후가 대구를 착용하는 것은 고대
의 예법이 아니다.

集說 君, 國君也. 黼裘, 以黑羊皮雜狐白爲黼文以作裘. 舊讀省爲
獮, 方氏釋爲省耕省斂之義, 今從之. 大裘, 黑羔裘也, 天子郊服. 謂
國君固可六黼裘以誓軍旅·省耕斂, 今而僭服大裘, 則不可也. 但言
非古, 則僭禮之失自見.

'군(君)'자는 제후국의 군주를 뜻한다. '보구(黼裘)'는 검은 양의 가죽에
여우의 백색 가죽을 섞어서 보 무늬를 새겨 갓옷을 만든 것이다. 옛 학설
에서는 '성(省)'자를 선(獮)자로 풀이했는데, 방각은 농사에 대해서 살펴
보고 세금을 줄인다는 뜻으로 풀이를 했으니, 여기에서는 그 해석에 따른
다. '대구(大裘)'는 검은 양의 가죽으로 만든 갓옷이며, 천자가 교제사를
지낼 때 착용하는 복장이다. 즉 제후는 진실로 보구를 새긴 옷을 착용하
여 군대에 대한 맹세와 농사 및 세금에 대한 일을 감독할 수 있지만, 현재
는 참람되게 대구를 착용하였으니, 이것은 불가하다는 뜻이다. 다만 "고
대의 예법이 아니다."라고 말했다면, 참례를 범한 잘못이 저절로 드러나
게 된다.

【021】

君衣[去聲]狐白裘, 錦衣以裼之. 君之右虎裘, 厥左狼裘. 士不衣狐
白.〈050〉

군주는 흰색의 여우 가죽옷을 착용하며['衣'자는 거성으로 읽는다.] 그 때에는
비단옷을 입어서 석을 한다. 군주의 우측에 있는 호위무사는 호랑이 가죽

옷을 착용하고, 좌측에 있는 호위무사는 이리 가죽옷을 착용한다. 사는 흰
색의 여우 가죽옷을 착용하지 않는다.

集說 狐白裘, 以狐之白毛皮爲裘也. 君衣此裘, 則以素錦爲衣加其
上, 使可裼也. 祖而有衣曰裼, 祥見曲禮. 虎裘者居右, 狼表者居左,
示威猛之衛也. 狐之白者少, 故惟君得衣之, 士賤不得衣也.

'호백구(狐白裘)'는 여우의 백색 털가죽으로 갓옷을 만든 것이다. 군주가
이러한 갓옷을 착용한다면, 흰색의 비단 옷을 그 위에 입는 옷으로 삼아
서, 석을 할 수 있게끔 한다. 소매를 걷어 올려서 그 안에 입고 있는 옷이
드러나는 것을 '석(裼)'이라 부르니, 자세한 설명은 『예기』「곡례(曲禮)」
편에 나온다. 호랑이 가죽 옷을 입은 자는 우측에 위치하고, 이리 가죽
옷을 입은 자는 좌측에 위치하여, 호위의 위엄과 용맹함을 드러내는 것이
다. 여우 중 백색을 띄는 것은 개체수가 적다. 그렇기 때문에 오직 군주만
이 이러한 갓옷을 착용할 수 있는 것이며, 사는 신분이 미천하므로 이러
한 갓옷을 착용할 수 없다.

【022】

君子狐靑裘豹褒[袖], 玄綃衣以裼之. ⟨051⟩

대부와 사는 청색 여우의 가죽옷에 표범의 가죽으로 소매를['褒'자의 음은 '袖
(수)'이다.] 달고, 검은색의 생사로 만든 옷을 입어서 석을 한다.

集說 君子, 謂大夫·士也. 狐靑裘, 狐之靑毛皮爲裘也. 豹褒, 豹皮
爲袖. 玄綃衣, 玄色之綃爲衣也.

'군자(君子)'는 대부와 사를 가리킨다. '호청구(狐靑裘)'는 여우의 푸른색
털과 가죽으로 만든 갓옷을 뜻한다. '표수(豹褒)'는 표범의 가죽으로 소
매를 단 것을 뜻한다. '현초의(玄綃衣)'는 검은색의 생사로 만든 옷을 뜻
한다.

【023】

麛裘青豻[岸]褎, 絞[爻]衣以裼之. 〈052〉

새끼 사슴의 가죽으로 만든 옷에는 청색의 들개가죽으로['豻'자의 음은 '岸(안)'
이다.] 소매를 달며, 효의를['絞'자의 음은 '爻(효)'이다.] 껴입어서 석을 한다.

集說 麛, 鹿子也. 豻, 胡地野犬. 絞, 蒼黄之色.

'미(麛)'는 사슴의 새끼를 뜻한다. '한(豻)'은 오랑캐 지역에 서식하는 들
개를 뜻한다. '효(絞)'는 푸르고 누런색을 뜻한다.

【024】

羔裘豹飾, 緇衣以裼之; 狐裘, 黃衣以裼之. 錦衣狐裘, 諸侯之服
也. 〈053〉

검은 양의 가죽으로 만든 갓옷에는 표범의 가죽으로 소매를 달고, 치의를
껴입어서 석을 하며, 여우가죽으로 만든 갓옷에는 황의를 껴입어서 석을
한다. 금의와 여우 가죽옷을 착용하는 것은 제후에게 해당하는 복장이다.

集說 飾, 謂袖也. 論語: "緇衣羔裘, 黃衣狐裘."

'식(飾)'자는 소매를 뜻한다. 『논어』에서는 "치의에 검은 양의 가죽으로
만든 갓옷을 입고, 황의에는 여우가죽으로 만든 갓옷을 입는다."[3)라고
했다.

集說 鄭氏曰: 凡裼衣象裘色.

정현이 말하길, 무릇 석의는 갓옷의 색깔을 본뜨게 된다.

---

3) 『논어』「향당(鄕黨)」: 緇衣, 羔裘, 素衣, 麑裘, 黃衣狐裘.

【025】

犬羊之裘不裼, 不文飾也, 不裼.〈054〉

개나 양의 가죽으로 만든 갓옷으로는 석을 하지 않으니, 문식을 꾸미지 않으므로, 석을 하지 않는다.

集說 犬羊之裘, 庶人所服. 裘與人俱賤, 故不裼以爲飾也.

개나 양의 가죽으로 만든 갓옷은 서인들이 착용하는 복장이다. 그 갓옷과 그 복장을 착용하는 사람 모두 미천하기 때문에, 석을 하여 문식을 꾸미지 않는다.

【026】

裘之裼也, 見[現]美也. 弔則襲, 不盡飾也. 君在則裼, 盡飾也.〈055〉

갓옷을 석하는 것은 아름다움을 드러내는['見'자의 음은 '現(현)'이다.] 것이다. 조문을 할 때에는 습을 하니, 문식을 다 꾸미지 않는다. 군주가 계신 장소라면 석을 하여, 꾸밈을 다한다.

集說 此言裼襲之異宜. 見美, 謂裼衣上雖加他服, 猶必開露以見示裼衣之美. 弔喪襲裘, 惟小斂後則然. 盡飾者, 盡其文飾之道以爲敬. 弔主於哀, 故敬不在美. 君在則當以盡飾爲敬也.

이 내용은 석과 습을 할 때 합당한 경우가 다르다는 사실을 나타내고 있다. '현미(見美)'는 석의 겉에 비록 다른 복장을 껴입더라도, 오히려 노출을 반드시 시켜서, 석의의 아름다움을 드러낸다는 뜻이다. 상사에 조문을 할 때에는 갓옷을 습하는데, 오직 소렴을 한 이후에만 이처럼 한다. '진식(盡飾)'은 꾸밈의 도리를 다하여 공경을 나타낸다는 뜻이다. 조문은 애통한 마음을 위주로 한다. 그렇기 때문에 공경함을 나타내는 것이 아름다운 꾸밈에 있지 않다. 군주가 계시다면 마땅히 꾸밈을 다하여 공경함을 나타내야 한다.

【027】

服之襲也, 充美也. 是故尸襲, 執玉龜襲. 無事則裼, 弗敢充也.〈056〉

의복을 습하는 것은 아름다움을 가리는 것이다. 이러한 까닭으로 시동은
습을 하고, 옥이나 거북껍질을 잡았을 때에는 습을 한다. 해당 의례가 끝나
서 특별히 시행할 일이 없을 때, 그 장소가 군주가 계신 곳이라면 석을
하니, 감히 아름다움을 감출 수 없기 때문이다.

集說 充美, 猶云揜塞其華美也. 尸尊無所示敬, 故襲. 執玉之禮, 有
裼時, 有襲時, 執龜爲享禮, 庭實則裼, 以卜則襲. 此特主襲而言耳,
非謂執王龜無裼之禮也. 無事, 謂執玉執龜之禮已竟也. 無事則裼,
亦謂在君之所, 非君所則否. 弗敢充者, 以見美爲敬也.

'충미(充美)'는 옷의 화려함과 아름다움을 가린다는 뜻이다. 시동은 존귀
한 신분이 되니, 공경함을 드러내야 할 것이 없다. 그렇기 때문에 습을
한다. 옥을 잡았을 때의 예법 중에는 석을 하는 때도 있고, 습을 하는
때도 있으며, 거북껍질을 잡았을 경우, 향례를 시행하여 마당에 그 물건
을 진열할 때라면 석을 하고, 거북껍질을 이용해서 거북점을 칠 때라면
습을 한다. 이곳에서는 단지 습을 하는 경우를 위주로 언급한 것일 뿐이
니, 옥과 거북껍질을 잡았을 때, 석을 하는 예법이 없다는 뜻이 아니다.
'무사(無事)'는 옥을 잡고 거북껍질을 잡았을 때의 예법이 이미 끝난 시기
를 뜻한다. 특별한 일이 없으면 석을 한다고 했으니, 이 또한 군주가 계신
장소에 있을 때를 뜻하는 것으로, 군주가 계신 장소가 아니라면 이처럼
하지 않는다. 감히 가리지 않는다고 한 것은 아름다움을 드러내는 것을
공경함으로 삼기 때문이다.

集說 疏曰: 凡敬有二體, 以質爲敬者, 子於父母之所, 不敢袒裼; 以
文爲敬者, 臣於君所則裼. 若平敵以下則亦襲, 以質略故也. 所襲雖
同, 其意異也.

소에서 말하길, 무릇 공경함을 나타낼 때에는 두 가지 체제가 있으니,

질박함을 공경함으로 삼는 경우는 자식이 부모가 계신 장소에 있을 때, 감히 소매를 걷어 석을 하지 않는 경우를 뜻한다. 문식을 공경함으로 삼는 경우는 신하가 군주가 계신 장소에 있을 때, 석을 하는 경우를 뜻한다. 만약 신분이 서로 대등하거나 그 이하의 경우라면 또한 습을 하니, 질박하고 약소하게 대하기 때문이다. 습을 하는 행위가 비록 같더라도 그 의미는 다르다.

附註 蓋不充其服云者, 不充盛其衣服也. 服之襲也, 亦以充其美也. 充有充盛之義, 有塡實之義. 爲尸執玉龜者, 有所敬, 故爲之充滿其美, 如衣錦尙絅, 所以尊其美也. 無事則裼, 言不爲尸不執玉之時, 裼而不襲. 無事, 燕閑之時, 裼者, 非爲誇耀其華美也, 乃所以不敢充也. 如今之士有祭祀賓客則服上服, 無事時則不着上服也. 陳註充美之解, 猶有說也, 以爲"尸尊無所示敬, 故襲. 無事則裼, 謂在君之所, 以見美爲敬"云者, 恐失文理, 與上章"君在則裼盡飾", 其義自殊.

아마도 '불충기복(不充其服)'이라 말한 것은 그 의복을 융성하게 하지 않는다는 뜻인 것 같다. '복지습야(服之襲也)'라는 것 또한 이를 통해 그 아름다움을 융성하게 하는 것이다. '충(充)'자에는 융성하게 한다는 뜻이 있고, 채운다는 뜻이 있다. 시동이 되거나 거북껍질과 옥을 잡은 경우에는 공경할 바가 있기 때문에 이를 위해 그 아름다움을 충만하게 하는 것이니, 예를 들어 비단옷을 입고 그 위에 홑옷을 껴입는 것4)은 그 아름다움을 존귀하게 여기기 위해서이다. '무사즉석(無事則裼)'은 시동이 되지 않았거나 옥 등을 잡지 않았을 때 석(裼)을 하며 습(襲)을 하지 않는다는 뜻이다. '무사(無事)'는 한가롭게 거처할 때를 뜻하며, '석(裼)'은 그 화려함과 아름다움을 과시하며 드러내는 것이 아니니, 곧 감히

---

4) 『중용』「33장」: 詩曰, "衣錦尙絅", 惡其文之著也. 故君子之道, 闇然而日章; 小人之道, 的然而日亡.

충(充)을 할 수 없기 때문이다. 예를 들어 오늘날의 선비들이 제사를 지내거나 손님을 맞이하는 일이 있으면 겉옷을 걸치고, 특별한 일이 없을 때라면 겉옷을 걸치지 않는 것과 같다. 진호의 주에서 충미(充美)에 대해 풀이한 것에 있어서는 오히려 설할 것이 있으니, 그가 "시동은 존귀한 신분이 되니, 공경함을 드러내야 할 것이 없다. 그렇기 때문에 습을 한다. 특별한 일이 없으면 석을 한다고 했는데, 군주가 계신 장소에 있을 때를 뜻하는 것으로, 아름다움을 드러내는 것을 공경함으로 삼기 때문이다."라 했는데, 아마도 문리에 어긋나는 것 같으니, 앞 장에서 "군주가 계신 장소라면 석을 하여 꾸밈을 다한다."라 한 것과 그 의미가 다르다.

【028】

禮不盛, 服不充, 故大裘不裼.〈109〉¹⁾ [本在"稱父拜之"下.]

의례가 융성하지 않은 경우라면, 의복에 대해서는 화려함을 모두 가리지 않는다. 그렇기 때문에 대구를 착용하여 하늘에 대한 제사를 지낼 때에는 석을 하지 않는다. [본래는 "자신의 부친을 일컬으며 절을 한다."²⁾라고 한 문장 뒤에 수록되어 있었다.]

集說 前章言不充其服, 與此充字義殊. 此謂禮之盛者, 則以充美爲敬. 大裘路車, 皆祭天所用. 不裼而襲, 是欲掩塞其華美也.

앞장에서는 "그 의복을 갖출 수 없다."고 했는데, 이곳에 기록된 '충(充)' 자와는 의미가 다르다. 이 문장은 의례 중에서도 융성한 경우라면, 아름다움을 가리는 것을 공경스러움을 삼는다는 뜻이다. 대구와 노거는 모두 하늘에 대한 제사를 지내며 사용하는 것들이다. 석을 하지 않고 습을 하는 것은 화려함과 아름다움을 가리고자 하기 때문이다.

附註 禮不盛, 服不充, 與"不充其服", 同義.

예가 융성하지 않으면 의복에 대해 충(充)을 하지 않는다는 것은 '불충기복(不充其服)'이라는 말과 뜻이 같다.

---

1) 『예기』「옥조」 109장 : <u>禮不盛, 服不充, 故大裘不裼</u>, 乘路車不式.

2) 『예기』「옥조」 108장 : 親在, 行禮於人稱父. 人或賜之, 則<u>稱父拜之</u>.

【029】

衣服在躬, 而不知其名爲罔.〈少儀-073〉[少儀. 本在"尸則坐"下.]

의복을 몸에 걸치고 있으면서도, 그 의복의 이름과 뜻을 알지 못한다면, 무지한 사람이 된다. [「소의」편의 문장이다. 본래는 "시동의 입장이라면, 자리에 앉아서 시행한다."1)라고 한 문장 뒤에 수록되어 있었다.]

集說　衣裳之制, 取諸乾坤, 有其名, 則有其義, 服之而不審名義, 是無知之人矣.

의복의 제도는 건곤에서 취한 것인데,2) 그 이름이 생겼다면 그에 대한 의미도 있는 것이다. 그런데도 그 의복을 입고서 이름과 뜻을 살피지 않는다면, 이러한 자는 무지한 사람에 해당한다.

集說　石梁王氏曰: 學而不思則罔, 當如此罔字.

석량왕씨가 말하길, 배우되 생각하지 않는다면 '망(罔)'이 된다고 하니,3) 이곳에 나온 '망(罔)'자도 마땅히 이러한 '망(罔)'자의 뜻으로 해석해야 한다.

類編　右衣裳.

여기까지는 '의구(衣裳)'에 대한 내용이다.

---

1) 『예기』「소의(少儀)」072장 : 其有折俎者, 取祭反之不坐, 燔亦如之. <u>尸則坐</u>.

2) 『역』「계사하(繫辭下)」 : 黃帝堯舜垂衣裳而天下治, 蓋取諸乾坤.

3) 『논어』「위정(爲政)」 : 子曰, "<u>學而不思則罔</u>, 思而不學則殆."

譯註 禮記類編大全

◇ 홀(笏)

【030】

笏, 天子以球玉, 諸侯以象, 大夫以魚須[如字]文竹, 士竹本象可也.
〈057〉[本在"弗敢充也"下.]

홀에 있어서, 천자는 아름다운 옥으로 만들며, 제후는 상아로 만들고, 대부
는 대나무로 만들되 물고기의 수염으로['須'자는 글자대로 읽는다.] 장식하며, 사
는 대나무의 줄기를 이용해서 만들되 상아로 장식을 해도 괜찮다. [본래는
"감히 아름다움을 감출 수 없기 때문이다."[1]라고 한 문장 뒤에 수록되어 있었다.]

> **集說** 球, 美玉也. 文, 飾也. 陸氏音須爲班, 而疏引庾氏說, 以鮫魚
> 須飾竹以成文, 與應氏說相近, 宜讀如字.

'구(球)'는 아름다운 옥을 뜻한다. '문(文)'자는 "장식하다."는 뜻이다. 육
덕명은 '수(須)'자의 음을 '반(班)'이라고 했고, 소에서는 유씨의 주장을
인용하여, 상어의 수염으로 대나무에 장식을 해서 무늬를 만든다고 하여,
응씨의 주장과 유사한데, 마땅히 글자 그대로 해석해야 한다.

> **集說** 應氏曰: 爾雅魚曰須, 蓋魚之所以鼓息者在須. 大夫以近尊而
> 屈, 故飾竹以魚須; 士以遠尊而伸, 故飾以象.

응씨가 말하길, 『이아』에서는 물고기에 대해서 '수(須)'라고 부른다고 했
으니,[2] 무릇 물고기가 숨을 쉬는 부위는 수염이 있는 부위에 있기 때문이
다. 대부는 존귀한 자를 가까이 하여 자신을 굽히기 때문에, 대나무에
물고기의 수염으로 장식을 하는 것이고, 사는 존귀한 자를 멀리 하여 자
신을 펼치기 때문에, 상아로 장식을 하는 것이다.

---

1) 『예기』「옥조」056장 : 服之襲也, 充美也. 是故尸襲, 執玉龜襲. 無事則裼, 弗敢
  充也.
2) 『이아』「석수(釋獸)」 : 獸曰釁. 人曰撟. 魚曰須. 鳥曰狊.

【031】

見於天子與射無說[脫]笏, 入大廟說笏, 非禮也. 小功不說笏, 當事免
[問]則說之. 旣搢必盥, 雖有執於朝, 弗有盥矣.〈058〉

제후가 천자를 알현하거나 활쏘기를 할 때에는 홀을 떼어내는('說'자의 음은
'脫(탈)'이다.] 일이 없고, 태묘에 들어가서 홀을 떼어내는 것은 비례이다. 소
공복을 입고 치르는 상에서는 홀을 떼어내지 않으며, 처리해야 할 일이
있어서 문을['免'자의 음은 '問(문)'이다.] 하게 되면 홀을 떼어낸다. 이미 홀을
꽂았다면 반드시 손을 씻고, 비록 조정에서 홀을 들게 될 일이 있더라도,
이미 손을 씻었으니 다시금 손을 씻지 않는다.

集說 陳氏曰: 笏之所用, 蓋諸侯之朝天子, 則執命圭而搢荼. 大夫
之聘, 則執聘圭而搢笏. 及其合瑞而授圭, 則執其所搢而已. 所謂見
於天子無脫笏者此也. 射以觀德, 則禮固在所隆. 小功則禮可以勝
情, 故亦不說. 當事而免, 則事可以勝禮, 故說之.

진씨가 말하길, 홀을 사용할 경우, 무릇 제후가 천자를 조회하게 되면,
명규를 들고 서를 꽂는다. 대부가 빙문을 하게 되면, 빙규를 들고 홀을
꽂는다. 서신을 맞출 때가 되어 규를 전달하면, 꽂고 있던 것을 들 따름이
다. 이른바 천자를 알현할 때 홀을 떼어내는 일이 없다고 한 말은 바로
이것을 뜻한다. 활쏘기를 하여 그 사람의 덕을 관찰하게 된다면, 그 예법
은 진실로 융성한 일에 해당한다. 소공복을 입는 상이라면 그 예법은 정
감을 앞설 수 있다. 그렇기 때문에 또한 홀을 떼어두지 않는 것이다. 처리
해야 할 일이 생겨서 문을 하게 된다면 그 사안은 예법을 앞설 수 있다.
그렇기 때문에 홀을 떼어두는 것이다.

集說 方氏曰: 大廟之內, 唯君當事則說笏, 所以逸尊者也. 後世臣
或說之, 則失之簡矣. 小功之喪, 悲哀殺矣, 事不可不記也, 故不說
笏. 及當事而免之時, 則不可以不說. 凡在朝搢笏必盥手者, 爲將執
事也, 及有執事於朝, 則亦不再盥, 爲其已盥故也.

방씨가 말하길, 태묘 안에서는 오직 군주만 해당하는 일이 있을 때 홀을 떼어두게 되니, 존귀한 자를 편안하게 모시기 위해서이다. 후세에는 신하들 중 간혹 홀을 떼어두는 자가 있었으니, 너무 간소하게 시행하는 데에서 잘못을 범한 것이다. 소공복을 입고 치르는 상에서는 비통함과 애통함이 다른 상에 비해 줄어들게 되며, 그 사안은 기록하지 않을 수 없다. 그렇기 때문에 홀을 떼어두지 않는 것이다. 해당하는 일이 생겨서 문을 할 때가 되면, 홀을 떼어두지 않을 수 없다. 무릇 조정에 위치하여 홀을 꼽게 되면, 반드시 손을 씻게 되는데, 이것은 장차 일을 맡아보기 위해서이며, 조정에서 일을 맡아볼 일이 생기게 되면, 또한 재차 손을 씻지 않으니 이미 손을 씻었기 때문이다.

【032】

凡有指畫於君前, 用笏. 造[七到反]受命於君前, 則書於笏. 笏, 畢用也, 因飾焉. 〈059〉

무릇 군주 앞에서 가리킬 일이 있다면 손을 이용하는 것이 아니라 홀을 이용한다. 군주가 계신 곳에 도착하여[造'자는 '七(칠)'자와 '到(도)'자의 반절음이다.] 명령을 받게 되면, 홀에 그 사안을 기록한다. 따라서 홀은 매사에 사용되는 것이며, 필요성에 기인하여 등급에 따른 문식을 해서 차등을 둔다.

集說 因事而有所指畫, 用手則失容, 故用笏也. 造受命, 詣君所而受命也. 畢用者, 每事皆用之也. 因飾焉, 謂因而文飾之, 以爲上下之等級也.

어떤 사안에 따라서 손가락으로 가리킬 경우가 있는데, 손을 사용한다면 행동거지를 실추시키는 것이다. 그렇기 때문에 홀을 사용한다. '조수명(造受命)'은 군주가 계신 곳에 도착하여 명령을 받는다는 뜻이다. '필용(畢用)'이라는 말은 매사에 모두 사용한다는 뜻이다. '인식언(因飾焉)'이라는 말은 그에 따라서 문식을 꾸며서 상하의 등급에 따른 차등으로 삼는다는 뜻이다.

附註 笏畢用, 畢, 簡牘也, 聖人因以爲之飾. 註以皆用爲義, 未當.
'홀필용(笏畢用)'이라 했는데, '필(畢)'은 필기하는 얇은 판으로, 성인은
이로 인해 그것에 대한 문식을 한 것이다. 주에서는 '개용(皆用)'으로 뜻
풀이를 했는데, 타당하지 않다.

【033】

笏度二尺有六寸, 其中博三寸, 其殺[色介反]六分而去[上聲]一.〈060〉

홀의 치수는 2척 6촌이며, 중앙의 폭은 3촌이고, 줄어드는['殺'자는 '色(색)'자와 '介(개)'자의 반절음이다.] 부분에서는 3촌을 6등분하여 그 중 1만큼을 줄인['去'자는 상성으로 읽는다.] 2.5촌의 너비가 된다.

集說 中廣三寸, 天子・諸侯・大夫・士之笏皆然. 天子・諸侯則從中以上稍稍漸殺, 至上首止廣二寸半, 是六分三寸而去其一也. 其大夫・士又從中殺至下丁亦廣二寸半, 故惟中間廣三寸也. 玉人言大圭長三尺, 是兼終葵首言之.

중앙의 너비는 3촌인데, 천자・제후・대부・사의 홀이 모두 이러하다. 천자와 제후의 경우라면, 중앙으로부터 그 위로 갈수록 점점 좁아지게 되어, 윗머리에 이르게 되면 그 너비는 단지 2.5촌에 그치게 되니, 이것은 3촌을 6등분하여 그 중 하나를 줄인 것이다. 대부와 사의 경우에는 또한 중앙으로부터 그 밑으로 좁아져서, 밑면에 이르게 되면 그 너비가 또한 2.5촌이 된다. 그렇기 때문에 오직 중간부분의 너비만 3촌이 된다. 『주례』「옥인(玉人)」편에서는 대규(大圭)의 길이는 3척이라고 했는데,[1] 이것은 종규수(終葵首: 쇠뭉치처럼 깎는 것)까지도 포함해서 언급한 치수이다.

【034】

天子搢[薦]珽[他頂反], 方正於天下也.〈018〉 [本在"有光矣"下.]

천자는 정을['珽'자는 '他(타)'자와 '頂(정)'자의 반절음이다.] 허리에 꼽으니['搢'자의 음은 '薦(진)'이다.] 천하에 방정함을 드러내기 위해서이다. [본래는 "더욱 훌륭하게 나타난다."[2]라고 한 문장 뒤에 수록되어 있었다.]

---

1) 『주례』「동관고공기(冬官考工記)・옥인(玉人)」: 大圭長三尺, 杼上, 終葵首, 天子服之.

集說 搢, 揖也. 珽, 亦笏也. 卽王人所謂大圭長三尺者是也. 以其挺
然無所詘, 故謂之珽. 蓋以端方正直之道示天下也.

'진(搢)'자는 "꽂는다."는 뜻이다. '정(珽)' 또한 홀을 뜻한다. 즉 『주례』「
옥인(玉人)」편에서 대규는 그 길이를 3척으로 만든다고 한 것[3])에 해당
한다. 곧게 뻗어 있고 둥글게 된 것이 없기 때문에, '정(珽)'이라고 부르는
것이다. 단정하고 방정하며 정직한 도를 천하에 드러내는 것이다.

【035】

諸侯荼[舒], 前詘[屈]後直, 讓於天子也. 〈019〉

제후는 서를['荼'자의 음은 '舒(서)'이다.] 꼽으니, 전면은 둥글게['詘'자의 음은 '屈
(굴)'이다.] 하고 후면은 곧게 한다. 이처럼 하는 이유는 천자에 대해 겸양하
기 때문이다.

集說 荼者, 舒遲之義. 前省所畏, 則其進舒遲. 諸侯之笏前詘者, 圓
殺其首也; 後直者, 下角正方也. 以其讓於天子, 故殺其上也.

'서(荼)'라는 것은 여유가 있고 침착하다는 뜻이다. 앞에 외경해야 할 대
상이 있다면, 나아갈 때에는 느긋하고 천천히 해야 한다. 제후의 홀에
있어서, '전굴(前詘)'이라는 것은 원형으로 그 머리 부분을 깎는 것이며,
'후직(後直)'이라는 것은 아래는 각을 지게 하여 정사각형을 만든다는 뜻
이다. 천자보다 겸양하기 때문에 윗부분을 깎는 것이다.

附註 諸侯荼前詘後句, 直讓於天子也. 荼與舒同. 諸侯之笏桓圭·
躬圭·信圭, 皆前舒而後詘. 直讓, 言正讓也, 直字虛. 大夫魚須, 如

---

2) 『예기』「옥조」 017장 : 旣服, 習容觀玉聲乃出, 椑私朝煇如也, 登車則有光矣.
3) 『주례』「동관고공기(冬官考工記)·옥인(玉人)」 : 大圭長三尺, 杼上, 終葵首, 天
   子服之.

今之鯨須, 其質柔輭, 前詘之則向前, 後詘之則向後. 前後字, 註以上下爲解, 似不足. 天子搢珽, 前後平直, 無詘曲之形也. 又韠註, 以下爲前, 以上爲後, 與笏註不同, 尤未安. 須, 古註音班, 非是. 荼, 註說出自荀子. 韻書亦作瑹, 音舒, 容互攷.

'제후서전굴후(諸侯荼前詘後)'에서 구문을 끊고 '직양어천자야(直讓於天子也)'에서 구문을 끊는다. '서(荼)'자는 서(舒)자와 같다. 제후의 홀인 환규(桓圭)·궁규(躬圭)·신규(信圭)는 모두 전면은 평평하게 하고 후면은 둥글게 한다. '직양(直讓)'은 정양(正讓)이라는 말이니, '직(直)'자는 허사이다. 대부의 어수(魚須)는 오늘날의 고래수염과 같은데, 그 재질이 부드럽고 연하여 앞으로 굽히면 앞을 향하고 뒤로 굽히면 뒤를 향한다. '전(前)'자와 '후(後)'자를 주에서는 상(上)과 하(下)로 풀이했는데, 아마도 충분하지 않은 것 같다. 천자는 정을 꼽는다고 했는데, 전면과 후면을 평평하고 곧게 하여 둥글거나 꺾어지는 형태가 없다. 또 슬갑에 대한 주에서는 하(下)를 전(前)으로 삼고 상(上)을 후(後)로 삼아서 홀(笏)에 대한 주와 차이를 보이는데, 이것은 더더욱 타당하지 않다. '수(須)'자에 대해 고주의 음에서는 '반(班)'이라고 했는데, 옳지 않다. '서(荼)'에 대한 주의 설명은 『순자』에서 도출된 것이다. 『운서』에서도 '瑹'라 기록했고 그 음은 '舒(서)'라 했으니, 상호 대조해서 고찰해야 한다.

【036】

大夫前詘後詘, 無所不讓也.〈020〉

대부가 꼽는 홀은 전면과 후면을 모두 둥글게 만드니, 겸양을 하지 않는
경우가 없기 때문이다.

集說 大夫上有天子, 下有己君, 故笏之下角亦殺而圜, 示無所不讓
也.

대부에게 있어서 가장 정점에는 상급자인 천자가 있고, 그 다음으로는
자신이 섬기는 군주가 있다. 그렇기 때문에 홀의 아랫부분에 각을 낼 때
에도 깎아서 원형으로 만드는 것이니, 겸양을 하지 않는 바가 없음을 드
러내기 위해서이다.

【037】

贊大行曰: "圭, 公九寸, 侯 · 伯七寸, 子 · 男五寸, 博三寸, 厚半寸,
剡上左右各寸半, 玉也. 藻三采六等."〈雜記下-085〉 [雜記. 本在"外患弗辟
也"下.]

「찬대행」에서 말하길, "규에 있어서 그 크기의 경우 공작은 9촌으로 하며,
후작 · 백작은 7촌으로 하고, 자작 · 남작은 5촌으로 하며, 너비는 3촌으로
하고, 두께는 0.5촌으로 하며, 위의 좌우측은 깎아내니 각각 1.5촌으로 하
는데, 이들은 모두 옥으로 만든다. 옥구슬 장식은 3가지 색깔을 넣고 6줄로
만든다."라고 했다. [「잡기」편의 문장이다. 본래는 "외환에는 피하지 않는다."[1]라고 한
문장 뒤에 수록되어 있었다.]

集說 贊大行, 古禮書篇名也. 其書必皆贊說大行人之職事, 今記者
引之, 故云贊大行曰. 子 · 男執璧, 非圭也, 記者失之. 博三寸, 圭也.

---

1) 『예기』「잡기하(雜記下)」 084장 : 內亂不與焉, 外患弗辟也.

厚半寸, 圭璧各厚半寸也. 剡上, 削殺其上也. 籍玉者以韋衣板, 而
藻畫朱白蒼三色爲六行, 故曰藻三采六等也.

'찬대행(贊大行)'은 고대 『예서』의 편명이다. 그 기록은 분명 대행인의
직무 기록에 대해서 보충 설명을 하는 내용일 것인데, 현재 『예기』를 기
록한 자가 인용을 했기 때문에 '찬대행왈(贊大行曰)'이라 기록했다. 자작
과 남작은 벽을 들게 되니 규가 아니므로, 이것은 기록한 자가 잘못 기술
한 것이다. "너비가 3촌이다."라는 말은 규에 해당한다. "두께가 0.5촌이
다."는 말은 규와 벽이 각각 그 두께를 0.5촌으로 만든다는 뜻이다. '섬상
(剡上)'은 위를 깎아낸다는 뜻이다. 옥을 받치는 깔개는 나무판에 가죽으
로 옷을 입히고 옥구슬 장식에는 주색·백색·청색의 세 색깔로 채색을
하여 여섯 줄로 만든다. 그렇기 때문에 "조에는 세 가지 채색을 하고 여섯
줄로 만든다."라 말한 것이다.

類編 右笏.

여기까지는 '홀(笏)'에 대한 내용이다.

◇ 대(帶)

【038】

天子素帶, 朱裏, 終辟. 〈061〉 [本在 "六分而去一" 下.]

천자의 허리띠는 흰 비단으로 만드는데, 안쪽에는 적색의 비단으로 안감을 대고, 끝부분에는 가선을 두른다. [본래는 "6등분하여 1만큼을 줄인다."[1]라고 한 문장 뒤에 수록되어 있었다.]

集說 此辟字, 讀如前章縞冠素紕之紕, 緣也. 天子以素爲帶. 素, 熟絹也. 用朱爲裏. 終, 竟也. 終辟, 終竟此帶盡緣之也.

이곳의 '벽(辟)'자는 앞장에서 "호관에 소비를 단다."라고 했을 때의 '비(紕)'자로 풀이하니, 가선을 뜻한다. 천자는 소로 띠를 만든다. '소(素)'는 정련을 시킨 비단을 뜻한다. 적색의 비단을 사용하여 안감을 댄다. '종(終)'자는 끝을 뜻한다. '종벽(終辟)'은 띠의 끝부분을 마무리 지으며 모두 가선을 댄다는 뜻이다.

【039】

而素帶, 終辟. 〈062〉

그리고 제후의 경우에는 허리띠를 흰 비단으로 만들지만, 적색의 비단으로 안감을 대지 않고, 끝부분에는 가선을 두른다.

集說 而下缺諸侯字, 諸侯亦素帶·終辟而不朱裏.

'이(而)'자 뒤에는 제후(諸侯)라는 단어가 누락되어 있으니, 제후 또한 흰 비단으로 허리띠를 만들며, 끝부분에는 가선을 두르는데, 적색의 비단으로 안감을 대지는 않는다.

---

1) 『예기』「옥조」 060장 : 笏度二尺有六寸, 其中博三寸, 其殺六分而去一.

【040】

大夫素帶, 辟垂.〈063〉

대부의 허리띠는 흰 비단으로 만들게 되고, 양쪽 귀퉁이와 밑으로 늘어뜨리는 띠에 가선을 두른다.

集說 大夫之素帶, 則惟緣其兩耳及垂下之紳, 腰後不緣.

대부가 차는 소대는 오직 양쪽 귀퉁이와 밑으로 늘어뜨리는 띠에만 가선을 대며, 허리 뒤편에는 가선을 대지 않는다.

【041】

士練帶, 率[律]下辟.〈064〉

사의 허리띠는 명주를 이용해서 만드는데, 홑겹으로 만들어서 양쪽 끝부분을 꿰매며['率'자의 음은 '律(률)'이다.] 늘어뜨리는 끈에만 가선을 두른다.

集說 練, 繒也. 士以練爲帶, 單用之而練緝其兩邊, 故謂之縪. 腰及兩耳皆不緣, 惟緣其紳, 故云下辟.

'연(練)'자는 명주를 뜻한다. 사는 명주로 허리띠를 만드는데, 홑겹을 이용해서 만들며, 양쪽 가장자리를 꿰맨다. 그렇기 때문에 '율(縪)'이라 부른다. 허리 밑 양쪽 귀퉁이에는 모두 가선을 두르지 않고, 오직 늘어뜨리는 끈에만 가선을 두른다. 그렇기 때문에 '하벽(下辟)'이라고 말한 것이다.

【042】

居士錦帶, 弟子縞帶.〈065〉

은둔해 있는 사들은 비단을 이용해서 허리띠를 만들고, 제자들은 흰색의 생견을 이용해서 허리띠를 만든다.

集說 以錦爲帶, 示文也. 弟子用生絹, 示質也.

비단으로 띠를 만드는 것은 문식을 드러내기 위해서이다. 제자의 경우에는 생견을 이용해서 만드니, 질박함을 드러내기 위해서이다.

集說 鄭氏曰: 居士, 道藝處士也.

정현이 말하길, '거사(居士)'는 도와 재예를 갖추고 있으면서 은둔해 있는 사들을 뜻한다.

【043】

幷紐約用組三寸, 長齊于帶. 紳長制, 士三尺, 有司二尺有五寸. 子游曰: "參分帶下, 紳居二焉." 紳, 韠, 結, 三齊. 〈066〉

허리띠를 결속할 때에는 모두 조를 이용해서 묶으니, 조의 폭은 3촌이며, 그 길이는 허리띠의 길이와 같다. 허리띠 중 늘어뜨리는 부위인 신은 그 길이를 재단함에 있어서, 사로부터 그 이상의 계층은 모두 3척의 길이로 만들고, 유사는 특별히 2척 5촌으로 만든다. 자유는 "사람의 키는 8척인데, 허리로부터 발바닥까지는 4척 5촌이니, 허리띠로부터 그 아래의 길이를 3등분하면, 신은 그 중에서도 2만큼의 길이를 차지한다."라고 했다. 따라서 신·슬갑·묶는 끈은 그 길이가 모두 3척으로 동일하다.

集說 疏曰: 幷, 竝也. 謂天子下至弟子, 其所紐約之物, 並用組爲之.

소에서 말하길, '병(幷)'자는 모두라는 뜻이다. 천자로부터 그 아래로 제자에 이르기까지, 그들이 허리띠를 묶을 때 사용하는 물건은 모두 끈을 이용해서 매듭을 짓는다는 의미이다.

集說 方氏曰: 紐則帶之交結也. 合幷其紐, 用組以約則帶始束而不可解矣. 三寸, 其廣也. 長齊于帶者, 言組之垂適與紳齊也. 紳之長

制士三尺者, 自要而下爲稱也. 士如此, 亦擧卑以見尊也. 有司欲便
於趨走, 故特去五寸. 引子游之言, 言人長八尺, 自要而下四尺五寸,
分爲三分而紳居二, 故長三尺也. 韠, 蔽膝也. 結, 卽組也. 紳韠結三
者, 皆長三尺, 故曰三齊.

방씨가 말하길, '뉴(紐)'는 허리띠가 교차하며 매듭이 지어지는 부분이다.
그 매듭들을 합할 때에는 조를 이용해서 묶으니, 허리띠는 비로소 결속이
되어 풀어질 수 없게 된다. 3촌은 그 너비이다. 길이를 허리띠와 같게
한다는 말은 조의 늘어뜨린 부분이 신과 길이가 같다는 뜻이다. 신의 길
이를 재단할 때, 사의 것은 3척으로 하니, 허리로부터 밑으로 내려서, 신
분에 따라 합당하게끔 한 것이다. 사의 제도가 이와 같다면, 또한 이 내용
은 미천한 신분의 것을 제시하여, 존귀한 자에 대한 것까지도 나타낸 것
이다. 유사는 종종걸음으로 빨리 걷기에 편리하고자 하기 때문에, 특별히
그 길이에서 5촌을 더 줄인 것이다. 자유의 말을 인용하였는데, 이 말은
사람의 키는 8척이고, 허리로부터 발바닥까지는 그 길이가 4척 5촌인데,
그 길이를 나눠서 3등분을 만들면, 신의 길이는 그 중에서도 2만큼을 차
지한다는 뜻이다. 그렇기 때문에 그 길이는 3척이 된다. '필(韠)'은 무릎
을 가리는 슬갑이다. '결(結)'은 곧 조이다. 신·필·결이라는 세 기물은
모두 그 길이가 3척이다. 그렇기 때문에 "세 가지를 같게 한다."라고 말한
것이다.

附註 幷與並二字, 音義各異. 此註方氏得之. 疏說並用組爲之, 恐
不然.

병(幷)자와 병(並)자는 음과 뜻이 각각 다르다. 이곳 주에 나온 방씨의
주장이 옳다. 소의 설명에서 '병용조위지(並用組爲之)'라고 했는데, 아
마도 그렇지 않을 것이다.

【044】

大夫大帶四寸, 雜帶, 君朱綠, 大夫玄華, 士緇辟[皮]二寸, 再繚[了]四
寸. 〈067〉

대부 이상이 차는 대대는 그 폭이 4촌이고, 허리띠에 색을 섞어서 만드니,
제후의 경우에는 윗면은 주색으로 만들고, 밑면은 녹색으로 만들며, 대부
는 외면은 현색으로 만들고 내면은 황색으로 만들며, 사는 모두 검은색으
로 만드는데['辟'자의 음은 '皮(피)'이다.] 그 폭이 2촌이며, 두 번 허리를 두르게
['繚'자의 음은 '了(료)'이다.] 되면, 그 때의 폭은 4촌이 된다.

集說 四寸, 廣之度也. 雜帶, 謂以雜色爲辟緣也. 朱綠者, 上以朱,
下以綠. 玄華者, 外以玄, 內以華. 華, 黃色也. 士帶之辟則內外皆緇,
是謂緇帶. 大夫以上, 帶皆廣四寸, 士練帶惟廣二寸, 而再繚要一匝,
則亦是四寸矣. 一說, 大帶者, 正服之帶; 雜帶者, 雜服之帶.

4촌은 너비의 치수를 뜻한다. '잡대(雜帶)'는 잡색으로 끝부분에 가선을
댄 것을 뜻한다. '주록(朱綠)'이라는 것은 윗면은 주색으로 만들고, 밑면
은 녹색으로 만든다는 뜻이다. '현화(玄華)'라는 것은 외면은 현색으로
만들고, 내면은 화로 만든다는 뜻이다. '화(華)'라는 것은 황색을 뜻한다.
사의 허리띠에 하는 가선의 경우, 내외를 모두 치로 만드니, 이것을 '치대
(緇帶)'라고 부른다. 대부 이상의 계급은 허리띠를 모두 4촌의 폭으로
만드는데, 사가 차는 연대의 경우에만 오직 그 폭이 2촌이고, 두 차례
허리를 둘러서 한 번 감게 되면, 이때의 폭 또한 4촌이 된다. 일설에는
'대대(大帶)'라는 것은 정복에 차는 허리띠를 뜻하며, '잡대(雜帶)'라는
것은 나머지 복장에 차는 허리띠를 뜻한다고도 주장한다.

【045】

凡帶有率[律]無箴功. 〈068〉

무릇 허리띠에는 꿰맨 곳이['率'자의 음은 '律(률)'이다.] 있지만, 그 작업이 매

우 세밀하여 마치 바느질을 하지 않은 것처럼 보인다.

【集說】 凡帶當率縏之處, 箴線細密, 不見用箴之功, 若無箴功也.
무릇 허리띠에는 마땅히 꿰맨 곳이 있게 되는데, 바느질을 한 작업이 매우 세밀하여 바느질을 한 자국이 드러나지 않아서, 마치 바느질을 하지 않은 것처럼 보인다.

【046】
肄[肆]束及帶, 勤者有事則收之, 走則擁之.〈069〉
허리띠를 결속하고 남은 끈과['肆'자의 음은 '肄(이)'이다.] 허리띠의 늘어뜨리는 부분의 경우, 수고스러운 일을 하는 자가 해당 사안을 처리하게 된다면 그것들을 손으로 쥐게 되고, 혹여 달리게 된다면 그것들을 품속으로 꼽아 넣는다.

【集說】 肆, 讀爲肄, 餘也. 詩: "伐其條肄." 謂約束帶之餘組及紳之垂者. 遇有勤勞之事, 則收斂而持於手. 若事迫而不容不走者, 則擁抱之於懷也.
'사(肆)'자는 이(肄)자로 풀이하니, 나머지라는 뜻이다. 『시』에서는 "그 나머지 가지들을 벤다."[1]라고 했으니, 이 말은 띠의 나머지 끈 및 신의 늘어뜨린 부분을 결속한 것을 뜻한다. 때마침 수고스러운 일을 접하게 된다면, 그것을 거둬들여서 손으로 쥐게 된다. 만약 사안이 급박하여 달리지 않을 수 없는 경우라면 품속으로 넣는다.

---

1) 『시』「주남(周南)·여분(汝墳)」: 遵彼汝墳, 伐其條肄. 旣見君子, 不我遐棄.

【047】

麻者不紳, 執玉不麻, 麻不加於采.〈雜記下-059〉 [雜記. 本在"附於夫之黨"
下.]

상복과 질을 차고 있는 자는 길복에 착용하는 대대를 두르지 않고, 옥을
들고 있는 자는 질을 두를 수 없으며, 질은 채색된 옷에 차지 않는다. [「잡기」
편의 문장이다. 본래는 "남편의 조고에게 부제를 지낸다."²⁾라고 한 문장 뒤에 수록되어 있었
다.]

集說 麻, 謂喪服之絰也. 紳, 大帶也. 吉凶異道, 居喪以絰代大帶
也. 執玉不麻, 謂著衰絰者, 不得執玉行禮也. 采, 玄纁之衣也.

'마(麻)'는 상복에 착용하는 질을 뜻한다. '신(紳)'은 대대를 뜻한다. 길사
와 흉사는 도를 달리하니, 상을 치르고 있을 때에는 질로써 대대를 대신
한다. "옥을 잡으면 마를 하지 않는다."는 말은 상복과 질을 두르고 있는
자는 옥을 잡고서 의례를 시행할 수 없다는 뜻이다. '채(采)'는 현색과
분홍색의 옷을 뜻한다.

集說 疏曰: 按聘禮, "己國君薨, 至於主國, 衰而出", 註云, "可以凶
服將事, 蓋受主君小禮, 得以凶服, 若聘享大事, 則必吉服也."

소에서 말하길, 『의례』「빙례(聘禮)」편을 살펴보면, "자기 나라의 군주가
죽었는데, 빙문으로 찾아간 나라에 도착하게 되면, 사신은 상복을 착용하
고 나간다."³⁾라 했고, 정현의 주에서는 "흉복을 착용하고 일을 맡아볼
수 있으니, 무릇 빙문한 나라의 군주로부터 옥을 받는 것은 작은 예법에

---

2) 『예기』「잡기하(雜記下)」 058장 : 姑姊妹其夫死而夫黨無兄弟, 使夫之族人主
喪. 妻之黨, 雖親弗主. 夫若無族矣, 則前後家, 東西家. 無有, 則里尹主之. 或
曰, "主之而<u>附於夫之黨</u>."

3) 『의례』「빙례(聘禮)」 : 聘君若薨于後, 入竟則遂. 赴者未至, 則哭于巷, 衰于館.
受禮, 不受饗食. 赴者至, 則衰而出. 唯稍受之.

해당하므로, 흉복을 착용할 수 있다. 만약 빙문과 예물을 바치는 중대한
사안이라면, 반드시 길복을 착용한다."라 했다.

附註 執玉不麻, 言執玉行禮之人, 雖有期功之服, 不敢服私喪之絰
帶云爾. 註云, 麻者, 不執玉行禮, 恐失文理.

'집옥불마(執玉不麻)'는 옥을 들고 의례를 시행하는 사람은 비록 기년
복 · 대공복 · 소공복 등의 상이 있더라도 감히 사적인 상에서의 질대를
착용할 수 없다고 말한 것일 뿐이다. 주에서 마로 된 질을 두른 자는
옥을 잡고서 의례를 시행할 수 없다고 했는데, 아마도 문리에 어긋나는
것 같다.

類編 右帶.

여기까지는 '대(帶)'에 대한 내용이다.

◇ 패옥(佩玉)

【048】

凡帶必有佩玉, 唯喪否. 佩玉有衝牙, 君子無故, 玉不去身, 君子於
玉比德焉.〈084〉 [本在“爵韠”下.]

무릇 대를 찰 때에는 반드시 패옥을 결속하게 되니, 오직 상사일 경우에만
차지 않는다. 패옥에는 충아가 있어서 소리를 내며, 군자는 특별한 일이
없으면, 패옥을 몸에서 떼지 않으니, 군자는 옥을 통해서 덕을 비견하기
때문이다. [본래는 “참새의 색깔을 한 슬갑을 찬다.”[1]라고 한 문장 뒤에 수록되어 있었다.]

> **集說** 疏曰: 凡佩玉必上繫於衡, 下垂三道, 穿以蠙珠, 下端前後以
> 懸璜, 中央下端懸以衝牙, 動則衝牙前後觸璜而爲聲. 所觸之玉其形
> 似牙, 故曰衝牙.

소에서 말하길, 모든 패옥에는 반드시 위로는 형에 결속하여, 아래로 삼
도를 드리우고, 빈주로 구멍을 내며, 하단의 앞뒤로는 황을 매달고, 중앙
의 하단에는 충아를 매달아서, 움직이게 되면 충아의 앞뒷면이 황에 부딪
쳐서 소리를 낸다. 부딪치는 옥은 그 형태가 어금니와 유사하기 때문에,
‘충아(衝牙)’라고 부르는 것이다.

【049】

天子佩白玉, 而玄組綬.〈085〉

천자는 백색의 패옥을 차고, 현색의 끈으로 꿰는 줄을 만든다.

> **集說** 綬, 所以貫佩之珠玉而相承受者. 玄組綬, 謂以玄色之組爲綬
> 也.

---

1) 『예기』「옥조」 083장 : 齊則綪結佩而<u>爵韠</u>.

'수(綬)'는 패옥의 옥구슬들을 꿰어서 서로 지지하도록 만드는 끈이다. '현조수(玄組綬)'라는 말은 현색의 끈으로 수를 만든다는 의미이다.

【050】
公侯佩山玄玉, 而朱組綬. 大夫佩水蒼玉, 而純[緇]組綬. 世子佩瑜玉, 而綦組綬. 士佩瓀[乳兗反]玟[民], 而縕[溫]組綬. 〈086〉

공작과 후작은 산의 검푸른색을 내는 패옥을 차고, 주색의 끈으로 꿰는 줄을 만든다. 대부는 물의 검푸른색을 내는 패옥을 차고, 순색의['純'자의 음은 '緇(치)'이다.] 끈으로 꿰는 줄을 만든다. 세자는 아름다운 패옥을 차고, 무늬가 뒤섞인 끈으로 꿰는 줄을 만든다. 사는 옥돌을['瓀'자는 '乳(유)'자와 '兗(연)'자의 반절음이다. '玟'자의 음은 '民(민)'이다.] 패옥으로 차고, 적황색의['縕'자의 음은 '溫(온)'이다.] 끈으로 꿰는 줄을 만든다.

集說 山玄, 水蒼, 如山之玄, 如水之蒼也. 瑜, 美玉也. 綦, 雜文也. 瓀玟, 石之次玉者. 縕, 赤黃色.

'산현(山玄)'과 '수창(水蒼)'은 옥의 색깔이 산의 검은색과 같고, 물의 푸른색과 같은 것이다. '유(瑜)'는 아름다운 옥을 뜻한다. '기(綦)'는 무늬가 뒤섞여 있는 것이다. '연민(瓀玟)'은 돌 중에서 옥 다음 등급인 옥돌을 뜻한다. '온(縕)'은 적황색을 뜻한다.

【051】
孔子佩象環五寸, 而綦組綬. 〈087〉

공자는 한가롭게 거처할 때, 상아를 5촌의 너비로 만든 둥근 옥을 차고, 무늬가 뒤섞인 끈으로 꿰는 줄을 만들었다.

集說 象環, 象牙之環也, 其廣五寸. 孔子謙不佩玉, 故燕居佩之, 非謂禮服之正佩也.

'상환(象環)'은 상아로 만든 둥근 옥으로, 그 너비는 5촌이다. 공자는 겸손하게 처신하여 패옥을 차지 않은 것이다. 그래서 한가롭게 거처할 때 찼던 것이니, 여기에서 말하는 것은 예복에 차게 되는 정식 패옥을 뜻하는 것이 아니다.

附註 佩象環, 孔子佩玉以象環貫其佩云爾, 非謂去珩璜琚瑀之制也. 陳說及小註楊氏, 恐未然.

'패상환(佩象環)'은 공자가 옥을 찰 때 상환(象環)으로 차고 있는 옥을 꿰었다는 뜻일 뿐이니, 형(珩)·황(璜)·거(琚)·우(瑀) 등의 예제를 제거했다는 뜻이 아니다. 진호의 주장 및 소주에 나온 양씨의 주장[2]은 아마도 그렇지 않을 것이다.

---

2) 자호양씨가 말하길, "지극하구나, 상환(象環)이 소리를 내지 않는 뜻이! 소리를 내지 않는 상환을 찼던 것을 후학들은 깨닫지 못했으니, 오호라, 지극하구나! 온 천하의 사람들이 모두 그것을 봤지만, 제대로 보지 못한 것이며, 온 천하의 사람들이 모두 그것을 들었지만, 제대로 듣지 못한 것이다.(慈湖楊氏曰: 至矣哉, 象環之無聲乎! 佩無聲之象環, 後學莫之曉也, 嗚呼至矣! 舉天下之所共視而莫之見也, 舉天下之所共聽而莫之聞也.)"라 했다.

【052】

古之君子必佩玉, 右徵[止]角, 左宮羽.〈080〉[本在"臨文不諱"下.]

고대의 군자는 반드시 허리에 패옥을 찼으니, 우측에는 치음과['徵'자의 음은 '止(지)'이다.] 각음을 내는 옥을 찼고, 좌측에는 궁음과 우음을 내는 옥을 찼다. [본래는 "문자를 접해서는 피휘를 해서 읽지 않는다."[1]라고 한 문장 뒤에 기록되어 있었다.]

集說 徵·角·宮·羽, 以玉聲所中言也. 徵爲事, 角爲民, 故在右, 右爲動作之方也; 宮爲君, 羽爲物, 君道宜靜, 物道宜積, 故在左, 左乃無事之方也. 不言商者, 或以西方肅殺之音, 故遺之歟.

'치(徵)'·'각(角)'·'궁(宮)'·'우(羽)'는 옥의 소리에 해당하는 것으로 말한 것이다. '치(徵)'는 사안에 해당하고, '각(角)'은 백성에 해당한다. 그렇기 때문에 해당 소리를 내는 옥을 우측에 차는 것이니, 우측은 동작을 시행하는 방위가 되기 때문이다. '궁(宮)'은 군주에 해당하고, '우(羽)'는 사물에 해당하며, 군주의 도리는 마땅히 정숙해야 하고, 사물의 도리는 마땅히 쌓여야 하기 때문에, 해당 소리를 내는 옥을 좌측에 차는 것이니, 좌측은 곧 특별한 일이 없는 방위에 해당하기 때문이다. '상(商)'에 대해 언급하지 않은 것은 아마도 서쪽은 숙살하는 음에 해당하기 때문에, 생략한 것일 것이다.

集說 方氏曰: 徵角爲陽, 宮羽爲陰, 陽主動, 陰主靜. 右佩陰也, 而聲中徵角之動; 左佩陽也, 而聲中宮羽之靜. 何哉? 蓋佩所以爲行止之節, 時止則止, 時行則行, 此設佩之意也.

방씨가 말하길, 치와 각은 양에 해당하고, 궁과 우는 음에 해당하며, 양은 동적인 것을 위주로 하고, 음은 정적인 것을 위주로 한다. 오른쪽에 차는

---

1) 『예기』「옥조」 079장 : 於大夫所, 有公諱無私諱. 凡祭不諱, 廟中不諱, 敎學臨文不諱.

패옥은 음에 해당하고, 소리 중에서는 치와 각음처럼 동적인 것에 해당한다. 좌측에 차는 패옥은 양에 해당하고, 소리 중에서는 궁과 우음처럼 정적인 것에 해당한다. 어째서인가? 무릇 패옥은 행동거지의 절도를 맞추는 것이니, 멈춰야 할 때가 되면 멈추는 것이고, 행동해야 할 때가 되면 행동하는 것이니, 이것이 바로 패옥을 차는 의미이다.

【053】
趨以采齊[慈], 行以肆夏, 周還[旋]中[去聲]規, 折還中矩, 進則揖之, 退則揚之, 然後玉鏘鳴也. 故君子在車, 則聞鸞和之聲, 行則鳴佩玉, 是以非辟[僻]之心無自入也. 〈081〉

종종걸음으로 갈 때에는 채자의['齊'자의 음은 '慈(자)'이다.] 악곡으로 절도를 맞추고, 빠른 걸음으로 갈 때에는 사하의 악곡으로 절도를 맞추며, 몸을 돌릴['還'자의 음은 '旋(선)'이다.] 때에는 둥근 자에 맞추듯['中'자는 거성으로 읽는다.] 원형이 되도록 하고, 좌우로 꺾을 때에는 직각 자에 맞추듯 곧게 하며, 앞으로 나아가게 되면 읍을 하듯이 몸을 숙이고, 물러나게 되면 몸을 펴게 되니, 이처럼 한 뒤에라야 패옥의 소리가 청아하게 울린다. 그렇기 때문에 군자는 수레에 타게 되면, 수레에 달려 있는 방울 소리를 들으며 몸가짐을 가다듬고, 걸어갈 때에는 패옥의 소리를 울리게 하여 절도를 맞추니, 이러한 까닭으로 그릇되고 삿된['辟'자의 음은 '僻(벽)'이다.] 마음이 침입할 틈이 없게 된다.

集說 路寢門外至應門, 謂之趨. 於此趨時, 歌采齊之詩以爲節. 路寢門內至堂, 謂之行. 於行之時, 則歌肆夏之詩以爲節. 中規, 圓也. 中矩, 方也. 進而前, 則其身略俯, 如揖然. 退而後, 則其身微仰, 故曰揚之. 進退俯仰皆得其節, 故佩玉之鳴, 鏘然可聽也. 鸞和, 鈴也. 常所乘之車, 鸞在衡, 和在軾; 若田獵之車, 則和在軾, 鸞在馬鑣也. 노침의 문밖에서 응문까지 가는 것을 '추(趨)'라 부른다. 이처럼 추를 할

때에는 채자라는 시를 노래로 부르며 절도를 맞추게 된다. 노침의 문안에서 당까지 가는 것을 '행(行)'이라 부른다. 행을 하는 때라면 사하라는 시를 노래로 부르며 절도를 맞추게 된다. 규에 맞는다는 말은 원형이 된다는 뜻이다. 구에 맞는다는 말은 사각형이 된다는 뜻이다. 나아가서 앞으로 가게 된다면, 그 몸을 약간 구부리게 되니, 마치 읍을 하는 것처럼 된다. 물러나서 뒤로 가게 된다면, 그 몸을 조금 펼 수 있게 된다. 그렇기 때문에 "쳐들다."라고 말한 것이다. 나아가고 물러나며 몸을 굽히고 펼 때에는 모두 그 절차에 맞아야 한다. 그렇기 때문에 패옥의 소리가 청아하여 들어줄만 하게 되는 것이다. '난(鸞)'과 '화(和)'는 방울이다. 일상적으로 타게 되는 수레에 있어서, 난은 형 부분에 달게 되고, 화는 식 부분에 달게 된다. 만약 사냥을 할 때 타는 수레의 경우라면, 화는 식에 있지만 난은 말의 재갈에 있다.

集說 方氏曰: 心, 內也, 而言入, 何哉? 蓋心雖在內, 有物探之而出, 及其久也, 則與物俱入矣, 故得以入言焉.

방씨가 말하길, 심은 내면에 있는 것인데, 들어간다고 말한 것은 어째서인가? 무릇 마음이 비록 내면에 있다 하더라도, 사물을 쫓음이 생겨 밖으로 나왔는데, 그것이 오래 지속된다면, 해당 사물과 함께 안으로 들어가게 된다. 그렇기 때문에 들어간다는 말을 할 수 있다.

【054】

君在不佩玉, 左結佩, 右設佩; 居則設佩, 朝則結佩 〈082〉

세자의 경우, 군주가 계신 장소라면 패옥의 소리를 내지 않도록 하니, 좌측에 차는 패옥은 그 끈을 짧게 묶어서 소리가 울리지 않도록 하고, 우측에는 어른을 섬길 때 필요한 물건들을 찬다. 한가롭게 거처하는 경우라면 일상적인 경우처럼 패옥을 차고, 조정에 있는 경우라면 패옥을 짧게 결속하여 소리가 나지 않도록 한다.

集說 君在, 謂世子在君所也. 不佩玉, 非去之也, 但結蘁其左佩之綬, 不使玉之有聲. 玉以此德, 示不敢表其有如玉之德耳. 右設佩者, 佩謂事佩觹燧之屬, 設之於右, 示有服役以奉事於上也. 居則設佩, 謂退而燕居, 則佩玉如常也. 朝則結佩, 申言上意, 此皆謂世子也.

'군재(君在)'는 세자가 군주가 계신 장소에 있다는 뜻이다. 패옥을 차지 않는다는 말은 제거를 한다는 뜻이 아니며, 단지 패옥에 있는 끈을 짧게 결속하여 옥이 소리를 내지 못하도록 하는 것이다. 옥은 덕에 비견되니, 옥과 버금가는 덕을 갖추고 있다는 사실을 감히 드러내지 않는다는 뜻을 나타낼 따름이다. 우측에 설패를 한다고 했는데, '패(佩)'는 어른을 섬길 때 허리에 차는 송곳이나 부싯돌 등의 부류이니, 그것들을 우측에 차서 일에 종사하여 윗사람을 받들게 됨을 나타낸다. '거즉설패(居則設佩)'라는 말은 물러나서 한가롭게 거처할 때라면, 일상적인 경우처럼 패옥을 찬다는 뜻이다. "조정에서라면 패옥을 결속한다."는 말은 앞에 나온 뜻을 거듭 말한 것으로, 이 내용들은 모두 세자에 대한 예법을 뜻한다.

附註 君在不佩玉, 設佩, 結佩, 註義欠明. 按: "左設佩", 謂設佩玉也. "右結佩", 從陳註看, 朝則結佩, 亦謂左設而右結也. 陳氏以右設佩爲觹燧之屬, 居設佩爲佩玉. 同文異義, 恐未然.

군주가 계신 장소에서는 옥을 패(佩)하지 않고 옥을 설(設)하고 옥을 결(結)한다고 했는데, 주의 뜻이 다소 불분명하다. '좌설패(左設佩)'는 패옥을 설치한다는 뜻이다. '우결패(右結佩)'는 진호의 주에 따라 보면 조정에서는 패옥을 결속하는 것이니, 이것은 또한 좌측은 설치하고 우측은 결속한다는 뜻이 된다. 진호는 우측에 차는 것은 송곳이나 부싯돌 등의 부류라 여겼고, 거처할 때 설패(設佩)하는 것은 패옥을 차는 것이라고 여겼다. 문장은 동일한데 뜻이 다르니, 아마도 그렇지 않을 것이다.

【055】

齊[齋]則緝[爭]結佩而爵韠. 〈083〉

재계를['齊'자의 음은 '齋(재)'이다.] 하게 되면 패옥을 꿰는 끈을 묶고, 그 위를
짧게 묶어서['緝'자의 음은 '爭(쟁)'이다.] 소리가 나지 않도록 하고, 참새의 색깔
을 한 슬갑을 찬다.

集說 凡佩玉者, 遇齊時則緝結其佩. 緝, 屈也. 謂結其綬而又屈上之
也. 爵韠, 爵色之韋爲韠也. 士之服, 但齊, 則雖諸侯·大夫亦服之.

무릇 패옥을 차는 경우, 재계를 할 때가 된다면, 그 패옥은 쟁결을 한다.
'쟁(緝)'자는 "짧게 하다."는 뜻이다. 즉 패옥을 꿰는 끈을 결속하고, 또한
그 위를 짧게 하여 매듭을 짓는다는 의미이다. '작필(爵韠)'은 참새의 색깔
을 한 가죽으로 슬갑을 만든 것을 뜻한다. 이것은 사의 복장방식이지만,
재계를 하게 된다면 제후나 대부라 하더라도 이러한 복장을 착용한다.

類編 右佩玉.

여기까지는 '패옥(佩玉)'에 대한 내용이다.

◇ 필(韠)

【056】

韠, 君朱, 大夫素, 士爵韋. 圜[負]殺[色介反]直, 天子直, 諸侯前後方, 大夫前方後挫[佐]角, 士前後正. 韠下廣[去聲]二尺, 上廣一尺, 長三尺, 其頸五寸, 肩革帶轉二寸.〈070〉 [本在"走則擁之"下.]

슬갑의 경우, 군주는 주색으로 만들고, 대부는 소로 만들며, 사는 작위로 만든다. 슬갑은 둥글게도['圜'자의 음은 '負(원)'이다.] 만들고, 점점 그 폭이 줄어들게도['殺'자는 '色(색)'자와 '介(개)'자의 반절음이다.] 만들며, 직각으로 만들기도 하는데, 천자의 경우에는 직각으로 만들고, 제후는 전면과 후면은 직각으로 만들되 다른 사물을 이용하여 치장을 곁들여서 만들며, 대부는 전면은 직각으로 만들고 후면은 모서리를 구부려서['挫'자의 음은 '佐(좌)'이다.] 원형으로 만들며, 사는 전면과 후면을 직각으로 만든다. 슬갑 후면의 너비는['廣'자는 거성으로 읽는다.] 2척이고, 전면의 너비는 1척이며, 그 길이는 3척이고, 중간 부분의 너비는 5촌이며, 양쪽 모서리와 혁대의 너비는 2촌이다. [본래는 "달리게 된다면 그것들을 품속으로 꼽아 넣는다."[1]라고 한 문장 뒤에 수록되어 있었다.]

集説 韠象裳色. 天子·諸侯玄端服朱裳, 大夫素裳, 上士玄裳, 中士黃裳, 下士雜裳. 此言玄端服之韠. 若皮弁服, 則皆素韠也. 凡韠皆韋爲之, 故其字從韋. 又以著衣畢然後著之, 故名爲韠. 韠之言蔽也. 爵韋, 爵色之韋也, 在冕服則謂之韍, 字亦作芾也. 圜·殺·直, 三者之形制也. 天子之韠直, 謂四角無圜·無殺也. 下爲前, 上爲後. 公侯上下各去五寸, 所去之處, 以物補飾之使方, 變於天子也. 大夫則圜其上角, 變於君也. 正, 卽直與方之義. 士賤不嫌與君同也. 頸之廣五寸, 在中, 故謂之頸. 肩, 兩角也. 肩與革帶皆廣二寸.

슬갑은 하의의 색상을 따른다. 천자와 제후는 현단복에 주색의 하의를

---

1) 『예기』「옥조」 069장 : 肆束及帶, 勤者有事則收之, 走則擁之.

착용하며, 대부는 소상을 착용하고, 상사는 현상을 착용하며, 중사는 황상을 착용하고, 하사는 잡상을 착용한다. 이곳에서는 현단복의 슬갑에 대해 언급한 것이다. 만약 피변복을 착용한다면, 모두 소로 만든 슬갑을 착용한다. 무릇 슬갑은 모두 다룸가죽으로 만들게 된다. 그렇기 때문에 그 자형에 있어서 '위(韋)'자를 구성요소로 하는 것이다. 또한 의복을 착용하는 일이 끝난 뒤에 슬갑을 착용하기 때문에, 슬갑의 명칭을 '필(韠)'이라고 부르는 것이다. '필(韠)'자는 "가린다."는 뜻이다. '작위(爵韋)'는 참새의 색깔을 띤 가죽이니, 면복에 착용하는 것을 '불(韍)'이라 부르며, 그 글자는 또한 '불(芾)'이라고도 기록한다. '원(圜)'·'쇄(殺)'·'직(直)'은 세 종류의 형태 제작방법을 뜻한다. 천자의 슬갑을 직으로 만든다는 것은 사격형으로 만들어서 원형으로 굽혀진 부분이나 줄어드는 부분이 없다는 뜻이다. '하(下)'는 전면이 되고, '상(上)'은 후면이 된다. 공작과 후작은 상하에 대해 각각 5촌만큼을 줄이는데, 줄어든 부분은 다른 사물을 보충하여 장식을 해서 네모지게 만드니, 천자에 대한 예법에서 변경을 시킨 것이다. 대부의 경우에는 앞면의 모서리를 원형으로 만드니, 제후에 대한 예법에서 변경을 시킨 것이다. '정(正)'자는 직각과 사각의 뜻이다. 사는 신분이 미천하여 제후와 예법을 동일하게 따르더라도 무람되다는 혐의를 받지 않는다. 목의 너비는 5촌이라고 했는데, 그것은 중간에 해당하기 때문에, 그 부위를 목이라고 한 것이다. '견(肩)'은 양쪽 모서리를 뜻한다. 견과 혁대는 모두 그 너비가 2촌이다.

集說 詩疏曰: 古者佃漁而食, 因衣其皮, 先知蔽前, 後知蔽後. 後王易之以布帛, 而猶存其蔽前者, 重古道不忘本也. 士服爵弁, 以韎韐配之, 則服冕者, 以芾配之, 故知冕服謂之芾. 芾·韠, 俱是蔽膝, 其制同, 但以尊祭服, 故異其名耳.

『시』의 소에서 말하길, 고대에는 사냥을 하고 물고기를 잡아서 음식을 충당했고, 그에 따라 그 가죽을 의복으로 만들어 입었는데, 먼저 앞을

가려야 할 것을 알았고, 이후에 뒤를 가려야 할 것을 알았다. 후대의 왕들
은 이것을 포와 비단으로 대체하였는데, 여전히 앞을 가렸던 것을 남겨두
었으니, 고대의 도리를 중시하여 근본을 잊지 않았기 때문이다. 사는 작
변을 착용하며 매겹을 짝하여 착용했으니, 면복을 착용하는 경우에는 불
을 짝하여 착용했다. 그렇기 때문에 면복을 '불(韍)'이라고도 불렀다는
사실을 알 수 있다. '불(韍)'자와 '필(韠)'자는 모두 무릎을 가리는 것을
뜻하는데, 그 제작방법은 동일하다. 다만 제복을 존귀하게 여기기 때문에
명칭을 달리했던 것일 뿐이다.

集說 今按: 靺韐者, 以茜草染韋爲赤色作蔽膝也.
지금 살펴보니, '매겹(靺韐)'이라는 것은 천초로 가죽에 염색을 하여 적색
으로 만들고, 그것으로 슬갑을 만든 것을 뜻한다.

【057】

一命縕[溫]韍[弗]幽[上聲]衡, 再命赤韍幽衡, 三命赤韍葱衡. 〈071〉

1명의 등급을 가진 자는 적황색의['縕'자의 음은 '溫(온)'이다.] 슬갑을['韍'자의 음은
'弗(불)'이다.] 차고 흑색의['幽'자는 상성으로 읽는다.] 패옥을 차며, 2명의 등급을
가진 자는 적색의 슬갑을 차고 흑색의 패옥을 차며, 3명의 등급을 가진
자는 적색의 슬갑을 차고, 청색의 패옥을 찬다.

集說 此以命數之多寡, 定韍佩之制. 縕, 赤黃色也. 幽, 讀爲黝, 黑
色也. 衡, 佩玉之衡也. 葱, 靑色也. 周禮: "公·侯·伯之鄕三命, 其
大夫再命, 其士一命. 子·男之卿再命, 其大夫一命, 其士不命."
이 내용은 명의 등급 차이에 따라 슬갑과 패옥의 제도를 확정한다는 뜻이
다. '온(縕)'자는 적황색을 뜻한다. '유(幽)'자는 유(黝)자로 풀이하니, 흑
색을 뜻한다. '형(衡)'은 패옥 중의 형을 뜻한다. '총(葱)'자는 청색을 뜻한
다. 『주례』에서는 "공작·후작·백작에게 소속된 경은 3명의 등급이며,

대부는 2명의 등급이고, 사는 1명의 등급이다. 자작·남작에게 소속된
경은 2명의 등급이고, 대부는 1명의 등급이며, 사는 명의 등급이 없다."[2]
라고 했다.

類編　右韠.
여기까지는 '필(韠)'에 대한 내용이다.

---

2) 『주례』「춘관(春官)·전명(典命)」: 公之孤四命, 以皮帛視小國之君, <u>其卿三命,</u>
<u>其大夫再命, 其士一命</u>, 其宮室·車旗·衣服·禮儀, 各視其命之數. 侯伯之卿
大夫士亦如之. <u>子男之卿再命, 其大夫一命, 其士不命</u>, 其宮室·車旗·衣服·
禮儀, 各視其命之數.

부인의 복장[婦人服]

【058】

王后褘[輝]衣, 夫人揄[搖]狄, 君命屈[闕]狄. 〈072〉

왕후는 휘의를['褘'자의 음은 '輝(휘)'이다.] 착용하고, 부인은 요적을['揄'자의 음은 '搖(요)'이다.] 착용하며, 여군은 명령을 받아야만 궐적을['屈'자의 음은 '闕(궐)'이다.] 착용할 수 있다.

集説 此言后夫人以下六等之服. 褘衣色玄, 揄狄靑, 屈狄赤. 六服皆衣裳相連. 褘, 讀爲翬. 揄狄, 讀爲搖翟. 翬, 翟, 皆雉也. 二衣皆刻繪爲雉形而五采畫之. 屈, 讀爲闕. 刻形而不畫, 故云闕也. 王后褘衣, 夫人揄翟, 皆本服也. 君命屈狄, 謂女君子男之妻, 受王后之命, 得服屈狄也.

이 내용은 왕후와 부인으로부터 그 이하의 등급에서 착용하는 여섯 등급의 복장에 대한 것이다. 휘의의 색깔은 검은색이고, 요적은 청색이며, 궐적은 적색이다. 육복은 모두 상의와 하의가 서로 연결되어 있다. '위(褘)'자는 휘(翬)자로 풀이한다. '유적(揄狄)'은 요적(搖翟)으로 풀이한다. '휘(翬)'자와 '적(翟)'자는 모두 꿩을 뜻한다. 두 의복은 모두 무늬를 새겨서 꿩의 형상을 만들고, 다섯 가지 채색으로 그림을 그린다. '굴(屈)'자는 궐(闕)자로 풀이한다. 모양을 새기되 그림은 그리지 않는다. 그렇기 때문에 '궐(闕)'자를 붙여서 부르는 것이다. 왕후는 휘의를 착용하고, 부인은 요적을 착용한다는 것은 모두 본래의 복식을 뜻한다. '군명궐적(君命屈狄)'이라고 했는데, 여군은 자작과 남작의 처를 뜻하며, 왕후로부터 명령을 받으면, 궐적을 착용할 수 있다는 뜻이다.

附註 君命屈狄, 君命者, 公侯之卿三命, 此卽其妻, 言君之所命也. 諸侯夫人, 則命於天子, 子男之妻, 亦在其中, 註說恐誤. 下云"再命", 下此一等矣. "再命褘衣", 領緣及繪繡, 各有差等, 不患其無別也. 此云“夫人揄狄”, 而祭統云“夫人副褘立于房”, 可知夫人亦服褘衣也.

‘군명궐적(君命屈狄)’이라 했는데, ‘군명(君命)’이라는 것은 공작과 후작에게 소속된 경은 3명의 등급이며, 여기에서 말한 것은 곧 그들의 처에 해당하니, 군주가 명한 대상이라는 뜻이다. 제후의 부인은 천자에게서 명령을 받고, 자작과 남작의 처 또한 그 가운데 포함되니, 주의 주장은 아마도 잘못된 것 같다. 아래에서 ‘재명(再命)’이라 했는데, 이것보다 한 등급이 낮은 것이다. ‘재명휘의(再命褘衣)’라 했는데, 옷깃이나 가선 및 그림과 수에 각각 차등이 있으니, 구별이 없게 될까를 염려하지 않아도 된다. 이곳에서 ‘부인요적(夫人揄狄)’이라 했고, 『예기』「제통(祭統)」편에서 “부인은 머리장식과 휘의를 착용하고 방안에 서 있는다.”[1]라 했으니, 부인 또한 휘의를 착용한다는 사실을 알 수 있다.

【059】

再命褘[鞠]衣, 一命禮[張戰反]衣, 士褖[象]衣. 〈073〉

2명의 신하들 처는 국의를[‘褘’자의 음은 ‘鞠(국)’이다.] 착용하고, 1명의 신하들 처는 전의를[‘禮’자는 ‘張(장)’자와 ‘戰(전)’자의 반절음이다.] 착용하며, 사의 처는 단의를[‘褖’자의 음은 ‘象(단)’이다.] 착용한다.

集說 鞠衣黃, 禮衣白, 褖衣黑. 褘, 讀爲鞠. 鞠衣黃, 桑服也. 色如鞠塵, 象桑乘始生之色. 再命鞠衣者, 子男之鄉再命, 其妻得服鞠衣也. 一命禮衣者, 子男之大夫一命, 其妻得服禮衣也. 士褖衣者, 子男之士不命, 其妻服褖衣也.

---

1) 『예기』「제통(祭統)」008장 : 是故先期旬有一日, 宮宰宿夫人, 夫人亦散齊七日, 致齊三日. 君致齊於外, 夫人致齊於內, 然後會於大廟. 君純冕立於阼, 夫人副褘立於東房. 君執圭瓚祼尸, 大宗執璋瓚亞祼. 及迎牲, 君執紖, 卿·大夫從, 士執芻; 宗婦執盎從, 夫人薦涗水; 君執鸞刀羞嚌, 夫人薦豆. 此之謂夫婦親之.

국의는 황색이고, 전의는 백색이며, 단위는 흑색이다. '위(褘)'자는 국
(鞠)자로 풀이한다. 국의는 황색으로 상복을 뜻한다. 그 색깔은 국진과
같으니, 뽕나무 잎이 처음 솟아날 때의 색깔을 본뜬 것이다. '재명국의(再
命鞠衣)'라는 말은 자작과 남작에게 소속된 경은 2명의 등급이고, 그의
처는 국의를 착용할 수 있다는 뜻이다. '일명전의(一命襢衣)'라는 말은
자작과 남작에게 소속된 대부는 1명의 등급이며, 그의 처는 전의를 착용
할 수 있다는 뜻이다. '사단의(士褖衣)'라는 말은 자작과 남작에게 소속
된 사는 명의 등급을 받지 못했으며, 그의 처는 단의를 착용할 수 있다는
뜻이다.

【060】
唯世婦命於奠繭, 其他則皆從男子.〈074〉
오직 세부만이 누에를 쳐서 견직물로 나온 것을 바칠 때가 되어야만, 그녀
들에게 명복을 착용하라는 명령을 내려서 해당 복장을 착용하게 되고, 나
머지 여인들은 모두 남편의 작위에 따른 복장을 착용한다.

集說 世婦, 天子二十七人. 奠繭, 獻繭也. 凡獻物必先奠置于地, 故
謂獻爲奠. 凡妻貴因夫, 故得各服其命數之服. 惟世婦必俟蠶畢獻
繭, 命之服乃服耳. 他皆從夫之爵位也.
'세부(世婦)'는 천자에게 소속된 27명의 여자들을 뜻한다. '전견(奠繭)'은
누에를 쳐서 나온 견직물을 헌상한다는 뜻이다. 무릇 어떤 물건을 헌상하
게 되면, 반드시 가장 먼저 땅에 그 물건들을 진열한다. 그렇기 때문에
헌상하는 것을 '전(奠)'이라고 부른 것이다. 무릇 처의 경우에는 그 존귀
함이 남편의 존귀함에 따르게 된다. 그렇기 때문에 각각 그녀의 남편이
명의 등급에 따라 착용하는 복장에 맞춰서 복장을 갖추는 것이다. 오직
세부의 경우에만 반드시 누에를 치는 일이 끝나고 견직물을 헌상할 때까
지를 기다린 뒤에 그녀들에게 해당 복장을 착용하라는 명령을 내리게 되

면, 그 복장을 착용할 따름이다. 나머지 여인들은 모두 남편의 작위에
따른 복장을 따르게 된다.

類編 右婦人服.
여기까지는 '부인복(婦人服)'에 대한 내용이다.

【061】

童子之節也, 緇布衣錦緣[去聲], 錦紳幷紐, 綿束髮, 皆朱錦也. 〈088〉
[本在"綦組綬"下.]

어린아이들의 예절에 있어서는 치포로 만든 옷에 비단으로 가선을['緣'자는 거성으로 읽는다.] 댄 것을 입고, 허리띠의 늘어뜨리는 부분과 허리띠는 비단으로 만들며, 비단을 이용해서 머리를 묶으니, 비단은 모두 적색의 비단을 이용한다. [본래는 "무늬가 뒤섞인 끈으로 꿰는 줄을 만들었다."[1]라고 한 문장 뒤에 수록되어 있었다.]

集說 節, 禮節也. 錦緣, 以錦爲緇布衣之緣也. 紳紐見前.

'절(節)'자는 예절을 뜻한다. '금연(錦緣)'은 치포로 만든 옷에 비단으로 가선을 댄다는 뜻이다. '신(紳)'과 '유(紐)'는 앞에 그 설명이 나온다.

【062】

童子不裘不帛, 不屨絇[劬], 無緦服, 聽事不麻. 〈089〉[2]

어린아이는 갓옷을 입지 않고 비단옷을 입지 않으며, 신발에 신코장식을['絇'자의 음은 '劬(구)'이다.] 하지 않고, 시마복을 착용하지 않으며, 상주의 심부름을 할 때에는 질을 두르지 않는다.

集說 不屨絇, 未習行戒也. 無緦服, 謂父在時, 己雖有緦親之喪, 不爲之著緦服, 但往聽主人使令之事. 不麻, 謂免而深衣不加絰也. 問喪云, 童子不緦, 唯當室緦. 當室, 爲父後者也. 童子未能習禮, 且緦

---

1) 『예기』 「옥조」 087장 : 孔子佩象環五寸, 而綦組綬.
2) 『예기』 「옥조」 089장 : <u>童子不裘不帛, 不屨絇, 無緦服, 聽事不麻.</u> 無事則立主人之北, 南面. 見先生, 從人而入.

輕, 故父在不緦, 父沒則本服不可違矣.

신발에 신코장식을 하지 않는 것은 움직일 때 주의해야 할 것을 아직 익히지 않았기 때문이다. 시마복이 없다는 말은 부친이 생존해 계실 때, 본인에게 비록 시마복을 입어야 하는 친족의 상이 있더라도, 그를 위해서 시마복을 착용하지 않고, 단지 그 집에 찾아가서 주인이 시키는 일에 대해 따른다는 뜻이다. '불마(不麻)'는 문을 하고 심의를 착용하지만, 질은 두르지 않는다는 뜻이다. 『예기』「문상(問喪)」편에서는 어린아이는 시마복을 착용하지 않으며, 오직 당실(當室)3)만이 시마복을 착용한다고 했다. '당실(當室)'은 부친의 후계자가 된 자를 뜻한다. 어린아이는 아직 예법을 능숙하게 익히지 못했고, 또 시마복은 상복 중에서도 수위가 낮은 것이다. 그렇기 때문에 부친이 생존해 계신다면 시마복을 착용하지 않는 것인데, 부친이 돌아가신 경우라면, 본래의 복식 규정을 어길 수 없다.

附註 聽事不麻, 謂童子執事, 於主人雖有服, 去而不服, 非指無緦服也. 或云: "此四字當別論, 如執玉不麻之屬, 言聽政臨民之際, 去麻不服, 如期之旣葬·緦之旣殯, 是也."

'청사불마(聽事不麻)'라 했는데, 어린아이는 일을 맡아볼 때, 상주에 대해 비록 상복관계에 있더라도 복장을 제거하고 상복을 착용하지 않는다는 뜻이니, 시마복을 착용하지 않는다는 것을 가리키는 것이 아니다. 혹자는 "이 네 글자는 마땅히 별도의 논의가 되니, 집옥불마(執玉不麻)와 같은 부류로, 정사를 듣고 백성들에게 임할 때에는 마로 된 흉복을 제거하고 착용하지 않는다는 것이다. 기년상에서 장례를 마치거나 시마복의 상에서 빈소를 차리고 난 뒤의 경우가 여기에 해당한다."라 했다.

---

3) 당실(當室)은 부친을 대신하여, 가사(家事)일을 돌본다는 뜻이다. 고대에는 대부분 장자(長子)가 이 일을 담당해서, 적장자(嫡長子)를 가리키는 용어로도 사용하였다.

類編 右童子服.

여기까지는 '동자복(童子服)'에 대한 내용이다.

◇ 상하계층의 복장과 식사 예절[上下服食之節]

【063】

天子玉藻, 十有二旒, 前後邃[粹]延, 龍卷[袞]以祭. 〈001〉 [本篇首章.]

천자의 면류관에 다는 옥 장식은 12줄로 하고, 앞뒤로 각각 12개씩을 길게 늘어뜨리며, 그 위에는 겉감은 검은색이고 속감은 분홍색으로 된 상판을 얹고['邃'자의 음은 '粹(수)'이다.] 곤룡포를['卷'자의 음은 '袞(곤)'이다.] 착용하고서, 종묘에서 제사를 지낸다. [본편의 첫 장이다.]

> **集說** 玉, 冕前後垂旒之玉也. 藻, 雜采絲繩之貫玉者也. 以藻穿玉, 以玉飾藻, 故曰玉藻. 邃, 深也. 延, 冕上覆也, 玄表而纁裏. 前後邃延者, 言前後各有十二旒, 垂而深邃, 延在冕上也. 龍袞, 畫龍於袞衣也. 祭, 祭宗廟也. 餘見禮器.

'옥(玉)'은 유에 꿰어 면류관 앞뒤로 늘어뜨린 옥을 뜻한다. '조(藻)'는 여러 가지 채색을 한 가는 끈으로 옥을 꿰어놓은 것이다. 조를 이용해서 옥을 꿰고, 옥으로 조를 장식한다. 그렇기 때문에 '옥조(玉藻)'라고 부르는 것이다. '수(邃)'자는 "깊다."는 뜻이다. '연(延)'자는 면류관 위를 덮고 있는 것으로, 겉면은 검은색이고, 안쪽은 분홍색으로 되어 있다. '전후수연(前後邃延)'이라는 말은 면류관 앞뒤로 각각 12개의 유를 달고, 그것을 길게 늘어뜨리며, 연이 그 위를 덮고 있다는 뜻이다. '용곤(龍袞)'은 곤의에 용 그림을 그린 복장이다. '제(祭)'자는 종묘에서 제사를 지낸다는 뜻이다. 나머지 설명은 『예기』「예기(禮器)」편에 나온다.

【064】

玄端而朝日於東門之外, 聽朔於南門之外. 〈002〉

천자는 현면을 착용하고서 국성의 동문 밖에서 조일을 하고, 남문 밖에서 청삭(聽朔)[1]을 한다.

集說 朝日, 春分之禮也. 聽朔者, 聽月朔之事也. 東門·南門, 皆謂
國門也.

'조일(朝日)'이라는 것은 춘분 때 시행하는 예이다. '청삭(聽朔)'이라는
것은 그 달 초하루에 시행해야 할 일들을 듣는 의식이다. '동문(東門)'과
'남문(南門)'은 모두 국성의 문을 가리킨다.

<small>集說</small> 疏曰: 知端當爲冕者, 皮弁尊, 次則諸侯之朝服, 又其次玄端.
諸侯皮弁聽朔, 朝服視朝, 是視朝之服卑於聽朔. 今天子皮弁視朝,
若玄端聽朔, 則是聽朔之服卑於視朝. 且聽朔大, 視朝小, 故知端爲
冕, 謂玄冕也. 是冕服之下者.

소에서 말하길, '단(端)'자가 마땅히 면(冕)자가 되어야 함을 알 수 있는
이유는 피변(皮弁)은 존귀한 복식이고, 그 다음으로 존귀한 것은 제후가
착용하는 조복(朝服)이고, 또 그 다음은 현단(玄端)이다. 제후는 피변
(皮弁)을 착용하고 청삭을 했고, 조복(朝服)을 착용하고 조정에 참관했
으니, 이것은 조정에 참관할 때의 복장이 청삭을 할 때 착용하는 복장보
다 낮다는 사실을 나타낸다. 현재 천자가 피변(皮弁)을 착용하고 조정에
참관한다고 했는데, 만약 현단(玄端)을 착용하고 청삭을 했다면, 이것은
청삭을 할 때의 복장이 조정에 참관할 때의 복장보다 낮은 꼴이 된다.
또한 청삭은 중대한 일이고, 조정에 참관하는 것은 상대적으로 덜 중요한
일이다. 그렇기 때문에 '단(端)'자가 면(冕)자가 되어야 한다는 사실을 알

---

1) 청삭(聽朔)은 천자나 제후가 매월 초하루에 시행했던 고삭(告朔)의 의례를 뜻한
다. 해당 월에 시행해야 할 정사(政事)는 바로 초하루부터 시행되므로, 정무를
처리하기 이전에, 고삭의 의식을 시행하고, 그 이후에야 정사를 펼쳤다. 현단복(玄
端服) 및 피변복(皮弁服)을 착용하고 치렀으며, 남문(南門) 밖이나, 태묘(太廟)에
서 시행하였다. 『예기』「옥조(玉藻)」편에는 "玄端而朝日於東門之外, 聽朔於南
門之外."라는 기록과 "諸侯玄端以祭, 裨冕以朝, 皮弁以聽朔於大廟."라는 기록
이 있다.

수 있으니, 이것은 현면(玄冕)을 뜻한다. 이 복장은 면복(冕服) 중에서도 가장 하위에 속하는 복장이다.

【065】

閏月則闔門左扉, 立于其中.〈003〉

윤달이 되면, 문의 좌측을 닫고 우측으로 통행하며, 그 중앙에 서서 청삭을 한다.

集說　鄭氏曰: 天子廟及路寢, 皆如明堂制. 明堂在國之陽, 每月就 其時之堂而聽朔焉. 卒事反宿路寢. 閏月, 非常月也. 聽其朔於明堂 門中, 還處路寢門終月.

정현이 말하길, 천자의 묘 및 노침은 모두 명당의 제도처럼 만든다. 명당 은 국성 중 양의 방위에 해당하는 곳에 있고, 매월 그 계절에 해당하는 당으로 나아가서 청삭을 한다. 그 일이 끝나면 되돌아와서 노침에서 묵는 다. 윤월은 일상적인 달이 아니다. 명당의 문 중앙에서 초하루에 해야 할 일들을 듣고, 다시 노침의 문으로 되돌아와서, 종월을 한다.

集說　疏曰: 案[2])太史云, 終月, 謂終竟一月所聽之事於一月中耳. 尋 常則居燕寢也. 皇氏云: 明堂有四門, 卽路寢亦有四門. 閏月各居其 時當方之門, 義或然也.

소에서 말하길, 『주례』「대사(大史)」편을 살펴보면, '종월(終月)'은 그 달 에 처리해야 할 일들을 그 달 중에 끝낸다는 뜻일 뿐이다. 평상시에는 연침(燕寢)에 거처한다. 황간은 명당(明堂)에는 4개의 문이 있으니, 노 침(路寢)에도 또한 4개의 문이 있다. 윤달에는 각각 해당 계절에 맞는

---

2) '안(案)'자에 대하여. '안'자는 본래 '락(樂)'자로 기록되어 있었는데, 이것은 '안'자 의 오자이다.

방위의 문에 위치한다고 했는데, 그 의미가 혹여 그러하기도 할 것 같다.

集說 今按: 闔門左扉者, 左爲陽, 陽爲正, 以非月之正, 故闔左而由
右.

지금 살펴보니, '합문좌비(闔門左扉)'라고 했는데, 좌측은 양에 해당하
고, 양은 올바름이 된다. 따라서 윤월은 달의 올바름이 아니기 때문에,
좌측을 닫고 우측으로 통행하는 것이다.

【066】

皮弁以日視朝, 遂以食; 日中而餕, 奏而食. 日少牢, 朔月大牢. 五飮:
上水・漿・酒・醴・酏[移]. 〈004〉

천자는 피변복을 착용하고 매일 아침마다 조회에 참관하고, 그 일이 끝나
면 아침식사를 한다. 그리고 점심에는 아침에 먹고 남은 음식들을 먹는데,
음악을 연주하며 식사를 한다. 천자의 식사에서는 날마다 소뢰를 사용하
고, 매월 초하루에는 태뢰를 사용한다. 다섯 가지 마실 것들은 물을 가장
상등으로 치고, 나머지는 장・술・단술・쌀죽이다.['酏'자의 음은 '移(이)'이다.]

集說 皮弁服, 天子常日視朝之服也. 諸臣同此服. 日中而餕, 謂日
中所食, 乃朝食之餘也. 奏, 作樂也. 日, 常日也. 朔月, 月朔也. 上
水, 以水爲上也. 下四者說見內則.

피변복(皮弁服)은 천자가 평상시에 조정에 참관할 때 착용하는 복장이
다. 여러 신하들도 동일하게 이 복장을 착용한다. '일중이준(日中而餕)'
이라는 말은 한낮에 먹는 음식은 곧 아침에 먹었던 음식 중 남은 것들이
라는 뜻이다. '주(奏)'자는 음악을 연주한다는 뜻이다. '일(日)'자는 평상
시를 뜻한다. '삭월(朔月)'은 매월 초하루를 뜻한다. '상수(上水)'는 물을
가장 상등으로 친다는 뜻이다. 나머지 4개에 대해서는 그 설명이 『예기』
「내칙(內則)」편에 나온다.

集說 疏曰: 餕尙奏樂, 卽朝食奏樂可知.

소에서 말하길, 남은 음식을 먹을 때에도 오히려 음악을 연주한다면, 아침을 먹을 때에도 음악을 연주한다는 사실을 알 수 있다.

【067】

卒食, 玄端而居, 動則左史書之, 言則右史書之, 御瞽幾聲之上下.
年不順成, 則天子素服, 乘素車, 食無樂. 〈005〉

천자는 식사를 끝내면, 현단복을 착용하고 머물며, 천자의 행동에 대해서는 좌사가 기록하고, 말에 대해서는 우사가 기록하며, 시중을 드는 악공은 음악 소리의 높낮이를 살펴서, 정령의 득실을 살핀다. 그 해에 곡식이 잘 여물지 않았다면, 천자는 소복을 착용하고, 소거를 타며, 식사를 할 때 음악을 연주하지 않는다.

集說 玄端服, 說見內則. 玄者, 幽陰之色. 宴息向晦而服之, 於義爲得也. 御瞽, 侍御之樂工也. 幾, 察也. 察樂聲之高下, 以知政令之得失也. 此以上皆天子之禮.

'현단복(玄端服)'에 대해서는 그 설명이 『예기』「내칙(內則)」편에 나온다. 검은색이라는 것은 그윽하고 음에 해당하는 색깔이다. 편안하게 쉴 때에는 조용한 것을 지향하고 이러한 복장을 착용하는 것은 그 의미에 부합된다. '어고(御瞽)'는 시중을 드는 악공을 뜻한다. '기(幾)'자는 "살핀다."는 뜻이다. 음악 소리의 높낮이를 살펴서, 정령의 득실에 대해 파악한다. 이곳 문장으로부터 그 이상의 내용들은 모두 천자에게 해당하는 예이다.

【068】

諸侯玄端[冕]以祭, 裨冕以朝, 皮弁以聽朔於大廟, 朝服以日視朝於內朝. 〈006〉

제후는 현면을['端'자의 음은 '冕(면)'이다.] 착용하고 제사를 지내며, 비면을 착용하고 천자에게 조회를 가며, 피변복을 착용하고 태묘에서 청삭을 하며, 조복을 착용하고 날마다 내조에서 조정에 참관한다.

集說 禪冕, 公袞, 侯·伯鷩, 子·男毳也. 朝, 見天子也. 諸侯以玄冠緇衣素棠爲朝服, 凡在朝, 君臣上下同服, 但士服則謂之玄端, 袂廣二尺二寸故也. 大夫以上皆侈袂三尺三寸.

'비면(禪冕)'에 해당하는 복장은 공작은 곤면이고, 후작·백작은 별면이며, 자작·남작은 취면이다. '조(朝)'자는 천자를 알현한다는 뜻이다. 제후는 현관과 검은색의 상의, 흰색의 하의를 조복으로 삼고, 무릇 조정에 있어서는 군신 및 상하 계층이 모두 복식을 동일하게 한다. 다만 사의 복장에 대해서, 그것을 '현단(玄端)'이라고 부르는 것은 소매의 너비가 2척 2촌이기 때문이다. 대부 이상의 계급은 모두 소매를 넓혀서 3척 3촌으로 만든다.

集說 方氏曰: 天子聽朔於南門, 示受之於天. 諸侯聽朔於大廟, 示受之於祖. 原其所自也. 天子·諸侯皆三朝, 外朝在庫門之外, 治朝在路門之外, 內朝在路門之內, 亦曰燕朝也.

방씨가 말하길, 천자는 남쪽 문에서 청삭을 하니, 하늘로부터 명령을 받은 것임을 드러내기 위해서이다. 제후는 태묘에서 청삭을 하니, 조상으로부터 명령을 받은 것임을 드러내기 위해서이다. 즉 비롯되는 것에 근원을 둔 것이다. 천자와 제후는 모두 3개의 조정을 갖게 되니, 외조는 고문밖에 있고, 치조는 노문 밖에 있으며, 내조는 노문 안에 있고, 이것을 또한 '연조(燕朝)'라고도 부른다.

【069】

朝, 辨色始入. 君日出而視之, 退適路寢聽政, 使人視大夫, 大夫退, 然後適小寢釋服.〈007〉

신하들이 조정에 참관할 때, 동이 틀 때 비로소 응문으로 들어가서 군주를 기다린다. 군주는 해가 떠오른 뒤에 나와서 조정에 참관하고, 물러나서 노침으로 가며, 정사에 대해 들으며 가부를 판단하고, 사람을 시켜서 대부들이 퇴조했는지를 살피니, 대부가 퇴조를 한 뒤에야 소침으로 가서 조복을 벗고 현단복으로 갈아입는다.

集說 臣入常先, 君出常後, 尊卑之禮然也. 視朝而見群臣, 所以通上下之情; 聽政而適路寢, 所以決可否之計. 釋服, 釋朝服也.

신하가 들어서는 시기는 항상 앞서고, 군주가 나오는 시기는 항상 늦으니, 신분등급의 예에 따른 것이다. 조정에 참관하여 뭇 신하들을 조견하는 것은 상하계층의 감정을 소통시키기 위해서이며, 정사를 듣고 노침으로 가는 것은 가부의 계책을 판결하기 위해서이다. '석복(釋服)'은 조복을 벗는다는 뜻이다.

【070】

又朝服以食, 特牲三俎祭肺; 夕深衣, 祭牢肉. 朔月少牢, 五俎四簋. 子卯稷食[嗣]菜羹. 夫人與君同庖.〈008〉

또한 조복을 착용하고서 아침식사를 하며, 식사를 할 때에는 특생을 사용하여 3개의 도마를 차리고, 희생물의 폐로 음식에 대한 제사를 지내며, 저녁식사 때에는 심의를 착용하고, 특생으로 마련했던 고기로 제사를 지낸다. 매월 초하루에는 소뢰를 사용하고, 5개의 도마와 4개의 궤를 마련한다. 갑자일이나 을묘일에는 메기장 밥을['食'자의 음은 '嗣(사)'이다.] 먹고 채소국만 먹는다. 부인은 군주와 부엌을 함께 쓴다.

集說 三俎, 特豕·魚·腊也. 周人祭肺. 夕, 夕食也. 牢肉, 卽特牲之餘也. 五俎, 加羊與其腸胃也. 簋, 盛黍稷之器. 常食二簋, 月朔則四簋也. 子卯, 說見檀弓. 夫人不特殺, 故云與君同庖也.

세 가지 도마에 오르는 음식은 한 마리 돼지고기와 물고기 및 석이다. 주나라 때에는 희생물의 폐로 음식에 대한 제사를 지냈다. '석(夕)'자는 저녁식사를 뜻한다. '뇌육(牢肉)'은 곧 특생의 고기를 뜻한다. '오조(五俎)'에는 추가적으로 양고기와 창자 및 위를 올리는 것이다. '궤(簋)'는 서직을 담는 그릇이다. 일상적인 식사 때에는 2개의 궤를 차리는데, 매월 초하루가 되면 4개의 궤를 차린다. '자묘(子卯)'에 대해서는 그 설명이 『예기』「단궁(檀弓)」편에 나온다. 부인에게는 한 마리의 희생물을 도축해서 바치지 않는다. 그렇기 때문에 "군주와 부엌을 함께 쓴다."라고 말한 것이다.

【071】
君無故不殺牛, 大夫無故不殺羊, 士無故不殺犬豕. 君子遠[去聲]庖廚, 凡有血氣之類, 弗身踐[翦]也. 至于八月不雨, 君不擧. 〈009〉
제후는 특별한 일이 없으면 소를 도축하지 않고, 제후에게 소속된 대부는 특별한 일이 없으면 양을 도축하지 않으며, 사는 특별한 일이 없으면 개와 돼지를 도축하지 않는다. 군자는 부엌을 멀리하니[遠'자는 거성으로 읽는다.] 무릇 혈기를 가지고 있는 부류들에 대해서, 직접 밟지[踐'자의 음은 '翦(전)'이다.] 않는다. 8월이 되었는데도 비가 내리지 않는다면, 군주는 성찬을 들지 않는다.

集說 天子膳用六牲, 則無故亦殺牛, 此言國君也. 天子之大夫有故得殺牛, 此無故不殺羊, 謂諸侯之大夫也. 故, 謂祭祀及賓客饗食之禮也. 祭禮有射牲之文, 此言弗身踐, 亦謂尋常也. 八月, 今之六月. 殺牲盛饌曰擧.에는 여섯 가지 희생

천자가 먹는 요리를 만들 때물을 사용하니, 특별한 일이 없다면 또한 소를 도축하지 않는다는 말은 제후에 대한 내용이다. 천자에게 소속된 대부

는 특별한 일이 있으면 소를 도축할 수 있다. 그런데 이곳에서는 특별한 일이 없으면 양을 도축할 수 없다고 했으니, 이것은 제후에게 소속된 대부에 대한 내용이다. '고(故)'자는 제사 및 빈객에게 향례나 사례를 하는 예를 뜻한다. 제례에는 활을 쏘고 희생물을 도축한다는 기록이 있는데, 이곳에서는 직접 도축하지 않는다고 했다. 따라서 이 내용 또한 일상에 대한 내용이다. '팔월(八月)'은 오늘날의 6월에 해당한다. 희생물을 도축하여 성찬을 드는 것을 '거(擧)'라고 부른다.

附註 君不擧, 註殺牲盛饌曰擧. 按: 擧者, 樂食也.

'군불거(君不擧)'에 대해 주에서는 "희생물을 도축하여 성찬을 드는 것을 '거(擧)'라고 부른다."라 했다. 살펴보니, '거(擧)'라는 것은 음악을 연주하며 식사하는 것을 뜻한다.

【072】

年不順成, 君衣[去聲]布搢[薦]本, 關梁不租, 山澤列而不賦, 土功不興, 大夫不得造車馬.〈010〉

그 해에 곡식이 잘 여물지 않았다면, 군주는 포로 된 옷을 입고['衣'자는 거성으로 읽는다.] 사가 차는 홀을 꼽으며['搢'자의 음은 '薦(진)'이다.] 관문과 연못에서 세금을 걷지 않고, 산림과 천택에 대해서는 사람들이 적정 시기가 아닌데도 들어가서 채집할 것을 염려하여 막되, 부역을 부여하지 않고, 토목공사를 일으키지 않으며, 대부는 말이나 수레를 새로운 것으로 마련하지 않는다.

集說 衣布, 身著布衣也. 士以竹爲笏而以象飾其本. 搢, 挿也, 君挿士之笏也. 關, 謂門關. 梁, 謂澤梁. 不租, 不收租稅也. 列, 當作迾, 遮遏之義. 周禮山虞掌其厲禁, 鄭云: "遮列禁之是也." 凶年雖不收山澤之賦, 猶必遮迾其非時采取者. 造, 新有製作也. 此皆爲歲之凶, 故上之人節損以寬貸其下也.

'의포(衣布)'는 몸에 포로 만든 옷을 착용한다는 뜻이다. 사는 대나무로 홀을 만드는데, 상아를 이용해서 홀의 몸체를 장식하는 것이다. '진(搢)'자는 "꽂는다."는 뜻이니, 군주가 사가 차는 홀을 꼽는다는 의미이다. '관(關)'자는 관문을 뜻한다. '양(梁)'자는 연못을 뜻한다. '부조(不租)'는 세금을 거두지 않는다는 뜻이다. '열(列)'자는 마땅히 열(迾)자가 되어야 하니, 가로막는다는 뜻이다. 『주례』에서는 산우라는 관리가 금령 등에 대해서 담당한다고 했고,[1] 정현은 "막고 차단하여 지킨다는 뜻이다."라고 했다. 흉년에는 산림과 천택에서 세금을 거두지 않지만, 여전히 적정 시기가 아닌데도 들어가서 채집하는 자들을 막아야만 한다. '조(造)'자는 새롭게 제작해서 만든다는 뜻이다. 이러한 내용들은 모두 그 해에 흉년이 들었기 때문이니, 상위에 속한 사람은 절검을 하여, 그의 아랫사람들에게

---

1) 『주례』「지관(地官)·산우(山虞)」: 山虞掌山林之政令, 物爲之厲而爲之守禁.

관대하게 대하는 것이다.

國君春田不圍澤, 大夫不掩群, 士不取麛[迷]卵.〈曲禮下-032〉 [曲禮. 本在
"男女相答拜也"下.]

군주는 봄 사냥 때 연못을 포위하여 씨를 말리지 않고, 대부는 짐승 무리를
습격하지 않으며, 사는 새끼['麛'자의 음은 '迷(미)'이다.]나 알을 잡지 않는다.
[「곡례」편의 문장이다. 본래는 "남자와 여자는 서로 답배를 한다."[2]라고 한 문장 뒤에 수록되
어 있었다.]

集說 春田, 蒐獵也. 澤廣故曰圍, 群聚故曰掩. 麛, 鹿子, 凡獸子亦
通名之. 麛卵微, 故曰取. 君·大夫·士位有等降, 故所取各有限制.
此與王制文異.

'춘전(春田)'은 봄사냥을 뜻한다. 연못은 그 범위가 넓기 때문에 "포위한
다."라 말한 것이고, 짐승 무리는 모여 있기 때문에 "습격한다."라 말한
것이다. '미(麛)'자는 본래 사슴의 새끼를 뜻하는데, 모든 뭍짐승들의 새
끼들에 대해서도 또한 통칭해서 '미(麛)'라고 부른다. 짐승의 새끼와 알들
은 크기가 작기 때문에 "잡는다."라 말한 것이다. 군주·대부·사의 지위
에는 차이가 있기 때문에, 그들이 잡아들이는 것에도 또한 각각 제한이
있는 것이다. 이 기록은 『예기』「왕제(王制)」편의 기록과는 차이가 있다.

集說 方氏曰: 用大者取愈廣位, 卑者禁愈嚴.

방씨가 말하길, 사냥감을 쓸 일이 많은 자일 수록 사냥을 함에도 범위가
더욱 넓어지는 것이고, 신분이 낮은 자일 수록 금지사항도 더욱 엄격해지
는 것이다.

---

2) 『예기』「곡례하(曲禮下)」 031장 : 男女相答拜也.

【074】

君無故, 玉不去身, 大夫無故, 不徹縣[玄], 士無故, 不徹琴瑟. 〈曲禮下 -034〉 [曲禮. 本在"飮酒不樂"下.]

군주는 특별한 변고가 없으면, 패옥을 몸에서 떼지 않으며, 대부는 특별한 변고가 없으면, 종이나 경과 같은 악기['縣'자의 음은 '玄(현)'이다.]들을 거둬들이지 않고, 사는 특별한 변고가 없으면, 금슬 등의 악기를 거둬들이지 않는다. [「곡례」편의 문장이다. 본래는 "술은 마시되 음악은 연주하지 않는다."3)라고 한 문장 뒤에 수록되어 있었다.]

集說 故, 謂災變喪疾之類.

'고(故)'는 재앙·변란·상사·질병 등의 부류를 뜻한다.

【075】

歲凶, 年穀不登, 君膳不祭肺, 馬不食穀, 馳道不除, 祭事不縣[玄]. 大夫不食粱, 士飮酒不樂. 〈曲禮下-033〉 [曲禮. 本在"不取麛卵"下.]

흉년이 들어 한 해의 농작물이 제대로 수확되지 않았다면, 군주는 성찬을 차려서 폐로 제사지내는 일을 하지 않고, 말에게는 곡식을 먹이지 않으며, 군주의 수레가 달리는 길에는 청소를 하지 않고, 제사 때에도 음악을 연주['縣'자의 음은 '玄(현)'이다.]하지 않는다. 대부의 경우에는 조밥을 추가적으로 차리지 않고, 사의 경우에는 술은 마시되 음악은 연주하지 않는다. [「곡례」편의 문장이다. 본래는 "새끼나 알을 잡지 않는다."4)라고 한 문장 뒤에 수록되어 있었다.]

集說 膳者, 美食之名. 肺爲氣主, 周人所重, 故食必先祭肺. 言不祭肺, 示不殺牲爲盛饌也. 馳道, 人君驅馳車馬之路. 不除, 不埽除也.

---

3) 『예기』「곡례하(曲禮下)」 033장 : 歲凶, 年穀不登, 君膳不祭肺, 馬不食穀, 馳道不除, 祭事不縣. 大夫不食粱, 士<u>飮酒不樂</u>.

4) 『예기』「곡례하(曲禮下)」 032장 : 國君春田不圍澤, 大夫不掩群, 士<u>不取麛卵</u>.

祭必有鐘磬之縣, 今不縣, 言不作樂也. 大夫食黍稷, 以粱爲加. 公食大夫禮, 設正饌之後, 乃設稻粱, 所謂加也. 自君至士各擧一事, 尊者擧其大者, 卑者擧其小者, 其實互相通耳.

'선(膳)'이라는 것은 맛좋은 음식들을 부르는 말이다. '폐(肺)'라는 것은 기운을 주관하는 장기이므로, 주나라 사람들은 이 부위를 중시하였다. 그렇기 때문에 음식을 먹을 때, 반드시 먼저 희생물의 폐를 조금 덜어내서, 제사를 지냈던 것이다. 따라서 "폐로 제사를 지내지 않는다."라고 한 말은 희생물을 잡아서 성찬을 차리지 않는다는 뜻을 나타낸다. '치도(馳道)'는 군주가 수레를 달리게 하는 도로이다. '부제(不除)'는 청소를 하지 않는다는 뜻이다. 제사에는 반드시 종이나 경 등의 악기를 매달게 되는데, 현재 이 문장에서는 "매달지 않는다."고 하였으니, 이 말은 곧 악기 연주를 하지 않는다는 뜻이다. 대부는 기장밥을 먹으면서 조밥을 추가적으로 올리게 된다. 『의례』「공사대부례(公食大夫禮)」편에서는 정찬을 차린 이후에 곧 쌀밥과 조밥을 추가적으로 올린다고 하였으니,[5] 이것이 이른바 "추가적으로 올린다."는 뜻이다. 군주로부터 사에 이르기까지 각각 하나의 사안만을 거론하고 있으며, 신분이 존귀한 자에 대해서는 중대한 사안을 거론하고, 신분이 낮은 자에 대해서는 비교적 덜 중요한 사안에 대해서 거론하였는데, 실제로는 상하의 모든 계층들이 앞서 언급했던 규정들을 모두 따랐던 것이다.

【076】
國家靡[平聲]敝,〈少儀-079〉則車不雕幾[祈], 甲不組縢, 食器不刻鏤, 君子不屨絲屨, 馬不常秣.〈少儀-080〉[少儀. 本在"左肩五箇"下.]

---

5) 『의례』「공사대부례(公食大夫禮)」: 宰夫授公飯粱. 公設之于涪西. 賓北面辭, 坐遷之. 公與賓皆復初位. 宰夫膳稻于粱西.

국가의 재정이 피폐해지면['靡'자는 평성으로 읽는다.] 수레에는 조각을 하거나 옻칠을['幾'자의 음은 '祈(기)'이다.] 하지 않고, 갑옷은 화려한 끈으로 연결하지 않으며, 식기에는 조각을 하지 않고, 군자는 비단으로 만든 신발을 신지 않으며, 말에게는 사람이 먹는 곡식을 항상 먹이지 않는다. [「소의」편의 문장이다. 본래는 "좌측 어깨로부터 다리까지를 5개의 부위로 나눠서 보낸다."[6]라고 한 문장 뒤에 수록되어 있었다.]

集說 謂師旅饑饉之餘, 財力靡散, 民庶彫敝也. 雕, 刻鏤之也. 幾, 漆飾之畿限也. 縢者, 縛約之名, 不用組以連甲, 及爲紟帶也. 以穀食馬曰秣.

전쟁이나 기근 등의 일로 인해 재력이 소진되고, 백성들이 피폐해진 것을 뜻한다. '조(雕)'자는 조각을 해서 새긴다는 뜻이다. '기(幾)'자는 옻칠로 장식을 해서 경계선을 드러낸다는 뜻이다. '등(縢)'이라는 것은 비단으로 꿰맨 것을 뜻하는 명칭이니, 화려한 무늬가 들어간 끈을 사용해서 갑옷의 이음새를 연결하거나 비단으로 연결 끈을 만들지 않는다는 뜻이다. 사람이 먹는 곡식을 말에게 먹이는 것을 '말(秣)'이라고 부른다.

【077】

孔子曰: "凶年則乘駑馬, 祀以下牲." 〈雜記下-074〉 [雜記. 本在"君子恥之"下]
공자가 말하길 "흉년이 든다면, 가장 하등의 말인 노마를 이용해 수레를 끌고, 제사를 지낼 때에는 한 등급을 낮춘 희생물을 사용한다."라고 했다.
[「잡기」편의 문장이다. 본래는 "군자는 이것을 치욕스럽게 생각한다."[7]라고 한 문장 뒤에

---

6) 『예기』「소의(少儀)」 078장 : 凡膳告於君子, 主人展之以授使者于阼階之南面, 再拜稽首送, 反命, 主人又再拜稽首. 其禮大牢則以牛左肩臂臑折九箇, 少牢則以羊左肩七箇, 犆豕則以豕左肩五箇.

7) 『예기』「잡기하(雜記下)」 073장 : 君子有三患: 未之聞, 患弗得聞也. 旣聞之, 患弗得學也. 旣學之, 患弗能行也. 君子有五恥: 居其位無其言, 君子恥之. 有其

수록되어 있었다.]

集說 周禮校人六馬, 曰種馬·戎馬·齊馬·道馬·田馬·駑馬, 駑馬其最下者. 下牲, 如常祭用大牢者, 降用少牢; 小牢者降用特牲; 特豕者降用特豚之類. 以年凶, 故貶損也. 王制云: "凡祭豊年不奢, 凶年不儉", 與此不同, 未詳.

『주례』「교인(校人)」편에서는 여섯 종류의 말은 '종마(種馬)'·'융마(戎馬)'·'제마(齊馬)'·'도마(道馬)'·'전마(田馬)'·'노마(駑馬)'라고 했으니,[8] '노마(駑馬)'라는 것은 가장 하급의 말이다. '하생(下牲)'의 경우, 만약 일상적인 제사 때 태뢰를 사용하는 자라면, 등급을 낮춰서 소뢰를 사용하는 것이고, 소뢰를 사용하는 자라면, 등급을 낮춰 특생을 사용하는 것이며, 한 마리의 돼지를 사용하는 자라면 등급을 낮춰 한 마리의 새끼 돼지를 사용하는 부류와 같다. 흉년이기 때문에 줄이고 덜어내는 것이다. 그런데 『예기』「왕제(王制)」편에서는 "무릇 제사를 지냄에 있어서, 풍년에는 사치하지 않고, 흉년에도 너무 검소하게 하지 않는다."고 하여, 이곳의 기록과 동일하지 않은데, 그 이유에 대해서는 자세히 모르겠다.

類編 右上下服食之節.

여기까지는 '상하복식지절(上下服食之節)'에 대한 내용이다.

言無其行, 君子恥之. 旣得之而又失之, 君子恥之. 地有餘而民不足, 君子恥之. 衆寡均而倍焉, <u>君子恥之</u>.

8) 『주례』「하관(夏官)·교인(校人)」: 辨六馬之屬: 種馬一物, 戎馬一物, 齊馬一物, 道馬一物, 田馬一物, 駑馬一物.

◇ 수레와 말 및 마부의 예절[車馬僕御之禮]

【078】

君羔幦[覓]虎犆[直], 大夫齊車, 鹿幦豹犆, 朝車·士齊車, 鹿幦豹犆.
〈012〉[本在"君定體"下.]

군주의 제거에는 새끼양의 가죽으로 식의 덮개를[`幦`자의 음은 '覓(멱)'이다.] 만
들고, 가장자리에는[`犆`자의 음은 '直(직)'이다.] 호랑이 가죽을 댄다. 대부의 제
거에는 사슴의 가죽으로 식의 덮개를 만들고, 가장자리에는 표범의 가죽을
댄다. 대부의 조거와 사의 제거에는 사슴가죽으로 식의 덮개를 만들고, 가
장자리에는 표범의 가죽을 댄다. [본래는 "군주는 갈라진 조짐을 판결한다."[1]라고
한 문장 뒤에 수록되어 있었다.]

集說 幦者, 覆軾之皮. 犆, 緣也. 君之齊車, 以羔皮覆軾而緣以虎
皮. 朝車, 亦謂大夫之朝車. 以下文兩言齊車, 故知上爲君齊車也.

'멱(幦)'은 수레의 식을 덮는 가죽이다. '직(犆)'은 가장자리에 대는 가죽
을 뜻한다. 군주의 제거에는 새끼양의 가죽으로 식의 덮개를 만들고, 가
장자리는 호랑이 가죽을 댄다. 조거(朝車)[2]는 또한 대부의 조거를 뜻한
다. 아래구문에서는 두 차례 제거에 대해 기록했기 때문에, 앞에 나온
것이 군주의 제거에 대한 내용임을 알 수 있다.

附註 大夫齊車, 鹿幦豹犆. 按: 鹿幦, 一本作豹幦, 儀禮通解亦然.
恐此字是.

"대부의 제거에는 사슴의 가죽으로 식의 덮개를 만들고, 가장자리에는
표범의 가죽을 댄다."라 했다. 살펴보니, '녹멱(鹿幦)'에 대해 다른 판본
에서는 '표멱(豹幦)'이라 기록했고, 『의례통해』에서도 이처럼 기록했다.
아마도 이 글자가 옳은 것 같다.

---

1) 『예기』「옥조」011장 : 卜人定龜, 史定墨, **君定體**.
2) 조거(朝車)는 고대에 군주와 신하가 조회를 하거나 연회를 할 때, 출입하며 타는
  수레를 뜻한다.

國君不乘奇[居宜反]車. 車上不廣欬[開代反], 不妄指.〈曲禮上-222〉[曲禮.
本在"左手而俯"下.]

군주는 홀수로 마련된 수레에[‘奇’자는 ‘居(거)’자와 ‘宜(의)’자의 반절음이다.] 타지
않는다. 수레 위에서는 큰 소리로 기침[‘欬’자는 ‘開(개)’자와 ‘代(대)’자의 반절음이
다.]을 하지 않고, 함부로 손가락질을 하지 않는다. [「곡례」편의 문장이다. 본래는
"좌측 손을 뒤로하며, 공경을 표할 때에는 몸을 숙인다."[1]라고 한 문장 뒤에 수록되어 있었다.]

集說 奇車, 奇邪不正之車也.

‘기거(奇車)’[2]는 기이하게 생기고 법도에 어긋나서, 올바르지 않은 수레
를 뜻한다.

集說 方氏曰: 不廣欬者, 慮聲容之駭人聽, 不妄指者, 慮手容之駭
人視也.

방씨가 말하길, 큰 소리로 기침을 하지 않는 이유는 그 소리를 듣고 사람
들이 놀라게 될까 염려해서이며, 함부로 손가락질을 하지 않는 이유는
손가락질하는 모습을 보고 사람들이 놀라게 될까 염려해서이다.

附註 奇車, 註奇邪之車. 按: 奇, 猶特也, 必有副車.

‘기거(奇車)’에 대해 주에서는 기이하게 생긴 수레라고 했다. 살펴보니,
‘기(奇)’자는 하나라는 뜻으로, 반드시 부거(副車)[3]가 있어야 한다는 의
미이다.

---

1) 『예기』「곡례상(曲禮上)」 221장 : 御國君, 則進右手, 後左手而俯.

2) 기거(奇車)는 정식 규격대로 만들어지지 않은 수레를 뜻한다.

3) 이거(貳車)는 해당 주인이 타는 수레를 뒤따르는 수레이다. ‘부거(副車)’라고 부른
다. 조회나 제사 등에 사용하는 부거를 ‘이거’라고 부르며, 전쟁과 사냥 등에 사용
하는 부거를 ‘좌거(佐車)’라고 부른다. 『예기』「소의(少儀)」편에는 "乘貳車則式,
佐車則否."라는 기록이 있고, 이에 대한 정현의 주에서는 "貳車·佐車, 皆副車
也. 朝祀之副曰貳, 戎獵之副曰佐."라고 풀이했다.

【080】

立視五巂[携], 式視馬尾, 顧不過轂.〈曲禮上-223〉

수레 위에 서 있을 때에는 수레바퀴의 폭이 다섯 개 정도['巂'자의 음은 '携(휴)'이다.] 되는 전방을 바라보며, 식을 잡고 예의를 표할 때에는 몸을 숙이며 시선은 말의 꼬리를 바라보고, 돌아볼 때에는 그 시선이 수레바퀴를 벗어나지 않는다.

集說 立, 謂立於車上也.

'입(立)'자는 수레 위에 서 있다는 뜻이다.

集說 疏曰: 巂, 規也. 車輪一周爲一規, 乘車之輪高六尺六寸, 徑一圍三, 得一丈九尺八寸, 五規爲九十九尺. 六尺爲步, 總爲十六步半, 在車上所視則前十六步半也. 馬引車, 其尾近車闌, 車上憑式下頭時, 不得遠矚, 但瞻視馬尾. 轂, 車轂也. 若轉頭不得過轂. 論語云車中不內顧, 是也.

소에서 말하길, '휴(巂)'자는 규(規)자의 뜻이다. 수레바퀴가 한 번 굴러서 움직인 거리는 1규(規)가 되니, 수레의 바퀴는 그 높이가 6척(尺) 6촌(寸)인데, 지름이 1이라고 하면, 둘레는 그 3배가 되므로, 수레바퀴가 1번 굴러간 길이는 1장(丈) 9척 8촌이 되며, 5규는 99척이 된다. 6척이 1보(步)이므로, 99척은 16.5보가 되니, 수레 위에서 시선을 두는 곳은 전방 16.5보가 되는 지점이다. 말이 수레를 끌게 되면, 말의 꼬리는 수레의 난간에 가까워지는데, 수레 위에서 식(式)에 기대어 예의를 표하며 머리를 숙일 때에는 먼 곳을 바라볼 수 없고, 다만 말의 꼬리 쪽을 바라보게 된다. 곡(轂)은 수레의 바퀴이다. 만약 머리를 돌려서 보게 된다면, 그 시선은 수레의 바퀴를 벗어날 수 없다. 『논어』에서 "수레 위에서는 뒤를 돌아보지 않으셨다."[1]라고 한 말이 바로 이러한 뜻에 해당한다.

【081】

國中以策彗[遂]䟆[蘇沒反]勿[沒], 驅塵不出軌.〈曲禮上-224〉

국성 안에서 수레를 몰 때에는 빗자루처럼['彗'자의 음은 '遂(수)'이다.] 생긴 채찍으로 말의 등을 살짝 긁어서['䟆'자는 '蘇(소)'자와 '沒(몰)'자의 반절음이다. '勿'자의 음은 '沒(몰)'이다.] 수레를 몰 때 생기는 먼지가 바퀴자국 밖으로 풍기지 않게 한다.

集說 疏曰: 入國不馳, 故不用鞭策, 但取竹帶葉者爲杖, 形如埽帚, 故云策彗, 微近馬體搔摩之. 䟆勿, 搔摩也. 軌, 車轍也. 行緩, 故塵埃不飛揚出軌外也.

국성에 들어서면 말을 빠르게 몰지 않는다.[2] 그렇기 때문에 채찍으로 매질을 하지 않는 것이며, 단지 잎이 달린 대나무 가지로 막대기를 만들어서 쓰게 되는데, 그 모양이 마치 빗자루와 흡사하다. 그렇기 때문에 빗자루를 뜻하는 '혜(彗)'자를 붙여서, '책혜(策彗)'라고 부른 것인데, 말의 몸뚱이에 대고 살짝 긁기만 한다. '솔몰(䟆勿)'은 긁는다는 뜻이다. '궤(軌)'는 수레의 바퀴자국이다. 천천히 움직이기 때문에, 먼지가 바퀴자국 밖으로 날리지 않는 것이다.

集說 朱子曰: 策彗, 疑謂策之彗, 若今鞭末韋帶耳.

주자가 말하길, '책혜(策彗)'라는 말은 아마도 빗자루처럼 생긴 채찍을 뜻하는 것 같으니, 마치 오늘날 채찍 끝에 가죽 끈을 매달아둔 것과 같은 것일 뿐이다.

附註 䟆勿, 註音率沒, 無經據, 可疑. 一云: "恤, 戒也. 入國中, 戒勿驅, 使其塵不出軌外." 驅字句.

---

1) 『논어』「향당(鄕黨)」: 升車, 必正立, 執綏. <u>車中, 不內顧</u>, 不疾言, 不親指.
2) 『예기』「곡례상」 216장 : 故君子式黃髮, 下卿位, <u>入國不馳</u>, 入里必式.

'卹勿'에 대해 주의 음에서는 '率沒(솔몰)'이라고 했는데, 경문에는 그것에 대한 근거가 없으니 의심스럽다. 한편에서는 "휼(恤)은 경계한다는 뜻이다. 국성으로 들어가게 되면 경계하여 빨리 몰지 못하도록 해서 먼지가 바퀴자국 밖으로 나가지 않도록 하는 것이다."라 했다. '구(驅)'자에서 구문을 끊는다.

【082】

國君下齊[側階反]牛, 式宗廟. 大夫士下公門, 式路馬.〈曲禮上-225〉

군주는 제우(齊牛)[1]['齊'자는 '側(측)'자와 '階(계)'자의 반절음이다.] 앞을 지나갈 때에는 수레에서 내리고, 종묘 앞을 지나갈 때에는 식을 잡고서 예의를 표한다. 대부와 사는 공문 앞을 지나갈 때에는 수레에서 내리고, 노마(路馬)[2]을 지나치게 될 때에는 식을 잡고서 예의를 표한다.

集說 下, 謂下車也. 疏引熊氏說, 此文誤, 當云"國君下宗廟, 式齊牛."

'하(下)'자는 수레에서 내린다는 뜻이다. 의 소에서는 웅안생[3]의 주장을 인용하며, 이 문장을 잘못 기록된 것이라고 판단하고, 마땅히 "군주는 종묘 앞을 지나갈 때 수레에서 내리며, 제우 앞에서 식을 잡고 예의를 표한다."라고 기록해야 한다고 주장한다.

【083】

乘路馬, 必朝服, 載鞭策, 不敢授綏, 左必式.〈曲禮上-226〉

신하가 노마가 끄는 수레에 탈 때에는 반드시 조복을 입어야 하고, 채찍을 수레에 실어두며, 감히 정수(正綏)를 건네지 않고, 좌측에 위치한 자는 반

---

1) 제우(齊牛)는 제사의 희생물로 사용되는 소를 뜻한다. 재계(齋戒)를 뜻하는 '재(齋)'자는 '제(齊)'자와 통용이 되는데, 제사에 사용되므로, 재계를 시켰다는 뜻에서 '제(齊)'자를 붙인 것이다.

2) 노마(路馬)는 군주의 수레에 메는 말이다. 군주가 타던 수레를 노거(路車)라고 불렀기 때문에, '노마'라는 용어가 생긴 것이다.

3) 웅안생(熊安生, ? ~ A.D.578) : =웅씨(熊氏). 북조(北朝) 때의 경학자이다. 자(字)는 식지(植之)이다. 『주례(周禮)』, 『예기(禮記)』, 『효경(孝經)』 등 많은 전적에 의소(義疏)를 남겼지만, 모두 산일되어 남아 있지 않다. 현재 마국한(馬國翰)의 『옥함산방집일서(玉函山房輯佚書)』에 『예기웅씨의소(禮記熊氏義疏)』 4권이 남아 있다.

드시 식을 잡고 예의를 표해야 한다.

集說 此言人臣習儀之節. 路馬, 君駕路車之馬也. 既衣朝服, 又鞭策, 則但載之而不用, 皆敬也. 君升車, 則僕者授綏, 今臣以習儀而居左, 則自馭以行, 不敢使車右以綏授己也. 左必式者, 既在尊位, 當式以示敬.

이 문장은 신하가 수레에 타는 의식을 익힐 때의 예법에 대해서 언급하고 있다. '노마(路馬)'는 군주가 자신의 수레에 멍에를 메게 하는 말이다. 이미 조복(朝服)을 착용하고 있고, 또한 채찍의 경우에는 단지 실어두기만 하고 실제로는 사용하지 않는데, 이러한 행동들은 모두 군주를 공경하기 때문이다. 군주가 수레에 타게 되면, 마부는 정수(正綏)를 군주에게 건네게 되는데, 지금 이곳에서 언급하는 상황은 신하가 의식을 익히기 위하여 본래 군주가 위치하게 되는 좌측 자리에 타게 된다면, 자신이 직접 수레를 몰아서 움직이니, 감히 우측 자리에 탄 자로 하여금 정수를 자신에게 건네게 해서는 안 된다. 좌측에 있는 자가 반드시 식(式)을 잡는 이유는 존귀한 자가 타는 위치에 있게 되므로, 마땅히 식(式)을 잡고서 공경스러운 자세를 보여야 하기 때문이다.

【084】
步路馬, 必中道. 以足蹙[蹴]路馬芻有誅, 齒路馬有誅.〈曲禮上-227〉 [以上曲禮.]

노마를 걷게 할 때에는 반드시 길의 중앙으로 이동하게 한다. 노마가 먹을 풀들을 발로 차게['蹙'자의 음은 '蹴(축)'이다.] 되면 형벌을 받게 되며, 노마의 나이를 헤아리면 형벌을 받게 된다. [여기까지는 「곡례」편의 문장이다.]

集說 步, 謂行步而調習之也. 必當路之中者, 以邊側卑藝不敬, 或傾跌也. 蹙, 與蹴同. 芻, 草也. 齒, 評量年數也. 誅, 罰也.

'보(步)'자는 말을 걷게 하며 길들인다는 뜻이다. 반드시 길의 중앙으로 가게 하는 이유는 길가는 상대적으로 위치가 낮고 더러워서, 이곳으로 가게 한다면 군주의 노마에게 불경스럽게 행동하는 꼴이 되며, 혹은 말이 넘어질 수 있는 위험도 있기 때문이다. '축(蹙)'자는 "발로 차다."라는 글자와 같다. '추(芻)'자는 풀을 뜻한다. '치(齒)'자는 나이를 헤아려본다는 뜻이다. '주(誅)'자는 형벌을 받는다는 뜻이다.

集說 馬氏曰: 察馬之力必以年, 數馬之年必以齒, 凡此戒其慢君物也. 先王制禮, 圖難於其易, 爲大於其細, 凡以止邪於未形而已耳.
마씨가 말하길, 말의 힘을 측정하려면, 반드시 나이를 따져보아야 하며, 말의 나이를 따져보려면, 반드시 이빨의 수를 세어보아야 하는데, 무릇 이러한 금지 조항들은 군주가 사용하는 사물에 대해서 태만하게 구는 것을 경계한 말들이다. 선왕이 예법을 제정할 때에는 어려운 일을 도모함에는 쉬운 것으로부터 하였고, 큰일을 함에는 세세한 일로부터 하였으니, 무릇 이러한 규정들을 통해서, 사특한 것들이 나타나기도 전에 금지하고자 했던 것일 뿐이다.

【085】
路馬死, 埋之以帷.〈檀弓下-121〉 [檀弓. 本在"其首陷焉"下.]
군주의 수레를 끄는 말이 죽게 되면, 휘장을 이용해서 매장한다. [「단궁」편의 문장이다. 본래는 "개의 머리가 땅으로 꺼진다."[4]라고 한 문장 뒤에 수록되어 있었다.]

集說 謂君之乘馬死, 則特以帷埋之, 不用敝帷也.

---

4) 『예기』「단궁하(檀弓下)」 120장 : 仲尼之畜狗死, 使子貢埋之, 曰: "吾聞之也, 敝帷不棄, 爲埋馬也; 敝蓋不棄, 爲埋狗也. 丘也貧, 無蓋, 於其封也, 亦予之席, 毋使其首陷焉."

군주의 수레를 끄는 말이 죽게 되면, 특별히 휘장을 사용해서 매장을 하는데, 해진 휘장은 사용하지 않는다는 뜻이다.

集說 方氏曰: 魯昭公乘馬塹而死, 以帷裹之.

방씨가 말하길, 노나라 소공이 타던 수레의 말은 구덩이에 빠져서 죽었는데 휘장을 사용해서 감쌌다.[5]

【086】
故君子式黃髮, 下卿位, 入國不馳, 入里必式.〈曲禮上-216〉[曲禮. 本在
"不上於堂"下.]
그러므로 군자가 수레를 타고 길을 갈 때, 머리칼이 누런 노인을 보게 되면 반드시 수레의 식을 잡고서 예의를 표하며, 경이 위치하게 되는 자리를 지나칠 때에는 반드시 수레에서 내리고, 국성에 들어와서는 사람들이 다칠 수 있으므로 수레를 빨리 몰지 않으며, 마을에 들어서면 반드시 식을 잡고 예의를 표한다. [「곡례」편의 문장이다. 본래는 "당 위에 올리지 않는다."[6]라고 한 문장 뒤에 수록되어 있었다.]

集說 式黃髮, 敬老也. 下卿位, 敬大臣也. 禮, 君出則過卿位而登車, 入則未到卿位而下車. 入國不馳, 恐車馬躪轢人也. 十室猶有忠信, 二十五家之中, 豈無可敬之人? 故入里門必式, 所謂不誣十室也.
머리가 누런 노인에게 수레의 식을 잡고 예의를 표하는 것은 노인을 공경하기 때문이다. 경들이 위치하게 되는 자리를 지나칠 때, 수레에서 내리는 것은 대신들을 공경하기 때문이다. 예법에 따르면, 군주가 출타하게

---

5) 『춘추좌씨전』「소공(昭公) 29년」: 衛侯來獻其乘馬, 曰啓服, 塹而死. 公將爲之
槥. 子家子曰, "從者病矣, 請以食之." 乃以帷裹之.
6) 『예기』「곡례상(曲禮上)」 215장: 客車不入大門. 婦人不立乘. 犬馬不上於堂.

되면, 경들이 위치하게 되는 자리를 지나서야 수레에 오르고, 군주가 다시 돌아오는 경우에도, 경들이 위치하게 되는 자리까지 도달하기 전에 수레에서 내린다. 국성에 들어가서 말을 빨리 달리지 못하게 하는 것은 수레와 말이 사람을 깔아뭉개거나 치게 되는 일을 염려하기 때문이다. 10개의 가구가 사는 규모의 마을에도 오히려 충신을 갖춘 자가 있으니,[7] 25개의 가구가 모여 사는 마을에 어찌 공경할 만한 사람이 없겠는가? 그러므로 마을의 문에 들어와서는 반드시 식을 잡고서 예의를 표하는 것이니, 이것이 이른바 열 가구의 규모인 작은 마을을 지나치게 되더라도 그들을 업신여기지 않는다는 뜻이다.

集說 鄭氏曰: 發句言故, 明此象篇雜辭也歟.

정현이 말하길, 이곳 구문을 시작하며 '그러므로'라고 하였는데, 이것은 곧 이곳 문장들이 여러 편들의 글들을 여기저기에서 따다가 기록한 것임을 나타낸다.

【087】
國君撫式, 大夫下之. 大夫撫式, 士下之.〈曲禮上-180〉[8] [曲禮. 本在"不失色於人"下.]

군주가 수레를 타고 가다가 종묘를 지나치게 되어 수레의 식(式)을 잡으며 예의를 표하면, 대부는 수레에서 내려 예의를 표한다. 대부가 식을 잡으며 예의를 표하면, 사는 수레에서 내려 예의를 표한다. 「곡례」편의 문장이다. 본래는 "남에게 얼굴을 붉히는 실수를 해서는 안 된다."[9]라고 한 문장 뒤에 수록되어 있었다.

---

7) 『논어』「공야장(公冶長)」: 子曰, "十室之邑, 必有忠信如丘者焉, 不如丘之好學也."

8) 『예기』「곡례상(曲禮上)」 180장: 國君撫式, 大夫下之, 大夫撫式, 士下之. 禮不下庶人.

集說 君與大夫或同途而出, 君過宗廟而式, 則大夫下車, 士於大夫, 猶大夫於君也.

군주와 대부가 간혹 같은 길로 수레를 몰고 나왔을 때, 군주가 종묘를 지나치게 되어, 식을 잡고서 예의를 표하게 되면, 대부는 수레에서 내리고, 사는 대부에 대해서, 대부가 군주에게 했던 것처럼 한다.

【088】

爲君尸者, 大夫士見之則下之. 君知所以爲尸者則自下之, 尸必式. 乘必以几.〈曲禮上-162〉¹⁰⁾ [曲禮. 本在"不可以爲父尸"下.]

군주의 시동이 된 자를 만약 대부와 사가 보게 된다면, 자신들이 타고 있던 수레에서 내리게 된다. 군주도 시동으로 삼은 자임을 알아보게 된다면 직접 수레에서 내리며, 시동은 반드시 식(式)을 잡고서 예의를 표시한다. 시동이 수레에 오를 때에는 반드시 안석을 지참하고 탄다. [「곡례」편의 문장이다. 본래는 "부친의 시동이 될 수 없다."라고 한 문장 뒤에 수록되어 있었다.]

集說 呂氏曰: 尸必筮, 求諸神而不敢專也. 在散齋之日, 或道遇之, 故有爲尸下之禮. 大夫士言見, 君言知者, 蓋君或不能盡識, 有以告則下之, 致其敬也. 尸不下君而式之者, 廟門之外, 尸尊未全, 不敢亢禮而答之, 故式之而已. 亢禮而答, 則下之矣. 如在廟中, 主人拜, 無不答也. 古者車中以式爲敬, 式, 車前橫木也, 馮之以禮人, 首必小俛, 以是爲敬. 式視馬尾, 俛首之節也. 几, 尊者所馮以養安也, 故尸之乘車用之.

---

9) 『예기』「곡례상(曲禮上)」 179장 : 介冑, 則有不可犯之色. 故君子戒愼, <u>不失色於人</u>.

10) 『예기』「곡례상(曲禮上)」 162장 : 禮曰: "君子抱孫不抱子." 此言孫可以爲王父尸, 子不可以爲父尸. <u>爲君尸者, 大夫士見之則下之. 君知所以爲尸者則自下之, 尸必式. 乘必以几.</u>

여씨가 말하길, 시동을 선정할 때에는 반드시 점을 쳤으니, 신들에게 그 의향을 물어보는 것으로, 자기 마음대로 할 수 없기 때문이다. 산재(散齊)¹¹⁾를 하는 날에 간혹 길에서 시동을 만날 수도 있기 때문에, 시동을 위해 수레에서 내리게 되는 예법이 생기게 된 것이다. 길에서 시동을 만나는 일에 대해서, 대부와 사의 경우에는 "본다."라 기록하고, 군주에 대해서는 "알아본다."라 하였는데, 아마도 군주가 간혹 모두 기억할 수 없어서, 보좌하는 사람이 그 사실을 알려주게 되면, 그제야 수레에서 내려서, 공경을 표하게 되기 때문일 것이다. 그런데 시동은 군주의 인사를 받으며, 수레에서 내리지 않고, 풍식만 잡게 된다. 그 이유는 묘문의 밖에서는 시동의 존귀함이 아직 온전한 상태가 아니므로, 감히 대등한 예법에 따라서 군주에게 답배를 할 수 없기 때문이다. 그래서 단지 풍식만 잡을 뿐이다. 대등한 예법에 따라서 답배를 하게 된다면, 수레에서 내리게 된다. 예를 들어 종묘 안에서 주인이 절을 하면, 시동도 답배를 하지 않은 경우가 없다. 고대에는 수레에 타고 있을 때, 풍식을 잡음으로써 공경스러운 뜻을 나타냈으니, '식(式)'은 곧 수레 앞에 가로로 댄 나무이며, 그곳에 기대어서 상대방에게 예의를 표시할 때에는 반드시 머리를 조금 숙이니, 이것을 공경스러운 태도로 여겼다. 풍식을 잡을 때에는 머리를 숙여서 말의 꼬리 쪽을 보게 되니, 이것이 바로 머리를 숙이는 예절이다. 안석은 존귀한 자가 의지하여 몸을 편안하게 하는 것이다. 그렇기 때문에 시동이 된 자가 수레에 탔을 때, 안석을 사용하게 되는 것이다.

---

11) 산제(散齊)는 산재(散齋)라고도 부른다. '산제'는 제사를 지낼 때 제사보다 앞서 7일 동안 수레도 몰지 않고, 음악도 연주하지 않으며, 조문도 하지 않으면서, 재계를 하는 것이다. 『예기』「제의(祭義)」편에는 "致齊於內, <u>散齊於外</u>."라는 기록이 있고, 이에 대한 정현의 주에서는 "散齊, <u>七日不御不樂不弔耳</u>."라고 풀이했다. 또한 『예기』「제통(祭統)」편에도 "<u>散齊七日以定之</u>, <u>致齊三日以齊之</u>."라는 기록이 있다.

【089】

兵車不式, 武車綏[而追反]旌, 德車結旌.〈曲禮上-183〉 [曲禮. 本在"不在君
側"下.]

전쟁용 수레에서는 식을 잡고서 공경을 표시하지 않고, 전쟁용 수레에는
정(旌)12)을 드리우며['綏'자는 '而(이)'자와 '追(추)'자의 반절음이다.] 덕거에는 정을
결박해둔다. [본래는 「곡례상」편의 "군주의 곁에 있지 않는다."13)라고 한 문장 뒤에 수록
되어 있었다.]

集說 疏曰: 兵車, 革路也. 尙武猛無推讓, 故不式. 武車, 亦革路也.
取其建戈刃, 卽云兵車, 取其威猛, 卽云武車也. 旌, 車上旌旛也. 尙
威武, 故舒散若垂綏然. 玉·金·象·木四路不用兵, 故曰德車德.
美在內, 不尙赫奕, 故纏結其旌於竿也.

소에서 말하길, '병거(兵車)'는 혁로(革路)14)이다. 전쟁용 수레에서는 무
용과 용맹을 숭상하고 겸손함을 차리지 않기 때문에, 식(式)을 잡는 예법
을 따르지 않는다. '무거(武車)' 또한 혁로를 뜻한다. 창과 칼을 세워두었
다는 측면에서 병거라 부르는 것이며, 위엄과 용맹함의 측면에서 무거라
부르는 것이다. '정(旌)'은 수레에 세우는 깃발이다. 위엄과 무용을 숭상
하기 때문에 깃발을 펄럭이도록 펼쳐서 마치 늘어트린 모양처럼 하는 것

---

12) 정(旌)은 가느다란 새의 깃털인 석우(析羽)를 오색(五色)으로 채색하여, 깃술처럼
    장식한 깃발이다. 『주례』「춘관(春官)·사상(司常)」편에는 "全羽爲旞, 析羽爲
    旌."이라는 기록이 있다. 한편 '정'은 깃발들을 범칭하는 용어로도 사용된다.
13) 『예기』「곡례상(曲禮上)」 182장 : 刑人不在君側.
14) 혁로(革路)는 혁로(革輅)라고도 부른다. 천자가 사용하는 다섯 가지 수레 중 하나
    이다. 전쟁용으로 사용했던 수레인데, 간혹 제후의 나라에 순수(巡守)를 갈 때
    사용하기도 하였다. 가죽으로 겉을 단단하게 동여매서 고정시키고, 옻칠만 하고,
    다른 장식을 하지 않았기 때문에, '혁로'라고 부르는 것이다. 『주례』「춘관(春官)·
    건거(巾車)」편에는 "革路, 龍勒, 條纓五就, 建大白, 以卽戎, 以封四衛."라는 기
    록이 있고, 이에 대한 정현의 주에서는 "革路, 鞔之以革而漆之, 無他飾."이라고
    풀이했다.

이다. 다섯 가지 수레 중 옥로(玉路)15)·금로(金路)16)·상로(象路)17)·목로(木路)18)는 전쟁용으로 사용하지 않기 때문에, '덕거(德車)'라고 부른다. 아름다운 덕성은 내재된 것이며 겉으로 드러나는 화려한 아름다움을 숭상하지 않는다. 그렇기 때문에 깃발이 펄럭이지 못하도록 깃발을 깃대에 결박해두는 것이다.

---

15) 옥로(玉路)는 '옥로(玉輅)'라고도 부른다. 천자가 사용하는 다섯 가지 수레 중 하나이다. 옥(玉)으로 수레를 치장했기 때문에, '옥로'라고 부르게 되었다. 대상(大常)이라는 깃발을 세웠고, 깃발에는 12개의 치술을 달았으며, 주로 제사 때 사용하였다. 『주례』「춘관(春官)·건거(巾車)」편에는 "王之五路, 一曰玉路, 錫, 樊纓, 十有再就, 建大常, 十有二斿, 以祀."라는 기록이 있고, 이에 대한 정현의 주에서는 "玉路, 以玉飾諸末."이라고 풀이했다.

16) 금로(金路)는 금로(金輅)라고도 부른다. 천자가 사용하는 다섯 가지 수레 중 하나이다. 금(金)으로 수레를 치장했기 때문에, '금로'라고 부르게 되었다. 대기(大旂)라는 깃발을 세웠고, 빈객(賓客)을 접대하거나, 동성(同姓)인 자를 분봉할 때 사용하였다. 『주례』「춘관(春官)·건거(巾車)」편에는 "金路, 鉤樊纓九就, 鉤, 樊纓九就, 建大旂, 以賓, 同姓以封."라는 기록이 있고, 이에 대한 정현의 주에서는 "金路, 以金飾諸末."이라고 풀이했다.

17) 상로(象路)는 상로(象輅)라고도 부른다. 천자가 사용하는 다섯 가지 수레 중 하나이다. 상아로 수레를 치장했기 때문에, '상로'라고 부르게 되었다. 대적(大赤)이라는 깃발을 세웠으며, 조회를 보거나, 이성(異姓)인 자를 분봉할 때 사용하였다. 『주례』「춘관(春官)·건거(巾車)」편에는 "象路, 朱樊纓, 七就, 建大赤, 以朝, 異姓以封."이라는 기록이 있고, 이에 대한 정현의 주에서는 "象路, 以象飾諸末."이라고 풀이했다.

18) 목로(木路)는 목로(木輅)라고도 부른다. 천자가 사용하는 다섯 가지 수레 중 하나이다. 단지 옻칠만 하고, 가죽으로 덮지 않았으며, 다른 치장을 하지 않았기 때문에, '목로'라고 부르게 되었다. 대휘(大麾)라는 깃발을 세웠고, 사냥을 하거나, 구주(九州) 지역 이외의 나라를 분봉해줄 때 사용하였다. 『주례』「춘관(春官)·건거(巾車)」편에는 "木路, 前樊鵠纓, 建大麾, 以田, 以封蕃國."이라는 기록이 있고, 이에 대한 정현의 주에서는 "木路, 不鞍以革, 漆之而已."라고 풀이했다.

【090】

史載筆, 士載言.〈曲禮上-184〉

사(史)는 필기구를 수레에 싣고서 가고, 사는 옛 관련 문서들을 수레에 싣고서 간다.

〔集說〕 疏曰: 不言簡牘而曰筆者, 筆是書之主, 則餘載可知. 言, 謂盟會之辭, 舊事也.

소에서 말하길, 사에 대해서 글자를 기록하는 죽간을 언급하지 않고, 붓을 언급한 이유는 붓이 문서를 기록하는데 중심이 되니, 붓이라고만 기록해도 나머지 필기구들을 모두 싣고 간다는 사실을 알 수 있기 때문이다. '언(言)'이라는 말은 맹회(盟會)19)를 할 때 했던 말들을 기록해둔 옛 문서들을 뜻한다.

〔集說〕 方氏曰: 史, 國史也, 載筆, 將以書未然之事, 載言, 欲以閱已然之事.

방씨가 말하길, '사(史)'는 국사를 기록하는 사관이니, 필기구를 수레에 싣고 가는 것은 장차 일어나게 될 일들을 기록하기 위해서이다. "문서를 싣는다."라고 한 것은 앞서 있었던 일들을 열람하고자 해서이다.

【091】

前有水, 則載[戴]靑旌.〈曲禮上-185〉

행차하는 길 앞에 물이 있다면, 청색 참새를 그린 깃발을 세운다.['載'자의 음은 '戴(대)'이다.]

---

19) 맹회(盟會)는 회맹(會盟)을 뜻하며, 제후들끼리 모여서 서로 조약을 체결하는 것이다.

集說 疏曰: 王行宜警備, 故前有變異, 則擧類示之. 靑旌者, 靑雀也, 是水鳥.

소에서 말하길, 천자가 행차를 하게 되면, 마땅히 삼엄한 경계를 하게 된다. 그렇기 때문에 전방에 변고가 발생하면, 변고에 해당하는 종류의 깃발을 내걸어서, 변고를 표시하게 된다. '청정(靑旌)'이라는 것은 청색으로 된 참새를 그린 깃발로, '청작(靑雀)'은 물가에서 사는 새에 해당한다.

附註 載靑旌, 載, 舊音戴, 當如字, 下同.

'재청정(載靑旌)'의 재(載)자를 옛 음에서는 '戴(대)'라 했는데, 마땅히 글자대로 읽어야 하며 아래도 이와 같다.

【092】

前有塵埃, 則載鳴鳶.〈曲禮上-186〉

행차하는 길 앞에 먼지가 일어나게 되면, 울고 있는 솔개를 그린 깃발을 세운다.

> **集說** 鳶, 鴟也. 鴟鳴則風生, 風生則塵埃起.

'연(鳶)'자는 솔개를 뜻한다. 솔개가 울면, 바람이 불며, 바람이 불면, 먼지가 일어난다.

【093】

前有車騎, 則載飛鴻.〈曲禮上-187〉

행차하는 길 앞에 수레와 말들이 있다면, 날고 있는 기러기를 그린 깃발을 세운다.

> **集說** 鴻, 鴈也. 鴈飛有行列, 與車騎相似.

'홍(鴻)'자는 기러기를 뜻한다. 기러기가 날 때에는 대열을 맞추고 있으니, 그 모습이 마치 수레와 말들이 대오를 짜고 있는 모습과 흡사하다.

【094】

前有士師, 則載虎皮.〈曲禮上-188〉

행차하는 길 앞에 병사들이 있다면, 호랑이 가죽으로 만든 깃발을 세운다.

> **集說** 虎威猛, 亦士師之象. 士師非所當警備者, 而亦擧類以示衆. 或者禁止暴橫之意歟.

호랑이는 위엄이 있고 맹렬하므로, 또한 병사들을 상징한다. 전방에 나타난 병사들이 적군이 아니어서, 마땅히 경계하고 대비해야 할 대상이 아니더라도, 또한 해당 종류의 깃발을 세워서, 사람들에게 표시를 한다. 어떤 자들은 제멋대로 행동하는 것을 금지하기 위한 뜻이라고도 하였다.

【095】

前有摯獸, 則載貔貅.〈曲禮上-189〉

행차하는 길 앞에 사나운 맹수들이 나타난다면, 비휴를 그린 깃발을 세운다.

集說 摯獸, 虎狼之屬. 貔貅, 亦有威猛, 擧此使衆知爲備. 但不知爲載其皮, 爲畫其形耳.

'지수(摯獸)'는 호랑이나 이리와 같은 맹수들이다. '비휴(貔貅)'라는 동물 또한 위엄과 맹렬함이 있으니, 이것을 그린 깃발을 세워서, 사람들로 하여금 그 사실을 인지하게 하여, 방비를 하게 만드는 것이다. 다만 비휴의 가죽으로 만들었던 깃발을 세웠던 것인지, 아니면 그 그림을 그린 깃발을 세웠던 것인지는 알 수 없을 따름이다.

【096】

行, 前朱雀而後玄武, 左靑龍而右白虎. 招搖在上, 急繕[如字]其怒.
〈曲禮上-190〉

행차하는 길 앞에 사나운 맹수들이 나타난다면, 비휴를 그린 깃발을 세운다. 군대가 출동할 때 선봉 부대에는 주작을 그린 깃발을 세우며 후군에는 현무를 그린 깃발을 세우고, 좌측 부대에는 청룡을 그린 깃발을 세우며 우측 부대에는 백호를 그린 깃발을 세운다. 본대에는 북두칠성을 그린 깃발을 그 앞에 세워서, 병사들의 전투력을 고취시킨다.['繕'자는 글자대로 읽는다.]

集說 行, 軍旅之出也. 朱鳥·玄武·靑龍·白虎, 四方宿名也, 以爲旗章, 其旒數皆放之. 龍旗則九旒, 雀則七旒, 虎則六旒, 龜蛇則四旒也. 招搖, 北斗七星也, 居四方宿之中, 軍行法之, 作此擧之於上, 以指正四方, 使戎陣整肅也. 舊讀繕爲勁, 今從呂氏說, 讀如字. 其怒, 士卒之怒也.

'행(行)'자는 군대의 출정을 뜻한다. 주조(朱鳥)[1]·현무(玄武)[2]·청룡(靑龍)[3]·백호(白虎)[4]는 사방의 별자리들을 총칭하는 용어이다. 이 별자리들을 깃발의 무늬로 만들고, 깃발에 다는 깃술의 숫자는 모두 각각의

---

1) 주조(朱鳥)는 남쪽 하늘의 별자리들을 총칭하는 용어이다. 하늘의 주요 별자리인 28수(宿) 중 남쪽 방위에 해당하는 정수(井宿)·귀수(鬼宿)·류수(柳宿)·성수(星宿)·장수(張宿)·익수(翼宿)·진수(軫宿) 등 7개의 별자리를 총칭한다. 이 일곱 별자리를 서로 연결하면, 새의 형상이 되며, 붉은색[朱]은 불[火]의 색깔에 해당하는데, 방위와 오행(五行)을 연관시키면, 불은 남쪽에 해당하기 때문에, '주조'라고 부르는 것이다.

2) 현무(玄武)는 북쪽 하늘의 별자리들을 총칭하는 용어이다. 하늘의 주요 별자리인 28수(宿) 중 북쪽 방위에 해당하는 두수(斗宿)·우수(牛宿)·여수(女宿)·허수(虛宿)·위수(危宿)·실수(室宿)·벽수(壁宿) 등 7개의 별자리를 총칭한다. 이 일곱 별자리를 서로 연결하면, 거북이[武]의 형상이 되며, 검은색[玄]은 물[水]의 색깔에 해당하는데, 방위와 오행(五行)을 연관시키면, 물은 북쪽에 해당하기 때문에, '현무'라고 부르는 것이다.

3) 청룡(靑龍)은 동쪽 하늘의 별자리들을 총칭하는 용어이다. 하늘의 주요 별자리인 28수(宿) 중 동쪽 방위에 해당하는 각수(角宿)·항수(亢宿)·저수(氐宿)·방수(房宿)·심수(心宿)·미수(尾宿)·기수(箕宿) 등 7개의 별자리를 총칭한다. 이 일곱 별자리를 서로 연결하면, 용의 형상이 되며, 파란색[靑]은 나무[木]의 색깔에 해당하는데, 방위와 오행(五行)을 연관시키면, 나무는 동쪽에 해당하기 때문에, '청룡'이라고 부르는 것이다.

4) 백호(白虎)는 서쪽 하늘의 별자리들을 총칭하는 용어이다. 하늘의 주요 별자리인 28수(宿) 중 서쪽 방위에 해당하는 규수(奎宿)·루수(婁宿)·위수(胃宿)·묘수(昴宿)·필수(畢宿)·자수(觜宿)·삼수(參宿) 등 7개의 별자리를 총칭한다. 이 일곱 별자리를 서로 연결하면, 호랑이의 형상이 되며, 흰색[白]은 쇠[金]의 색깔에 해당하는데, 방위와 오행(五行)을 연관시키면, 쇠는 서쪽에 해당하기 때문에, '백호'라고 부르는 것이다.

별자리에 따른다. 즉 청룡의 깃발에는 9개의 깃술을 달고, 주조의 깃발에는 7개의 깃술을 달며, 백호의 깃발에는 6개의 깃술을 달고, 현무5)의 깃발에는 4개의 깃술을 단다. '초요(招搖)'는 북두칠성이니, 네 방위의 별자리들 중에서도 정중앙에 위치하는데, 군대가 출동할 때에는 이처럼 각방위의 수호를 받으며 간다는 모습을 본뜨게 된다. 그렇기 때문에 북두칠성을 그린 깃발을 만들어서, 본대의 앞에 내세우고, 이 깃발을 이용하여군대의 각 방위별 위치를 바로잡아서, 진형을 정돈하게 만든다. 옛 주석에서는 '선(繕)'자를 "날카롭다."라는 뜻으로 풀이하였는데, 나는 여씨(呂氏)의 설명에 따라서, 글자 그대로 풀이한다. '기노(其怒)'라는 말은 병졸들의 분노를 뜻한다.

集說 呂氏曰: 急, 迫之也. 繕, 言作而致其怒. 先儒以繕爲勁, 不必改也.

여씨가 말하길, '급(急)'자는 "재촉한다."는 뜻이다. '선(繕)'자는 고무시켜서, 그들의 분노를 이끌어낸다는 뜻이다. 선대 유학자들은 선(繕)자를 "날카롭다."라는 뜻으로 여겼는데, 이처럼 글자를 고쳐서 풀이할 필요는 없다.

【097】
進退有度, 左右有局, 各司其局.〈曲禮上-191〉
군대가 나아가고 물러남에는 법도가 있고, 좌측과 우측에는 각각 분담하는영역이 있으니, 각 부대의 장수는 자신의 부대를 통솔하여 그 영역을 담당한다.

---

5) 귀사(龜蛇)는 거북이와 뱀을 뜻하는데, 고대인들은 현무(玄武)에 대해서 거북이라고 여기기도 하고, 거북이와 뱀이 합쳐진 모습으로도 여겼기 때문에, '현무'를 '귀사'라고도 부르는 것이다.

集說 疏曰: 進退有度者, 牧誓云, "不愆于六步七步, 乃止齊焉", "四伐五伐, 乃止齊焉". 一擊一刺爲一伐, 少者四伐, 多者五伐, 又當止而齊正行列也. 左右有局者, 局, 部分也. 軍之左右各有部分, 不相濫也. 各司其局者, 軍行須監領也.

소에서 말하길, "나아가고 물러남에 법도가 있다."는 말은 마치 『서』「목서(牧誓)」편에서 "6~7보를 넘지 않고, 곧 멈추어 정렬을 해야 한다."6)라고 하며, "4~5번 공격을 하고서, 곧 멈추어 정렬을 해야 한다."7)라고 한 뜻과 같다. 한 번 내리치고, 한 번 찌르는 것을 한 번의 공격이라고 하며, 적게는 4번 공격을 하고, 많게는 5번 공격을 하면, 또한 마땅히 멈춰서 정비를 하며 대오를 정렬한다. "좌우에 분담을 둔다."고 하였는데, '국(局)'자는 분담한 영역을 뜻한다. 군대의 좌군과 우군은 각자 분담한 영역이 있어서, 서로 침범하지 않는 것이다. "각자 그 영역을 다스린다."라고 한 이유는 군대가 출정할 때에는 감독하고 통솔을 해야만 하기 때문이다.

【098】
乘兵車, 出先刃, 入後刃. 軍尚左, 卒尚右.〈少儀-053〉[少儀. 本在"則辟刃"下.]
전쟁용 수레에 타게 되면, 국성을 빠져나갈 때에는 칼날이 전면을 향하게 하고, 국성으로 들어올 때에는 칼날이 후면을 향하게 한다. 장수에게 있어서는 좌측을 높이고, 병사들에게 있어서는 우측을 높인다. [「소의」편의 문장이다. 본래는 "칼날이 상대를 향하지 않도록 피해서 준다."8)라고 한 문장 뒤에 수록되어 있었다.]

---

6) 『서』「주서(周書)·목서(牧誓)」: 今日之事, 不愆于六步七步, 乃止齊焉. 夫子, 勖哉.

7) 『서』「주서(周書)·목서(牧誓)」: 不愆于四伐五伐六伐七伐, 乃止齊焉. 勖哉, 夫子.

8) 『예기』「소의」 052장: 笏·書·脩·苞苴·弓·茵·席·枕·几·穎·杖·琴·瑟, 戈有刃者櫝, 筴·箭, 其執之皆尚左手. 刀郤刃授穎, 削授拊. 凡有刺刃者

集說 先刃, 刃向前也. 入後刃, 不以刃向國也. 左, 陽, 生道也. 右, 陰, 死道也, 左將軍爲尊, 其行伍皆尊尙左方, 欲其無覆敗也. 士卒之行伍尊尙右方, 示有必死之志也.

'선인(先刃)'은 칼날을 앞쪽으로 향하게 한다는 뜻이다. "들어오면 칼날을 뒤로 한다."고 한 말은 칼날을 국성 쪽으로 향할 수 없기 때문이다. 좌측은 양에 해당하니, 생겨나게 하는 도이다. 우측은 음에 해당하니, 죽게 하는 도이다. 좌장군은 존귀한 자가 되며, 군대에 있어서는 모두 좌측을 존귀하게 높이니, 패배하는 일이 없게끔 하고자 해서이다. 병사들의 대열에서는 우측을 존귀하게 높이니, 반드시 목숨을 걸고서라도 지키겠다는 뜻을 가지고 있음을 드러내는 것이다.

【099】

武車不式.〈少儀-034〉[9] [少儀. 本在"城上不趨"下.]

전쟁용 수레에 타서는 식을 잡고서 예의를 표하는 일을 하지 않는다. [「소의」편의 문장이다. 본래는 "성곽 위에서는 종종걸음으로 걷지 않는다."라고 한 문장 뒤에 수록되어 있었다.]

【100】

乘路車不式.〈109〉[10] [本在"大裘不裼"下.]

노거에 탔을 때에는 수레의 식을 잡고 공경을 표하는 절차를 하지 않는다. [본래는 "대구를 착용하여 하늘에 대한 제사를 지낼 때에는 석을 하지 않는다."라고 한 문장

以授人, 則辟刃.

9) 『예기』「소의(少儀)」034장 : 執玉執龜筴不趨, 堂上不趨, 城上不趨. 武車不式, 介者不拜.

10) 『예기』「옥조」109장 : 禮不盛, 服不充, 故大裘不裼, 乘路車不式.

뒤에 수록되어 있었다.]

集說 路車, 祭天所用. 不式, 敬天之心不可他用也.

노거(路車)11)는 하늘에 대한 제사를 지내며 사용하는 것이다. 식을 잡으며 예를 표하지 않는 것은 하늘을 공경하는 마음으로 인해, 다른 것에 신경을 쓸 수 없기 때문이다.

【101】
赴車不載櫜[高]韔.〈檀弓下-104〉12) [檀弓. 本在"哭于庫門之外"下.]

패전의 사실을 알리기 위해 국성으로 돌아가는 수레에는 갑옷을 전대에['櫜'자의 음은 '高(고)'이다.] 넣지 않고 활을 활집에 넣지 않음으로써, 재차 결전을 치르겠다는 의지를 나타내게 된다. [「단궁」편의 문장이다. 본래는 "고문 밖에서 곡을 한다."라고 한 문장 뒤에 수록되어 있었다.]

集說 櫜, 甲衣, 韔, 弓衣. 甲不入櫜, 弓不入韔, 示再用也.

'고(櫜)'자는 갑옷을 넣는 전대를 뜻하고, '창(韔)'자는 활을 넣는 활집을 뜻한다. 갑옷을 전대에 넣지 않고, 활을 활집에 넣지 않는 것은 재차 사용하겠다는 뜻을 나타내기 위해서이다.

集說 方氏曰: 赴車, 告赴於國之車. 凡告喪曰赴車, 以告敗爲名, 與

---

11) 노거(路車)는 천자 및 제후 등이 타는 수레이다. 후대에는 귀족들이 타는 수레까지도 지칭하는 용어로 사용되었다. '노거'의 '노(路)'자는 그 뜻이 크다[大]는 의미이다. 따라서 군주가 이용하거나 머무는 장소에 '노'자를 붙여서 부르게 된 것이다. 『춘추좌씨전』 「환공(桓公) 2년」편에는 "大路越席."이라는 기록이 있는데, 이에 대한 공영달(孔穎達)의 소(疏)에서는 "路, 訓大也. 君之所在以大爲號, 門曰路門, 寢曰路寢, 車曰路車, 故人君之車, 通以路爲名也."라고 풀이했다.

12) 『예기』 「단궁하(檀弓下)」 104장: 軍有憂, 則素服哭於庫門之外, <u>赴車不載櫜韔</u>.

素服同義.

방씨가 말하길, '부거(赴車)'는 그 소식을 알리기 위해 국성으로 가는 수레를 뜻한다. 무릇 상의 소식을 알릴 때 사용하는 수레도 '부거(赴車)'라고 부르니, 패전을 알린다는 뜻에서 이러한 명칭을 정한 것으로, 소복을 착용하는 것과 같은 이치이다.

附註 赴車不載櫜韔, 言告喪之車, 不設戎備也. 註云"示更用", 恐誤.

부거에는 고(櫜)와 창(韔)을 싣지 않는다고 했는데, 이것은 상사를 알리러 가는 수레에서는 전쟁에 대한 대비를 하지 않는다는 뜻이다. 주에서 "재차 사용하겠다는 뜻을 나타낸다."라 했는데, 아마도 잘못된 설명인 것 같다.

【102】

祥車曠左, 乘君之乘[去聲]車, 不敢曠左, 左必式. 〈曲禮上-219〉 [曲禮. 本
在"簑拜"下.]

상거(祥車)를 장례용으로 사용할 때에는 항상 좌측 자리를 비워두어서, 신
이 앉을 자리를 마련한다. 그런데 군주가 타는 수레['乘'자는 거성으로 읽는다.]
에 타게 되면, 감히 좌측을 비워둘 수가 없으니, 좌측에 있는 자는 반드시
식을 잡고서 공경스러운 자세를 유지해야 한다. [「곡례」편의 문장이다. 본래는
'좌배(簑拜)'[1]라고 한 말 뒤에 수록되어 있었다.]

集說 疏曰: 祥, 猶吉也. 吉車, 謂生時所乘. 葬時用爲魂車. 車上貴
左, 僕在右, 空左以擬神也. 王者五路, 玉·金·象·木·革, 王自乘
一, 餘四從行, 臣乘此車, 不敢空左, 空左則似祥車凶也. 左必式者,
不敢自安, 故恒憑式. 乘車君皆在左, 若兵戎革路, 則君在中.

소에서 말하길, '상(祥)'자는 길(吉)자와 같다. '길거(吉車)'는 살아있을
때 타는 수레를 뜻한다. 장례를 치를 때에는 이 수레를 '혼거(魂車)'[2]로
사용한다. 수레 위에서는 존귀한 자가 좌측에 위치하고, 마부가 우측에
위치하는데, 좌측 자리를 비워두는 것은 신이 위치할 곳을 마련해두기
위해서이다. 천자에게는 다섯 종류의 수레가 있었으니, 옥로(玉路)·금
로(金路)·상로(象路)·목로(木路)·혁로(革路)인데, 군주가 직접 그
중 1대의 수레를 타게 되면, 나머지 4대의 수레는 그 뒤를 따르게 되며,
신하가 뒤따르는 수레에 타게 되면, 감히 좌측을 비워둘 수가 없으니,
좌측을 비워두게 되면, 상거(祥車)처럼 보여서 흉사 때의 예법과 같아지
기 때문이다. 좌측에 위치한 자는 반드시 식을 잡고 예의를 표하는데,

---

1) 『예기』「곡례상(曲禮上)」 218장 : 介者不拜, 爲其拜而簑拜.
2) 승거(乘車)는 고대의 장례(葬禮) 때 사용되었던 수레이다. 혼거(魂車)라고도 부
른다. 죽은 자의 옷과 관(冠)을 실어서 마치 죽은 자가 생전에 수레를 타던 것처럼
형상화하는 것이다. 그래서 '혼거'라고 부른다.

그 이유는 감히 자기 스스로 편안하게 있을 수가 없기 때문이다. 그래서 항상 식을 잡고 있는 것이다. 수레를 탈 때 군주는 모두 좌측에 위치하게 되지만, 전쟁용으로 사용하는 혁로를 타는 경우라면, 군주는 중앙에 위치한다.

【103】
凡僕人之禮, 必授人綏, 若僕者降等, 則受, 不然則否.〈曲禮上-213〉[曲禮. 本在"溝渠必步"下.]

무릇 마부가 된 자가 지켜야 하는 예법에서는 반드시 상대방에게 정수(正綏)를 건네야 하니, 만약 마부의 신분이 상대방보다 낮다면 상대방은 사양하지 않고 받으며, 그렇지 않은 경우라면 건네받지 않는다. [「곡례」편의 문장이다. 본래는 "도랑을 지나갈 때에는 반드시 수레에서 내려서 도보로 이동한다."[3]라고 한 문장 뒤에 수록되어 있었다.]

集說　凡爲車之僕者, 必以正綏授人, 不但臣於君爲然也. 若僕之等級卑下, 如士於大夫之類, 則授綏之時, 直受之而已, 無辭讓也. 非降等者, 則不受.

무릇 수레의 마부가 된 자들은 반드시 정수(正綏)를 수레에 오르는 자에게 건네야 하니, 단지 신하가 군주에 대해서만 그렇게 하는 것이 아니다. 만약 마부가 된 자의 신분이 낮은 경우, 예를 들어 사가 대부를 대하는 경우와 같다면, 정수를 건네게 될 때 단지 그것을 건네받기만 할 따름이며 사양하지 않는다. 마부의 신분이 낮은 경우가 아니라면 정수를 건네받지 않는다.

---

3) 『예기』「곡례상(曲禮上)」 212장 : 車驅而騶至于大門, 君撫僕之手, 而顧命車右就車, 門閭溝渠必步.

【104】

若僕者降等, 則撫僕之手, 不然, 則自下拘[溝]之. 〈曲禮上-214〉

만약 마부의 신분이 상대방보다 낮은 경우라면 사양하지 않고 정수를 받아야 하지만, 이때에도 마부의 손을 지그시 눌러서 겸양의 예를 표하고, 마부의 신분이 낮지 않다면 마부의 손 아래쪽으로부터 정수를 건네받는다.['拘'자의 음은 '溝(구)'이다.]

集說 降等者, 雖當受其綏, 然猶撫止其手, 如不欲其親授然, 然後受之, 亦謙讓之道也. 不降等者, 已雖不欲受, 而彼必授, 則郤手從僕之手下, 而自拘取之也.

마부의 신분이 낮은 경우에는 비록 그가 건네는 정수를 받아야 하지만, 오히려 그의 손을 눌러서 저지하니, 마치 그가 직접 건네게 하고 싶지 않다는 뜻을 표하는 것으로, 이렇게 한 연후에야 정수를 건네받는데, 이 또한 겸양의 도리에 해당한다. 마부의 신분이 낮지 않은 경우에는 수레를 타게 되는 본인이 비록 직접 건네받고 싶어 하지 않지만, 마부가 기어코 정수를 건네게 되면, 손을 뒤집어서 마부의 손 아래쪽으로부터 직접 정수를 잡게 된다.

【105】

僕御婦人, 則進左手, 後右手. 〈曲禮上-220〉 [曲禮. 本在"左必式"下.]

마부가 부인의 수레를 몰게 되면, 좌측 손을 앞으로 내밀어서 고삐를 잡고, 우측 손을 뒤로 해서, 부인과 반대방향으로 몸을 튼다. [「곡례」편의 문장이다. 본래는 "좌측에 있는 자는 반드시 식을 잡고서 공경스러운 자세를 유지해야 한다."[4]라고 한 문장 뒤에 수록되어 있었다.]

---

4) 『예기』「곡례상(曲禮上)」 219장 : 祥車曠左, 乘君之乘車, 不敢曠左, 左必式.

集說 疏曰: 僕在中, 婦人在左, 進左手持轡, 使身微相背, 遠嫌也.

소에서 말하길, 마부는 수레의 중앙에 위치하고, 부인은 좌측에 위치하는데, 좌측 손을 내밀어서 고삐를 잡아 마부의 몸을 부인과 조금 등지게 하니, 부인과 붙어서 수레를 탄다는 혐의를 피하기 위해서이다.

【106】

御國君, 則進右手, 後左手而俯.〈曲禮上-221〉

마부가 군주의 수레를 몰게 되면, 우측 손을 내밀어서 고삐를 잡고, 좌측 손을 뒤로하며, 공경을 표할 때에는 몸을 숙인다.

集說 疏曰: 御君者, 禮以祖向爲敬, 故進右手. 旣御不得常式, 故但俯俛而爲敬.

소에서 말하길, 군주의 수레를 모는 경우, 예법에 따르면 서로 바라보는 것을 공경스러운 태도로 삼는다. 그렇기 때문에 우측 손을 내미는 것이다. 수레를 몰기 시작하면, 일반적으로 공경을 표할 때 식을 잡게 되는 행동을 할 수 없기 때문에, 단지 몸을 숙여서 공경을 표한다.

【107】

君車將駕, 則僕執策立於馬前.〈曲禮上-207〉 [曲禮. 本在"必踐之"下.]

군주의 수레에 멍에를 메게 되면, 마부는 채찍을 잡고서 말 앞에 선다. [「곡례」편의 문장이다. 본래는 "반드시 그 일을 실천해야 한다."[5]라고 한 문장 뒤에 수록되어 있었다.]

---

5) 『예기』「곡례상(曲禮上)」206장 : 龜爲卜, 筴爲筮. 卜筮者, 先聖王之所以使民信時日, 敬鬼神, 畏法令也, 所以使民決嫌疑, 定猶與也. 故曰, "疑而筮之, 則弗非也, 日而行事, 則<u>必踐之</u>."

集說 此下言乘車之禮. 策, 馬杖也. 僕者執之立於馬前, 所以防奔
逸也.

이곳 문장부터 아래의 내용들은 수레를 타는 예법에 대해서 언급하고 있
다. '책(策)'은 말채찍이다. 마부가 채찍을 들고 말 앞에 서는 이유는 말이
제멋대로 날뛰는 것을 방지하기 위해서이다.

【108】
已駕, 僕展軨[零]效駕.〈曲禮上-208〉
말에 멍에 메는 일이 다 끝나면, 마부는 수레의 영['軨'자의 음은 '零(령)'이다.]을
꼼꼼하게 살펴보고, 안으로 들어가서 군주에게 멍에가 다 메어졌다고 아뢴다.

集說 已駕, 駕馬畢也. 軨, 車之轄頭. 車行由轄, 僕者展視軨徧, 卽
入而效白於君, 言車駕竟.

'이가(已駕)'는 말에 멍에 메는 일이 다 끝났다는 뜻이다. '영(軨)'은 수레
의 할(轄) 머리 부분으로, 수레가 움직이는 것은 이 할을 통해서 이루어
지니, 마부는 할을 꼼꼼히 살펴보고서, 곧바로 들어가서 군주에게 아뢰
니, 수레에 멍에 메는 일이 모두 끝났다고 아뢰는 것이다.

【109】
奮衣由右上[上聲], 取貳綏跪乘.〈曲禮上-209〉
마부는 수레의 뒤에서 옷에 묻은 먼지를 털어내고, 수레의 오른쪽으로 오
르되['上'자는 상성으로 읽는다.] 수레를 탈 때에는 이수(貳綏)를 잡고서 타고,
수레에 올라가서는 무릎을 꿇는다.

集說 疏曰: 僕先出就車, 於車後自振其衣以去塵, 從右邊升上. 必
從右者, 君位在左, 避君空位也. 貳, 副也. 綏, 登車索也. 正綏擬君

224 譯註 禮記類編大全

之升, 副綏擬僕右之升. 僕先試車時, 君猶未出, 未敢依常而立, 所以
跪而乘之以爲敬.

소(疏)에서 말하길, 마부는 먼저 밖으로 나와서 수레가 있는 곳으로 나아
가고, 수레의 뒤편에서 직접 자신의 옷을 털어서 먼지를 제거하며, 수레의
우측으로부터 올라간다. 반드시 오른편으로부터 올라가는 이유는 군주가
타게 되는 위치가 수레의 좌측이므로, 군주가 위치하는 자리를 피해서,
그 공간을 비워두기 위해서이다. '이(貳)'자는 '버금'이라는 뜻이다. '수
(綏)'자는 수레에 오를 때 잡는 새끼줄을 뜻한다. '정수(正綏)'는 군주가
수레에 오를 때 잡는 새끼줄이고, '부수(副綏)'는 마부나 호위무사가 수레
에 오를 때 잡는 새끼줄이다. 마부가 먼저 수레에 올라서, 수레의 상태를
점검할 때, 군주는 아직 밖으로 나온 상태가 아니므로, 감히 일반적인
경우에 따라서 수레 위에서 서 있을 수가 없으니, 이러한 까닭으로 무릎을
꿇고서 수레에 타 있는 것이며, 이로써 공경의 뜻을 표하는 것이다.

【110】

執策分轡, 驅之五步而立. 〈曲禮上-210〉

우측 손에 채찍을 잡고서 양손으로 고삐를 나눠지며, 수레를 시험 삼아
몰되 다섯 걸음 정도 가면 곧바로 멈추고, 한쪽 편에 서서 군주가 나오기를
기다린다.

集說 疏曰: 轡, 馭馬索也. 車一轅而四馬駕之, 中央兩馬夾轅者, 名
服馬, 兩邊名騑馬, 亦曰驂馬. 詩云, "兩服上襄, 兩驂鴈行." 鴈行者,
言與中服相次序也. 每一馬有兩轡, 四馬八轡, 以驂馬內轡繫於軾
前, 其驂馬外轡, 幷兩服馬各二轡, 六轡在手, 右手執杖, 以三轡置空
手中, 以三轡置杖手中, 故云"執策分轡"也. 驅之者, 試驅行之也. 五
步而立者, 跪而驅馬以行, 五步卽止, 而倚立以待君出.

소에서 말하길, '비(轡)'자는 말을 모는 고삐를 뜻한다. 수레에는 하나의

끌채에 네 마리의 말을 메어두는데, 중앙에서 끌채를 끼고 있는 두 마리의 말을 '복마(服馬)'라 부르고, 양쪽 끝에 있는 두 마리의 말을 '비마(騑馬)' 또는 '참마(驂馬)'라 부른다. 『시』에서는 "두 마리의 복마가 앞서 끌어가니, 두 마리의 비마가 기러기 행렬처럼 뒤따라간다."6)라고 하였는데, "기러기 행렬처럼 간다."는 말은 가운데 있는 복마와 함께 서로 차례와 질서를 맞춘다는 뜻이다. 한 마리의 말들마다 2개의 고삐가 있으니, 네 마리의 말이 모는 수레에는 총 8개의 고삐가 있게 되며, 참마의 고삐들 중 안쪽의 고삐는 수레의 앞턱 가로대 앞에 걸어두고, 바깥쪽 고삐들과 두 마리의 복마와 연결된 2개씩의 고삐들은 모두 6개가 되는데, 이 6개의 고삐는 마부가 손으로 잡게 된다. 그런데 마부의 우측 손은 채찍을 잡게 되므로, 3개의 고삐는 아무것도 잡고 있지 않은 좌측 손으로 잡고, 나머지 3개의 고삐는 채찍을 들고 있는 우측 손으로 잡게 된다. 그렇기 때문에 "채찍을 잡고 고삐를 나눠쥔다."라고 말한 것이다. 구(驅)를 한다는 말은 시험 삼아 수레를 움직여본다는 뜻이다. 다섯 걸음을 가서 선다는 말은 수레 위에서 무릎을 꿇고 말을 몰아서 움직여보되, 다섯 걸음을 가게 되면 곧바로 멈추고, 한쪽 편에 서서 군주가 나오기를 기다리는 것이다.

【111】

君出就車, 則僕幷轡授綏, 左右攘辟[避]. 〈曲禮上-211〉

군주가 밖으로 나와서 수레가 있는 쪽으로 오게 되면, 마부는 한쪽 손으로 6개의 고삐와 채찍을 움켜쥐고, 나머지 한쪽 손으로 정수(正綏)를 잡아 군주에게 건네며, 군주를 배웅하려고 나와 있는 좌우측의 신하들은 뒤로 물러서서, 수레가 출발할 수 있도록 자리를 피해준다. ['辟'자의 음은 '避(피)'이다.]

---

6) 『시』 「정풍(鄭風)·대숙우전(大叔于田)」 : 大叔于田, 乘乘黃. <u>兩服上襄, 兩驂鴈行</u>. 叔在藪, 火烈具揚. 叔善射忌, 又良御忌, 抑磬控忌, 抑縱送忌.

集說 疏曰: 君出就車, 則僕幷六轡及策置一手中, 以一手取正綏授於君, 令登車. 於是左右侍駕陪位諸臣, 見車欲進行, 皆遷郤以避車, 使不妨車之行也.

소에서 말하길, 군주가 밖으로 나와서 수레로 다가오면, 마부는 여섯 개의 고삐를 한쪽으로 몰아서, 채찍을 쥐고 있는 한쪽 손으로 움켜쥐며, 다른 한 손으로는 정수(正綏)를 잡아 군주에게 건네서, 군주로 하여금 수레에 오르도록 한다. 이때 군주의 출행을 배웅하기 위해 나온 좌우측에 있는 여러 신하들은 수레가 출발하려고 하는 것을 보게 된다면, 모두 뒤로 물러나서 수레를 피하여, 수레가 출발하는데 방해가 되지 않도록 한다.

附註 辟, 當音如字.

'辟'자는 마땅히 그 음을 글자대로 읽어야 한다.

【112】

車驅而騶[驟]至于大門, 君撫僕之手, 而顧命車右就車, 門閭溝渠必步.〈曲禮上-212〉

수레를 몰아 달려가는데[‘騶’자의 음은 ‘취(驟)’이다.] 대문에 이르게 되면, 군주는 마부의 손을 눌러서 수레를 멈추게 하고, 거우(車右)[1]를 돌아보며 명령을 내려서, 수레의 우측에 타게 하며, 호위무사는 성문과 마을 문을 지나갈 때, 또 도랑을 지나갈 때에는 반드시 수레에서 내려 도보로 이동한다.

集說 疏曰: 車上君在左, 僕人中央, 勇士在右. 旣至大門, 恐有非常, 故回命車右上車. 至門閭溝渠而必下車者, 一則君子不誣十室, 過門閭必式, 君式, 則臣當下也, 二則溝渠險阻, 恐有傾覆, 亦須下扶持之也. 僕不下者, 車行由僕, 僕下則車無御, 故不下也.

소에서 말하길, 수레를 타게 되면 군주는 좌측에 위치하고, 마부는 중앙에 위치하며, 호위무사는 우측에 위치한다. 대문에 이르게 되면, 아마도 비상사태가 발생할 것을 염려하기 때문에, 주위를 돌아보며 거우에게 명령하여 수레에 타게 하는 것이다. 성문과 마을 문, 그리고 도랑 등에 도착하게 되면, 호위무사는 반드시 수레에서 내리게 되는데, 그 이유는 첫 번째 군자는 열 가구의 규모인 작은 마을을 지나치게 되더라도 그들을 업신여기지 않으니, 성문과 마을 문을 지나치게 되면, 반드시 수레의 식(式)을 잡고서 공경의 뜻을 표하게 된다. 그런데 군주가 식을 잡게 되면, 신하들은 마땅히 수레에서 내려야 한다. 두 번째는 도랑은 험준한 장소가 되어, 수레가 전복될 수 있는 위험이 있으므로, 또한 반드시 수레에서 내려 수레가 전복되지 않게 수레를 지탱해주어야 하기 때문이다. 마부가 수레에서 내리지 않는 이유는 수레가 움직이는 것은 마부 때문이니, 마부가 수레에서 내리게 되면, 수레를 움직일 수 없기 때문이다. 그래서 마부

---

1) 거우(車右)는 수레에 함께 타는 호위무사를 뜻한다. 수레의 우측에 위치하였기 때문에 ‘거우’라고 부르는 것이다.

는 수레에서 내리지 않는 것이다.

附註 騶, 前導也. 註讀如驟, 不必然.
'추(騶)'자는 앞에서 인도한다는 뜻이다. 주에서는 취(驟)자로 풀이했는
데, 그렇지만은 않을 것이다.

【113】

執君之乘車則坐. 僕者右帶劍, 負良綏, 申之面, 拖[徒我反]諸幦[覓].
以散綏升, 執轡然後步.〈少儀-022〉[少儀. 本在"不擢馬"下.]

군주의 수레를 몰게 되면 무릎을 꿇고 군주가 탈 때까지 기다린다. 수레를
모는 자는 오른쪽으로 검을 차고, 군주가 수레에 탈 때 군주가 잡는 끈을
등 뒤로 짊어지듯 넘긴 뒤, 끝의 끈을 늘어트리고, 수레의 덮개['幦'자의 음은
'覓(멱)'이다.] 위로 끌어당긴다.['拖'자는 '徒(도)'자와 '我(아)'자의 반절음이다.] 수레를
모는 자가 수레에 탈 때에는 산수를 이용해서 수레에 오르고, 고삐를 잡은
뒤에는 말이 몇 발자국 이동하도록 하여 상태를 살핀다. [「소의」편의 문장이다.
본래는 "상대방의 마를 빼앗지 않는다."1)라고 한 문장 뒤에 수록되어 있었다.]

集說 方氏曰: 執, 謂執轡也. 凡僕必立, 今坐者, 君未升車而車未行
也. 劍在左, 以便右抽, 僕則右帶者, 以君在左, 嫌妨君也. 良綏, 正
綏也. 猶良車良材之良. 散綏, 貳綏也. 猶散材之散. 正綏君所執, 貳
綏則僕執之. 僕在車前, 而君自後升, 故曰負良綏. 申之面者, 言垂
綏之末於前也. 拖諸幦者, 引之於車闌覆苓之上也. 以散綏升者, 復
言僕初升時也. 執轡然後步者, 防馬之逸也.

방씨가 말하길, '집(執)'자는 수레의 고삐를 잡는다는 뜻이다. 무릇 수레
를 모는 자는 반드시 서 있어야 하는데, 현재 '좌(坐)'라고 한 것은 군주가
아직 수레에 오르지 않아서 수레가 아직 움직이지 않았기 때문이다. 검은
좌측에 차서 오른손으로 뽑기에 편리하도록 하는데, 복의 경우라면 우측
허리띠에 차니, 군주가 좌측에 위치하여, 군주에게 방해가 될까를 염려해
서이다. '양수(良綏)'는 군주가 수레에 탈 때 잡게 되는 끈이다. '양수(良
綏)'라고 부르는 것은 좋은 수레나 좋은 재목이라고 하여 '양(良)'자를 붙
이는 것과 같다. '산수(散綏)'는 보조 끈으로 수레를 모는 자 등이 수레에
오를 때 잡는 끈이다. '산수(散綏)'라고 부르는 것은 쓸모없는 재목이라

---

1)『예기』「소의(少儀)」021장 : 勝則洗而以請, 客亦如之. 不角, 不擢馬.

고 할 때 '산(散)'자를 붙이는 것과 같다. 정수는 군주가 잡는 끈이고, 이수는 복 등이 잡는 끈이다. 복은 수레의 전면에 있고, 군주는 뒤로부터 수레에 오르기 때문에, "양수를 짊어진다."라고 말한 것이다. '신지면(申之面)'이라는 말은 앞으로 끈의 끝부분을 늘어트린다는 뜻이다. '타저멱(拖諸幦)'은 수레의 난간 덮개 위로 끌어당긴다는 뜻이다. "산수를 잡고 오른다."는 말은 복이 최초 수레에 오를 때를 재차 설명한 말이다. "고삐를 잡고 몇 발자국을 움직이게 한다."고 한 말은 말이 실수하는 것을 방지하기 위해서이다.

集說 今按: 荶, 卽軾也.
지금 살펴보니, '영(荶)'은 수레의 식이다.

【114】
僕於君子, 君子升下則授綏, 始乘則式, 君子下行, 然後還[旋]立. 乘貳車則式, 佐車則否.〈少儀-041〉[少儀. 本在"不食新"下.]
군자의 수레를 몰게 되면, 군자가 수레에 타거나 내릴 때, 잡는 끈을 군자에게 건네고, 처음 수레에 타게 되면, 수레의 식을 잡아서 공경의 예를 표한 뒤 군자가 탈 때까지 기다리며, 군자가 수레에서 내려서 가게 된 뒤에야 수레를 되돌려서['還'자의 음은 '旋(선)'이다.] 세워 둔다. 조회나 제사 때 뒤따르는 수레에 타게 되면, 식을 잡아서 공경의 예를 표하고, 전쟁이나 사냥 때 뒤따르는 수레에 타게 되면, 식을 잡아서 공경의 예를 표하는 행동을 하지 않는다. [「소의」편의 문장이다. 본래는 "새로 수확한 것을 먹지 않는다."²⁾라고 한 문장 뒤에 수록되어 있었다.]

集說 君子或升或下, 僕者皆授之綏. 始乘之時, 君子猶未至, 則式

---

2) 『예기』「소의(少儀)」 040장 : 未嘗<u>不食新</u>.

以待君子之升. 凡僕之禮, 升在君子之先, 下在君子之後, 故君子下
車而步, 僕者乃得下而還車以立, 以待君子之去也. 貳車, 朝祀之副
車也. 佐車, 戎獵之副車也. 朝祀尙敬, 故式. 戎獵尙武, 故不式.

군자가 수레에 오르거나 내릴 때, 수레를 모는 자는 모두 그에게 수레에
오르고 내릴 때 잡는 끈을 건넨다. 수레에 처음 오를 때 군자가 아직
도착하지 않았다면, 식을 잡고서 예의를 표한 상태로 군자가 수레에 탈
때까지 기다린다. 무릇 수레를 모는 자가 따라야 하는 예에서는 군자보다
먼저 수레에 오르고, 군자보다 뒤에 수레에서 내린다. 그렇기 때문에 군
자가 수레에서 내려서 걸어가게 되면, 수레를 모는 자는 곧 수레에서 내
려서, 수레를 거꾸로 돌려 세워 놓을 수 있으니, 군자가 다시 그 장소를
떠나려고 할 때까지 기다리는 것이다. '이거(貳車)'는 조회에 참가하거나
제사에 참여할 때 타는 뒤따르는 수레이다. '좌거(佐車)'는 전쟁이나 사
냥을 할 때 타는 뒤따르는 수레이다. 조회나 제사에서는 공경함을 숭상하
기 때문에 식을 잡고서 예의를 표한다. 전쟁과 사냥에서는 무예를 숭상하
기 때문에 식을 잡고 예의를 표하는 행위를 하지 않는다.

【115】

貳車者, 諸侯七乘, 上大夫五乘, 下大夫三乘, 有貳車者之乘馬服車
不齒, 觀君子之衣服服劍乘馬弗賈[嫁].〈少儀-042〉

뒤따르는 수레의 경우, 제후는 7대가 있고, 상대부는 5대가 있으며, 하대부
는 3대가 있다. 뒤따르는 수레를 가진 자에 대해서, 그 말과 수레에 대해서
는 연식을 따지지 않고, 군자의 의복 및 허리에 찬 검과 수레 및 말에 대해
서는 가치를['賈'자의 음은 '嫁(가)'이다.] 평가하지 않는다.

集說 周禮: "貳車, 公九乘, 侯・伯七乘, 子・男五乘." 又典命云:
"卿六命, 大夫四命, 車服各如命數." 與此不同者, 或周禮成而未行,
亦或異代之制也. 服車, 所乘之車也. 馬有老少, 車有新舊, 皆不可

齒次其年歲. 服劍, 所佩之劍也. 不賈, 不可評論其所直多少之價.
曲禮云: "齒路馬有誅." 此皆貴貴之道, 以廣敬也.

『주례』에서는 "이거의 경우 공작은 9대이고, 후작ㆍ백작은 7대이며, 자작ㆍ남작은 5대이다."[3]고 했고, 「전명(典命)」편에서는 "경은 6명의 등급이고, 대부는 4명의 등급이며, 수레와 의복에 대해서는 각각 명의 등급에 따른다."[4]라고 하여, 이곳 내용과 차이를 보인다. 그 이유는 주나라의 예법이 완성되었지만 아직 시행되지 않았기 때문이거나 또는 다른 시대의 제도를 기록하고 있기 때문이다. '복거(服車)'는 타게 되는 수레를 뜻한다. 말에는 늙거나 젊은 차이가 있고, 수레에는 새것이나 오래된 것의 차이가 있으니, 모두 그 연식에 따라 등급을 나눠서는 안 된다. '복검(服劍)'은 허리에 차게 되는 검이다. '불가(弗賈)'는 두고 있는 물건들의 가치를 평해서는 안 된다는 뜻이다. 『예기』「곡례(曲禮)」편에서는 "노마의 나이를 헤아리면, 형벌을 받게 된다."고 했다. 이러한 규정들은 모두 존귀한 자를 존귀하게 대하는 도이니, 이를 통해 공경스러운 태도를 폭넓게 나타내는 것이다.

---

3) 『주례』「추관(秋官)ㆍ대행인(大行人)」: 上公之禮, 執桓圭九寸, 繅藉九寸, 冕服九章, 建常九斿, 樊纓九就, <u>貳車九乘</u>, 介九人, 禮九牢, 其朝位, 賓主之間九十步, 立當車軹, 擯者五人, 廟中將幣三享, 王禮再祼而酢, 饗禮九獻, 食禮九舉, 出入五積, 三問三勞. <u>諸侯之禮</u>, 執信圭七寸, 繅藉七寸, 冕服七章, 建常七斿, 樊纓七就, <u>貳車七乘</u>, 介七人, 禮七牢, 朝位賓主之間七十步, 立當前疾, 擯者四人, 廟中將幣三享, 王禮壹祼而酢, 饗禮七獻, 食禮七舉, 出入四積, 再問再勞. <u>諸伯執躬圭</u>, 其他皆如諸侯之禮. <u>諸子執穀璧五寸</u>, 繅藉五寸, 冕服五章, 建常五斿, 樊纓五就, <u>貳車五乘</u>, 介五人, 禮五牢, 朝位賓主之間五十步, 立當車衡, 擯者三人, 廟中將幣三享, 王禮壹祼不酢, 饗禮五獻, 食禮五舉, 出入三積, 壹問壹勞. <u>諸男執蒲璧</u>, 其他皆如諸子之禮.
4) 『주례』「춘관(春官)ㆍ전명(典命)」: 王之三公八命, <u>其卿六命, 其大夫四命</u>. 及其出封, 皆加一等. 其國家ㆍ宮室ㆍ車旗ㆍ衣服ㆍ禮儀亦如之. …… 其宮室ㆍ車旗ㆍ衣服ㆍ禮儀, <u>各視其命之數</u>.

【116】

客車不入大門. 婦人不立乘. 犬馬不上於堂.〈曲禮上-215〉[曲禮. 本在"自下拘之"下.]

빈객의 수레는 상대방 집의 대문까지는 들어가지 않는다. 부인들은 수레에 탈 때 서서 타지 않는다. 개와 말은 당 위에 올리지 않는다. [「곡례」편의 문장이다. 본래는 "아래쪽으로부터 정수를 건네받는다."5)라고 한 문장 뒤에 수록되어 있었다.]

集說　馬氏曰: 客車不入大門, 所以敬主, 主人出大門迎之, 所以敬客, 故覲禮"偏駕不入王門." 公食大夫禮, "賓乘車在大門外西方." 若諸侯不以客禮見王, 則墨車龍旂可以入大門, 故覲禮墨車龍旂以朝. 婦人乘安車, 故不立乘, 犬馬充庭實, 故不上堂. 以犬馬獻人, 則執紲靮而已, 以馬合幣, 則達圭而已, 奉馬而覲, 則授人而已, 皆不上堂之謂也.

마씨가 말하길 빈객의 수레가 상대방 집의 대문으로 들어가지 않는 것은 주인을 공경하기 위해서이며, 주인이 대문 밖으로 나와서 빈객을 맞이하는 것은 빈객을 공경하기 위해서이다. 그러므로 『의례』「근례(覲禮)」편에서는 "편가(偏駕)6)는 천자가 사는 궁문으로 들어가지 않는다."7)라고 한 것이며, 『의례』「공사대부례(公食大夫禮)」편에서는 "빈객이 타고 온 수레는 대문 밖의 서쪽 편에 둔다."8)라고 한 것이다. 만약 제후가 빈객에 대한 예법에 따라서 천자를 찾아뵙는 경우가 아니라면, 묵거(墨車)9)에

---

5) 『예기』「곡례상(曲禮上)」 214장 : 若僕者降等, 則撫僕之手, 不然, 則自下拘之.

6) 편가(偏駕)는 제후가 타는 수레를 뜻하는 용어이다.

7) 『의례』「근례(覲禮)」 : 記. 几俟于東箱. 偏駕不入王門. 奠圭于繢上.

8) 『의례』「공사대부례(公食大夫禮)」 : 賓之乘車在大門外西方, 北面立.

9) 묵거(墨車)는 별다른 장식을 하지 않고, 흑색으로 칠하기만 한 수레를 뜻한다. 주(周)나라 때에는 주로 대부(大夫)들이 탔다. 『주례』「춘관(春官)·건거(巾車)」편에는 "大夫乘墨車."라는 기록이 있고, 이에 대한 정현의 주에서는 "墨車, 不畫也."라고 풀이했다.

용기(龍旂)[10]를 세우고서 대문 안으로 들어갈 수 있다. 그렇기 때문에 「근례」편에서는 묵거와 용기를 꼽고서 조회를 한다고 했던 것이다.[11] 부인들은 안거(安車)를 탔기 때문에, 수레를 서서 타지 않는 것이며, 개와 말은 마당에 세워두었기 때문에, 당 위에 올리지 않는 것이다. 개와 말을 가져가서 상대방에게 바칠 경우라면, 개줄과 고삐를 잡고서 끌고 갈 따름이며, 말을 폐백과 함께 건네는 경우라면, 폐백 중의 규(圭) 하나만을 상징적으로 전달할 뿐이고, 말을 가져가서 찾아뵙는 경우에는 고삐를 넘길 따름이니, 이 모든 경우에 있어서 당 위에 올리지 않는다는 뜻이다.

類編 右車馬僕御之禮.

여기까지는 '거마복어지례(車馬僕御之禮)'에 대한 내용이다.

---

10) 용기(龍旂)는 기(旂)를 뜻한다. '기'에는 교룡(交龍)을 수놓았기 때문에, '기'를 또한 '용기'라고도 부르는 것이다. '기'는 본래 제후가 세우는 깃발을 뜻한다. 제후는 그 깃발에 두 마리의 용(龍)이 한 쌍을 이루고 있는 교룡(交龍)을 수놓는다. 이때 '머리를 하늘로 하고 있는 1마리 용[升龍]'은 승천하여 천자에게 조회를 하는 모습을 형상화한 것이고, '머리를 땅으로 하고 있는 다른 1마리 용[降龍]'은 천자의 명령을 받아서 복종하는 것을 형상화한 것이다. 천자의 깃발에는 해[日]·달[月]·별[星辰] 등을 수놓았는데, 제후는 천자와 동일하게 할 수 없기 때문에, 대신 승용(升龍)과 강용(降龍)을 수놓았던 것이다. 『주례』「춘관(春官)·사상(司常)」편에 기록된 '기'에 대해서, 정현의 주에서는 "諸侯畫交龍, 一象其升朝, 一象其下復也."라고 풀이했고, 가공언(賈公彦)의 소(疏)에서는 "至於天子旌旗有日月星辰, 故諸侯旌旗無日月星, 故龍有升降也. 象升朝天子, 象下復還國也."라고 풀이했다. 한편 깃발 자체를 뜻하는 용어로 사용되기도 했다.

11) 『의례』「근례(覲禮)」: 侯氏裨冕, 釋幣于禰, 乘墨車, 載龍旂弧韣, 乃朝, 以瑞玉有繅.

禮記類編大全卷之十一

『예기유편대전』 11권

◇ 深衣第九 / 「심의」 9편

深衣異於朝祭之服, 以其被體深邃, 故謂之深衣. 其制略見於玉藻, 此則言其義耳.

심의는 조회나 제사 때의 복장과는 차이를 보이는데, 신체와 깊숙히 맞닿아 있기 때문에 '심의(深衣)'라고 부르는 것이다. 그 제도에 대해서는 대략적으로 『예기』「옥조(玉藻)」편에 보이는데, 이곳에서는 그 의미를 언급한 것일 뿐이다.

本居三年問之下.

본래는 『예기』「삼년문(三年問)」편 뒤에 수록되어 있었다.

「심의」편 문장 순서 비교		
『예기집설』	『예기유편대전』	
	구분	문장
001		001
002		002
003		003
004		004
005		005

【001】

古者深衣, 蓋有制度, 以應規·矩·繩·權·衡. 短毋見[現]膚, 長毋被土. 續衽, 鉤邊, 要[平聲]縫[去聲]半下.〈001〉

고대의 심의는 일정한 제도가 정해져 있어서, 둥근 자·곱자·먹줄·저울추·저울대 등의 도량형에 맞았다. 따라서 옷의 길이가 짧더라도 피부를 드러내는['見'자의 음은 '現(현)'이다.] 일이 없었고 길더라도 땅에 닿는 일이 없었다. 하의의 옷자락을 봉합하고, 봉합된 부분을 덮어서 재차 봉합하였으며, 허리부분을['要'자는 평성으로 읽는다.] 봉합한['縫'자는 거성으로 읽는다.] 것은 하단의 끝부분 길이의 절반이 된다.

集說 朝服·祭服·喪服, 皆衣與裳殊, 惟深衣不殊, 則其被於體也. 深邃, 故名深衣. 制同而名異者有四焉: 純之以采曰深衣, 純之以素曰長衣, 純之以布曰麻衣, 著在朝服祭服之內曰中衣. 但大夫以上助祭用冕服, 自祭用爵弁服, 則以素爲中衣. 士祭用朝服, 則以布爲中衣也. 皆謂天子之大夫與士也. 喪服亦有中衣. 檀弓云: "練衣, 黃裏縓緣", 是也, 但不得繼揜尺耳.

조복·제복·상복은 모두 상의와 하의가 달랐는데, 오직 심의만은 차이가 없었으니, 몸을 가리는 것이다. 조금의 틈도 없이 깊이 감싸기 때문에 '심의(深衣)'라고 부른다. 옷을 만드는 방법은 동일하지만 명칭이 다른 것은 네 가지이다. 채색된 천으로 가선을 달면 '심의(深衣)'라 부르며, 흰색의 천으로 가선을 달면 '장의(長衣)'라 부르고, 포로 가선을 달면 '마의(麻衣)'라 부르며, 조복이나 제복 안에 착용하게 되면 '중의(中衣)'라 부른다. 다만 대부 이상의 계급이 제사를 돕게 되면 면복(冕服)을 착용하고, 자신이 제사를 지내게 되면 작변복(爵弁服)을 착용하니, 흰색의 천으로 중의를 만들게 된다. 사는 제사를 지낼 때 조복을 착용하니, 포로 중의를 만들게 된다. 이 모두는 천자에게 소속된 대부와 사를 뜻한다. 상복에도 중의를 착용한다. 『예기』「단궁(檀弓)」편에서 "연의(練衣)를 착용하니, 연의는 황색의 옷감으로 중의의 속단을 대고, 옅은 홍색의 옷감으로 옷깃과 소매의 끝단을 댄 것이다."라고 한 말이 이러한 사실을 나타내지만, 소매를 덧대어 1척을 가리지는 않을 따름이다.

集說 楊氏曰: 深衣制度, 惟續衽鉤邊一節難考, 鄭註續衽二字文義甚明, 特疏家亂之耳. 鄭註云: "續, 猶屬也. 衽, 在裳旁者也, 屬連之不殊裳前後也." 鄭意蓋言凡裳前三幅, 後四幅, 旣分前後, 則其旁兩幅分開而不相屬; 惟深衣裳十二幅, 交裂裁之, 皆名爲衽. 所謂續衽者, 指在裳旁兩幅言之, 謂屬連裳旁兩幅, 不殊裳之前後也. 又衣圖云: "旣合縫了, 又再覆縫, 方便於著, 以合縫者爲續衽, 覆縫爲鉤邊."

양씨[1]가 말하길, 심의(深衣)를 만드는 제도에서 '속임구변(續衽鉤邊)'에 대해서는 고찰하기 어려운데, 정현의 주에서는 '속임(續衽)'이라는 두 글자에 대해서 그 뜻을 매우 분명하게 풀이했지만, 주소학의 학자들이 혼란스럽게 만들었을 따름이다. 정현의 주에서는 "'속(續)'자는 연결하다는 뜻이다. '임(衽)'은 하의의 측면 자락을 뜻하니, 연결해 붙여서 하의의 전면과 후면에 차이가 생기지 않도록 했다."라고 했다. 정현의 의도는 아마도 일반적은 하의는 전면은 3폭이고 후면은 4폭이니, 전면과 후면이 구분되므로, 측면의 양폭이 갈라져서 서로 연결되어 있지 않다. 오직 심의의 하의만 12폭으로 만들며 벌려진 것을 교차하여 만들기 때문에 이 모두를 '임(衽)'이라 부른다고 한 것이다. 이른바 '속임(續衽)'이라는 것은 하의의 측면 양폭에 있는 것을 가리켜서 말한 것이니, 하의의 측면에 양폭을 붙여서, 하의의 전면과 후면에 차이가 생기지 않게끔 한 것을 뜻한다. 또 『의도』에서는 "두 자락을 봉합하고 그것이 끝나면 재차 덮어서 봉합을 하니, 입을 때 편리하게 만들기 위해서이며, 두 자락을 봉합하는 것을

---

1) 양시(楊時, A.D.1053 ~ A.D.1135) : =구산양씨(龜山楊氏) · 양씨(楊氏) · 양중립(楊中立). 북송(北宋) 때의 학자이다. 자(字)는 중립(中立)이고, 호(號)는 구산(龜山)이다. 저서로는 『구산집(龜山集)』· 『구산어록(龜山語錄)』· 『이정수언(二程粹言)』 등이 있다.

속임(續衽)이라 하며, 덮어서 봉합하는 것을 구변(鉤邊)이라 한다."라고
했다.

集說 要縫七尺二寸, 是比下齊之一丈四尺四寸爲半之也. 玉藻云:
"縫齊倍要", 是也.

허리부분을 봉합한 것은 7척 2촌인데, 이것은 하의의 끝부분의 길이인
1장 4척 4촌과 비교를 해보면 절반이 된다. 『예기』「옥조(玉藻)」편에서
"끝부분을 재봉한 것은 허리부분의 너비보다 2배로 한다."라고 한 말이
이러한 사실을 나타낸다.

附註 續衽鉤邊, 衣無衽, 則不成衣制. 續衽者, 以衽續於全幅也. 玉
藻曰"衽當旁", 尤明.

'속임구변(續衽鉤邊)'이라 했는데, 옷에 임(衽)이 없다면 의복의 제도를
이루지 못한다. '속임(續衽)'이라는 것은 임(衽)을 전폭에 연결한다는 뜻
이다. 『예기』「옥조(玉藻)」편에서 "연결 부분을 꿰맨 것은 양쪽 측면으로
오도록 한다."[2]라 한 말이 더욱 분명히 나타낸다.

附註 附深衣制度: 經文甚明, 古註及先儒亦多可採. 腋下裁入, 從
經說"可以運肘"也. 袪緣及裳內衿之邊不緣, 從孔疏云: "恐口外更
緣, 故經言純袪." 又云: "深衣外衿之邊有緣也." 衣一幅, 附裳二幅,
兩衽亦然, 從白雲朱氏說也. 衣領用布四寸, 從鄭註"袷緣廣二寸"而
倍之也. 按: 今俗深衣之制, 以裳三幅, 屬於衣一幅, 如挂子擁咽之
形, 而穿著時, 則用內外襟相掩, 不成衣服之制, 故博考諸說參定如
此云.

부「심의제도」: 경문이 매우 명확하고, 옛 주 및 선유들의 학설 또한 대부

---

2) 『예기』「옥조(玉藻)」 040장 : 深衣三袪, 縫齊倍要, <u>衽當旁</u>, 袪可以回肘.

분 채택할 수 있는 것들이다. 겨드랑이 아래에서 재단하여 넣는다는 것은 경문에서 "팔꿈치를 돌릴 수 있다."고 한 말에 따른 것이다. 소매의 가선 및 하의 속깃의 가장자리에는 가선을 두르지 않는다는 것은 공영달의 소에서 "입구 외에 별도로 가선을 대는 것으로 오해할 수도 있기 때문에 경문에서 '순몌(純袂)'라고 했다."라 말하고, 또 "심의 겉깃 가장자리에는 가선을 두른다."라고 한 말에 따른 것이다. 상의 1폭을 하의 2폭에 덧붙이고, 양쪽의 임(衽) 또한 이처럼한다는 것은 백운주씨의 주장에 따른 것이다. 상의 옷깃에 포 4촌을 사용한다는 것은 정현의 주에서 "동구래깃 가선은 그 너비가 2촌이다."라고 한 말에 따르며 2배로 한 것이다. 살펴보니, 현재 세속에서 따르고 있는 심의의 제도는 하의 3폭을 상의 1폭에 붙여서 마치 괘자의 옹인과 같은 형상을 보이며, 옷을 착용할 때에는 내외의 옷깃을 이용해 상호 가리니, 의복의 제도를 이루지 못한다. 그렇기 때문에 여러 설들을 널리 고찰해서 이와 같이 참정한다.

【002】

袼[各]之高下可以運肘, 袂之長短反詘[屈]之及肘. 帶, 下毋厭[於甲反]髀[俾], 上毋厭脅, 當無骨者.〈002〉

소매 중 겨드랑이와 닿는 부분은['袼'자의 음은 '各(각)'이다.] 그 폭이 팔꿈치를 돌릴 수 있을 정도여야 하며, 소매의 길이는 반대로 접어서['詘'자의 음은 '屈(굴)'이다.] 팔꿈치까지 와야 한다. 허리띠는 밑으로는 넓적다리뼈에['髀'자의 음은 '俾(비)'이다.] 닿을['厭'자는 '於(어)'자와 '甲(갑)'자의 반절음이다.] 수 없고, 위로는 겨드랑이 뼈에 닿을 수 없으니, 뼈가 잡히지 않는 부분에 와야 한다.

集說 劉氏曰: 袼, 袖與衣接, 當腋下縫合處也. 運, 回轉也. 玉藻云: "袂可以回肘", 是也. 肘, 臂中曲節. 袂, 袖也. 袼之高下與衣身齊二尺二寸, 古者布幅亦二尺二寸. 而深衣裁身用布八尺八寸, 中屈而四疊之, 則正方. 袖本齊之, 而漸圓殺以至祛, 則廣一尺二寸, 故下文云袂圓應規也. 衣四幅而要縫七尺二寸, 又除負繩之縫, 與領旁之屈積各寸, 則兩腋之餘, 前後各三寸許, 續以二尺二寸幅之袖, 則二尺有五寸也. 然周尺二尺五寸, 不滿今舊尺二尺, 僅足齊手, 無餘可反屈也. 曰反屈及肘, 則接袖初不以一幅爲拘矣. 凡經言短毋見膚, 長毋被土, 及袼可運肘, 袂反及肘, 皆以人身爲度, 而不言尺寸者, 良以尺度布幅有古今之異, 而人身亦有大小長短之殊故也. 朱子云: "度用指尺, 中指中節爲寸, 則各自與身相稱矣." 玉藻"朝祭服之帶, 三分帶下, 紳居二焉." 而紳長制, 士三尺, 則帶下四尺五寸矣. 深衣之帶, 下不可厭髀骨, 上不可當脅骨, 惟當其間無骨之處, 則少近下也. 然此不言帶之制. 玉藻云"士練帶率下辟"等, 皆言朝祭服之帶也. 朱子深衣帶, 蓋亦髣髴玉藻之文, 但裨複異耳.

유씨가 말하길, '각(袼)'은 소매가 상의와 연결되는 부분으로, 겨드랑이 밑의 봉합된 부분에 해당한다. '운(運)'자는 돌린다는 뜻이다. 『예기』「옥조(玉藻)」편에서 "소매부분은 팔을 그 안에서 돌릴 수 있도록 넓게 만든다."라고 한 말이 이것을 가리킨다. '주(肘)'자는 팔 중 굽힐 수 있는 관절을 뜻한다. '몌(袂)'자는 소매를 뜻한다. 각(袼)의 폭은 상의와 맞춰서 2척 2촌으로 하는데, 고대에 사용되었던 포의 폭 또한 2척 2촌이었다. 심의 자체를 마름질할 때 8척 8촌의 포를 사용하는데, 가운데를 접고 네 번 겹치면 정사각형이 된다. 소매는 본래 그것과 맞추는데 점진적으로 원형으로 만들며 좁게 해서 소매의 입구 쪽에 이르게 되면 그 너비는 1척 2촌이 된다. 그렇기 때문에 아래문장에서 "소매의 원형은 둥근 자에 맞는다."라고 했다. 상의는 4폭인데 허리의 봉합된 부분은 7척 2촌이고, 또 등 쪽의 중심선을 봉합한 것을 제외하고, 옷깃 측면의 접은 부분과 각각 1촌이 되니, 양쪽 겨드랑이 부분에는 앞뒤로 각각 3촌 정도가 되며, 2척 2촌의 폭을 가진 소매를 연결한다면, 2척 5촌이 된다. 그러나 주나라 때의 척도로 2척 5촌은 오늘날 구척으로 사용하는 2척을 채우지 못하여, 겨우 손의 길이에만 맞출 수 있으며, 반대로 접을 수 있는 남은 부분이 없게 된다. "반대로 접어서 팔꿈치에 이른다."라고 했으니, 소매를 붙일 때 애초부터 1폭을 접을 수 없다. 경문에서는 "옷의 길이가 짧더라도 피부를 드러내는 일이 없었고 길더라도 땅에 닿는 일이 없었다."라고 했고, "각(袼)은 팔꿈치를 돌릴 수 있고, 몌(袂)는 반대로 접어서 팔꿈치에 이른다."라고 했는데, 이 모두는 사람의 몸을 기준으로 치수를 정한 것이며, 구체적인 치수를 언급하지 않았다. 그 이유는 척도와 포의 폭에는 고금의 차이가 있고, 사람의 신체에도 크고 작음 또 길고 짧은 차이가 있기 때문이다. 주자는 "치수는 손가락을 기준으로 하니, 중지의 가운데 마디가 1촌이 되므로, 각각 그 몸과 서로 맞추게 된다."라고 했다. 「옥조」편에서는 "조복과 제복의 허리띠는 그 아래의 길이를 3등분하면, 신(紳)은 그 중에서도 2만큼의 길이를 차지한다."라고 했는데, 허리띠의 늘어트리는 부분인 신(紳)의 길이에 대한 제도는 사는 3척이니, 허리띠의 아래 길이는 4척 5촌이 된다. 심의에 차는 허리띠는 아래로 넓적다리뼈에 닿을 수 없고 위로는 겨드랑이의 뼈에 닿을 수 없으니, 오직 뼈가 만져지지 않는 그 사이에 와야 해서, 조금 밑으로 내려가게 된다. 그러나 이것은 대(帶)

의 제도를 언급한 것이 아니다. 「옥조」편에서 "사의 허리띠는 명주를 이용해서 만드는데, 홑겹으로 만들어서 양쪽 끝부분을 꿰매며, 늘어뜨리는 끈에만 가선을 두른다."라고 한 말 등은 모두 조복과 제복에 차는 허리띠를 뜻한다. 주자는 심의에 착용하는 대(帶)가 「옥조」편의 기록과 같았을 것이며, 단지 홑겹이냐 겹으로 하느냐의 차이가 있을 따름이라고 했다.

【003】

制十有二幅, 以應十有二月. 袂圜以應規, 曲袷[劫]如矩以應方, 負繩及踝[胡瓦反]以應直, 下齊[咨]如權衡以應平.〈003〉

12폭의 천을 재단하여 12개월에 맞추고, 소매는 둥글게 하여 둥근 자에 맞추며, 굽어 있는 옷깃은['袷'자의 음은 '劫(겁)'이다.] 곱자처럼 되어 사각형에 맞추고, 등 쪽의 봉합된 부분은 발꿈치까지['踝'자는 '胡(호)'자와 '瓦(와)'자의 반절음이다.] 직선으로 이어져 먹줄과 같은 직선에 맞추며, 하단부의 봉합된 부분은['齊'자의 음은 '咨(자)'이다.] 저울추와 저울대처럼 하여 평형에 맞춘다.

集說 袷, 交領也. 衣領旣交, 自有如矩之象. 踝, 足跟也. 衣之背縫, 及裳之中縫, 上下相接如繩之直, 故云負繩也. 下齊, 裳末緝處也, 欲其齊如衡之平.

'겁(袷)'자는 교차하는 옷깃을 뜻한다. 상의의 옷깃이 이미 교차하고 있으니, 그 자체에 곱자와 같은 형상이 있다. '과(踝)'자는 발꿈치를 뜻한다. 상의의 등 쪽에 있는 봉합부분이 하의의 가운데 있는 봉합부분에 이르기까지 위아래가 서로 붙어서 먹줄의 곧음과 같다. 그렇기 때문에 '부승(負繩)'이라고 했다. '하자(下齊)'는 하의의 끝부분을 꿰맨 곳이니, 저울대가 평형을 이루는 것처럼 가지런히 만들고자 한 것이다.

【004】

故規者, 行擧手以爲容. 負繩抱方者, 以直其政, 方其義也. 故易曰: "坤六二之動, 直以方也." 下齊如權衡者, 以安志而平心也. 五法已施, 故聖人服之. 故規矩取其無私, 繩取其直, 權衡取其平, 故先王貴之. 故可以爲文, 可以爲武, 可以擯相, 可以治軍旅, 完且弗費, 善衣之次也. 〈004〉

그러므로 둥근 자에 맞춘 것은 행동을 할 때 손을 들어서 예법에 따른 행동거지를 나타내게끔 한 것이다. 부승과 곱자에 맞춘 옷깃은 이를 통해 정치를 곧게 하고 의리를 반듯하게 하고자 해서이다. 그래서 『역』에서는 "곤괘 육이의 움직임은 곧아서 방정하다."[1]라고 했다. 하단의 봉합된 부분을 저울추와 저울대에 맞추는 것은 이를 통해 마음을 편안하게 하고 뜻을 고르게 하기 위해서이다. 다섯 가지 법도가 이미 적용되었기 때문에 성인이 이 복장을 착용하는 것이다. 그래서 둥근 자와 곱자에 맞추는 것은 삿됨이 없다는 뜻을 취한 것이고, 먹줄에 맞추는 것은 곧다는 뜻을 취한 것이며, 저울추와 저울대에 맞추는 것은 평평하다는 뜻을 취한 것이다. 그렇기 때문에 선왕이 이 복장을 귀하게 여겼다. 그러므로 이 복장은 문이 될 수 있고 무도 될 수 있어서, 예법의 진행을 도울 수 있고 군대를 다스릴 수 있으니, 완비되었으며 또 낭비를 하지 않아서, 조복과 제복 다음으로 중요한 복장으로 여겼다.

集說 疏曰: 所以袂圜中規者, 欲使行者擧手揖讓以爲容儀也. 抱方, 領之方也. 以直其政, 解負繩, 以方其義, 解抱方也.

소에서 말하길, 소매를 둥글게 하여 둥근 자에 맞추는 것은 행동함에 손을 들어 읍과 겸양을 해서 예법에 따른 행동거지를 시행하게끔 하고자 해서이다. "사각형을 품다."라는 말은 옷깃이 사각형인 것을 뜻한다. "이로써 정치를 곧게 한다."라는 말은 부승(負繩)을 풀이한 것이고, "이로써 의리를 반듯하게 한다."는 말은 포방(抱方)을 풀이한 것이다.

---

1) 『역』「곤괘(坤卦)」 : 象曰, <u>六二之動, 直以方也</u>, "不習无不利", 地道光也.

集說 呂氏曰: 深衣之用, 上下不嫌同名, 吉凶不嫌同制, 男女不嫌
同服. 諸侯朝朝服, 夕深衣; 大夫士朝玄端, 夕深衣; 庶人吉服, 深衣
而已. 此上下同也. 有虞氏深衣而養老, 將軍文子除喪受弔, 練冠深
衣, 親迎女在塗, 而壻之父母死, 深衣縞總以趨喪, 此吉凶男女之同
也. 蓋簡便之服, 非朝祭皆可服之也.

여씨가 말하길, 심의(深衣)를 활용함에 있어서, 상하계층이 같은 명칭을
사용한다는 것에 혐의를 두지 않고, 길례나 흉례에서도 같은 방법으로
만드는 것에 혐의를 두지 않으며, 남자와 여자가 사용할 때 복식을 같게
함에 혐의를 두지 않는다. 제후는 아침식사를 할 때 조복(朝服)을 착용하
고 저녁식사를 할 때 심의를 착용하며, 대부와 사는 아침식사를 할 때
현단(玄端)을 착용하고 저녁식사를 할 때 심의를 착용하며, 서인의 길복은
심의만 착용할 따름이다. 이것은 상하계층이 동일하게 심의를 착용함을
나타낸다. 유우씨 때에는 심의를 착용하고서 노인을 봉양했고, 장군인
문자의 상에 상복을 제거했는데 그 이후에 조문을 받게 되어, 연관(練冠)과
심의를 착용하였으며, 친영(親迎)을 하여 부인을 데리고 오는데 여정 중에
남편의 부모가 돌아가시게 되면 심의로 갈아입고, 하얀 명주실로 머리를
묶고서 상을 치르기 위해 분주히 달려간다고 했으니, 이것은 길례와 흉례
및 남자와 여자 모두 동일하게 심의를 착용한다는 사실을 나타낸다. 이것
은 간편한 복장으로, 조례나 제사가 아니라면 모두 착용할 수 있다.

集說 方氏曰: 十二幅應十二月者, 仰觀於天也. 直其政方其義者,
俯察於地也. 袼之高下可以運肘者, 近取諸身也. 應規矩繩權衡者,
遠取諸物也. 其制度固已深矣, 然端冕則有敬色, 所以爲文. 介冑則
有不可辱之色, 所以爲武. 端冕不可以爲武, 介冑不可以爲文, 兼之
者惟深衣而已. 玉藻曰夕深衣. 深衣, 燕居之服也. 端冕雖所以修禮
容, 亦有時, 而燕處, 則深衣可以爲文矣. 介冑雖所以臨戎事, 亦有
時, 而燕處, 則深衣可以爲武矣. 雖可爲文, 非若端冕可以視朝臨祭,

特可贊禮而爲擯相而已. 雖可爲武, 非若介冑可以臨衝, 特可運籌以
治軍旅而已. 制有五法, 故曰完. 其質則布, 其色則白, 故曰弗費. 吉
服, 以朝祭爲上, 燕衣則居其次焉, 故曰善衣之次也.

방씨가 말하길, 12폭으로 해서 12개월에 맞추는 것은 우러러 하늘에서
관찰하는 것이다. 정치를 곧게 하고 의리를 반듯하게 하는 것은 굽어 땅
에서 살피는 것이다. 소매 중 겨드랑이와 닿는 부분은 그 폭이 팔꿈치를
돌릴 수 있을 정도로 하는 것은 가까이 자신의 몸에서 법도를 취한 것이
다. 둥근 자·곱자·먹줄·저울추·저울대 등의 도량형에 맞게 한다는
것은 멀리 여러 사물에게서 법도를 취한 것이다. 그 제도가 이미 이처럼
심오한데, 단면(端冕)을 착용하게 되면 공경스러운 기색이 나타나니 문
(文)이 되는 이유이다. 갑옷을 착용하게 되면 감히 욕보일 수 없는 기색
이 나타나니 무(武)가 되는 이유이다. 단면은 무(武)가 될 수 없고, 갑옷
은 문(文)이 될 수 없는데, 둘을 겸할 수 있는 것은 오직 심의(深衣) 밖에
없다. 『예기』「옥조(玉藻)」편에서는 "저녁식사를 할 때에는 심의를 입는
다."라고 했는데, 심의는 한가롭게 거처할 때 착용하는 복장이다. 단면은
비록 예법에 따른 용모를 꾸미는 복장이지만, 또한 정해진 때가 있고,
한가롭게 거처할 때라면 심의를 착용하니, 심의는 문(文)이 될 수 있는
있다. 갑옷은 비록 전쟁에 임하는 복장이지만 또한 정해진 때가 있고,
한가롭게 거처할 때라면 심의를 착용하니, 심의는 무(武)가 될 수 있다.
비록 문(文)이 될 수 있지만 단면처럼 조정에 참관하고 제사에 임할 수
있는 것만 못하며, 단지 예법의 시행을 도와서 보조만 할 수 있을 뿐이다.
또 비록 무(武)가 될 수 있지만 갑옷처럼 군대에 임할 수 있는 것만 못하
며, 단지 계획을 세워서 군대를 다스릴 수만 있을 뿐이다. 제도에 다섯
가지 법도가 있다. 그렇기 때문에 "완비되었다."라고 했다. 기본 재질은
포가 되고 그 색깔은 백색이기 때문에 "낭비를 하지 않는다."라고 했다.
길복(吉服)에 있어서는 조복(朝服)과 제복(祭服)을 가장 상등으로 치는
데, 연의(燕衣)는 그 다음 등급이 된다. 그렇기 때문에 "가장 좋은 옷

그 다음이다.”라고 했다.

【005】

**具父母·大[泰]父母. 衣純[準]以繢[會]. 具父母衣純以靑. 如孤子, 衣
純以素. 純袂緣[去聲]·純邊, 廣[去聲]各寸半.〈005〉**

부모와 조부모가['大'자의 음은 '泰(태)'이다.] 모두 생존해 계시다면 옷에 무늬를
['繢'자의 음은 '會(회)'이다.] 그린 것으로 가선을['純'자의 음은 '準(준)'이다.] 댄다. 부
모만 생존해 계시다면 옷에 청색으로 가선을 댄다. 부친이 이미 돌아가신
자라면 옷에 흰색으로 가선을 댄다. 소매의 입구에['緣'자는 거성으로 읽는다.]
가선을 두르고 앞자락의 측면과 밑에 가선을 두르는데, 그 너비는['廣'자는
거성으로 읽는다.] 각각 1.5촌으로 한다.

集說 繢, 畫文也. 純, 衣之緣也. 袂緣, 緣袖口也. 純邊, 緣襟旁及
下也, 各廣一寸半, 袷則廣一寸也.

‘회(繢)’는 무늬를 그린 것이다. ‘준(純)’자는 옷의 가선을 뜻한다. ‘몌연
(袂緣)’은 소매의 입구에 가선을 댄 것이고, ‘순변(純邊)’은 앞자락의 측
면과 밑에 가선을 댄 것인데, 각각 그 너비는 1.5촌으로 하며, 옷깃에
대는 가선이라면 그 너비는 2촌이다.

集說 呂氏曰: 三十以下無父者, 可以稱孤. 若三十之上有爲人父之
道, 不言孤也. 純袂, 緣, 純邊, 三事也. 謂袂口·裳下·衣裳邊皆純
也. 亦見旣夕禮.

여씨가 말하길, 30세 이하의 사람 중 부친이 없는 자는 고아라고 부를
수 있다. 만약 30세 이상이라면 부친이 되는 도리를 포함하고 있으니,
고아라고 부를 수 없다. ‘준몌(純袂)’·‘연(緣)’·‘순변(純邊)’은 세 가지
사안을 뜻한다. 즉 소매의 입구, 하의의 아래, 상하의의 측면에는 모두
가선을 댄다. 이러한 사실은 『의례』「기석례(旣夕禮)」편에도 나온다.

◇ 明堂位第十 / 「명당위」 10편

此篇記周公明堂之位, 因論魯國之禮. 其曰"周公踐天子之位", 出於記者之承誤, 蔡氏書傳論之詳矣.

이 편은 주공이 제정한 명당에서의 위치에 대해 기록하고 있는데, 그에 따라 노나라의 예법도 논하였다. "주공이 천자의 자리에 올랐다."고 한 말은 『예기』를 기록한 자가 전승한 내용의 잘못에서 비롯되었으며, 채씨의 『서전』에서 이에 대해 상세히 논의하였다.

本居玉藻之下.

본래는 『예기』 「옥조(玉藻)」편 뒤에 수록되어 있었다.

「명당위」편 문장 순서 비교		
『예기집설』	『예기유편대전』	
	구분	문장
001		001
002		002
003		003
004		004
005		005
006		006
007		007
008		樂記-045
009		008
010		009
011		010
012		011
013		012
014		013
015		014
016		015

「명당위」편 문장 순서 비교		
『예기집설』	『예기유편대전』	
	구분	문장
017		016
018		017
019		018
020		019
021		020
022		032
023		033
024		034
025		021
026		022
027		023
028		024
029		025
030		026
031		027
032		028
033		029
034		030
035		031
036		035
037		036
038		037
039		038
040		039
041		040
042		041
043		042
044		044
045		043
		045

【001】

昔者, 周公朝諸侯于明堂之位, 天子負斧依[上聲]南鄉[去聲]而立. 〈001〉

예전에 주공이 명당의 자리에서 제후들의 조회를 받음에 천자는 부의를[依'
자는 상성으로 읽는다.] 등지고 남쪽을 바라보며['鄕'자는 거성으로 읽는다.] 섰다.

集說 斧依, 說見曲禮.

'부의(斧依)'는 그 설명이 『예기』「곡례(曲禮)」편에 나온다.

集說 石梁王氏曰: 註云: "周公攝王位." 又云: "天子卽周公." 周公
爲家宰時, 成王年已十四, 非攝位, 但攝政, 周公未嘗爲天子, 豈可以
天子爲周公? 此記者之妄, 註亦曲徇之.

석량왕씨가 말하길, 정현의 주에서는 "주공이 천자의 자리에 대신 올랐
다."라고 했고, 또 "천자는 곧 주공이다."라고 했다. 주공이 총재를 맡고
있었을 때, 성왕의 나이는 이미 14세였으니, 천자의 자리에서 대신 정치
를 시행한 것이 아니며, 단지 정치를 도왔던 것이고, 주공은 일찍이 천자
가 된 적이 없었는데, 어찌하여 천자를 주공이라고 여길 수 있는가? 이것
은 『예기』를 기록한 자가 망령되게 쓴 기록이며, 정현의 주에서도 왜곡
된 주장을 한 것이다.

附註 天子負斧依, 天子非周公, 亦非成王也, 言天子之位如此. 此
乃朝諸侯儀註也.

'천자부부의(天子負斧依)'라 했는데, 이때의 '천자(天子)'는 주공이 아니
며 또한 성왕도 아니니, 천자의 자리가 이와 같다는 뜻이다. 이것은 곧
제후들을 조회할 때에 대한 의례 절차를 적은 기록이다.

【002】

三公, 中階之前, 北面東上. 諸侯之位, 阼階之東, 西面北上. 諸伯之國, 西階之西, 東面北上. 諸子之國, 門東, 北面東上. 諸男之國, 門西, 北面東上.〈002〉

조회를 할 때, 삼공은 가운데 계단 앞에서 북쪽을 바라보며 동쪽 끝에서부터 선다. 후작들의 자리는 동쪽 계단의 동쪽에서 서쪽을 바라보며 북쪽 끝에서부터 선다. 백작들의 자리는 서쪽 계단의 서쪽에서 동쪽을 바라보며 북쪽 끝에서부터 선다. 자작들의 자리는 문의 동쪽에서 북쪽을 바라보며 동쪽 끝에서부터 선다. 남작들의 자리는 문의 서쪽에서 북쪽을 바라보며 동쪽 끝에서부터 선다.

集說 疏曰: 中階者, 南面三階故稱中. 諸伯以下皆云國, 此云位者, 以三公不云位, 諸侯在諸國之上, 特擧位言之, 以明以下皆朝位也.

소에서 말하길, '중계(中階)'라는 것은 남쪽을 향해 세 개의 계단이 설치되기 때문에, 가운데라고 지칭한 것이다. 백작으로부터 그 이하의 제후들에 대해서는 모두 '국(國)'이라고 말했고, 후작에 대해서는 '위(位)'라고 말했다. 그 이유는 삼공에 대해서는 '위(位)'라 말하지 않았고, 후작은 제후국들 중에서도 상등에 해당하므로, 특별히 '위(位)'라 말한 것이니, 그 이하의 내용들이 모두 조회를 할 때의 위치가 됨을 나타낸다.

【003】

九夷之國, 東門之外, 西面北上. 八蠻之國, 南門之外, 北面東上. 六戎之國, 西門之外, 東面南上. 五狄之國, 北門之外, 南面東上.〈003〉

조회를 할 때, 구이(九夷)[1]에 해당하는 제후들은 동쪽 문밖에서 서쪽을

---

1) 구이(九夷)는 고대 중국의 동쪽 지역에 거주하던 아홉 종류의 소수 민족을 뜻한다. 또한 그들이 거주하는 지역 전체를 가리키는 용어로도 사용되었다. 아홉 종류의

바라보며 북쪽 끝에서부터 선다. 팔만(八蠻)[2]에 해당하는 제후들은 남쪽 문밖에서 북쪽을 바라보며 동쪽 끝에서부터 선다. 육융(六戎)[3]에 해당하는 제후들은 서쪽 문밖에서 동쪽을 바라보며 남쪽 끝에서부터 선다. 오적(五狄)[4]에 해당하는 제후들은 북쪽 문밖에서 남쪽을 바라보며 동쪽 끝에서부터 선다.

소수 민족을 견이(畎夷)·우이(于夷)·방이(方夷)·황이(黃夷)·백이(白夷)·적이(赤夷)·현이(玄夷)·풍이(風夷)·양이(陽夷)라고 정의하기도 한다. 『논어』「자한(子罕)」편에는 “子欲居九夷.”라는 기록이 있고, 이에 대한 하안(何晏)의 『집해(集解)』에서는 마융(馬融)의 주장을 인용하여, “東方之夷有九種.”이라고 풀이했으며, 『후한서(後漢書)』「동이전(東夷傳)」편에는 “夷有九種. 曰, 畎夷·于夷·方夷·黃夷·白夷·赤夷·玄夷·風夷·陽夷.”라는 기록이 있다.

2) 팔만(八蠻)은 고대 중국의 남쪽 지역에 거주하던 여덟 종류의 소수 민족을 뜻한다. 또한 그들이 거주하는 지역 전체를 가리키는 용어로도 사용되었다. 여덟 종류의 소수 민족을 천축(天竺)·해수(咳首)·초요(僬僥)·파종(跛踵)·천흉(穿胸)·담이(儋耳)·구지(狗軹)·방춘(旁春)이라고 정의하기도 한다. 『예기』「왕제(王制)」편에는 “南方曰蠻. 雕題交趾, 有不火食者矣”이라는 기록이 있고, 이에 대한 공영달(孔穎達)의 소(疏)에서는 『이아』에 대한 이순(李巡)의 주장을 인용하며, “一曰天竺, 二曰咳首, 三曰僬僥, 四曰跛踵, 五曰穿胸, 六曰儋耳, 七曰狗軹, 八曰旁春.”이라고 풀이했다.

3) 육융(六戎)은 고대 중국의 서쪽 지역에 거주하던 여섯 종류의 소수 민족을 뜻한다. 또한 그들이 거주하는 지역 전체를 가리키는 용어로도 사용되었다. 여섯 종류의 소수 민족을 요이(僥夷)·융앙(戎央)노백(老白)·기강(耆羌)·비식(鼻息)·천강(天剛)이라고 정의하기도 한다. 『예기』「왕제(王制)」편에는 “西方曰戎, 被髮衣皮, 有不粒食者矣.”라는 기록이 있고, 이에 대한 공영달(孔穎達)의 소(疏)에서는 『이아』에 대한 이순(李巡)의 주장을 인용하며, “一曰僥夷, 二曰戎央, 三曰老白, 四曰耆羌, 五曰鼻息, 六曰天剛.”이라고 풀이했다.

4) 오적(五狄)은 고대 중국의 북쪽 지역에 거주하던 다섯 종류의 소수 민족을 뜻한다. 또한 그들이 거주하는 지역 전체를 가리키는 용어로도 사용되었다. 다섯 종류의 소수 민족을 월지(月支)·예맥(穢貊)·흉노(匈奴)·단우(單于)·백옥(白屋)이라고 정의하기도 한다. 『예기』「왕제(王制)」편에는 “北方曰狄, 衣羽毛穴居, 有不粒食者矣.”라는 기록이 있고, 이에 대한 공영달(孔穎達)의 소(疏)에서는 『이아』에 대한 이순(李巡)의 주장을 인용하며, “一曰月支, 二曰穢貊, 三曰匈奴, 四曰單于, 五曰白屋.”이라고 풀이했다.

集説 夷蠻戎狄, 各從其方之門, 而以右爲尊, 獨南面東上者不然. 方氏以爲南面疑於君, 故與北面者同其上也.

동이·남만·서융·북적에 해당하는 제후들은 각각 자기가 속한 방위의 문쪽에 서게 되는데, 우측을 존귀한 자리로 여기지만, 유독 남쪽을 바라보며 동쪽 끝에서부터 서는 경우에는 그렇지 않다. 방씨는 남쪽을 바라보는 것은 군주처럼 따른다는 의혹을 사기 때문에, 북쪽을 바라보는 자들과 존귀하게 여기는 방향을 동일하게 했다고 여겼다.

【004】

九采之國, 應門之外, 北面東上.〈004〉

조회를 할 때, 구주의 목들은 정문 밖에서 북쪽을 바라보며 동쪽 끝에서부터 선다.

集説 疏曰: 此是九州之牧, 謂之采者, 以采取當州美物而貢天子. 故王制云: "千里之外曰采." 明堂無重門, 但有應門耳.

소에서 말하길, 이들은 구주의 목(牧)⁵⁾을 가리키는데, '채(采)'라고 말한 이유는 해당 주의 좋은 사물을 채취하여 천자에게 공납하기 때문이다. 그래서 『예기』「왕제(王制)」편에서는 "1,000리의 밖의 땅을 '채(采)'라고 부른다."고 했던 것이다. 명당에는 겹겹의 문이 없고, 단지 응문만 있을 따름이다.

---

5) 구목(九牧)은 구주(九州)의 목(牧)들을 뜻한다. 고대 중국은 천하를 '구주'로 구분하였는데, 각각의 주(州)에는 여러 제후들이 속해 있었다. 그 중에서 가장 뛰어난 자를 그 '주'에 속해있던 제후들의 수장으로 삼았는데, 그를 '목'이라고 부르는 것이다. 『예기』「곡례하(曲禮下)」편에는 "九州之長, 入天子之國曰牧"이라는 기록이 있는데, 이에 대한 정현의 주에서는 "每一州之中, 天子選諸侯之賢者以爲之牧也."라고 풀이했다.

【005】

四塞[先代反]世告至. 此周公明堂之位也. 明堂也者, 明諸侯之尊卑
也.〈005〉

구주 밖 변경 지역의 오랑캐 나라에서는[`塞'자는 `先(선)'자와 `代(대)'자의 반절음
이다.] 한 세대마다 한 차례 찾아와서 자신들이 왔음을 아뢰게 된다. 이러한
내용들은 주공이 제정한 명당에서의 위치에 해당한다. `명당(明堂)'이라는
것은 제후들의 서열을 나타내는 건물이다.

集說 四塞, 九州之外夷狄也. 若天子新卽位, 或其國君易世, 皆一
來朝告至, 故云世告至也.

`사새(四塞)'는 구주 밖의 오랑캐들을 뜻한다. 만약 천자가 새롭게 즉위를
했거나 혹은 그 나라들 중 군주가 바뀐 나라가 있다면, 그들 나라에서는
모두 한 차례 찾아와 조회를 하며, 자신들이 찾아오게 되었음을 아뢴다.
그렇기 때문에 "세대마다 한차례 찾아왔음을 아뢴다."라고 말한 것이다.

【006】

昔殷紂亂天下, 脯鬼侯以饗諸侯, 是以周公相武王以代紂. 武王崩,
成王幼弱, 周公踐天子之位以治天下. 六年朝諸侯於明堂, 制禮作
樂頒度量, 而天下大服. 七年致政於成王.〈006〉

옛적에 은나라 주임금은 천하를 혼란스럽게 만들었으니, 귀후를 죽여 그
살을 포로 떠서 제후들에게 음식으로 대접하기에 이르렀다. 그래서 주공은
무왕을 도와서 주임금을 정벌했다. 무왕이 붕어했을 때, 성왕은 나이가 너
무 어려서, 주공은 천자의 자리에 올라 천하를 대신 다스렸다. 6년이 지난
이후 명당에서 제후들에게 조회를 받았고, 예악 및 도량형을 반포하여, 천
하가 모두 따르게 되었다. 7년째에 성왕에게 다시 정권을 되돌려주었다.

集說 鬼, 國名. 殺人以爲薦羞, 惡之極也, 故伐之. 六年五服一朝,

蓋始於此.

'귀(鬼)'자는 국가의 이름이다. 사람을 죽여 그 고기로 음식을 만들었으니, 극악무도한 행위이다. 그렇기 때문에 정벌을 했다. 6년의 주기로 오복에 속한 제후들이 한 차례 조회를 한 것은 아마도 이때로부터 비롯된 것이다.

集說 石梁王氏曰: 只以詩書證之, 卽知周公但居冢宰攝政, 未嘗在天子位. "周公相, 踐阼而治", 文王世子此語爲是. 詩小序之言亦不可據, 註引魯頌, 豈盡伯禽時事哉?

석량왕씨가 말하길, 『시』와 『서』를 통해 증명해보면, 주공은 단지 총재의 지위에 있으면서 섭정을 한 것일 뿐임을 알 수 있으니, 일찍이 천자의 지위에 머문 적이 없었다. "주공이 재상이 되어, 조에 올라 다스렸다."라고 했는데, 『예기』「문왕세자(文王世子)」편의 이 기록이 옳은 주장이다. 『시』의 「소서」에서 기록한 말 또한 근거로 삼을 수 없는데, 정현의 주에서는 「노송」편을 인용하였으니, 어찌 이 모두가 백금 당시의 일이라 하겠는가?

集說 劉氏曰: 此蓋因洛誥篇首, 有周公曰"朕復子明辟"之辭, 篇終有"周公誕保文武受命惟七年"之語, 遂生此論, 謂周公踐天子位, 七年而致政於成王也. 殊不知"復子明辟"者, 周公營洛遣使告卜之辭; "受命惟七年"者, 史臣敍周公留後治洛, 凡七年而薨也. 書傳中九峯蔡氏之辨, 可謂深切著明."

유씨가 말하길, 이 기록은 아마도 『서』「낙고(洛誥)」편의 첫 머리에 나오는 기록 중 주공에 대해서, "나는 그대 밝은 군주에게 복명한다."[6]라는

---

6) 『서』「주서(周書)·낙고(洛誥)」 : 周公拜手稽首曰, 朕復子明辟. 王如弗敢及天基命定命, 予乃胤保, 大相東土, 其基作民明辟.

말이 있고, 편의 끝에 "주공이 문왕과 무왕이 받은 천명을 크게 보존하기를 7년 동안 하였다."[7]라는 말이 있어서, 이에 따라 결국 이러한 논의를 만들어냈던 것이니, 주공이 천자의 지위에 올랐고, 7년이 지난 이후에 성왕에게 정사를 돌려주었다는 주장이다. 이러한 주장을 하게 된 이유는 아마도 '복자명벽(復子明辟)'이라는 말이 주공이 낙읍을 건설하여, 사신을 파견해서 거북점을 치며 아뢰었던 말이라는 사실을 몰랐기 때문이며, 또 '수명유칠년(受命惟七年)'이라는 말이 주공이 머물게 된 이후 낙읍을 다스렸는데, 총 7년이 걸렸고 그 이후에 죽었다는 사실을 사관이 서술한 것임을 알지 못했기 때문이다. 『서전』에 기록된 구봉채씨의 변론은 이 사실을 매우 자세히 드러냈다고 평가할 수 있다.

附註 鬼侯, 疑九侯.
'귀후(鬼侯)'는 아마도 구후(九侯)일 것이다.

---

7) 『서』「주서(周書)・낙고(洛誥)」 : 惟周公誕保文武受命, 惟七年.

【007】

成王以周公爲有勳勞於天下, 是以封周公於曲阜, 地方七百里, 革車
千乘, 命魯公世世祀周公以天子之禮樂. 是以魯君孟春乘大路, 載[戴]
弧韣[獨], 旂十有二旒, 日月之章, 祀帝于郊, 配以后稷, 天子之禮
也.〈007〉

성왕은 정권을 되돌려 받은 뒤, 주공에게는 천하를 안정시킨 공로가 있다
고 여겼다. 이러한 이유 때문에 노나라 곡부에 주공을 분봉했으니, 그 땅은
사방 700리의 크기이며, 전쟁용 수레 1000승을 보유하는 규모이다. 그리고
노공에게 명령하여, 주공에게 제사를 지낼 때에는 대대로 천자만 사용할
수 있는 예악을 이용하라고 했다. 이러한 이유로 노나라 군주는 맹춘이
되면, 대로에 타고, 호독을['韣'자의 음은 '獨(독)'이다.] 싣고['載'자의 음은 '戴(대)'이
다.] 깃발에는 12개의 깃술을 달고, 해와 달의 무늬를 새겼으며, 교에서 상제
에게 제사를 지내며, 후직을 배향했으니, 이 모두는 천자가 시행하는 의례
제도이다.

集說 論語稱伯禽爲魯公, 閟宮稱僖公爲魯侯, 又曰"俾侯于魯", 則
魯本侯爵, 過稱公也. 孟子言公侯皆方百里, 又言周公封於魯地方百
里, 而此云七百里者, 蓋以百里之田爲魯本國, 如後世食實封也; 弁
附庸爲七百里, 所謂錫之山川土田附庸也. 周禮, 封疆方五百里之
制, 當時設法未行, 不可以據. 革車, 兵車也. 千乘, 田賦所出之數也.
孟春, 周正子月也. 大路, 殷祭天所乘之木路. 弧, 所以開張旌旗之
幅, 其形如弓, 以竹爲之. 韣, 則弧之衣也. 旒, 屬於弧之正幅, 而畫
日月以爲章也.

『논어』에서는 백금을 노공이라고 지칭했고,[1] 『시』 「비궁(閟宮)」 편에서
는 희공을 노후라고 지칭했으며,[2] 또 "노나라의 후작이 되도록 하다."[3]라

---

1) 『논어』 「미자(微子)」: 周公謂魯公曰, "君子不施其親, 不使大臣怨乎不以. 故舊
   無大故, 則不棄也. 無求備於一人!"

2) 『시』 「노송(魯頌) · 비궁(閟宮)」 편의 『모서』: 閟宮, 頌僖公能復周公之宇也.

고 했으니, 노나라 제후는 본래 후작의 작위를 가지고 있었지만, 공작이라고 단계를 높여 지칭한 것이다. 맹자는 공작과 후작의 영토는 모두 사방 100리의 크기라 했고,[4] 또 주공에 대해서는 노나라의 땅 사방 100리의 영토에 분봉을 해줬다고 했는데,[5] 이곳에서 사방 700리라고 했다. 그이유는 아마도 100리의 땅은 노나라의 본래 영토이니, 후세에 식읍으로받는 실제의 토지와 같은 것이며, 주변의 약소국들을 합하면 700리가 되니, 이른바 "산천을 하사하시니, 토지와 약소국들이다."[6]는 말에 해당한다. 『주례』에서는 강역을 분봉할 때, 사방 500리로 내려주는 제도가 있는데,[7] 당시에 이러한 제도를 만들었지만 아직 시행을 하지 않았던 것으로, 근거로 삼을 수 없다. '혁거(革車)'는 전쟁용 수레이다. 1000승은 토지에서 세금으로 산출되는 수레의 수치이다. '맹춘(孟春)'은 주나라 정월인건자(建子)의 달이다. '대로(大路)'는 은나라 때 하늘에 대한 제사를 지내며 탔던 목로(木路)를 뜻한다. '호(弧)'는 깃발의 폭을 펴게 만드는 것으로, 그 모습이 활처럼 생겼는데, 대나무로 만든다. '독(韣)'은 호(弧)를 입히는 천이다. '유(旒)'는 호(弧)의 정폭(正幅)에 매다는 것으로, 해와달의 그림을 그려서 무늬로 삼는다.

---

3) 『시』「노송(魯頌)·비궁(閟宮)」: 后稷之孫, 實維大王. 居岐之陽, 實始翦商. 至于文武, 纘大王之緒, 致天之屆, 于牧之野. 無貳無虞, 上帝臨女. 敦商之旅, 克咸厥功. 王曰叔父, 建爾元子, 俾侯于魯. 大啓爾宇, 爲周室輔.

4) 『맹자』「만장하(萬章下)」: 4天子之制, 地方千里, 公侯皆方百里, 伯七十里, 子·男五十里, 凡四等.

5) 『맹자』「고자하(告子下)」: 周公之封於魯, 爲方百里也, 地非不足, 而儉於百里.

6) 『시』「노송(魯頌)·비궁(閟宮)」: 乃命魯公, 俾侯于東. 錫之山川, 土田附庸. 周公之孫, 莊公之子. 龍旂承祀, 六轡耳耳. 春秋匪解, 享祀不忒. 皇皇后帝, 皇祖后稷. 享以騂犧, 是饗是宜. 降福旣多, 周公皇祖, 亦其福女.

7) 『주례』「지관(地官)·대사도(大司徒)」: 凡建邦國, 以土圭土其地而制其域: 諸公之地, 封疆方五百里, 其食者半; 諸侯之地, 封疆方四百里,

集說 王荊公謂: 周公能爲人臣所不能爲之功, 故可用人臣所不得用之禮樂. 程子曰: "是不知人臣之道也. 夫居周公之位, 則爲周公之事, 由其位而能爲者, 皆所當爲也. 周公乃盡其爲臣之職耳, 豈得獨用天子之禮樂哉? 成王之賜, 伯禽之受, 皆非也."

왕형공[8]이 말하길, 주공은 일반 신하들이 세울 수 없는 공적을 이루었기 때문에, 일반 신하들이 사용할 수 없는 예악을 쓸 수 있었던 것이다. 정자는 "이것은 신하의 도리를 알지 못했기 때문이다. 무릇 주공의 입장이 된다면, 주공처럼 일을 해야 하는데, 이것은 그 지위에 따라서 할 수 있었던 것이므로, 모든 신하들이 마땅히 시행해야 할 것들이다. 주공은 신하로서의 직무를 다한 것일 뿐인데, 어찌 천자의 예악을 그 홀로 사용할 수 있겠는가? 성왕이 하사를 해주고, 백금이 받았던 것은 모두 잘못된 일이다."라고 했다.

集說 問: "孟子說齊魯皆封百里, 而先生向說齊魯始封七百里者, 何耶?" 朱子曰: "此等處皆難考"云云. 見告子下篇.

어떤 이가 묻기를, "『맹자』에서는 제나라와 노나라가 모두 사방 100리의 땅에 분봉을 받았다고 했는데, 선생께서 제나라와 노나라에 대해 설명을 하며 처음부터 700리의 땅에 분봉을 받았다고 한 것은 어째서입니까?"라고 했고, 주자는 "이러한 등등의 문제들은 모두 고증하기가 어렵다."라고 대답했다. 자세한 설명은 『맹자』「고자하(告子下)」편에 대한 주자의 설명에 나온다.

---

8) 왕안석(王安石, A.D.1021 ~ A.D.1086) : =금릉왕씨(金陵王氏)·왕개보(王介甫)·왕문공(王文公)·왕형공(王荊公)·임천왕씨(臨川王氏). 북송(北宋) 때의 정치가이자 학자이다. 자(字)는 개보(介甫)이고, 호는 반산(半山)이다. 형(荊)에 봉작(封爵)되었다. 저서로는 『주관신의(周官新義)』 등이 있다.

【008】

所謂大輅者, 天子之車也. 龍旂九旒, 天子之旌也. 青黑緣者, 天子之寶龜也. 從之以牛羊之群, 則所以贈諸侯也. 〈樂記-045〉 [樂記. 本在"報情反始也"下.]

이른바 대로라는 것은 천자가 하사한 수레이다. 용기에 9개의 깃술을 단 것은 천자가 하사한 깃발이다. 청색과 흑색으로 가선에 장식을 한 것은 천자가 하사한 보귀이다. 소와 양의 무리를 뒤딸려 보낸다면, 이것은 찾아 온 제후에 대해서 선물로 하사한 것이다. [「악기」편의 문장이다. 본래는 "은정에 보답하니, 시초로 되돌리는 것이다."⁹⁾라고 한 문장 뒤에 수록되어 있었다.]

集說 天子賜車, 則上公及同姓侯伯金輅, 異姓則象輅, 四衛則革路, 蕃國則木輅. 受於天子, 則揔謂之大輅也. 龍旂九旒, 亦上公, 侯·伯則七旒, 子·男則五旒也. 寶龜則以青黑爲之緣節. 牛羊非一, 故稱群. 此明報禮之事.

천자가 수레를 하사하게 되면, 상공 및 동성의 후작·백작들에게는 금로를 주고, 이성의 제후라면 상로를 주며, 사위(四衛)¹⁰⁾에 속한 자들이라면 혁로를 주고, 번국(蕃國)¹¹⁾에 속한 자들이라면 목로를 준다. 천자에게

---

9) 『예기』「악기(樂記)」 044장 : 樂也者, 施也. 禮也者, 報也. 樂, 樂其所自生; 禮, 反其所自始. 樂章德, 禮報情, 反始也.

10) 사위(四衛)는 사방의 위복(衛服)에 속한 제후국을 뜻한다. 위복은 채복(采服)과 요복(要服: =蠻服) 사이에 있는 땅을 뜻한다. 천자의 수도 밖으로 사방 2000리 (里)와 2500리 사이에 있었던 땅을 가리킨다. '위복'의 '위(衛)'자는 수호한다는 뜻으로, 천자를 위해서 외부의 침입을 막는다는 의미이다. 따라서 이 지역에 속한 제후국들을 '사위'라고 부르는 것이다.

11) 번국(蕃國)은 본래 주(周)나라 때의 구주(九州) 밖의 나라들을 지칭하는 말이다. 후대에는 오랑캐 나라들을 범칭하는 용어로도 사용되었다. 주나라 때에는 구복 (九服)으로 천하의 땅을 구획하였는데, 구복 중 육복(六服)까지는 중원 지역으로 구분되며, 육복 이외의 세 개의 지역은 오랑캐 땅으로 분류하였다. 이 세 개의 지역은 이복(夷服)·진복(鎭服)·번복(藩服)이며, 이 지역에 세운 나라를 '번국'

하사를 받게 된다면 이러한 수레들을 총괄적으로 '대로(大輅)'라고 부른
다. 용기(龍旂)12)에 9개의 깃술이 달린 것 또한 상공에게 주어지는 것이
며, 후작·백작의 경우라면 7개의 깃술을 달고, 자작·남작의 경우라면
5개의 깃술을 단다. 보귀는 청색과 흑색으로 가선에 장식을 단 것이다.
소와 양은 한 마리가 아니기 때문에 '무리'라고 지칭한 것이다. 이 문장은
예에 따라 보답하는 사안을 나타내고 있다.

集說 石梁王氏曰: 此八句專言禮, 與上下文不相承, 當是他篇之錯
簡.

석량왕씨가 말하길, 이곳의 여덟 구문은 전적으로 예에 대해서만 논의하
고 있어서 앞뒤의 문맥과 연결되지 않으니, 마땅히 다른 편의 내용이 이
곳으로 잘못 착간된 것이다.

이라고 부른다. 『주례』「추관(秋官)·대행인(大行人)」편에는 "九州之外, 謂之蕃
國."이라는 기록이 있는데, 이에 대한 손이양(孫詒讓)의 『정의(正義)』에서는 "職
方氏九服, 蠻服以外, 有夷·鎭·藩三服. …… 是此蕃國卽職方外三服也."라고
풀이했다.

12) 용기(龍旂)는 기(旂)를 뜻한다. '기'에는 교룡(交龍)을 수놓았기 때문에, '기'를 또
한 '용기'라고도 부르는 것이다. '기'는 본래 제후가 세우는 깃발을 뜻한다. 제후는
그 깃발에 두 마리의 용(龍)이 한 쌍을 이루고 있는 교룡(交龍)을 수놓는다. 이때
'머리를 하늘로 하고 있는 1마리 용[升龍]'은 승천하여 천자에게 조회를 하는 모습
을 형상화한 것이고, '머리를 땅으로 하고 있는 다른 1마리 용[降龍]'은 천자의
명령을 받아서 복종하는 것을 형상화한 것이다. 천자의 깃발에는 해[日]·달[月]·
별[星辰] 등을 수놓는데, 제후는 천자와 동일하게 할 수 없기 때문에, 대신 승용
(升龍)과 강용(降龍)을 수놓았던 것이다. 『주례』「춘관(春官)·사상(司常)」편에
기록된 '기'에 대해서, 정현의 주에서는 "諸侯畫交龍, 一象其升朝, 一象其下復
也."라고 풀이했고, 가공언(賈公彦)의 소(疏)에서는 "至於天子旌旗有日月星辰,
故諸侯旌旗無日月星, 故龍有升降也. 象升朝天子, 象下復還國也."라고 풀이했
다. 한편 깃발 자체를 뜻하는 용어로 사용되기도 했다.

【009】

季夏六月, 以禘禮祀周公於大廟, 牲用白牡.〈008〉 [本在"天子之禮也"下.]

계하인 6월에 체제사의 예법으로 태묘에서 주공에 대한 제사를 지내며, 희생물은 흰색의 소를 사용한다. [본래는 "천자가 시행하는 의례제도이다."13)라고 한 문장 뒤에 수록되어 있었다.]

集說 殷尙白, 白牡, 殷牲也.

은나라는 백색을 숭상했으니, 백색의 소는 은나라 때 제사에서 사용한 희생물이다.

集說 方氏曰: 止用時王之禮者, 諸侯之事; 通用先王之禮者, 天子之事. 故郊特牲云: "諸侯祭以白牡, 乘大路", 謂之僭禮也.

방씨가 말하길, 단지 당시 왕조의 예법에 따르는 것은 일반 제후들에게 관련된 사항이다. 선왕의 예법을 통괄적으로 사용하는 것은 천자에게 관련된 사항이다. 그렇기 때문에 『예기』「교특생(郊特牲)」편에서 "제후가 제사를 지낼 때에는 백모를 사용하고, 대로를 탄다."라고 한 말은 참람된 예법을 가리킨다.

【010】

尊用犧[沙]**象山罍, 鬱尊用黃目.**〈009〉

주공에게 제사를 지낼 때, 술동이는 사준['犧'자의 음은 '莎(사)'이다.] · 상준 · 산뢰를 사용하고, 울창주를 담는 술동이는 황목을 사용한다.

集說 尊, 酒器也. 犧, 犧尊也. 音莎者, 釋云, 刻畫爲鳳形娑娑然也. 讀如字者, 釋云, 畫爲牛形, 又云, 尊爲牛之形. 象, 象尊也, 以象骨

---

13) 『예기』「명당위」007장 : 成王以周公爲有勳勞於天下, 是以封周公於曲阜, 地方七百里, 革車千乘, 命魯公世世祀周公以天子之禮樂. 是以魯君孟春乘大路, 載弧韣, 旂十有二旒, 日月之章, 祀帝于郊, 配以后稷, 天子之禮也.

飾尊, 一說, 尊爲象之形也. 山罍, 刻畫山雲之狀於罍也. 鬱尊, 盛鬱
鬯酒之尊也. 黃目, 黃彝也, 卣罍之類, 以黃金鏤其外爲目, 因名也.

'준(尊)'은 술을 담는 동이이다. '사(犧)'는 사준을 뜻한다. '희(犧)'자의
음을 사(莎)로 읽는 자들은 봉황이 춤추듯 움직이는 모습을 새겼기 때문
이라고 풀이한다. '희(犧)'자를 글자대로 읽는 자들은 소의 모습을 그렸다
고 풀이하며, 또 술동이가 소의 모습처럼 만들어졌다고도 말한다. '상
(象)'자는 상준을 뜻하니, 상아로 술동이를 장식했기 때문이다. 일설에는
술동이를 코끼리의 모습처럼 만들었다고도 주장한다. '산뢰(山罍)'는 산
과 그름의 무늬를 뇌에 새긴 것을 뜻한다. '울준(鬱尊)'은 울창주를 담는
술동이이다. '황목(黃目)'은 황이이니, 술동이의 부류이며, 그 겉에 황금
으로 눈의 무늬를 새겼기 때문에, 이에 따라 '황목(黃目)'이라고 부르는
것이다.

【011】

灌用玉瓚[才旱反]大圭, 薦用玉豆雕篹[損管反], 爵用玉琖[側眼反]仍雕,
加以璧散[去聲]璧角, 俎用梡[澣]嶡[厥].〈010〉

주공에게 제사를 지낼 때에는 시동에게 술잔을 바칠 때 옥찬대규를['瓚'자는
'才(재)'자와 '旱(한)'자의 반절음이다.] 사용하여 술을 따르고, 절임이나 젓갈을 바
칠 때에는 옥두와 조산을['篹'자는 '損(손)'자와 '管(관)'자의 반절음이다.] 사용하며,
술잔은 옥잔을['琖'자는 '側(측)'자와 '眼(안)'자의 반절음이다.] 사용하되 술잔의 형
태에 따라 조각한 것을 사용하며, 재차 술잔을 올릴 때에는 벽산과['散'자는
거성으로 읽는다.] 벽각을 사용하고, 도마로는 완과['梡'자의 음은 '澣(한)'이다.] 궐
을['嶡'자의 음은 '厥(궐)'이다.] 사용한다.

集說 灌, 酌鬱鬯以獻尸也. 以玉飾瓚, 故曰玉瓚. 以大圭爲瓚柄, 故
言玉瓚大圭也. 薦, 祭時所薦菹醢之屬也. 玉豆, 以玉飾豆也. 篹, 籩
也. 雕飾其柄, 故曰雕篹. 爵, 行酒之器. 夏世爵名琖, 以玉飾之. 仍,

因也. 因爵形而雕飾之, 故曰仍雕也. 加者, 夫人亞獻於尸也. 用璧角, 卽周禮·內宰所謂瑤爵也. 夫人獻後, 則賓用璧散獻尸, 散角皆以璧飾其口. 此先言散後言角, 便文也. 虞俎名梡, 夏俎名嶡. 梡形四足如按, 嶡則加橫木於足中央爲橫距之形也.

'관(灌)'자는 울창주를 따라서 시동에게 바치는 절차를 뜻한다. 옥으로 술국자를 장식했기 때문에, '옥찬(玉瓚)'이라고 부른다. 대규로 술국자의 손잡이를 만들었기 때문에, '옥찬대규(玉瓚大圭)'라고 말한 것이다. '천(薦)'자는 제사를 지낼 때 절임이나 젓갈 등의 부류를 바치는 절차를 뜻한다. '옥두(玉豆)'는 옥으로 장식한 두이다. '산(籑)'은 변을 뜻한다. 손잡이를 조각하여 장식을 했기 때문에, '조산(雕籑)'이라고 부른 것이다. '작(爵)'은 술을 마실 때 사용하는 술잔이다. 하나라 때 사용한 술잔은 '잔(琖)'이라 부르는데, 옥으로 장식을 했기 때문이다. '잉(仍)'자는 "~에 따르다."는 뜻이다. 술잔의 형태에 따라서 조각을 하여 장식을 했기 때문에, '잉조(仍雕)'라고 말한 것이다. '가(加)'자는 부인이 시동에게 아헌을 하는 절차를 뜻한다. '벽각(璧角)'을 사용한다고 했는데, 이것은 『주례』「내재(內宰)」편에서 말한 '요작(瑤爵)'14)에 해당한다.15) 부인이 술을 바친 이후라면, 빈객은 벽산을 이용하여 시동에게 술을 바치고, 산과 각은 모두 벽으로 그 주둥이 부분을 장식했다. 이곳에서는 먼저 산을 말했고 이후에 각을 말했는데, 문장을 편리에 따라 기록했기 때문이다. 우 때 사용하던 도마를 '완(梡)'이라 부르고, 하 때 사용하던 도마를 '궐(嶡)'이라 부른다. 완은 그 형태가 네 개의 다리가 있어서 안석과 같고, 궐은

---

14) 요작(瑤爵)은 아름다운 옥돌[瑤]을 조각하여 만든 술잔으로, 그 술잔의 중요성은 대체적으로 옥작(玉爵) 다음이 된다. 『주례』「천관(天官)·내재(內宰)」편에는 大祭祀, 后祼獻則贊, 瑤爵亦如之.'라는 기록이 있는데, 이에 대한 정현의 주에서는 "其爵以瑤爲飾."이라고 풀이했고, 『예기』「제통(祭統)」편에는 "尸飮五, 君洗玉爵獻卿; 尸飮七, 以瑤爵獻大夫."라는 기록이 있다.

15) 『주례』「천관(天官)·내재(內宰)」 : 大祭祀, 后祼獻則贊, 瑤爵亦如之.

다리의 중앙에 가로로 된 나무를 더해서 횡거의 모습처럼 만든다.

【012】

升歌淸廟, 下管象. 朱干玉戚, 冕而舞大武. 皮弁素積, 裼[析]而舞大夏. 眛, 東夷之樂也. 任[壬], 南蠻之樂也. 納夷蠻之樂於大廟, 言廣魯於天下也. 〈011〉

주공에게 제사를 지낼 때에는 악공이 당상에 올라가서 청묘라는 시를 노래로 부르고, 당하에서는 상이라는 시를 관악기로 연주한다. 적색의 방패와 옥으로 장식한 도끼를 들고, 면복을 착용하고 대무를 춤춘다. 피변과 소적을 착용하고, 석의를['裼'자의 음은 '析(석)'이다.] 드러내고서 대하를 춤춘다. '매(眛)'는 동이의 음악이다. '임(任)'은['任'자의 음은 '壬(임)'이다.] 남만의 음악이다. 주공을 모신 태묘에서 동이와 남만의 음악을 연주하는 것은 노나라를 세운 주공의 업적과 공덕을 천하에 드날리기 위함이다.

集說 淸廟, 周頌, 升樂工於廟之堂上而歌此詩也. 下, 堂下也. 管, 匏竹也. 象, 象武詩也. 堂下以管吹象武之詩, 故云下管象也. 朱干, 赤盾也. 玉戚, 玉飾斧柄也. 著袞冕而執此干戚以舞武王伐紂之樂, 又服皮弁見裼衣而舞夏后氏大夏之樂. 五冕皆周制, 故用以舞周樂. 皮弁, 三王之服, 故用以舞夏樂也. 眛 · 任, 皆樂名. 廣魯於天下, 言周公勳業之盛, 廣及四夷, 故廣大其國禮樂之事, 以示天下也.

'청묘(淸廟)'는 『시』「주송(周頌)」편에 해당하는 시로, 악공이 묘의 당상에 올라가서, 이 시를 노래로 부른다. '하(下)'자는 당하를 뜻한다. '관(管)'자는 포죽을 뜻한다. '상(象)'자는 「상무(象武)」라는 시를 뜻한다. 당하에서는 관악기로 「상무」라는 시를 연주한다. 그렇기 때문에 "당하에서는 상을 관악기로 연주한다."라고 말한 것이다. '주간(朱干)'은 적색의 방패이다. '옥척(玉戚)'은 옥으로 도끼의 자루를 장식한 것이다. 곤면을 착용하고, 방패와 도끼를 들고서, 무왕이 주를 정벌함을 표현한 음악에 맞춰 춤을 추고, 또 피변을 착용하고, 석의를 드러내며, 하후씨 때의 대하라는 음악에 맞춰 춤을 춘다. 오면(五冕)16)은 모두 주나라 때의 제도이다. 그렇기 때문에 이 복장을 착용하고, 주나라 음악에 맞춰 춤을 춘다. '피변(皮弁)'은 삼왕 때의 복장이다. 그렇기 때문에 이 복장을 착용하고, 하나라 때의 음악에 맞춰 춤을 춘다. '매(昧)'와 '임(任)'은 모두 음악의 이름이다. '광로어천하(廣魯於天下)'라는 말은 주공이 세운 융성한 공적과 업적을 널리 밝혀 사방 오랑캐에게까지 미치도록 한다는 뜻이다. 그렇기 때문에 그 나라의 예악과 관련된 사안을 확장하여, 천하에 보여주는 것이다.

【013】

君卷[袞]冕立于阼, 夫人副褘立于房中. 君肉袒迎牲于門, 夫人薦豆籩, 卿·大夫贊君, 命婦贊夫人, 各揚其職. 百官廢職, 服大刑, 而天下大服.〈012〉

주공에게 제사를 지낼 때, 노나라의 군주는 곤면을['卷'자의 음은 '袞(곤)'이다.] 착용하고 동쪽 계단 위에 서며, 부인은 머리에 부 장식을 하고 휘의를 착용하여 방 안에 서 있게 된다. 군주는 옷을 걷어 신체를 노출시키고 문에서 희생물을 맞이하며, 부인은 두와 변에 음식을 담아 바치고, 경과 대부는 군주를 도우며, 명부들은 부인을 도우니, 각자 그들의 직무를 실행한다. 모든 관료들이 각자 자신의 임무를 시행하는데, 만약 직무를 시행하지 않는 자가 있다면, 큰 형벌을 받게 되니, 천하의 모든 사람들이 주공의 덕에

---

16) 오면(五冕)은 고대의 제왕이 제사를 지낼 때 착용하는 다섯 종류의 관(冠)을 뜻하니, 구면(裘冕)·곤면(袞冕)·별면(鷩冕)·취면(毳冕)·치면(絺冕)을 가리킨다. 본래 면복(冕服)에는 여섯 종류가 있지만, 대구(大裘)의 경우, 그 때 착용하는 면(冕)에는 류(旒)가 달려 있지 않기 때문에, '오면'에는 포함시키지 않는다. 『주례』「하관(下官)·변사(弁師)」편에는 "掌王之五冕, 皆玄冕朱裏延紐."라는 기록이 있고, 이에 대한 정현의 주에서는 "冕服有六, 而言五冕者, 大裘之冕蓋無旒, 不聯數也."라고 풀이했다.

감화되었다.

副, 首飾也. 副之言覆, 以其覆被乎首而爲名, 詳見周禮追師,
及詩副笄六珈註疏. 褘, 褘衣也. 本王后之服, 亦以尊周公而用天子
禮樂, 故得服之也. 房, 太廟之東南室也. 贊, 助也. 命婦, 內則世婦,
外則卿・大夫之妻也. 揚, 擧也. 廢, 不擧也. 天下大服, 謂敬服周公
之德也.

'부(副)'는 머리에 하는 장식이다. '부(副)'자는 "덮다."는 뜻으로, 그것으
로 머리를 덮기 때문에, 이러한 명칭을 정한 것이며, 상세한 설명은 『주
례』「추사(追師)」편 및 『시』의 '부계륙가(副笄六珈)'[17]라는 구문에 대한
주와 소에 나온다. '휘(褘)'자는 휘의를 뜻한다. 본래 왕후가 착용하는
복장이지만, 이 또한 주공을 존경하여, 천자의 예악을 사용하기 때문에
착용할 수 있는 것이다. '방(房)'은 태묘의 동남쪽에 있는 실을 뜻한다.
'찬(贊)'자는 "돕다."는 뜻이다. '명부(命婦)'는 내적으로는 세부를 가리키
고, 외적으로는 경 및 대부의 처를 가리킨다. '양(揚)'자는 "거행하다."는
뜻이다. '폐(廢)'자는 거행하지 않는다는 뜻이다. '천하대복(天下大服)'은
주공의 덕을 공경하며 순종한다는 뜻이다.

【014】

是故夏礿[藥], 秋嘗, 冬烝, 春社, 秋省[悉井反], 而遂大蜡[乍], 天子之祭
也. 〈013〉

이러한 까닭으로 노나라에서는 종묘제사에 있어서, 여름에는 약제사를['礿'
자의 음은 '藥(약)'이다.] 지냈고, 가을에는 상제사를 지냈으며, 겨울에는 증제사
를 지냈다. 또 봄에는 사직에 대한 제사를 지냈으며, 가을에는 작황을 살펴

---

17) 『시』「용풍(鄘風)・군자해노(君子偕老)」: 君子偕老, <u>副笄六珈</u>. 委委佗佗, 如
山如河, 象服是宜. 子之不淑, 云如之何.

서['省'자는 '悉(실)'자와 '井(정)'자의 반절음이다.] 성대한 사제사를['蜡'자의 음은 '乍 (사)'이다.] 지냈으니, 이 모두는 천자가 지내는 제사에 해당한다.

集說 魯在東方, 或有朝于方岳之歲, 則廢春祠, 故此略之. 秋省, 省 斂也. 年不順成, 則八蜡不通, 必視年之上下, 以爲蜡之豐嗇. 舊讀 省爲獮者非.

노나라는 동쪽 지역에 속해 있어서, 간혹 방악에서 조회를 해야 하는 해 가 있다면, 봄에 지내는 사제사를 폐지한다. 그렇기 때문에 이곳에서는 생략한 것이다. '추성(秋省)'은 수확을 살핀다는 뜻이다. 그 해에 곡식이 제대로 익지 않았다면, 여덟 신에게 사제사를 지내지 않으니, 반드시 그 해의 작황에 견주어서 사제사에 소용될 재화의 양을 결정한다. 옛 주석에 서는 '성(省)'자를 선(獮)자로 풀이했는데, 잘못된 주장이다.

【015】
大廟, 天子明堂. 庫門, 天子皋門. 雉門, 天子應門.〈014〉
노나라에서 세운 태묘는 천자가 세운 명당처럼 만들었다. 노나라 궁성에 있는 고문은 천자가 세운 고문처럼 만들었다. 노나라 궁성에 있는 치문은 천자가 세운 응문처럼 만들었다.

集說 魯無明堂, 而太廟如明堂之制. 天子五門, 路·應·雉·庫· 皋, 由內而外. 路門亦曰畢門. 今魯庫門之制, 如天子皋門; 雉門之 制, 如天子應門也.

노나라에는 명당이 없지만, 태묘는 명당의 제도에 따라 만들었다. 천자는 궁성에 다섯 개의 문을 두니, 안쪽에서 바깥쪽 순으로 노문·응문·치 문·고문·고문 등이 설치되었다. 노문을 또한 '필문(畢門)'이라고도 부 른다. 현재 노나라에서 세운 고문의 제도는 천자가 세운 고문의 제도와 같고, 치문의 제도는 천자가 세운 응문의 제도와 같다.

【016】

振木鐸於朝, 天子之政也.〈015〉

조정에서 목탁을 울려서 명령을 내리는 것은 본래 천자의 정사에서 시행하는 일이지만, 노나라에서도 시행했다.

集說 木鐸, 金口木舌, 發敎令則振之, 所以警動衆聽.

'목탁(木鐸)'은 금속으로 된 틀에 나무로 된 울림판이 있는 것으로, 교령을 발령하게 되면 이것을 흔들게 되니, 뭇 사람들이 주의를 기울이게 하는 도구이다.

【017】

山節藻梲.〈016〉 復[福]廟重[平聲]檐[簷].〈017〉 刮[古刹反]楹達鄉[去聲].〈018〉
反坫出尊.〈019〉 崇坫康圭疏屏, 天子之廟飾也.〈020〉

노나라는 태묘의 기둥머리 두공 부분에 산 모양을 새기고, 들보 위의 단주 부분에 수초풀을 그렸다. 태묘에 대해서 위아래로 지붕을 중첩되게['復'자의 음은 '福(복)'이다.] 올렸고, 처마['檐'자의 음은 '簷(첨)'이다.] 밑에 다시 처마를 댔다.['重'자는 평성으로 읽는다.] 태묘에 대해서 기둥은 숫돌로 문질러서 표면을 매끄럽게['刮'자는 '古(고)'자와 '刹(찰)'자의 반절음이다.] 만들고, 각 실마다 문과 창문을['鄉'자는 거성으로 읽는다.] 달아서 소통되도록 했다. 태묘에 술잔을 되돌려놓는 반점을 설치했는데, 그 장소는 술동이 바깥쪽이었다. 태묘에 규를 안전하게 놓아둘 수 있는 높은 받침대를 만들고, 소병을 설치했으니, 이것들은 본래 천자의 묘에 하는 장식이다.

集說 山節藻梲, 說見前篇. 復廟, 上下重屋也. 重擔者, 簷下復有板簷, 免風雨之壞壁. 以密石摩柱使之精澤, 故云刮楹. 達, 通也. 鄉, 謂窗牖也. 每室四戶八窗, 窗戶相對, 故云達鄉. 兩君好會反爵之坫, 築土爲之, 在兩楹間而近南. 蓋獻酬畢, 則反爵于其上也. 凡物在內爲入, 在外爲出, 以坫在尊之外, 故云反坫出尊, 言坫出在尊之外也. 崇,高也. 康, 安也. 凡物措之得所, 則無危墜之失. 圭, 禮器之重者, 不可不謹, 故爲此高坫以康圭也. 疏屏者, 刻鏤於屏, 使之文理疏通也.

'산절조절(山節藻梲)'에 대해서는 앞 편에 자세한 설명이 나온다. '복묘(復廟)'는 위아래로 중첩된 지붕을 올린다는 뜻이다. '중첨(重檐)'은 처마 밑에 다시 판으로 된 처마가 있는 것으로, 비바람이 침투하는 것을 막기 위한 것이다. 숫돌로 기둥을 문질러서 표면을 매끄럽게 만들기 때문에, '괄영(刮楹)'이라 말한 것이다. '달(達)'자는 "통하다."는 뜻이다. '향(鄕)'은 창문과 들창을 뜻한다. 각각의 실마다 4개의 호와 8개의 창문이 있고, 창문과 호가 서로 마주보도록 했기 때문에 '달향(達鄕)'이라 말한 것이다. 양국의 군주가 우호를 다지기 위해 회동을 하면 술잔을 되돌려놓는 점을 두는데, 흙을 쌓아서 그것을 만들고, 양쪽 기둥 사이 중에서도 남쪽과 가까운 장소에 설치했다. 아마도 술을 바치거나 권하는 절차가 끝나게 된다면, 그 위에 술잔을 되돌려 놓았을 것이다. 모든 사물에 있어서 안에 있는 것을 '입(入)'이라 했고, 밖에 있는 것을 '출(出)'이라 했다. 점을 술동이 밖에 두었기 때문에, '반점출준(反坫出尊)'이라 말한 것이니, 점(坫)을 술동이 바깥쪽으로 설치했다는 뜻이다. '숭(崇)'자는 "높다."는 뜻이다. '강(康)'자는 "안전하다."는 뜻이다. 모든 사물은 알맞은 장소에 놓아두게 되면, 떨어질 위험이 없게 된다. '규(圭)'는 예기 중에서도 중요한 것으로, 조심하지 않을 수 없다. 그렇기 때문에 높은 받침대를 만들어서, 규를 안전하게 놓아두는 것이다. '소병(疏屏)'은 병풍에 조각을 하여 무늬에 따라 바람이 소통되도록 한 것이다.

附註 前篇, 卽禮器篇.
'전편(前篇)'은 곧 『예기』「예기(禮器)」편에 해당한다.

【018】

魯公之廟, 文世室也. 武公之廟, 武世室也. 〈032〉 [本在"樂器也"下.]

노공의 묘실은 문왕의 세실을 본떠서 만들었다. 무공의 묘실은 무왕의 세실을 본떠서 만들었다. [본래는 "악기이다."1)라고 한 문장 뒤에 수록되어 있었다.]

集說 魯公, 伯禽也. 武公, 伯禽之玄孫. 其室世世不毁, 故言世室.

'노공(魯公)'은 백금이다. '무공(武公)'은 백금의 현손이다. 이들의 신주를 모시고 있는 묘실은 대대로 전해지며 훼철되지 않기 때문에, '세실(世室)'이라 부른다.

集說 方氏曰: 周以祖文王爲不毁之廟, 而魯以伯禽之廟比之, 故曰文世室. 宗武王爲不毁之廟, 而魯以武公之廟比之, 故曰武世室.

방씨가 말하길, 주나라는 문왕을 조로 삼아서 훼철되지 않는 묘로 삼았고, 노나라에서는 백금의 묘를 여기에 견주어서 만들었다. 그렇기 때문에 "문왕의 세실에 해당한다."라고 말한 것이다. 주나라는 무왕을 종으로 삼아서 훼철되지 않는 묘로 삼았고, 노나라에서는 무공의 묘를 여기에 견주어서 만들었다. 그렇기 때문에 "무왕의 세실에 해당한다."라고 말한 것이다.

【019】

米廩, 有虞氏之庠也. 序, 夏后氏之序也. 瞽宗, 殷學也. 頖[判]宮, 周學也. 〈033〉

노나라는 사대 때의 학교를 갖추고 있었다. 미름은 유우씨 때의 학교이다. 서는 하후씨 때의 학교이다. 고종은 은나라 때의 학교이다. 반궁은['頖'자의 음은 '判(판)'이다.] 주나라 때의 학교이다.

---

1) 『예기』「명당위」 031장 : 拊搏 · 玉磬 · 揩擊 · 大琴 · 大瑟 · 中琴 · 小瑟, 四代之樂器也.

集説 此言魯立四代之學. 魯所藏粢盛米之廩, 卽虞氏之庠, 謂藏此米於學宮也, 亦教孝之義. 序者, 射也. 射以觀德, 有先後之次焉. 樂師瞽矇之所宗, 故謂之瞽宗. 頖, 半也. 諸侯曰頖宮, 以其半辟雍之制也. 孟子言夏曰校, 殷曰序.

이 내용은 노나라에서 사대 때의 학교를 모두 세웠음을 뜻한다. 노나라에서 자성의 알곡을 보관했던 창고는 본래 유우씨 때의 학교에 해당하니, 학교 건물에 이 알곡을 보관했다는 의미이며, 여기에는 또한 효를 가르친다는 의미가 포함되어 있다. '서(序)'라는 것은 활을 쏜다는 뜻이다. 활을 쏘아서 그 사람의 덕을 관찰하며, 그 결과를 통해 선후의 서열이 정해진다. 악사와 악관들을 종주로 삼아 제사를 지내기 때문에, 그 건물을 '고종(瞽宗)'이라 부른다. '반(頖)'자는 절반을 뜻한다. 제후의 태학을 '반궁(頖宮)'이라 부르는 이유는 벽옹(辟雍)2)을 만드는 제도의 절반이 되기 때문이다. 『맹자』에서는 하나라 때의 학교를 '교(校)'라 부르며, 은나라 때의 학교를 '서(序)'라 부른다고 했다.3)

【020】
崇鼎·貫鼎·大璜·封父龜, 天子之器也. 越棘·大弓, 天子之戎器也.〈034〉

노나라에서 갖추고 있었던 숭나라의 정, 관나라의 정, 대황, 봉보나라의 거북껍질은 천자가 사용하는 기물이다. 또 월나라의 창, 대궁은 천자가 사용하는 병장기이다.

---

2) 벽옹(辟廱)은 벽옹(辟雍)과 같은 말이다. 천자의 국성(國城)에 있는 태학(太學)을 지칭한다. '벽(辟)'자는 밝다는 뜻이고, '옹(雍)'자는 조화롭다는 뜻이다. '벽옹'은 천자가 이곳을 통해 천하의 모든 사람들을 밝고 조화롭게 만든다는 뜻이다. 참고로 제후국에 있는 태학을 반궁(頖宮; =泮宮)이라고 부른다.

3) 『맹자』「등문공상(滕文公上)」: <u>夏曰校, 殷曰序</u>, 周曰庠, 學則三代共之, 皆所以明人倫也.

集說 崇·貫·封父·越, 皆國名. 幣, 戟也.

'숭(崇)'·'관(貫)'·'봉보(封父)'·'월(越)'자는 모두 나라의 이름이다. '극(戟)'은 날이 갈라진 창이다.

集說 方氏曰: 凡此卽周官天府所藏大寶鎭寶之類, 是也.

방씨가 말하길, 여기에서 말한 물건들은 곧 『주례』「천부(天府)」편에서 보관한다고 했던 대보나 진보 등의 부류이다.⁴⁾

【021】

鸞車, 有虞氏之路也. 鉤車, 夏后氏之路也. 大路, 殷路也. 乘路, 周路也.⟨021⟩ [本在"廟飾也"下.]

노나라는 사대 때의 수레를 갖추고 있었다. 난거는 유우씨 때 사용하던 수레이다. 구거는 하후씨 때 사용하던 수레이다. 대로는 은나라 때 사용하던 수레이다. 승로는 주나라 때 사용하던 수레이다. [본래는 "묘에 하는 장식이다."⁵⁾라고 한 문장 뒤에 수록되어 있었다.]

集說 鸞車, 有鸞和之車也. 路, 與輅同. 鉤, 曲也. 車床謂之輿, 輿之前闌曲, 故名鉤車也. 大路, 殷之木輅也. 乘路, 周之玉輅也.

'난거(鸞車)'는 방울인 난과 화가 달려 있는 수레이다. '노(路)'자는 노(輅)자와 동일하다. '구(鉤)'자는 "굽다."는 뜻이다. 수레의 평판을 '여(輿)'라 부르고, 여 앞에는 굽어 있는 난간이 있기 때문에, '구거(鉤車)'라 부르는 것이다. '대로(大路)'는 은나라 때 사용하던 목로이다. '승로(乘路)'는 주나라 때 사용하던 옥로이다.

---

4) 『주례』「춘관(春官)·천부(天府)」: 凡國之玉鎭·大寶器, 藏焉. 若有大祭·大喪, 則出而陳之; 旣事, 藏之.

5) 『예기』「명당위」020장: 崇坫康圭疏屏, 天子之廟飾也.

【022】

有虞氏之旂, 夏后氏之綏[而追反], 殷之大白, 周之大赤.〈022〉

노나라는 사대 때의 깃발을 갖추고 있었다. 유는['綏'자는 '而(이)'자와 '追(추)'자
의 반절음이다.] 유우씨 때의 깃발이고, 기는 하후씨 때의 깃발이며, 대백은
은나라 때의 깃발이고, 대적은 주나라 때의 깃발이다.

集說 四者旌旗之屬. 周禮交龍爲旂. 綏, 讀爲緌. 以旌牛尾注於杠
首而垂之者也. 大白, 白色旗也. 大赤, 赤色旗也. 鄭云: "當言有虞氏
之緌, 夏后氏之旂", 謂虞質於夏惟緌而已, 至夏世乃有旂之制也.

이 네 가지는 깃발의 부류이다. 『주례』에서는 교룡을 수놓은 것을 '기
(旂)'라고 했다. '수(綏)'자는 유(緌)자로 풀이한다. 깃대 장식에 소의 꼬
리를 이용하여 깃대 끝에 매달아서 늘어뜨린 것이다. '대백(大白)'은 백
색의 깃발이다. '대적(大赤)'은 적색의 깃발이다. 정현은 "마땅히 유우씨
때의 유, 하후씨 때의 기라고 기록해야 한다."고 했으니, 우 때는 하 때보
다 질박하므로, 오직 유만 달았을 뿐이며, 하나라 때가 되어서야 기 등의
제도가 생겼다는 의미이다.

【023】

夏后氏駱馬黑鬣, 殷人白馬黑首, 周人黃馬蕃[煩]鬣.〈023〉

노나라는 삼대 때의 말을 갖추고 있었다. 하후씨 때에는 백색의 몸에 흑색
의 갈기가 있는 말을 숭상했고, 은나라 때에는 백색의 몸에 흑색의 머리를
한 말을 숭상했으며, 주나라 때에는 황색의 몸에 적색의['蕃'자의 음은 '煩(번)'
이다.] 갈기가 있는 말을 숭상했다.

集說 白黑相間謂之駱, 此馬白身而黑鬣也. 蕃鬣, 赤鬣也.

흑색과 백색이 뒤섞여 있는 것을 '낙(駱)'이라 부르니, 이 말은 몸은 백색
이며 흑색의 갈기가 있는 것이다. '번렵(蕃鬣)'은 적색의 갈기를 뜻한다.

【024】

夏后氏牲尙黑, 殷白牡, 周騂剛. 〈024〉

노나라는 삼대 때의 희생물을 갖추고 있었다. 하후씨 때의 희생물은 흑색을 숭상하여, 흑색의 소를 사용했고, 은나라 때에는 백색을 숭상하여, 백색의 수소를 사용했으며, 주나라 때에는 적색을 숭상하여, 적색의 장성한 소를 사용했다.

集說 騂, 赤色. 剛, 牡也.

'성(騂)'자는 적색을 뜻한다. '강(剛)'자는 "장성하다."는 뜻이다.

【025】

泰, 有虞氏之尊也. 山罍, 夏后氏之尊也. 著[直略反], 殷尊也. 犧[莎]象, 周尊也. 〈025〉

노나라는 사대 때의 술동이를 갖추고 있었다. 태는 유우씨 때의 술동이이다. 산뢰는 하후씨 때의 술동이이다. 착은['著'자는 '直(직)'자와 '略(략)'자의 반절음이다.] 은나라 때의 술동이이다. 사상은['犧'자의 음은 '莎(사)'이다.] 주나라 때의 술동이이다.

集說 虞氏尙陶. 泰, 瓦尊也. 著者, 無足而底著於地也. 餘見前章.

우 때에는 질그릇을 숭상했다. '태(泰)'는 와준이다. '착(著)'은 다리가 없고 바닥이 땅에 닿아있는 술동이이다. 나머지에 대한 설명은 앞 장에 나온다.

【026】

爵, 夏后氏以琖, 殷以斝[嫁], 周以爵. 〈026〉

노나라는 삼대 때의 술잔을 갖추고 있었다. 술잔에 있어서, 하후씨 때에는 잔을 사용했고, 은나라 때에는 가를['斝'자의 음은 '嫁(가)'이다.] 사용했으며, 주나라 때에는 작을 사용했다.

夏爵名琖, 以玉飾之, 故其字從玉. 殷爵名斝, 稼也, 故畫爲禾稼. 周之爵, 則爵之形也. 其曰玉爵者, 則飾之以玉也.

하나라 때의 술잔 이름은 '잔(琖)'이니, 옥으로 장식을 했기 때문에, 그 글자에 '옥(玉)'자가 구성요소로 포함된 것이다. 은나라 때의 술잔 이름은 '가(斝)'이니, "곡식을 심다."는 뜻이다. 그렇기 때문에 벼를 심는 모습을 그림으로 그렸다. 주나라 때의 술잔은 참새의 모습을 하고 있다. 술잔을 '옥작(玉爵)'이라 불렀다면, 옥으로 장식을 한 것이다.

【027】
灌尊.〈027〉 夏后氏以雞夷, 殷以斝, 周以黃目.〈028〉
술을 땅에 부어 신을 강림시킬 때, 사용했던 술동이에 있어서, 하후씨 때에는 계이를 사용했고, 은나라 때에는 가이를 사용했으며, 주나라 때에는 황목을 사용했다.

灌鬯酒之尊也. 夷讀爲彝, 法也. 與餘尊爲法, 故稱彝. 刻畫雞形於其上, 故名雞彝. 餘見上章.

울창주를 따라 땅에 부을 때 사용하는 술동이이다. '이(夷)'자는 이(彝)자로 풀이하니, 법도를 뜻이다. 다른 술동이와 함께 법도가 되기 때문에, '이(彝)'라고 부른 것이다. 그 위에 닭의 모습을 새겨 넣기 때문에, '계이(雞彝)'라고 부른다. 나머지 설명은 앞 장에 나온다.

【028】
其勺[是若反], 夏后氏以龍勺, 殷以疏勺, 周以蒲勺.〈029〉
술을 땅에 부어 신을 강림시킬 때, 사용했던 술국자에['勺'자는 '是(시)'자와 '若

(약)'자의 반절음이다.] 있어서, 노나라는 삼대 때의 술국자를 갖추고 있었다.
하후씨 때에는 용작으로 술을 따랐고, 은나라 때에는 소작으로 술을 따랐
으며, 주나라 때에는 포작으로 술을 따랐다.

集說 周禮"梓人爲飮器, 勺一升." 龍勺, 刻畫爲龍頭. 疏勺, 刻鏤疏
通也. 蒲勺者, 合蒲爲鳧頭之形, 其口微開, 如蒲草本合而未微開也.
三者皆謂勺之柄頭耳.

『주례』에서는 "재인은 마실 때 사용하는 기물을 만드니, 작은 1승의 용적
으로 만든다."6)라고 했다. '용작(龍勺)'은 조각을 하고 그림을 그려서 용
의 머리처럼 만든 것이다. '소작(疏勺)'은 조각을 하여 관통되도록 만든
것이다. '포작(蒲勺)'은 부들을 섞어서 오리의 머리 형태로 만든 것이며,
그 입구가 좁아서, 마치 부들의 뿌리가 서로 붙어 있지만 끝에서는 가늘
게 퍼져 있는 모습과 같다. 이 세 가지는 모두 술국자의 자루 끝부분에
대한 제작 방법을 뜻할 따름이다.

【029】

土鼓・蕢[塊]桴[浮]・葦籥, 伊耆氏之樂也. 〈030〉
노나라는 고대의 악기를 갖추고 있었다. 토고・괴부['蕢'자의 음은 '塊(괴)'이다.
'桴'자의 음은 '浮(부)'이다.]・위약은 이기씨(伊耆氏)7) 때의 악기이다.

集說 方氏曰: 以土爲鼓, 未有鞔革之聲故也; 以塊爲桴, 未有斲木
之利故也; 以葦爲籥, 未有截竹之精故也.

---

6) 『주례』「동관고공기(冬官考工記)・재인(梓人)」: 梓人爲飮器, 勺一升, 爵一升,
觚三升. 獻以爵而酬以觚, 一獻而三酬, 則一豆矣.
7) 이기씨(伊耆氏)는 신농(神農)을 가리킨다. 일설에는 요(堯)임금을 뜻한다고 주장
하기도 한다.

방씨가 말하길, 흙으로 북을 만들었는데, 아직까지 가죽을 두드려서 소리를 내는 방법이 없었기 때문이다. 흙덩이로 북채를 만들었는데, 아직까지 나무를 깎아서 편리한 북채를 만들 수 있는 방법이 없었기 때문이다. 갈대로 피리를 만들었는데, 아직까지 대나무를 잘라서 정교한 피리를 만들 수 있는 방법이 없었기 때문이다.

【030】

拊[撫]搏[博]·玉磬·揩[居八反]擊·大琴·大瑟·中琴·小瑟, 四代之樂器也.〈031〉

무박['拊'자의 음은 '撫(무)'이다. '搏'자의 음은 '博(박)'이다.]·옥경·개격['揩'자는 '居(거)'자와 '八(팔)'자의 반절음이다.]·대금·대슬·중금·소슬은 사대 때 사용하던 악기이다.

集說 拊搏, 舊說以韋爲之, 充之以糠, 形如小鼓. 揩擊, 謂柷敔, 皆所以節樂者. 方氏以爲或拊或搏, 或揩或擊, 皆言作樂之事. 又按書傳云: "戛擊, 考擊也. 搏, 至; 拊, 循也." 皆與此文理有礙, 當從鄭註.

'부박(拊搏)'에 대해서 옛 학설에서는 갈대로 만들고 겨를 채우는데, 그 모습은 소고와 같다고 했다. '개격(揩擊)'은 축과 어이니, 둘 모두 음악의 속도를 맞추는 것이다. 방씨는 어떤 때에는 부나 박이라 했고, 또 어떤 때에는 개나 격이라 했는데, 이 모두는 악기를 연주하는 행위를 뜻한다고 했다. 또 『서전』을 살펴보면 "'알격(戛擊)'은 치는 것이다. '박(搏)'은 손을 댄다는 뜻이며, '부(拊)'는 손으로 문지른다는 뜻이다."라고 했다. 그러나 이 모두는 이곳 문장의 흐름과 맞지 않으니, 마땅히 정현의 주에 따라 해석해야 한다.

【031】

夏后氏之鼓足, 殷楹鼓, 周縣[玄]鼓. 垂之和鍾, 叔之離磬, 女媧之笙
簧.〈035〉[本在"戎器也"下.]

노나라는 그 외에도 다양한 악기를 갖추고 있었다. 네 개의 다리가 달린
고족은 하후씨 때의 악기이고, 기둥에 달려 있는 영고는 은나라 때의 악기
이며, 틀에 매달린 현고는['縣'자의 음은 '玄(현)'이다.] 주나라 때의 악기이다.
그리고 수가 만든 화종, 숙이 만든 이경, 여왜가 만든 생황을 갖추고 있었
다. [본래는 "병장기이다."[8]라고 한 문장 뒤에 수록되어 있었다.]

集說 足, 謂四足也. 楹, 貫之以柱也. 縣, 懸於簨簴也. 垂, 見舜典.

'족(足)'은 네 개의 다리가 있다는 뜻이다. '영(楹)'은 기둥으로 꿰었다는
뜻이다. '현(縣)'은 순거에 매달았다는 뜻이다. '수(垂)'에 대해서는 『서』「
순전(舜典)」편에 설명이 나온다.[9]

集說 方氏曰: 郊特牲曰: "以鍾次之, 以和居參之也", 故謂之和鍾.
樂記曰: "石聲磬, 磬以立辨." 辨者, 離之音也, 故謂之離磬. 笙以象
物生之形, 簧則美在其中, 故謂之笙簧. 世本曰: "無句作磬", 皇氏云:
"無句, 叔之別名."

방씨가 말하길, 『예기』「교특생(郊特牲)」편에서는 "종을 그 다음 줄에 진
열하는 것은 조화로움을 갖추고 있기 때문에 중간에 두는 것이다."라고
했다. 그래서 그 종을 '화종(和鍾)'이라 부른 것이다. 『예기』「악기(樂記)」
편에서는 "석경의 소리는 명랑하니, 명랑한 소리를 통해 변을 세운다."라

---

8) 『예기』「명당위」 034장 : 崇鼎 · 貫鼎 · 大璜 · 封父龜, 天子之器也. 越棘 · 大弓,
天子之戎器也.

9) 수(垂)는 순(舜)임금 때의 신하이다. 『서』「우서(虞書) · 순전(舜典)」편에는 "帝
曰, 疇若予工. 僉曰, 垂哉. 帝曰, 俞. 咨垂, 汝共工. 垂拜稽首, 讓于殳斨暨伯
與. 帝曰, 俞. 往哉汝諧."라는 기록이 있다.

고 했다. '변(辨)'이라는 것은 석경을 서로 벌려서 내는 음을 뜻한다. 그렇기 때문에 '이경(離磬)'이라 말한 것이다. '생(笙)'은 사물이 생겨나는 형상을 상징하며, '황(簧)'은 아름다움이 그 안에 포함된 것이다. 그렇기 때문에 '생황(笙簧)'이라 말한 것이다. 『세본』에서는 "무구가 경을 만들었다."라고 했는데, 황간은 "무구는 숙의 별칭일 따름이다."라고 했다.

【032】
夏后氏之龍簨[筍]虡[距], 殷之崇牙, 周之璧翣. 〈036〉

노나라는 삼대 때의 악기 받침대를 갖추고 있었다. 용순거는['簨'자의 음은 '筍(순)'이다. '虡'자의 음은 '距(거)'이다.] 하후씨 때 사용하던 받침이며, 숭아는 은나라 때 사용하던 받침이고, 벽삽은 주나라 때 사용하던 받침이다.

集說 周官, 梓人爲筍簴, 橫曰筍, 植曰簴, 所以懸樂器也. 以龍形飾之, 故曰龍簨簴. 崇牙者, 刻木爲之, 飾以采色, 其狀隆然. 殷人於簴之上, 施崇牙以挂鍾磬也. 周人則又於簴上畫繪爲翣, 載之以璧, 下懸五采之羽, 而挂於簴之角焉.

『주례』에서는 재인이 순거를 만든다고 했는데,10) 가로로 받치는 것을 '순(筍)'이라 부르며, 세로로 받치는 것을 '거(簴)'라 부르니, 악기를 매다는 도구이다. 용의 형상으로 장식을 하기 때문에, '용순거(龍簨虡)'라고 말한 것이다. '숭아(崇牙)'는 나무를 조각해서 만드는데, 채색으로 장식하여 그 모습이 매우 화려하다. 은나라 때에는 순 위에 숭아를 두어서 종이나 경을 걸었다. 주나라의 경우에는 또한 순 위에 그림을 그린 비단으로 삽을 만들었고, 벽을 달았으며, 그 밑에 다섯 가지 채색을 한 깃털을 매달았고, 순의 모서리에 걸었다.

---

10) 『주례』「동관고공기(冬官考工記)·재인(梓人)」: 梓人爲筍虡.

【033】

有虞氏之兩敦[對], 夏后氏之四璉[輦], 殷之六瑚, 周之八簋.〈037〉

노나라는 사대 때의 궤를 갖추고 있었다. 2개의 대는['敦'자의 음은 '對(대)'이다.] 유우씨 때 사용하던 기물이고, 4개의 연은['璉'자의 음은 '輦(련)'이다.] 하후씨 때 사용하던 기물이며, 6개의 호는 은나라 때 사용하던 기물이고, 8개의 궤는 주나라 때 사용하던 기물이다.

集說 少牢禮曰: "執敦黍有蓋." 又曰: "設四敦皆南首." 敦之爲器, 有蓋有首也. 四者皆盛黍稷之器. 禮之有器, 時王各有制作, 故歷代寶而用之. 但時代漸遠, 則古器之存者漸寡, 此魯所有之數耳.

『의례』「소뢰궤식례(少牢饋食禮)」편에서는 "뚜껑이 있고 서가 담긴 대를 잡는다."라 했고, "4개의 대는 모두 남쪽으로 머리가 향하도록 한다."라고 했다.[11] '대(敦)'라는 기물에는 뚜껑이 있고 머리에 해당하는 부분이 있다. 네 가지 기물들은 모두 서직을 담는 그릇에 해당한다. 의례에는 기물을 사용하게 되는데, 각 시대의 왕조에는 제각각의 제작방법에 따라 만든 것들이 있다. 그렇기 때문에 대대로 보배로 여겨서 사용을 했던 것이다. 다만 시대가 점차 멀어질수록 고대에 사용된 기물들 중 남아있는 것은 점차 희박해지니, 여기에서 말한 수치는 노나라에서 보유하고 있던 기물들의 수치일 뿐이다.

【034】

俎, 有虞氏以梡, 夏后氏以嶡, 殷以椇[矩], 周以房俎.〈038〉

노나라는 사대 때의 도마를 갖추고 있었다. 완은 유우씨 때의 도마이고,

---

11) 『의례』「소뢰궤식례(少牢饋食禮)」: 主婦自東房執一金敦黍, 有蓋, 坐設于羊俎之南. 婦贊者執敦稷以授主婦. 主婦興受, 坐設于魚俎南. 又興受贊者敦黍, 坐設于稷南. 又興受贊者敦稷, 坐設于黍南. 敦皆南首.

궐은 하후씨 때의 도마이며, 구는['棋'자의 음은 '矩(구)'이다.] 은나라 때의 도마이고, 방조는 주나라 때의 도마이다.

集說 梡·嶡, 見前章, 棋者, 俎之足間横木, 爲曲橈之形. 如椇枳之樹枝也. 房者, 俎足下之跗, 謂俎之上下兩間, 有似於堂房也.

'완(梡)'과 '궐(嶡)'에 대해서는 그 설명이 앞 장에 나온다. '구(棋)'는 도마 밑의 다리에 가로 지지대를 중간에 대는데, 굽어 있는 형태로 만드니, 마치 구지라는 나무의 가지처럼 굽어 있는 것을 뜻한다. '방(房)'은 도마의 다리 밑에 있는 받침을 뜻하니, 도마의 위아래 양쪽 사이에 붙어 있는 것으로, 마치 당에 있는 방과 같다.

集說 疏曰: 古制不可委知, 今依註略爲此意, 未知是否.

소에서 말하길, 고대의 제도는 자세히 알 수 없으니, 현재 정현의 주에 따른다면, 대체적으로 이러한 의미가 되지만, 옳은지는 알 수 없다.

【035】

夏后氏以楬[苦瞎反]豆, 殷玉豆, 周獻[莎]豆.〈039〉

노나라는 삼대 때의 두를 갖추고 있었다. 갈두는['楬'자는 '苦(고)'자와 '瞎(할)'자의 반절음이다.] 하후씨 때의 두이고, 옥두는 은나라 때의 두이며, 사두는['獻'자의 음은 '莎(사)'이다.] 주나라 때의 두이다.

集說 楬, 不飾也, 木質而已. 獻, 讀爲娑, 獻尊刻畫鳳羽, 則此豆亦必刻畫鳳羽, 故名也.

'갈(楬)'은 장식을 하지 않은 것이니, 나무로만 질박하게 만들 따름이다. '헌(獻)'자는 사(娑)자로 풀이하니, 사준에 조각과 그림을 그려서 봉황의 날개를 새겼다면, 여기에서 말한 두에도 반드시 봉황의 날개를 그렸기 때문에, 이러한 명칭으로 불렀던 것이다.

【036】

有虞氏服韍[弗], 夏后氏山, 殷火, 周龍章. 〈040〉

노나라는 사대 때의 슬갑을 갖추고 있었다. 유우씨 때에는 슬갑을[‘韍’자의 음은 ‘弗(불)’이다.] 찼는데, 슬갑에 별다른 장식이 없었고, 하후씨 때 착용하던 슬갑에는 산을 그려 넣었으며, 은나라 때 착용하던 슬갑에는 불을 그려 넣었고, 주나라 때 착용하던 슬갑에는 용을 그려 넣었다.

集說 韍者, 祭服之蔽膝, 卽韠也. 虞氏直以韋爲之, 無文飾. 夏世則畫之以山, 殷人增之以火, 周人又加龍以爲文章.

‘불(韍)’은 제복에 착용하는 슬갑이니, 필에 해당한다. 유우씨 때에는 단지 가죽으로만 만들고, 무늬와 장식을 더하지 않았다. 하나라 때가 되면 산의 모양을 그려 넣었고, 은나라 때에는 불의 모양을 추가적으로 그려 넣었으며, 주나라 때에는 또한 용을 추가적으로 그려 넣어서 무늬로 삼았다.

【037】

有虞氏祭首, 夏后氏祭心, 殷祭肝, 周祭肺. 〈041〉

노나라는 사대 때 희생물의 중요하게 여겼던 부위에 대한 제도를 갖추고 있었다. 유우씨 때에는 우선적으로 희생물의 머리를 바쳐서 제사를 지냈고, 하후씨 때에는 우선적으로 희생물의 심장을 바쳐서 제사를 지냈으며, 은나라 때에는 우선적으로 희생물의 간을 바쳐서 제사를 지냈고, 주나라 때에는 우선적으로 희생물의 폐를 바쳐서 제사를 지냈다.

集說 方氏曰: 三代各祭其所勝, 蓋夏尙黑爲勝赤, 故祭心. 殷尙白爲勝靑, 故祭肝. 周尙赤爲勝白, 故祭肺.

방씨가 말하길, 삼대 때에는 음양오행에 따라 자기 왕조에서 이길 수 있는 것으로 제사를 지냈다. 무릇 하나라는 흑색을 숭상했으니, 적색을 이기게 된다. 그렇기 때문에 적색에 해당하는 심장으로 제사를 지낸 것이다. 은나라는 백색을 숭상했으니, 청색을 이기게 된다. 그렇기 때문에 간으로 제사를 지낸 것이다. 주나라는 적색으로 숭상했으니, 백색을 이기게 된다. 그렇기 때문에 폐로 제사를 지낸 것이다.

【038】

夏后氏尚明水, 殷尚醴, 周尚酒.〈042〉

노나라는 삼대 때 사용했던 술에 대한 제도를 갖추고 있었다. 하후씨 때에는 명수를 숭상했고, 은나라 때에는 오제에 해당하는 술들을 숭상했으며, 주나라 때에는 삼주에 해당하는 술들을 숭상했다.

集說 疏曰: 儀禮設尊尙玄酒, 是周亦尙明水也. 禮運云: "澄酒在下", 則周不尙酒, 故註云言尙非也.

소에서 말하길, 『의례』에서는 술동이를 설치할 때, 현주를 숭상한다고 했으니, 이 말은 주나라에서도 명수를 숭상했음을 나타낸다. 『예기』「예운(禮運)」편에서는 "징주는 당 아래에 둔다."고 했으니, 주나라에서는 삼주에 속하는 술들을 숭상하지 않은 것이다. 그렇기 때문에 정현의 주에서는 숭상했다고 한 말은 잘못된 기록이라고 한 것이다.

集說 方氏曰: 明水者, 取於月之水, 故謂之明水, 則淡而無味. 醴則漸致其味, 酒則味之成者.

방씨가 말하길, '명수(明水)'는 달이 비친 우물에서 뜬 물이기 때문에, '명수(明水)'라 부르는 것이니, 담박하여 아무런 맛이 없다. '예(醴)'는 맛을 조금 낸 술이며, '주(酒)'는 맛이 매우 좋은 술이다.

【039】

有虞氏之綏[而追反], 夏后氏之綢[叨]練, 殷之崇牙, 周之璧翣.〈044〉 [本在"周三百"下.]

노나라는 사대 때 사용했던 상장의 장식을 갖추고 있었다. 유는['綏'자는 '而 (이)'자와 '追(추)'자의 반절음이다.] 유우씨 때 사용하던 것이고, 도련은['綢'자의 음 은 '叨(도)'이다.] 하후씨 때 사용하던 것이며, 숭아는 은나라 때 사용하던 것이 고, 벽삽은 주나라 때 사용하던 것이다. [본래는 "주나라 때에는 300개의 관직을 두었다."12)라고 한 문장 뒤에 수록되어 있었다.]

集說 此皆喪葬之飾. 綢練, 見檀弓. 餘見上章. 又翣制, 詳見喪大 記.

여기에서 말한 것들은 모두 상례나 장례를 치를 때 하는 장식들이다. '도 련(綢練)'에 대한 설명은 『예기』「단궁(檀弓)」편에 나온다. 나머지 것들 에 대한 설명은 앞 장에 나온다. 또 삽의 제도는 자세한 설명이 『예기』「 상대기(喪大記)」편에 나온다.

【040】

有虞氏官五十, 夏后氏官百, 殷二百, 周三百.〈043〉 [本在"周尚酒"下.]

노나라는 사대 때의 관직제도를 갖추고 있었다. 유우씨 때에는 50개의 관 직을 두었고, 하후씨 때에는 100개의 관직을 두었으며, 은나라 때에는 200 개의 관직을 두었고, 주나라 때에는 300개의 관직을 두었다. [본래는 "주나라 때에는 삼주에 해당하는 술들을 숭상했다."13)라고 한 문장 뒤에 수록되어 있었다.]

集說 書言唐虞建官惟百, 夏·商官倍. 先儒信此記而不信書, 固爲 不可. 且謂魯得用四代禮樂, 故惟通用其官之名號, 不必盡用其數,

---

12) 『예기』「명당위」 043장 : 有虞氏官五十, 夏后氏官百, 殷二百, 周三百.

13) 『예기』「명당위」 042장 : 夏后氏尚明水, 殷尚醴, 周尚酒.

皆臆說也.

『서』에서는 당우 때 설치한 관직은 오직 100개에 이른다고 했고, 하와 은나라에서는 관직을 두 배로 했다고 했다.[14] 선대 학자들은 이곳의 기록을 믿고, 『서』의 기록을 믿지 않았는데, 진실로 그렇게 보아서는 안 된다. 또 노나라에서는 사대 때 사용한 예악을 갖출 수 있었기 때문에, 관직의 명칭에 대해서도 통용해서 사용할 수 있었던 것이니, 해당하는 수치대로 모두 갖출 필요가 없다고 했는데, 이 모두는 억설일 뿐이다.

【041】

凡四代之服・器・官, 魯兼用之. 是故魯, 王禮也, 天下傳之久矣, 君臣未嘗相弑也. 禮樂刑法政俗, 未嘗相變也. 天下以爲有道之國, 是故天下資禮樂焉.〈045〉

무릇 사대 때의 복식・기물・관직에 대한 것들을 노나라에서는 모두 사용했다. 이러한 까닭으로 노나라는 천자의 예를 갖추고 있다는 말을 천하 사람들이 오래전부터 전했으니, 군주와 신하가 일찍이 서로를 죽인 적이 없었다. 또 예악・형법・정치・풍속에 있어서도 일찍이 변화를 준 적이 없었다. 천하의 모든 사람들은 노나라가 도를 갖추고 있는 나라라고 여겼기 때문에, 천하 사람들이 노나라의 예악을 본받았다.

集說 君臣未嘗相弑, 禮樂刑法政俗未嘗相變, 先儒以爲近誣. 或以爲諱國惡, 論之詳矣. 大抵此篇主於誇大魯國, 故歷擧四代之服・器・官, 以見魯之禮樂其盛如此, 不知魯之郊禘非禮也. 周公其衰矣, 知此則此記所陳, 適足以彰其僭而已, 而奚盛大之有哉?

군주와 신하가 일찍이 서로를 시해하지 않았고, 예악・형법・정치・풍속

---

14) 『서』「주서(周書)・주관(周官)」: 曰, <u>唐虞稽古, 建官惟百</u>, 內有百揆四岳, 外有州牧侯伯, 庶政惟和, 萬國咸寧. <u>夏商官倍</u>, 亦克用乂.

이 일찍이 서로 변화를 주지 않았다고 했는데, 선대 학자들은 이 말을 거짓에 가깝다고 여겼다. 어떤 자는 나라의 악함을 피휘하기 위해서, 상세히 논의한 것이라고 여겼다. 대체로「명당위」편은 노나라에 대해 과대 포장하는데 주안점을 두고 있다. 그렇기 때문에 사대 때의 복장·기물·관직 등을 차례대로 열거하여, 노나라에서 시행한 예악이 이처럼 융성했음을 드러낸 것이니, 노나라에서 지낸 교제사와 체제사가 비례가 됨을 몰랐기 때문이다. 주공의 도가 쇠약해진 것인데, 이러한 사실을 안다면 이곳 기록에서 열거한 내용들은 그 참람됨을 드러내기에 충분할 따름이니, 어찌 융성한 예악이 있었겠는가?

集說 朱氏曰: 羽父弑隱公, 慶父弑二君, 則君臣相弑矣. 夏父躋僖公, 禮之變也. 季氏舞八佾, 樂之變也. 僖公欲焚巫尪, 刑之變也. 宣公初稅畝, 法之變也. 政建於大夫, 政之變也. 婦人髽而弔, 俗之變也.

주씨가 말하길, 우보는 은공을 시해했고, 경보는 두 명의 군주를 시해했으니, 군주와 신하가 서로를 죽였던 것이다. 하보는 희공의 신주를 상위로 올리려고 했으니, 예가 변화된 것이다. 계씨는 팔일무를 추게 했으니, 악이 변화된 것이다. 희공은 무당인 무왕을 태워 죽이려고 했으니, 형이 변화된 것이다. 선공은 초세무의 세제를 시행했으니, 법이 변화된 것이다. 정권이 대부에게로 넘어갔으니, 정이 변화된 것이다. 부인들이 좌의 머리모양을 하고 조문을 했으니, 속이 변화된 것이다.

集說 石梁王氏曰: 此見春秋經而不見傳者, 故謂未嘗相弑, 未嘗變法, 大抵此篇多誣.

석량왕씨가 말하길, 이 기록은『춘추』의 경문만 보고『전』을 살펴보지 않았기 때문에, 일찍이 서로 죽이지 않았고 일찍이 법도를 변화시키지 않았다고 한 것인데, 대체로「명당위」편의 내용은 무람된 내용이 많다.

禮記類編大全卷之十二

『예기유편대전』 12권

◇ 大學第十一 朱子章句 / 「대학」 11편 주자장구

類編 此篇記古者大學敎人之法. 程子曰: "大學, 孔氏之遺書, 而初學入德之門也. 於今可見古人爲學次第者, 獨賴此篇之存, 而論·孟次之." 舊本多有錯簡, 朱子正其脫誤, 補其闕略, 仍定著章句.

이 편은 옛날에 대학에서 사람들을 가르쳤던 법도를 기록하고 있다. 정자는 "「대학」은 공자 가문에서 남긴 글이며, 초학자가 덕으로 들어가는 문에 해당한다. 지금 옛 사람들이 학문을 했던 순서를 볼 수 있는 것은 유독 이 편이 남아있는데 힘입으며, 『논어』와 『맹자』는 그 다음에 읽어야 한다."라 했다. 옛 판본은 착간된 것이 많았는데, 주자가 누락되고 잘못된 것을 바로잡고 빠지고 간략한 것을 보충하여, 이를 바로잡아 『장구』를 저술하였다.

類編 本居儒行之下. 今分十節.

본래는 『예기』 「유행(儒行)」편 뒤에 수록되어 있었다. 지금은 10개 절로 분절한다.

「대학」편 문장 순서 비교		
『예기집설』	『예기유편대전』	
	구분	문장
		001
		002
		003
	統論	004
		005
		006
		007
		008
	釋明明德	009
		010

「대학」편 문장 순서 비교		
『예기집설』	『예기유편대전』	
	구분	문장
		011
		012
	釋新民	013
		014
		015
		016
	釋止於至善	017
		018
		019
		020
		021
		022
	釋格物致知	023
		024
		025
		026
		027
		028
	釋誠意	029
		030
		031
		032
	釋正心修身	033
		034
		035
	釋修身齊家	036
		037
		038
	釋齊家治國	039
		040
		041
		042
		043
		044

「대학」편 문장 순서 비교		
『예기집설』	『예기유편대전』	
	구분	문장
		045
		046
		047
		048
		049
		050
		051
		052
		053
		054
		055
		056
		057
		058
	釋治國平天下	059
		060
		061
		062
		063
		064
		065
		066
		067
		068
		069
		070

◇ 통론(統論)

【001】

大學之道, 在明明德, 在親民, 在止於至善.

대학의 도는 밝은 덕을 밝히는데 있으며, 백성들을 새롭게 하는데 있고, 지극한 선에 그치는데 있다.

章句 程子曰: 親, 當作新.

정자가 말하길, '재친민(在親民)'에서의 '친(親)'자는 마땅히 신(新)자로 기록해야 한다.

章句 大學者, 大人之學也. 明, 明之也. 明德者, 人之所得乎天, 而虛靈不昧, 以具衆理而應萬事者也. 但爲氣稟所拘, 人欲所蔽, 則有時而昏; 然其本體之明, 則有未嘗息者. 故學者當因其所發而遂明之, 以復其初也. 新者, 革其舊之謂也, 言旣自明其明德, 又當推以及人, 使之亦有以去其舊染之汚也. 止者, 必至於是而不遷之意. 至善, 則事理當然之極也. 言明明德・新民, 皆當至於至善之地而不遷. 蓋必其有以盡夫天理之極, 而無一毫人欲之私也. 此三者, 大學之綱領也.

'대학(大學)'은 대인의 학문을 뜻한다. '명(明)'자는 밝힌다는 뜻이다. '명덕(明德)'은 사람이 하늘로부터 얻은 것으로 비어 있는 것 같으면서도 영묘하며 어둡지 않아서 모든 이치를 갖추고서 모든 사안에 응하는 것이다. 다만 품수 받은 기질에 구애를 받고 인욕에 가려지게 되면 때로 어둡게 될 적도 있지만 그 본체의 밝음은 일찍이 그친 적이 없다. 그렇기 때문에 배우는 자는 마땅히 발현하는 것에 따라서 마침내 그것을 밝게 드러내어 최초 품수 받은 상태를 회복해야만 한다. '신(新)'자는 옛 것을 바꾼다는 뜻이니, 스스로 자신의 명덕을 밝혔다면 또한 그것을 미루어서 남에게까지 영향을 미쳐 그로 하여금 이전에 물든 더러움을 제거토록 해야 한다는 뜻이다. '지(止)'자는 반드시 이러한 경지에 도달하여 그곳에서 다른 곳으로 옮겨가지 말아야 한다는 뜻이다. '지선(至善)'은 사리의 지극히 마땅한 것이다. 즉 명덕을 밝히고 백성을 새롭게 만드는 것은 모두 지극히 선한 경지에 도달하여 다른 곳으로 옮기지 말아야 한다는 뜻이다. 이처럼 하게 된다면 천리의 지극함을 다하게 될 것이며 추호라도 인욕의 삿됨이 없게 될 것이다. 이 세 가지는 바로 「대학」편의 강령에 해당한다.

【002】
知止而后有定, 定而后能靜, 靜而后能安, 安而后能慮, 慮而后能得.
그칠 줄 안 뒤에야 확정됨이 있고, 확정됨이 있은 이후에야 고요할 수 있으며, 고요할 수 있은 이후에야 안정될 수 있고, 안정된 이후에야 생각할 수 있으며, 생각을 한 이후에야 얻을 수 있다.

章句 止者, 所當止之地, 卽至善之所在也. 知之, 則志有定向. 靜, 謂心不妄動. 安, 謂所處而安. 慮, 謂處事精詳. 得, 謂得其所止.
'지지(知止)'에서의 '지(止)'자는 마땅히 그쳐야 할 곳이니, 지극한 선이 있는 곳에 해당한다. 이것을 안다면 뜻에 고정적으로 향하는 방향이 있게 된다. '정(靜)'자는 마음이 망령스럽게 움직이지 않는다는 뜻이다. '안(安)'자는 머문 곳에서 편안하다는 뜻이다. '여(慮)'자는 사안을 처리함에 정밀하고 상세하다는 뜻이다. '득(得)'자는 그칠 바를 얻었다는 뜻이다.

【003】
物有本末, 事有終始, 知所先後, 則近道矣.
사물에는 근본과 말단이 있고, 사안에는 시작과 끝이 있으니, 먼저 하고 뒤에 할 것을 안다면, 도에 가깝게 된다.

章句 明德爲本, 新民爲末. 知止爲始, 能得爲終. 本始所先, 末終所後. 此結上文兩節之意.

명덕(明德)은 근본이 되고 신민(新民)은 말단이 된다. 지지(知止)는 시작이 되고 능득(能得)은 끝이 된다. 근본과 시작은 먼저 해야 할 것이며 말단과 끝은 이후에 해야 할 것이다. 이 문장은 앞의 두 문단의 뜻을 결론 맺은 것이다.

【004】

古之欲明明德於天下者, 先治其國. 欲治其國者, 先齊其家. 欲齊其家者, 先脩其身. 欲脩其身者, 先正其心. 欲正其心者, 先誠其意. 欲誠其意者, 先致其知. 致知在格物. [治, 平聲, 後倣此.]

고대에 천하에 밝은 덕을 밝히고자 했던 자는 먼저 그 국을 다스렸다. 국을 다스리고자 했던 자는 먼저 그 가를 다스렸다. 가를 다스리고자 했던 자는 먼저 자기 자신을 다스렸다. 자신을 다스리고자 했던 자는 먼저 그 마음을 올바르게 했다. 마음을 올바르게 하고자 했던 자는 먼저 그 뜻을 정성스럽게 했다. 뜻을 정성스럽게 하고자 했던 자는 먼저 그 지를 지극히 했다. 앎을 지극히 하는 것은 사물의 이치를 궁구히 하는데 달려있다. ['治'자는 평성으로 읽으며, 뒤에도 이와 같다.]

> 章句 明明德於天下者, 使天下之人皆有以明其明德也. 心者, 身之所主也. 誠, 實也. 意者, 心之所發也. 實其心之所發, 欲其必自慊而無自欺也. 致, 推極也. 知, 猶識也. 推極吾之知識, 欲其所知無不盡也. 格, 至也. 物, 猶事也. 窮至事物之理, 欲其極處無不到也. 此八者, 大學之條目也.

천하에 명덕을 밝히려고 하는 것은 천하 사람들로 하여금 모두가 자신의 명덕을 밝힐 수 있게 하는 것이다. '심(心)'은 자기 몸을 주제하는 것이다. '성(誠)'자는 성실하다는 뜻이다. '의(意)'는 마음에서 발현하는 것이다. 마음에서 발현하는 것을 성실히 하여 반드시 스스로 만족하며 스스로를 속이고자 함이 없게끔 하는 것이다. '치(致)'자는 미루어 지극히 하는 것이다. '지(知)'자는 식(識)자와 같다. 나의 지식을 미루어 지극히 해서 아는 바에 다하지 않음이 없게끔 하고자 하는 것이다. '격(格)'자는 이른다는 뜻이다. '물(物)'자는 일을 뜻한다. 사물의 이치를 지극히 하여 지극한 바에 도달하지 못한 것이 없게끔 하고자 하는 것이다. 이 여덟 가지는 「대학」편의 조목에 해당한다.

【005】

物格而后知至, 知至而后意誠, 意誠而后心正, 心正而后身脩, 身脩而后家齊, 家齊而后國治, 國治而后天下平. [治, 去聲, 後做此.]

사물의 이치가 도래한 이후에야 지(知)가 지극해지며, 지(知)가 지극해진 이후에야 뜻이 정성스럽게 되고, 뜻이 정성스럽게 된 이후에야 마음이 올바르게 되며, 마음이 올바르게 된 이후에야 몸이 다스려지고, 몸이 다스려진 이후에야 가가 다스려지며, 가가 다스려진 이후에야 국이 다스려지고, 국이 다스려진 이후에야 천하가 평안해진다. ['治'자는 거성으로 읽으며, 뒤에도 이와 같다.]

章句 物格者, 物理之極處無不到也. 知至者, 吾心之所知無不盡也. 知既盡, 則意可得而實矣, 意既實, 則心可得而正矣. 脩身以上, 明明德之事也. 齊家以下, 新民之事也. 物格知至, 則知所止矣. 意誠以下, 則皆得所止之序也.

'물격(物格)'은 사물의 이치에 있어 지극한 것이 이르지 않음이 없는 것이다. '지지(知至)'는 내 마음이 아는 것 중에 극진하지 않음이 없는 것이다. 지식이 이미 극진해졌다면 뜻은 성실해질 수 있고, 뜻이 이미 성실해졌다면 마음은 올바르게 될 수 있다. 자신을 수양한다는 일로부터 그 앞의 사안은 명덕을 밝히는 일에 해당한다. 가(家)를 가지런히 한다는 일로부터 그 이하의 사안은 백성을 새롭게 하는 일에 해당한다. 물격(物格)과

지지(知至)는 그칠 바를 아는 것이다. 뜻을 성실히 하는 것으로부터 그 이하의 사안은 모두 그칠 바를 얻는 순서이다.

【006】

自天子以至於庶人, 壹是皆以脩身爲本.

천자로부터 서인에 이르기까지 전적으로 이러한 것들을 시행하는데, 모두들 자기 다스리는 것을 근본으로 삼는다.

章句 壹是, 一切也. 正心以上, 皆所以脩身也. 齊家以下, 則擧此而措之耳.

'일시(壹是)'는 일체(一切)를 뜻한다. 마음을 바르게 한다는 것으로부터 그 앞의 사안은 모두 자신을 수양하는 것이다. 가(家)를 가지런히 한다는 것으로부터 그 이하의 사안은 이것을 들어 그곳에 둔 것일 뿐이다.

【007】

其本亂而末治者否矣. 其所厚者薄, 而其所薄者厚, 未之有也.

근본이 문란하게 되었는데 말단이 다스려지는 자는 없다. 그리고 후하게 대해야 할 것에 박하게 하고, 박하게 대해야 할 것에 후하게 하는 자는 없었다.

章句 本, 謂身也. 所厚, 謂家也. 此兩節結上文兩節之意.

'본(本)'자는 자신을 뜻한다. 두터이 하는 곳은 바로 가(家)를 뜻한다. 이 두 구절은 앞의 두 구절의 뜻을 결론 맺은 것이다.

【008】
此謂知本.
이것을 근본을 안다고 부른다.

章句 程子曰: 衍文也.
정자가 말하길, 이것은 연문이다.

章句 右經一章, 蓋孔子之言,而曾子述之. 其傳十章, 則曾子之意,
而門人記之也. 舊本多有錯簡, 今因程子所定, 而更考經文, 別爲序
次如左.
여기까지는 경(經) 1장으로, 아마도 공자의 말을 증자가 조술한 것 같다.
뒤에 나오는 전(傳) 10개 장은 증자의 뜻을 문인들이 기록한 것이다. 옛
판본에는 착간이 되어 있어 이곳에서는 정자가 바로잡은 것에 따르고 다
시 경문의 뜻을 고찰하여 별도로 순서를 정하길 이후의 배열처럼 하였다.

附註 此一句, 章句置之第五章, 而旣云衍文, 則不如古經還存于此,
故移之, 詳見或問.
이 한 구문은 『장구』에서 제 5장에 두었는데, 이미 '연문(衍文)'이라고
말했다면 고경의 기록에 따라 다시 이곳에 두는 것만 못하다. 그렇기 때
문에 이동을 시켰으니, 자세한 내용은 『혹문』에 나온다.

類編 右統論.
여기까지는 '통론(統論)'에 대한 내용이다.

◇ 명명덕을 풀이함[釋明明德]

章句 凡傳文, 雜引經傳, 若無統紀, 然文理接續, 血脈貫通, 深淺始終, 至爲精密. 熟讀詳味, 久當見之, 今不盡釋也.

전(傳)의 기록에서는 경문과 전문을 뒤섞어 인용하여 일관된 줄기가 없는 것 같지만, 문맥이 서로 연결되어 혈맥이 관통하고 있어서 깊음과 얕음 및 시작과 끝이 지극히 정밀하다. 열심히 읽어 그 의미를 깊이 음미하면 오랜 기간이 지나 그 묘리를 확인할 수 있을 것이니, 여기에서는 이 모두를 해석하지 않겠다.

【009】
康誥曰: "克明德."
「강고」편에서는 "덕을 밝힐 수 있다."라 했다.

章句 康誥, 周書. 克, 能也.
「강고(康誥)」는 『서』「주서(周書)」에 속한 편명이다. '극(克)'자는 능(能)자의 뜻이다.

【010】
大甲曰: "顧諟天之明命."
「태갑」편에서는 "이 하늘의 밝은 명을 돌아본다."라 했다.

章句 大甲, 商書. 顧, 謂常目在之也. 諟, 猶此也, 或曰審也. 天之明命, 卽天之所以與我, 而我之所以爲德者也. 常目在之, 則無時不明矣.

「태갑(大甲)」편은 『서』 「상서(商書)」에 속한 편명이다. '고(顧)'자는 항상 눈이 거기에 머문다는 뜻이다. '시(諟)'자는 이것이라는 뜻이며, 혹자는 "살핀다."는 뜻이라고도 주장한다. 하늘의 밝은 명은 곧 하늘이 나에게 부여하여 내가 덕으로 삼는 것을 뜻한다. 항상 눈이 거기에 머물게 된다면 밝지 않은 때가 없게 된다.

【011】
帝典曰: "克明峻德."
「제전」편에서는 "큰 덕을 밝힐 수 있다."라 했다.

章句　帝典, 堯典, 虞書. 峻, 大也.
'제전(帝典)'은 「요전(堯典)」이니 『서』 「우서(虞書)」에 속한 편명이다. '준(峻)'자는 크다는 뜻이다.

【012】
皆自明也.
이 모두는 스스로 밝히는 것이다.

章句　結所引書, 皆言自明己德之意.
인용한 글들에 대해서 결론을 맺은 것이니, 이 모두는 스스로 자신의 덕을 밝힌다는 뜻임을 말하고 있다.

章句　右傳之首章, 釋明明德. 此通下三章至止於信, 舊本誤在沒世不忘之下.
여기까지는 전(傳) 1장에 해당하니, 명명덕(明明德)의 뜻을 풀이하였다. 이 구문으로부터 아래 전(傳) 3장의 '지어신(止於信)'에 이르기까지는 옛 판본에 '몰세불망(沒世不忘)'이라는 기록 뒤에 잘못 수록되어 있었다.

類編 右釋明明德.

여기까지는 '석명명덕(釋明明德)'에 대한 내용이다.

◇ 신민을 풀이함[釋新民]

【013】

湯之盤銘曰: "苟日新, 日日新, 又日新."

탕임금의 대야에 새겨진 글에서는 "진실로 날마다 새롭게 하고, 날마다 새롭게 하며, 또한 날마다 새롭게 해야 한다."라 했다.

(章句) 盤, 沐浴之盤也. 銘, 名其器以自警之辭也. 苟, 誠也. 湯以人之洗濯其心以去惡, 如沐浴其身以去垢. 故銘其盤, 言誠能一日有以滌其舊染之汙而自新, 則當因其已新者, 而日日新之, 又日新之, 不可略有間斷也.

'반(盤)'은 목욕할 때 사용하는 대야이다. '명(銘)'은 기물에 명문을 새겨서 스스로 경계하는 말로 삼은 것이다. '구(苟)'자는 진실로[誠]라는 뜻이다. 탕임금은 사람이 자신의 마음을 깨끗하게 씻어서 악을 제거하는 것이 몸을 목욕하여 때를 제거하는 것과 같다고 여겼다. 그렇기 때문에 자신이 사용하는 대야에 명문을 새겼으니, 진실로 하루라도 옛날에 물든 더러움을 제거하여 스스로 새롭게 할 수 있다면, 마땅히 이미 새로워진 것에 따라서 날마다 새롭게 해야 하고 또 날마다 새롭게 하여 조금이라도 중간에 그만둠이 있어서는 안 된다고 말한 것이다.

【014】

康誥曰: "作新民."

「강고」편에서는 "새로워지는 백성을 진작하라."라 했다.

(章句) 鼓之舞之之謂作, 言振起其自新之民也.

북을 치고 춤추게 만드는 것을 '작(作)'이라고 부르니, 스스로 새로워지는 백성을 진작시킨다는 뜻이다.

【015】

詩曰: "周雖舊邦, 其命惟新."

『시』에서는 "주나라가 비록 옛 나라에 해당하지만 그 명이 새롭다."라 했다.

[章句] 詩大雅文王之篇. 言周國雖舊, 至於文王, 能新其德以及於民, 而始受天命也.

이 시는 『시』 「대아(大雅) · 문왕(文王)」편이다. 주나라는 비록 오래된 나라이지만 문왕에 이르러서 자신의 덕을 새롭게 하여 백성에게까지 미쳐 비로소 천명을 받을 수 있었다는 뜻이다.

【016】

是故君子無所不用其極.

이러한 까닭으로 군자는 그 지극함을 사용하지 않는 것이 없다.

[章句] 自新新民, 皆欲止於至善也.

스스로를 새롭게 하고 백성을 새롭게 하는 일을 모두 지극한 선함에 그치게끔 하고자 하는 것이다.

[章句] 右傳之二章.

여기까지는 전(傳) 2장에 해당한다.

[類編] 右釋新民.

여기까지는 '석신민(釋新民)'에 대한 내용이다.

◆ 지어지선을 풀이함[釋止於至善]

【017】

詩云: "邦畿千里, 惟民所止."

『시』에서는 "수도의 땅이 사방 1,000리이니 백성들이 머물 곳이다."라 했다.

章句 詩商頌玄鳥之篇. 邦畿, 王者之都也. 止, 居也, 言物各有所當止之處也.

이 시는 『시』「상송(商頌)·현조(玄鳥)」편이다. '방기(邦畿)'는 천자의 도읍을 뜻한다. '지(止)'자는 머문다는 뜻이니, 사물도 각각 마땅히 머물러야 할 곳이 있음을 뜻한다.

【018】

詩云: "緡蠻黃鳥, 止于丘隅." 子曰: "於止, 知其所止, 可以人而不如鳥乎?"

『시』에서는 "면만(緡蠻)히 우는 저 황조여, 초목이 우거진 언덕의 모퉁이에 머물렀구나."라 했다. 이러한 기록에 대해서 공자는 "그칠 때에 그칠 곳을 아는데, 사람이 되어서 새만 못해서야 되겠는가?"라고 했다.

章句 詩小雅緡蠻之篇. 緡蠻, 鳥聲. 丘隅, 岑蔚之處. 子曰以下, 孔子說詩之辭. 言人當知所當止之處也.

이 시는 『시』「소아(小雅)·면만(緡蠻)」편이다. '면만(緡蠻)'은 새의 울음소리를 뜻한다. '구우(丘隅)'는 수목이 울창한 곳을 뜻한다. '자왈(子曰)'로부터 그 이하의 기록은 공자가 『시』를 설명한 말이다. 즉 사람은 마땅히 자신이 머물러야 할 곳을 알아야만 한다는 뜻이다.

【019】

詩云: "穆穆文王, 於緝熙敬止." 爲人君止於仁, 爲人臣止於敬, 爲人
子止於孝, 爲人父止於慈, 與國人交止於信. [於緝之於, 音烏.]

『시』에서는 "심오하고 원대한 문왕이여, 오호라 환하게 빛나며 공경스럽게
그치셨구나."라고 했다. 즉 군주의 입장에 처해서는 항상 인자함에 그쳤고,
신하의 입장에 처해서는 항상 공경함에 그쳤으며, 자식의 입장에 처해서는
항상 효에 그쳤고, 부모의 입장에 처해서는 항상 자애로움에 그쳤으며, 나
라 사람들과 사귈 때에는 항상 신의에 그쳤다. ['於緝'에서의 '於'자는 그 음이
'烏(오)'이다.]

章句 詩文王之篇. 穆穆, 深遠之意. 於, 歎美辭. 緝, 繼續也. 熙, 光
明也. 敬止, 言其無不敬而安所止也. 引此而言聖人之止, 無非至善.
五者乃其目之大者也. 學者於此, 究其精微之蘊, 而又推類以盡其
餘, 則於天下之事, 皆有以知其所止而無疑矣.

이 시는 『시』「문왕(文王)」편이다. '목목(穆穆)'은 깊고도 멀다는 뜻이다.
'오(於)'자는 감탄사이다. '즙(緝)'자는 이어 계속한다는 뜻이다. '희(熙)'
자는 환하게 빛난다는 뜻이다. '경지(敬止)'는 공경하지 않음이 없어서
그친 곳에서 편안하다는 뜻이다. 이 시를 인용하여 성인의 그침에는 지극
한 선 아닌 것들이 없음을 말한 것이다. 여기에서 말한 다섯 가지는 조목
중에서도 큰 것이다. 배우는 자가 이러한 조목에 대해서 정미하게 온축된
뜻을 깊이 살피고 또 유추하여 그 나머지 것들을 다한다면 천하의 일들에
대해서 모두 그칠 곳을 알아 의혹됨이 없게 된다.

【020】

詩云: "瞻彼淇澳, 菉竹猗猗. 有斐君子, 如切如磋, 如琢如磨. 瑟兮僩
兮, 赫兮喧兮. 有斐君子, 終不可諠兮." "如切如磋"者, 道學也. "如琢
如磨"者, 自脩也. "瑟兮僩兮"者, 恂慄也. "赫兮喧兮"者, 威儀也. "有

斐君子, 終不可諠兮"者, 道盛德至善, 民之不能忘也. [澳, 於六反. 菉, 詩作綠. 猗, 叶韻音阿. 僩, 下版反. 喧, 詩作咺, 諠, 詩作諼; 並況晚反. 恂, 鄭氏讀作峻]

『시』에서는 "저 기수의 굽어진 물기슭을 보니, 푸른 대나무가 무성하구나. 문채를 갖춘 군자여, 끊는 듯하며 가는 듯하며, 쪼는 듯하며 연마하는 듯하구나. 엄밀하고 굳세며, 빛나고 점잖도다. 문채를 갖춘 군자여, 끝내 잊을 수가 없구나."라고 했다. "끊는 듯하며 가는 듯하다."는 말은 학문을 말한 것이다. "쪼는 듯하며 연마하는 듯하다."는 말은 스스로를 수양한다는 뜻이다. "엄밀하고 굳세다."는 말은 마음이 두려워함을 말한 것이다. "빛나고 점잖다."는 말은 위엄스러운 거동을 말한 것이다. "문채를 갖춘 군자여, 끝내 잊을 수가 없다."는 말은 융성한 덕과 지극한 선을 백성들이 잊을 수 없음을 말한 것이다. ['澳'자는 '於(어)'자와 '六(륙)'자의 반절음이다. '菉'자를 『시』에서는 '綠'자로 기록했다. '猗'자는 협운으로 그 음은 '阿(아)'이다. '僩'자는 "下(하)'자와 '版(판)'자의 반절음이다. '喧'자를 『시』에서는 '咺'자로 기록했고, '諠'자를 『시』에서는 '諼'자로 기록했는데, 둘 모두 '況(황)'자와 '晚(만)'자의 반절음이다. '恂'자를 정현은 '峻(준)'자로 풀이했다.]

章句 詩衛風淇澳之篇. 淇, 水名. 澳, 隈也. 猗猗, 美盛貌, 興也. 斐, 文貌. 切以刀鋸, 琢以椎鑿, 皆裁物使成形質也. 磋以鑢錫, 磨以沙石, 皆治物使其滑澤也. 治骨角者, 旣切而復磋之. 治玉石者, 旣琢而復磨之. 皆言其治之有緒, 而益致其精也. 瑟, 嚴密之貌. 僩, 武毅之貌. 赫喧, 宣著盛大之貌. 諠, 忘也. 道, 言也. 學, 謂講習討論之事, 自脩者, 省察克治之功. 恂慄, 戰懼也. 威, 可畏也. 儀, 可象也. 引詩而釋之, 以明明明德者之止於至善. 道學自脩, 言其所以得之之由. 恂慄威儀, 言其德容表裏之盛. 卒乃指其實而歎美之也.

이 시는 『시』「위풍(衛風)·기욱(淇澳)」편이다. '기(淇)'자는 강 이름이다. '욱(澳)'자는 굽어진 곳을 뜻한다. '의의(猗猗)'는 아름답고 융성한 모습을 뜻하니, 흥(興)에 해당한다. '비(斐)'자는 문채를 갖춘 모습이다. '절(切)'은 칼과 톱으로 하는 것이며, '탁(琢)'은 망치와 정으로 하는 것인데,

둘 모두 사물을 재단해서 형체를 완성시키는 것이다. '차(磋)'는 줄과 대패로 하는 것이며, '마(磨)'는 모래와 돌로 하는 것인데, 둘 모두 사물을 다듬어서 매끄럽고 윤이 나게 만드는 것이다. 뼈와 뿔을 가공하는 자는 이미 잘라놓은 것을 재차 갈게 된다. 옥과 돌을 가공하는 자는 이미 쪼아놓은 것을 재차 연마하게 된다. 이 모두는 다스림에는 실마리가 있고 그 정밀함을 지극히 한다는 뜻이다. '슬(瑟)'자는 엄밀한 모습을 뜻한다. '한(僩)'자는 굳세고 강직한 모습을 뜻한다. '혁(赫)'과 '훤(喧)'은 현저히 드러나며 성대한 모습을 뜻한다. '훤(諠)'자는 잊는다는 뜻이다. '도(道)'자는 말한다는 뜻이다. '학(學)'은 강론하고 익히고 토론하는 일들을 뜻하며, '자수(自脩)'는 스스로를 성찰하여 삿됨을 이겨 바르게 다스리는 공부를 뜻한다. '순율(恂慄)'은 두려워한다는 뜻이다. '위(威)'는 외경할 만함을 뜻한다. '의(儀)'는 본받을 만함을 뜻한다. 『시』를 인용하여 이러한 뜻을 풀이해서 명덕을 밝히는 자가 지극한 선에 그친다는 사안을 드러내었다. 도학(道學)과 자수(自脩)는 이러한 것을 터득하게 되는 방법의 원인을 말하는 것이다. 순율(恂慄)과 위의(威儀)는 덕과 용모의 표리가 융성함을 말한 것이다. 결국 그 실질을 가리켜서 찬미한 것에 해당한다.

【021】

詩云: "於戲前王不忘." 君子賢其賢而親其親, 小人樂其樂而利其利, 此以沒世不忘也. [於戲, 音嗚呼. 樂, 音洛.]

『시』에서는 "오호라 선대 성왕(聖王)을 잊지 못하겠구나."라고 했다. 즉 군자는 성왕의 현명한 덕을 현명하게 여기고 성왕의 친애하는 덕을 친애하게 여기며, 소인은 성왕이 백성들을 즐겁게 만들어준 것을 즐겁게 여기고 성왕이 백성들을 이롭게 만들어준 것을 이롭게 여기니, 이러한 이유로 유구하게도 잊지 못하는 것이다. [於戲'는 그 음이 '嗚呼(오호)'이다. '樂'자의 음은 '洛(낙)'이다.]

詩周頌烈文之篇. 於戲, 歎辭. 前王, 謂文 · 武也. 君子, 謂其
後賢後王. 小人, 謂後民也. 此言前王所以新民者止於至善, 能使天
下後世無一物不得其所, 所以旣沒世而人思慕之, 愈久而不忘也. 此
兩節及歎淫泆, 其味深長, 當熟玩之.

이 시는 『시』「주송(周頌) · 열문(烈文)」편이다. '오희(於戲)'는 감탄사이
다. '전왕(前王)'은 문왕과 무왕을 뜻한다. '군자(君子)'는 후대의 현자와
제왕을 뜻한다. '소인(小人)'은 후대의 백성을 뜻한다. 이 문장은 이전
제왕이 백성을 새롭게 만든 것이 지극한 선에 그쳐서 천하와 후세로 하여
금 하나라도 제자리를 얻지 못하는 것이 없게끔 할 수 있어서, 이미 죽었
지만 사람들이 사모하고 그리워하며 오래도록 잊지 못한다는 뜻이다. 이
두 구절은 감탄스럽고 그 의미가 풍부하여 맛이 깊고도 여운이 기니 마땅
히 익숙히 완상해야 한다.

右傳之三章. 此章內自引淇澳詩以下, 舊本誤在誠意章下.

여기까지는 전(傳) 3장에 해당한다. 이 장 안에 「기욱(淇澳)」편의 시를
인용한 것으로부터 그 이하의 내용은 옛 판본에 성의장(誠意章) 밑에
잘못 기록되어 있었다.

【022】

子曰: "聽訟, 吾猶人也. 必也使無訟乎!" 無情者不得盡其辭, 大畏民
志. 此謂知本.

공자는 "송사를 처리함에 있어서 나는 남들과 같다. 그러나 반드시 거짓을
일삼는 자로 하여금 송사를 일삼지 못하도록 할 것이다!"라고 했다. 즉 진
실이 없는 자는 거짓된 말을 다할 수 없으니, 백성들의 뜻을 매우 두려워하
도록 만들기 때문이다. 이것을 근본을 안다고 부른다.

猶人, 不異於人也. 情, 實也. 引夫子之言, 而言聖人能使無實

之人不敢盡其虛誕之辭. 蓋我之明德既明, 自然有以畏服民之心志,
故訟不待聽而自無也. 觀於此言, 可以知本末之先後矣.

'유인(猶人)'은 남들과 다르지 않다는 뜻이다. '정(情)'자는 실질을 뜻한
다. 공자의 말을 인용하여, 성인은 실질이 없는 사람으로 하여금 감히
허황되고 거짓된 말을 모두 늘어놓지 못하게끔 한다고 말했다. 아마도
나의 밝은 덕을 밝혔다면 자연히 백성들의 마음과 뜻도 두렵게 만들고
복종시킬 수 있다. 그렇기 때문에 송사는 처리를 기다리지 않더라도 저절
로 없어지게 될 것이다. 이 말을 살펴보면 본말의 선후를 알 수 있다.

章句 右傳之四章. 此章舊本誤在"止於信"下.

여기까지는 전(傳) 4장에 해당한다. 이 문장은 옛 판본에 '지어신(止於
信)'이라는 문장 뒤에 잘못 기록되어 있었다.

類編 右釋止於至善.

여기까지는 '석지어지선(釋止於至善)'에 대한 내용이다.

◇ 격물치지를 풀이함[釋格物致知]

【023】
(補亡章) 所謂致知在格物者, 言欲致吾之知, 在卽物而窮其理也.
(보망장) 이른바 지식을 지극히 하는 것이 사물의 이치를 연구함에 있다는 것은 내 지식을 지극히 하고자 한다면 사물에 나아가 그 이치를 연구하는 데 달려있다는 뜻이다.

附註 卽, 就也, 如卽事之卽. 格以至爲訓. 格物者, 窮物理而使之格也.
'즉(卽)'자는 나아간다는 뜻이니, '즉사(卽事)'라고 할 때의 즉(卽)과 같다. '격(格)'은 지(至)자를 뜻으로 삼는다. '격물(格物)'은 사물의 이치를 궁리하여 그것으로 하여금 이르도록 하는 것이다.

【024】
(補亡章) 蓋人心之靈莫不有知, 而天下之物莫不有理, 惟於理有未窮, 故其知有不盡也.
(보망장) 사람의 마음에 있는 영묘함은 앎을 갖추지 않은 것이 없고, 천하의 사물은 이치를 갖추지 않은 것이 없다. 다만 이치에 있어서 끝까지 연구하지 못함이 있기 때문에 지식에 있어서도 극진하지 못한 점이 발생한다.

附註 此言知之未至, 由於物之未格, 以起下文.
이것은 앎이 지극하지 못함은 사물이 아직 이르지 못함에서 기인한다고 말하여, 아래문장을 일으킨 것이다.

【025】

(補亡章) 是以大學始教, 必使學者卽凡天下之物, 莫不因其已知之
理而益窮之, 以求至乎其極.

(보망장) 이러한 까닭으로 대학에서 처음 가르칠 때에는 반드시 배우는
자들로 하여금 천하의 모든 사물에 나아가 자신이 이미 알고 있는 이치에
따라 더욱 철저히 연구하여 지극한 지점에 이름을 구하지 않음이 없게끔
해야 한다.

附註 此言格致工夫.

이것은 격치의 공부를 언급한 것이다.

【026】

(補亡章) 至於用力之久, 而一旦豁然貫通焉, 則衆物之表裏精粗無
不到, 而吾心之全體大用無不明矣. [粗, 倉胡反.]

(보망장) 이처럼 힘을 다해 노력하길 지속하면 하루아침에 환하게 트여
그 이치를 관통하게 되니, 이처럼 한다면 모든 사물의 겉과 속 또 정밀하고
거친 것들에 있어서도 이르지 못할 것이 없게 되고, 내 마음의 온전한 본체
와 큰 작용에 있어서도 밝지 못한 것이 없게 된다. ['粗'자는 '倉(창)'자와 '胡(호)'
자의 반절음이다.]

附註 此言格致功效, 表裏精粗, 猶言本末終始.

이것은 격치의 공효를 언급한 것이며, '표리정조(表裏精粗)'라는 말은
'본말종시(本末終始)'라 말하는 것과 같다.

【027】

(補亡章) 此謂物格.

(보망장) 이것이 바로 '물격(物格)'이라는 것이다.

附註 物格者, 物理到盡處也.

'물격(物格)'이라는 것은 사물의 이치가 모두 이르른 곳을 뜻한다.

附註 以上朱子補亡, 所謂"竊取程子之意以補之"者也.

여기까지는 주자의 보망장으로, 이른바 "내 일찍이 정자의 뜻을 취하였으니, 이를 통해 없어진 기록을 보충하겠다."라고 한 부분이다.

【028】
此謂知之至也.

이것을 지식이 지극하다고 부른다.

章句 此句之上別有闕文, 此特其結語耳.

이 구문 앞에는 별도로 빠진 글이 있는 것이며, 이 구문은 단지 그 결론에 해당할 따름이다.

章句 右傳之五章. 此章舊本通下章, 誤在經文之下.

여기까지는 전(傳) 5장에 해당한다. 이 문장은 옛 판본에 아래 문장들과 함께 경문 밑에 잘못 수록되어 있었다.

類編 右釋格物致知.

여기까지는 '석격물치지(釋格物致知)'에 대한 내용이다.

◇ 성의를 풀이함[釋誠意]

【029】

所謂誠其意者, 毋自欺也, 如惡惡臭, 如好好色, 此之謂自謙. 故君子必愼其獨也. [惡·好上字, 皆去聲. 謙讀爲慊, 苦劫反.]

이른바 그 뜻을 성실하게 한다는 것은 제 스스로 속이지 않는 것이니, 마치 악취를 싫어하는 것처럼 하고 아름다운 용모를 좋아하는 것처럼 하는 것으로, 이것을 제 스스로 만족한다고 부른다. 그렇기 때문에 군자는 반드시 혼자 있을 때 신중히 한다. ['惡'자와 '如好好色'에서의 앞의 '好'자는 모두 거성으로 읽는다. '謙'자는 '慊'자로 풀이하니 '苦(고)'자와 '劫(겁)'자의 반절음이다.]

章句 誠其意者, 自脩之首也. 毋者, 禁止之辭. 自欺云者, 知爲善以去惡, 而心之所發有未實也. 謙, 快也, 足也. 獨者, 人所不知而己所獨知之地也. 言欲自脩者知爲善以去其惡, 則當實用其力, 而禁止其自欺. 使其惡惡則如惡惡臭, 好善則如好好色, 皆務決去, 而求必得之, 以自快足於己, 不可徒苟且以殉外而爲人也. 然其實與不實, 蓋有他人所不及知而己獨知之者, 故必謹之於此以審其幾焉.

"그 뜻을 성실히 한다."는 말은 스스로를 수양하는 것의 처음이 된다. '무(毋)'자는 금지사이다. '자기(自欺)'라고 한 말은 선을 시행하고 악을 제거해야 함을 알지만 마음에서 발현한 것 중에 아직 성실하지 못한 점이 있는 것이다. '겸(謙)'자는 유쾌하다는 뜻이며 만족한다는 뜻이다. '독(獨)'은 남들은 모르고 자신만 알고 있는 곳이다. 스스로 수양하고자 하는 자는 선을 시행하고 악을 제거해야 함을 알았다면, 마땅히 실질적으로 그 힘을 써서 스스로를 속이는 일을 막아야 한다는 뜻이다. 그래서 악함을 미워하는 것을 악취를 싫어하는 것처럼 하고 선을 좋아하는 것을 좋은 용모를 좋아하는 것처럼 하여, 모든 일에 결단하고 제거하는데 힘쓰고 구하여 반드시 얻으니, 이를 통해 스스로 자신에게 만족하고 구차하게도 외적인 것에 따라 남을 위해서만 행동해서는 안 된다. 그러나 성실함과 성실하지 못함은 남들은 알지 못하고 자신만 아는 데 있다. 그렇기 때문에 반드시 홀로 있을 때 조심하여 그 기미를 살펴야 한다는 뜻이다.

【030】

小人閒居爲不善, 無所不至, 見君子而后厭然揜其不善, 而著其善. 人之視己, 如見其肺肝然, 則何益矣? 此謂誠於中形於外, 故君子必愼其獨也. [閒, 音閑. 厭, 鄭氏讀爲厭, 於簡反.]

소인이 한가롭게 거처할 때에는 불선을 행하여 하지 못할 짓이 없는데, 군자를 본 이후에야 황급히 자신의 불선함을 감추고 선함을 드러내려고 한다. 타인이 자신을 보는 것은 마치 자신의 폐나 간을 보는 것과 같으니, 그렇다면 소인의 행동이 어떤 도움이 되겠는가? 이러한 것들을 그 내면을 성실하게 하여 외면으로 드러난다고 부른다. 그렇기 때문에 군자는 반드시 혼자 있을 때 신중히 하는 것이다. ['閒'자의 음은 '閑(한)'이다. '厭'자를 정현은 '厭'자로 풀이했으니, '於(어)'자와 '簡(간)'자의 반절음이다.]

章句 閒居, 獨處也. 厭然, 消沮閉藏之貌. 此言小人陰爲不善, 而陽欲揜之, 則是非不知善之當爲與惡之當去也; 但不能實用其力以至此耳. 然欲揜其惡而卒不可揜, 欲詐爲善而卒不可詐, 則亦何益之有哉! 此君子所以重以爲戒, 而必謹其獨也.

'한거(閒居)'는 홀로 있을 때를 뜻한다. '염연(厭然)'은 사라지며 막히고 닫고 감추는 모습을 뜻한다. 이것은 소인은 속으로는 불선을 행하고 겉으로는 그것을 가리고자 하니, 선은 마땅히 시행해야 하고 악은 마땅히 제거해야 함을 모르는 것은 아니지만, 실질적으로 그 힘을 사용할 수 없어서 이러한 지경에 이른 것일 따름이다. 그러나 악은 가리고자 해도 끝내 가릴 수 없고, 선을 시행한다고 거짓으로 나타내려고 해도 끝내 속일 수가 없으니, 또한 무슨 이로움이 있겠는가! 이것이 군자가 거듭 경계하여 반드시 홀로 있을 때 조심하라고 했던 뜻이다.

章段下音切, 於簡反, 當爲於減反.

장의 단락 뒤에 있는 음절에 있어서, '어간반(於簡反)'은 마땅히 '어감반 (於減反)'이 되어야 한다.

【031】

曾子曰: "十目所視, 十手所指, 其嚴乎?"

증자는 "열 사람의 눈이 살펴보고 열 사람의 손이 가리키는 바이니, 외경하 지 않을 수 있겠는가?"라 했다.

章句 引此以明上文之意. 言雖幽獨之中, 而其善惡之不可揜如此, 可畏之甚也.

이러한 말을 인용해서 앞 문장의 뜻을 나타낸 것이다. 비록 그윽하고 홀 로 있는 가운데라도 이처럼 선악을 가릴 수 없으니, 매우 두려울 만하다 는 뜻이다.

【032】

富潤屋, 德潤身, 心廣體胖, 故君子必誠其意.

부유함은 집을 윤택하게 하고 덕은 자신을 윤택하게 하니, 마음이 관대하 고 넓다면 몸이 커진다. 그렇기 때문에 군자는 반드시 그 뜻을 성실하게 한다.

章句 胖, 安舒也. 言富則能潤屋矣, 德則能潤身矣, 故心無愧怍, 則 廣大寬平, 而體常舒泰, 德之潤身者然也. 蓋善之實於中而形於外者 如此, 故又言此以結之.

'반(胖)'자는 편안하게 펴진다는 뜻이다. 부유하게 되면 집을 윤택하게 만들 수 있고, 덕을 갖추면 자신을 윤택하게 할 수 있다. 그렇기 때문에 마음에 부끄러워할 만한 점이 없다면 광대하고 관대하며 고르게 되고 몸은 항상 펴지고 커지니, 덕이 몸을 윤택하게 함이 이러하다는 뜻이다. 선함이 마음에서 성실하게 쌓이면 외적으로 이와 같이 드러나게 된다. 그렇기 때문에 재차 이러한 말을 해서 결론을 맺은 것이다.

章句 右傳之六章. 經曰: "欲誠其意, 先致其知." 又曰: "知至而后意誠." 蓋心體之明有所未盡, 則其所發必有不能實用其力, 而苟焉以自欺者. 然或已明而不謹乎此, 則其所明又非己有, 而無以爲進德之基. 故此章之指, 必承上章而通考之, 然後有以見其用力之始終, 其序不可亂而功不可闕如此云.

여기까지는 전(傳) 6장에 해당한다. 경문에서는 "그 뜻을 성실히 하고자 한다면 우선적으로 그 지식을 지극히 해야 한다."라고 했고, 또 "지식이 지극해진 뒤에야 뜻이 성실하게 된다."라고 했다. 마음 본체의 밝음에 미진한 점이 있다면 발현하는 것도 분명 실질적으로 그 힘을 쓸 수 없어서 구차하게도 스스로를 속이는 경우가 생긴다. 그러나 이미 밝혔다 하더라도 이러한 점에 조심하지 않는다면 드러난 것 또한 자신의 소유가 아니므로 덕을 진작시키는 기초로 삼을 수 없다. 그렇기 때문에 이 장에서 나타낸 뜻은 앞 장의 뜻을 연결하여 통괄적으로 상고해야 하니, 그런 뒤에야 힘을 쓸 수 있는 처음과 끝을 볼 수 있다. 그렇기 때문에 그 순서는 어지럽힐 수 없고, 노력 또한 빠트릴 수 없음이 이와 같다고 말한 것이다.

類編 右釋誠意.
여기까지는 '석성의(釋誠意)'에 대한 내용이다.

◇ 정심과 수신을 풀이함[釋正心修身]

【033】

所謂脩身在正其心者, 身有所忿懥, 則不得其正; 有所恐懼, 則不得
其正; 有所好樂, 則不得其正; 有所憂患, 則不得其正. [忿, 弗粉反. 懥,
吳値反. 好·樂, 並去聲.]

이른바 몸을 수양한다는 것은 마음을 바르게 하는데 달려있다고 했는데,
마음에 성내는 감정이 있으면 바름을 얻을 수 없고, 두려워하는 감정이
있으면 바름을 얻을 수 없으며, 너무 좋아하거나 너무 즐거워하는 감정이
있으면 바름을 얻을 수 없고, 근심하는 감정이 있으면 바름을 얻을 수 없
다. ['忿'자는 '弗(불)'자와 '粉(분)'자의 반절음이다. '懥'자는 '敕(칙)'자와 '値(치)'자의 반절
음이다. '好'자와 '樂'자는 모두 거성으로 읽는다.]

[章句] 程子曰: 身有之身當作心.

정자가 말하길, '신유(身有)'에서의 '신(身)'자는 마땅히 '심(心)'자가 되어
야 한다.

[章句] 忿懥, 怒也. 蓋是四者, 皆心之用, 而人所不能無者. 然一有之
而不能察, 則欲動情勝, 而其用之所行, 或不能不失其正矣.

'분치(忿懥)'는 성낸다는 뜻이다. 여기에서 말한 이 네 가지는 모두 마음
의 작용이므로 사람에게 없을 수 없는 것이다. 그러나 한 번이라도 이러
한 것이 생겼는데 살피지 못한다면, 욕심이 움직이고 정감이 앞서서 작용
의 행함이 올바름을 잃지 않을 수 없는 경우가 발생한다.

【034】
心不在焉, 視而不見, 聽而不聞, 食而不知其味.

마음이 있지 않으면 보아도 보이지 않고 들어도 들리지 않으며 먹어도 그 맛을 모른다.

章句 心有不存, 則無以檢其身, 是以君子必察乎此而敬以直之, 然後此心常存而身無不脩也.

마음이 보존되지 못하면 몸을 단속할 수 없게 된다. 이러한 까닭으로 군자는 반드시 이러한 점을 살펴서 공경함으로 곧게 하니, 그런 뒤에야 이러한 마음이 항상 보존되고 몸 또한 수양되지 않음이 없게 된다.

【035】
此謂脩身在正其心.

이것을 몸을 수양하는 것은 마음을 바르게 하는데 달려있다고 부른다.

章句 右傳之七章. 此亦承上章以起下章. 蓋意誠則眞無惡而實有善矣, 所以能存是心以檢其身. 然或但知誠意, 而不能密察此心之存否, 則又無以直內而脩身也. 自此以下, 並以舊文爲正.

여기까지는 전(傳) 7장에 해당한다. 이 문장 또한 앞 장의 뜻을 이어서 아래 문장의 뜻을 일으킨 것이다. 뜻을 정성스럽게 하면 진실로 악함이 없어져 실로 선함이 있게 되니, 마음을 보존하여 몸을 단속할 수 있는 것이다. 그러나 뜻을 정성스럽게 해야 한다는 사실만 알고 마음이 보존되어 있느냐 그렇지 않느냐를 정밀히 살피지 못한다면, 또한 마음을 곧게 하여 몸을 수양할 수 없게 된다. 이곳 문장으로부터 그 이하의 기록은 모두 옛 판본의 기록을 올바른 기록으로 삼는다.

類編 右釋正心脩身.

여기까지는 '석정심수신(釋正心修身)'에 대한 내용이다.

◇ 수신과 제가를 풀이함[釋修身齊家]

【036】
所謂齊其家在脩其身者, 人之其所親愛而辟焉, 之其所賤惡而辟焉, 之其所畏敬而辟焉, 之其所哀矜而辟焉, 之其所敖惰而辟焉. 故好而知其惡, 惡而知其美者, 天下鮮矣. [辟, 讀爲僻. 惡而之惡·敖·好, 並去聲. 鮮, 上聲.]

이른바 가(家)를 다스리는 것은 몸을 수양하는데 달려있다고 했는데, 사람은 자신이 친애하는 것에 편벽되고, 자신이 천근하게 여기고 미워하는 것에 편벽되며, 자신이 외경하는 것에 편벽되고, 자신이 가엾게 여기고 불쌍히 여기는 것에 편벽되며, 자신이 거만하고 태만히 대하는 것에 편벽된다. 그렇기 때문에 좋아하면서도 그 대상의 나쁜 점을 알고 미워하면서도 그 대상의 아름다운 점을 아는 자는 천하에 매우 드물다. ['辟'자는 '僻(벽)'자로 풀이한다. '惡而'에서의 '惡'자와 '敖'자와 '好'자는 모두 거성으로 읽는다. '鮮'자는 상성으로 읽는다.]

章句 人, 謂衆人. 之, 猶於也. 辟, 猶偏也. 五者, 在人本有當然之則; 然常人之情惟其所向而不加審焉, 則必陷於一偏而身不脩矣.

'인(人)'은 일반인들을 뜻한다. '지(之)'자는 어(於)자의 뜻이다. '벽(辟)'자는 치우쳤다는 뜻이다. 다섯 가지는 사람에게 있어 본래부터 당연한 법칙으로 가지고 있는 것이지만, 일반인들의 정감은 오직 향하는 것에만 따르고 자세히 살피지 못하니, 반드시 한쪽으로 치우치는 함정에 빠지고 자신을 수양하지 못하게 된다.

【037】
故諺有之曰: "人莫知其子之惡, 莫知其苗之碩." [諺, 音彦. 碩, 叶韻, 時若反.]

그러므로 세속에는 이러한 말이 있으니, "사람은 자기 자식의 악함을 알지 못하고, 자기 밭에서 자라나는 모종이 큰 것은 모른다."라 했다. ['諺'자의 음은 '彦(언)'이다. '碩'자는 협운으로 '時(시)'자와 '若(약)'자의 반절음이다.]

章句 諺, 俗語也. 溺愛者不明, 貪得者無厭, 是則偏之爲害, 而家之所以不齊也.

'언(諺)'자는 세간의 말을 뜻한다. 사랑에 빠진 자는 밝지 못하고 얻음을 탐하는 자는 만족할 줄 모르니, 이것은 편벽됨이 해가 된 것이고, 가(家)를 다스리지 못하게 되는 이유이다.

【038】
此謂身不脩, 不可以齊其家.

이것을 자신을 수양하지 않으면 그 가(家)를 다스릴 수 없다고 부른다.

章句 右傳之八章.

여기까지는 전(傳) 8장에 해당한다.

類編 右釋修身齊家.

여기까지는 '석수신제가(釋修身齊家)'에 대한 내용이다.

◇ 제가와 치국을 풀이함[釋齊家治國]

【039】

所謂治國必先齊其家者, 其家不可敎, 而能敎人者無之, 故君子不出家而成敎於國. 孝者, 所以事君也; 弟者, 所以事長也; 慈者, 所以使衆也. [弟, 去聲. 長, 上聲.]

이른바 국(國)을 다스릴 때에는 반드시 그보다 먼저 그 가(家)를 다스려야 한다고 했는데, 그 가를 가르치지 못하고서 남을 가르칠 수 있는 자는 없었다. 그렇기 때문에 군자는 가를 벗어나지 않더라도 국에 대해 가르침을 완성한다. 효는 군주를 섬기는 방법이고, 공손함은 어른을 섬기는 방법이며, 자애는 백성들을 부리는 방법이다. ['弟'자는 거성으로 읽는다. 長자는 상성으로 읽는다.]

章句 身脩, 則家可敎矣. 孝·弟·慈, 所以脩身而敎於家者也. 然而國之所以事君事長使衆之道不外乎此. 此所以家齊於上, 而敎成於下也.

몸을 수양한다면 집안을 가르칠 수 있다. 효·공손함·자애는 자신을 수양하고 집안을 가르치는 방법이다. 그러나 나라에 있어서도 군주를 섬기고 어른을 섬기며 백성들을 부리는 방법도 여기에서 벗어나지 않는다. 이것은 위에서 집안이 가지런하게 되어 가르침이 밑에서 완성되는 것이다.

【040】

康誥曰: "如保赤子." 心誠求之, 雖不中不遠矣. 未有學養子而後嫁者也. [中, 去聲.]

「강고」편에서는 "갓난아이를 보호하는 것처럼 한다."라고 했다. 마음이 진실로 구하게 되면 비록 완전히 적중시키지 않더라도 차이가 멀지 않을 것이다. 아이 기르는 방법을 배운 뒤에 시집을 갔던 자는 없었다. ['中'자는 거성

으로 읽는다.]

此引書而釋之, 又明立敎之本不假强爲, 在識其端而推廣之
耳.

이것은 『서』를 인용해서 풀이한 것이며, 또 가르침을 세우는 근본은 억
지로 시킴을 빌리지 않고, 그 단서를 파악하여 미루어 확대하는데 달려
있을 뿐임을 나타낸 것이다.

【041】
一家仁, 一國興仁; 一家讓, 一國興讓; 一人貪戾, 一國作亂. 其機如
此. 此謂一言僨事, 一人定國. [僨, 音奮.]

하나의 가에서 인자함을 시행하면 한 나라의 사람들은 모두 인자함을 시행
하게 되고, 하나의 가에서 겸양을 시행하면 한 나라의 사람들은 모두 겸양
을 시행하게 되며, 한 사람이 탐하고 어그러지면 한 나라가 혼란을 일으킨
다. 따라서 그 핵심 기틀이 이와 같은 것이다. 이것을 한 마디 말이 일을
그르치고 한 사람이 나라를 안정시킨다고 부른다. ['僨'자의 음은 '奮(분)'이다.]

一人, 謂君也. 機, 發動所由也. 僨, 覆敗也. 此言敎成於國之
效.

'일인(一人)'은 군주를 뜻한다. '기(機)'는 발현하고 움직임이 말미암는 바
이다. '분(僨)'자는 엎어지고 패한다는 뜻이다. 이것은 가르침이 한 나라
에서 완성되는 효과를 말한 것이다.

【042】
堯·舜師天下以仁, 而民從之. 桀·紂率天下以暴, 而民從之. 其所
令反其所好, 而民不從. 是故君子有諸己而後求諸人, 無諸己而後

非諸人. 所藏乎身不恕而能喩諸人者, 未之有也. [好, 去聲.]

요임금과 순임금이 인자함으로 천하를 통솔하자 백성들이 그에 따랐다. 걸왕과 주왕이 난폭함으로 천하를 통솔하자 백성들이 그에 따랐다. 명령하는 것이 자기가 좋아하는 것과 반대가 된다면 백성들은 따르지 않는다. 이러한 까닭으로 군자는 자신이 선을 갖춘 뒤에야 남에 대해서 선을 갖추라 요구하고, 자신에게 악함이 없게 된 뒤에야 남에 대해서 악함을 비난한다. 자신이 갖추고 있는 것이 서(恕)하지 못한데도 남을 깨우칠 수 있는 자는 없다. ['好'자는 거성으로 읽는다.]

章句 此又承上文一人定國而言. 有善於己, 然後可以責人之善; 無惡於己, 然後可以正人之惡. 皆推己以及人, 所謂恕也. 不如是, 則所令反其所好, 而民不從矣. 喩, 曉也.

이 또한 앞에서 "한 사람이 나라를 안정시킨다."라고 한 말을 이어서 말한 것이다. 자신이 선함을 갖춘 뒤에야 남에 대해서 선을 갖추라고 책임을 물을 수 있고, 자신에게 악함이 없게 된 뒤에야 남에 대해서 그 악함을 바로잡을 수 있다. 이 모두는 자신을 미루어서 남에게 미치는 것이니, 바로 서(恕)에 해당한다. 이와 같지 않다면 명령한 것이 자신이 좋아하는 것과 반대가 되어 백성들이 따르지 않는다. '유(喩)'자는 깨우친다는 뜻이다.

【043】
故治國在齊其家.

그러므로 국(國)을 다스리는 것은 가(家)를 다스리는 일에 달려있다.

章句 通結上文.

앞 문장의 뜻을 통괄적으로 결론 맺은 것이다.

【044】

詩云: "桃之夭夭, 其葉蓁蓁. 之子于歸, 宜其家人." 宜其家人, 而后可以敎國人. [夭, 平聲. 蓁, 音臻.]

『시』에서는 "복숭아꽃이 예쁘고도 예쁘며, 그 잎이 무성하구나. 젊은 처자가 시집을 감이여, 그 집안 사람에게 마땅하구나."라고 했다. 그 집안 사람에게 마땅한 이후에야 나라 사람들을 가르칠 수 있다. ['夭'자는 평성으로 읽는다. '蓁'자의 음은 '臻(진)'이다.]

章句 詩周南桃夭之篇. 夭夭, 少好貌. 蓁蓁, 美盛貌. 興也. 之子, 猶言是子, 此指女子之嫁者而言也. 婦人謂嫁曰歸. 宜, 猶善也.

이 시는 『시』「주남(周南)·도요(桃夭)」편이다. '요요(夭夭)'는 어리고 예쁜 모습을 뜻한다. '진진(蓁蓁)'은 아름답고 성대한 모습을 뜻한다. 흥(興)에 해당한다. '지자(之子)'는 시자(是子)라는 말과 같으니, 이것은 시집가는 여자를 가리켜서 한 말이다. 부인의 경우 시집가는 것을 '귀(歸)'라고 부른다. '의(宜)'자는 "좋다[善]."는 뜻이다.

【045】

詩云: "宜兄宜弟." 宜兄宜弟, 而后可以敎國人.

『시』에서는 "형에게도 마땅하고 동생에게도 마땅하게 하는구나."라고 했다. 형에게도 마땅하고 동생에게도 마땅하게 한 이후에야 나라 사람들을 가르칠 수 있다.

章句 詩小雅蓼蕭篇.

시는 『시』「소아(小雅)·요소(蓼蕭)」편이다.

【046】

詩云: "其儀不忒, 正是四國." 其爲父子 · 兄弟足法, 而后民法之也.

『시』에서는 "그 위엄스러운 거동에 어긋나는 점이 없으니, 사방의 나라들을 바르게 하는구나."라고 했다. 부모와 자식 및 형과 동생에게 모범이 될 수 있게 된 이후에야 백성들이 본받는다.

章句 詩曹風鳲鳩篇. 忒, 差也.

시는 『시』「조풍(曹風) · 시구(鳲鳩)」편이다. '특(忒)'자는 어긋난다는 뜻이다.

【047】

此謂治國在齊其家.

이것은 국(國)을 다스림이 가(家)를 다스림에 달려 있음을 뜻한다.

章句 此三引詩, 皆以詠歎上文之事, 而又結之如此. 其味深長, 最宜潛玩.

여기에서는 세 차례 『시』를 인용했는데, 이것은 모두 앞 문장에서 기록한 사안을 길게 읊조리며 감탄하는 내용이고, 또한 이와 같이 결론을 맺은 것이다. 따라서 그 맛이 깊고도 기니 마음을 가라앉히고 완상해야만 한다.

章句 右傳之九章.

여기까지는 전(傳) 9장에 해당한다.

類編 右釋齊家治國.

여기까지는 '석제가치국(釋齊家治國)'에 대한 내용이다.

◇ 치국과 평천하를 풀이함[釋治國平天下]

【048】

所謂平天下在治其國者, 上老老而民興孝, 上長長而民興弟, 上恤
孤而民不倍, 是以君子有絜矩之道也. [長, 上聲. 弟, 去聲. 倍, 與背同. 絜,
胡結反.]

이른바 천하를 평안하게 만드는 것은 그 국(國)을 다스리는데 달려있다고
했는데, 윗사람이 노인을 노인으로 대우하면 백성들은 효를 흥기시킬 것이
고, 윗사람이 어른을 어른으로 대우하면 백성들은 공손을 흥기시킬 것이
며, 윗사람이 외롭고 유약한 사람을 가엾게 여기면 백성들은 그들을 등지
거나 버리지 않는다. 이러한 까닭으로 군자는 혈구(絜矩)의 도를 지니고
있다. [‘長’자는 상성으로 읽는다. ‘弟’자는 거성으로 읽는다. ‘倍’자는 ‘背(배)’자와 같다.
‘絜’자는 ‘胡(호)’자와 ‘結(결)’자의 반절음이다.]

章句 老老, 所謂老吾老也. 興, 謂有所感發而興起也. 孤者, 幼而無
父之稱. 絜, 度也. 矩, 所以爲方也. 言此三者, 上行下效, 捷於影響,
所謂家齊而國治也. 亦可以見人心之所同, 而不可使有一夫之不獲
矣. 是以君子必當因其所同, 推以度物, 使彼我之間各得分願, 則上
下四旁均齊方正, 而天下平矣.

‘노로(老老)’는 “내 노인을 노인으로 섬긴다.”[1]는 뜻이다. ‘흥(興)’자는 느
껴서 발현하는 바가 있어 흥기시킨다는 뜻이다. ‘고(孤)’자는 어려서 부친
을 잃은 자를 지칭한다. ‘혈(絜)’자는 헤아린다는 뜻이다. ‘구(矩)’자는 사
각형을 재는 기구이다. 이 세 가지는 윗사람이 시행하고 아랫사람이 본받
는 것이 그림자나 메아리보다도 빠르니, 집안이 가지런해지면 나라가 다
스려진다는 뜻이다. 여기에서도 사람의 마음은 동일한 바가 있어서 한

---

1) 『맹자』「양혜왕상(梁惠王上)」: <u>老吾老</u>, 以及人之老, 幼吾幼, 以及人之幼. 天
下可運於掌. 詩云, ‘刑于寡妻, 至于兄弟, 以御于家邦.’ 言擧斯心加諸彼而已.

사람이라도 제자리를 얻지 못하게끔 해서는 안 된다는 사실을 확인할 수 있다. 이러한 까닭으로 군자는 반드시 동일한 점에 따라서 그것을 미루어 다른 대상을 헤아려야 하고, 이를 통해 상대와 나의 사이에 각각 본분과 소망하는 것을 얻게 하니, 이처럼 한다면 상하 및 사방이 고르게 되고 방정하게 되어 천하가 평안해질 것이다.

【049】

所惡於上, 毋以使下; 所惡於下, 毋以事上; 所惡於前, 毋以先後; 所惡於後, 毋以從前; 所惡於右, 毋以交於左; 所惡於左, 毋以交於右. 此之謂絜矩之道. [惡·先, 並去聲.]

윗사람이 나에게 어떠한 일을 해서 내가 싫어하는 것이라면 이것을 내 밑에 있는 사람에게 전가시키지 말아야 하고, 아랫사람이 나에게 어떠한 일을 해서 내가 싫어하는 것이라면 이것으로 윗사람을 섬기지 말아야 하며, 나보다 앞에 있는 사람이 나에게 어떠한 일을 해서 내가 싫어하는 것이라면 이것으로 나보다 뒤에 있는 사람에게 전가시키지 말아야 하고, 나보다 뒤에 있는 사람이 나에게 어떠한 일을 해서 내가 싫어하는 것이라면 이것으로 나보다 앞에 있는 사람에게 전가시키지 말아야 하며, 내 우측에 있는 사람이 나에게 어떠한 일을 해서 내가 싫어하는 것이라면 이것으로 나의 좌측에 있는 사람에게 전가시키지 말아야 하고, 내 좌측에 있는 사람이 나에게 어떠한 일을 해서 내가 싫어하는 것이라면 이것으로 나의 우측에 있는 사람에게 전가시키지 말아야 한다. 이것을 바로 '혈구지도(絜矩之道)'라고 부른다. ['惡'자와 '先'자는 모두 거성으로 읽는다.]

章句 此覆解上文絜矩二字之義. 如不欲上之無禮於我, 則必以此度下之心, 而亦不敢以此無禮使之. 不欲下之不忠於我, 則必以此度上之心, 而亦不敢以此不忠事之. 至於前後左右, 無不皆然, 則身之所處, 上下·四旁·長短·廣狹, 彼此如一, 而無不方矣. 彼同有是心而興起焉者, 又豈有一夫之不獲哉. 所操者約, 而所及者廣, 此平天下之要道也. 故章內之意, 皆自此而推之.

이것은 앞 문장에서 말한 '혈구(絜矩)'라는 두 글자의 뜻을 재차 설명한
것이다. 만약 윗사람이 나에게 무례하길 바라지 않는다면, 반드시 이러한
마음으로 아랫사람의 마음을 헤아려서 또한 감히 이처럼 무례하게 그들
을 부려서는 안 된다. 또 아랫사람이 나에게 충심을 다하지 않는 것을
바라지 않는다면, 반드시 이러한 마음으로 윗사람의 마음을 헤아려서 또
한 감히 이처럼 불충한 마음을 그를 섬겨서는 안 된다. 전후 및 좌우에
대한 경우에 있어서도 모두 이처럼 하지 않음이 없다면, 몸이 처한 곳의
상하 및 사방에 있어 길고 짧음 및 넓고 좁음이 피차 동일하게 되어, 방정
하지 않음이 없게 된다. 동일하게 이러한 마음을 가지고 있어서 흥기시키
는 자가 또한 어찌 한 사람이라도 제자리를 얻지 못하게 함이 있겠는가.
지니고 있는 것이 요약되면서도 미치는 것이 넓으니, 이것은 천하를 평안
하게 하는 핵심 도리이다. 그렇기 때문에 10장의 뜻이 모두 이로부터 확
산된 것이다.

【050】

詩云: "樂只君子, 民之父母." 民之所好好之, 民之所惡惡之, 此之謂
民之父母. [樂, 音洛. 只, 音紙. 好·惡, 並去聲, 下並同.]

시에서는 "즐거운 군자여, 백성들의 부모로다."라고 했다. 백성들이 좋아하
는 것을 좋아하고 백성들이 싫어하는 것을 싫어하니, 이처럼 할 수 있는
자를 '백성들의 부모'라고 부른다. ['樂'자의 음은 '洛(낙)'이다. '只'자의 음은 '紙(지)'
이다. '好'자와 '惡'자는 모두 거성으로 읽으며, 아래문장에 나오는 글자도 모두 그 음이 이와
같다.]

章句 詩小雅南山有臺之篇. 只, 語助辭. 言能絜矩而以民心爲己
心, 則是愛民如子, 而民愛之如父母矣.

시는 『시』「소아(小雅)·남산유대(南山有臺)」편이다. '지(只)'자는 어조

사이다. 혈구지도를 발휘하여 백성들의 마음을 자신의 마음처럼 여길 수 있다면 이것은 백성들을 자기 자식처럼 사랑하여 백성들도 자신의 부모처럼 사랑하게 될 것이라는 뜻이다.

【051】

詩云: "節彼南山, 維石巖巖. 赫赫師尹, 民具爾瞻." 有國者不可以不愼, 辟則爲天下僇矣. [節, 讀爲截. 辟, 讀爲僻. 僇, 與戮同.]

시에서는 "깎아질 듯한 저 남산이여, 바위가 쌓이고 쌓여 높고도 크구나. 현격히 드러나고 밝은 태사 윤씨여, 백성들이 모두 너를 바라보는구나."라고 했다. 따라서 나라를 소유한 자가 신중히 하지 않을 수가 있겠는가? 편벽된다면 백성들에게 죽임을 당할 것이다. ['節'자는 '截(절)'자로 풀이한다. '辟'자는 '僻(벽)'자로 풀이한다. '僇'자는 '戮(육)'자와 같다.]

章句 詩小雅節南山之篇. 節, 截然高大貌. 師尹, 周太師尹氏也. 具, 俱也. 辟, 偏也. 言在上者人所瞻仰, 不可不謹. 若不能絜矩而好惡殉於一己之偏, 則身弑國亡, 爲天下之大戮矣.

이 시는 『시』「소아(小雅)・절남산(節南山)」편이다. '절(節)'자는 깎아질 듯이 높고 큰 모습을 뜻한다. '사윤(師尹)'은 주나라 때의 태사 윤씨이다. '구(具)'자는 모두라는 뜻이다. '벽(辟)'자는 편벽되었다는 뜻이다. 위정자는 사람들이 우러러 바라보는 대상이니 신중히 하지 않을 수가 없다는 뜻이다. 만약 혈구지도를 발휘하지 못해 좋아함과 싫어함이 자기 개인의 편벽됨에 치우친다면 자신은 죽고 국가는 패망할 것이니, 천하 사람들에게 큰 죽임을 당할 것이다.

【052】

詩云: "殷之未喪師, 克配上帝. 儀監于殷, 峻命不易." 道得衆則得國,
失衆則失國. [喪, 去聲. 儀, 詩作宜. 峻, 詩作駿. 易, 去聲]

『시』에서는 "은나라가 아직 민심을 잃지 않았을 때에는 그 덕이 상제에
짝할 수 있었다. 마땅히 은나라를 거울삼아 살펴야 할 것이니, 하늘의 큰
명은 받들기가 쉽지 않다."라고 했다. 이 시는 민심을 얻으면 나라를 얻고
민심을 잃으면 나라를 잃게 됨을 말한 것이다. [喪'자는 거성으로 읽는다. '儀'자
를 『시』에서는 '宜'자로 기록했다. '峻'자를 『시』에서는 '駿'자로 기록했다. '易'자는 거성으로
읽는다.]

章句 詩文王篇. 師, 衆也. 配, 對也. 配上帝, 言其爲天下君, 而對
乎上帝也. 監, 視也. 峻, 大也. 不易, 言難保也. 道, 言也. 引詩而言
此, 以結上文兩節之意. 有天下者, 能存此心而不失, 則所以絜矩而
與民同欲者, 自不能已矣.

이 시는 『시』「문왕(文王)」편이다. '사(師)'자는 백성을 뜻한다. '배(配)'
자는 마주한다는 뜻이다. 상제를 마주한다는 것은 천하를 다스리는 군주
가 되어 상제를 마주한다는 의미이다. '감(監)'자는 살펴본다는 뜻이다.
'준(峻)'자는 크다는 뜻이다. '불이(不易)'는 보존하기가 어렵다는 뜻이다.
'도(道)'자는 말한다는 뜻이다. 시를 인용하고 이처럼 말하여 앞의 두 문
단의 뜻을 결론 맺은 것이다. 천하를 소유한 자가 이러한 마음을 보존하
여 잃지 않을 수 있다면, 혈구지도에 따라 백성과 하고자 함을 함께 하는
것을 스스로 그만둘 수 없게 된다.

【053】

是故君子先愼乎德. 有德此有人, 有人此有土, 有土此有財, 有財此
有用.

이러한 까닭으로 군자는 우선 자신의 덕에 신중을 기한다. 덕을 가지게

되면 사람들이 모이고, 사람들이 모이면 땅이 생기며, 땅이 생기면 재물이
생기고, 재물이 생기면 씀이 생긴다.

章句 先愼乎德, 承上文不可不愼而言. 德, 卽所謂明德. 有人, 謂得
衆. 有土, 謂得國. 有國則不患無財用矣.

먼저 덕을 조심한다는 것은 앞 문장에서 "삼가지 않을 수가 없다."라고
한 말을 이어서 말한 것이다. '덕(德)'은 바로 명덕(明德)을 뜻한다. '유인
(有人)'은 백성들을 얻는다는 뜻이다. '유토(有土)'는 나라를 얻는다는 뜻
이다. 나라를 얻게 되면 재용이 없을까를 걱정하지 않게 된다.

【054】
德者本也, 財者末也.
덕은 근본에 해당하고 재물은 말단에 해당한다.

章句 本上文而言.
앞 문장에 근거하여 말한 것이다.

【055】
外本內末, 爭民施奪.
근본을 밖으로 여기고 말단을 안으로 여기면 백성들을 다투게 하여 서로
빼앗는 가르침을 베풀게 된다.

章句 人君以德爲外, 以財爲內, 則是爭鬪其民, 而施之以劫奪之教
也. 蓋財者人之所同欲, 不能絜矩而欲專之, 則民亦起而爭奪矣.
군주가 덕을 밖으로 여기고 재물을 안으로 여긴다면 백성과 다투게 되어
위협하고 빼앗는 교화를 펼치게 된다. 재물은 사람들이 모두 바라는 것이

니, 혈구지도에 따르지 못하여 혼자만 차지하려고 한다면 백성들 또한
봉기하여 다투고 빼앗게 된다.

【056】

是故財聚則民散, 財散則民聚.

따라서 재물을 긁어모으면 백성들이 흩어지고 재물을 베풀면 백성들이 모
인다.

章句 外本內末故財聚, 爭民施奪故民散, 反是則有德而有人矣.

근본을 밖으로 하고 말단을 안으로 하기 때문에 재물이 모여지고, 백성들
과 다투며 빼앗는 교화를 펼치기 때문에 백성들이 흩어지니, 이와 반대로
한다면 덕이 생겨서 사람들이 모이게 된다.

【057】

是故言悖而出者, 亦悖而入, 貨悖而入者, 亦悖而出. [悖, 布內反.]

이러한 까닭으로 말이 어긋나게 나간 것은 또한 거스르는 결과가 돌아오게
되고, 재화가 어긋나게 들어온 것은 또한 거스르는 결과가 도출된다. [悖자
는 '布(포)'자와 '內(내)'자의 반절음이다.]

章句 悖, 逆也. 此以言之出入, 明貨之出入也. 自先謹乎德以下至
此, 又因財貨以明能絜矩與不能者之得失也.

'패(悖)'자는 거스른다는 뜻이다. 이것은 말의 출입을 가지고 재화의 출입
을 밝힌 것이다. '선근호덕(先謹乎德)'이라는 말로부터 이곳 기록까지는
또한 재화로 인하여 혈구지도를 따를 수 있는 자와 따를 수 없는 자의
득실을 밝힌 것이다.

【058】

康誥曰: "惟命不于常." 道善則得之, 不善則失之矣.

「강고」에서는 "천명은 일정한 곳에 있지 않도다."라고 했다. 이것은 선하면 얻게 되고 불선하면 잃게 됨을 말한 것이다.

章句 道, 言也. 因上文引文王詩之意而申言之, 其丁寧反覆之意益深切矣.

'도(道)'자는 말한다는 뜻이다. 앞에서 「문왕」편의 시를 인용한 뜻에 기인하여 거듭 설명한 것이니, 간곡하게 반복하는 뜻이 매우 깊고도 간절하다.

【059】

楚書曰: "楚國無以爲寶, 惟善以爲寶."

「초서」에서는 "초나라에는 보물로 여길 것이 없으니, 오직 선한 자를 보물로 여길 뿐이다."라고 했다.

章句 楚書, 楚語. 言不寶金玉而寶善人也.

'초서(楚書)'는 「초어(楚語)」편이다. 금이나 옥을 보배로 여기지 않고 선한 자를 보배로 여겨야 함을 말한 것이다.

【060】

舅犯曰: "亡人無以爲寶, 仁親以爲寶."

구범은 "도망 온 자는 재화를 보물로 여기지 말아야 하니, 오직 부모를 친애하는 것을 보물로 여겨야 한다."라고 했다.

章句 舅犯, 晉文公舅狐偃, 字子犯. 亡人, 文公時爲公子, 出亡在外也. 仁, 愛也. 事見檀弓. 此兩節又明不外本而內末之意.

'구범(舅犯)'은 진나라 문공의 외삼촌인 호언(狐偃)으로, 자(字)는 자범(子犯)이다. '망인(亡人)'은 문공은 당시 공자의 신분이었는데 망명하여 해외에 머물러 있었다. '인(仁)'자는 사랑한다는 뜻이다. 이 일화는 『예기』「단궁(檀弓)」편에 나온다. 이 두 문단은 또한 근본을 밖으로 하고 말단을 안으로 하지 말아야 한다는 뜻을 나타내고 있다.

【061】

秦誓曰: "若有一介臣, 斷斷兮, 無他技, 其心休休焉, 其如有容焉. 人之有技, 若己有之. 人之彦聖, 其心好之, 不啻若自其口出, 寔能容之, 以能保我子孫黎民, 尙亦有利哉! 人之有技, 媢嫉以惡之. 人之彦聖, 而違之, 俾不通, 寔不能容, 以不能保我子孫黎民, 亦曰殆哉!"

[个, 古賀反. 書作介. 斷, 丁亂反. 媢, 音冒.]

「진서」에서는 "만약 정직하고 굳건한 신하가 있다면 정성스럽고 한결같아 다른 재주가 없으나 그 마음이 너그럽고 관대하여 마치 포용함이 있는 것과 같을 것이다. 다른 사람이 가진 재주를 마치 자기가 가지고 있는 것처럼 좋아한다. 또 다른 사람이 아름답고 두루 통해 해박한 선비의 기상을 지니고 있다면 마음으로 그를 좋아하여, 그 마음이 입으로 칭송하는 것보다 크니, 이것은 그를 포용할 수 있어서 이를 통해 나의 자손과 백성들을 보존할 수 있고 또한 이로움도 생길 것이다! 이와 반대로 한다면 다른 사람이 가진 재주를 질시하여 그를 미워한다. 또 다른 사람이 아름답고 두루 통해 해박한 선비의 기상을 지니고 있다면 그를 막고 가리며 어그러뜨려서 그의 공적이 군주에게 알려지지 않게끔 하니, 이것은 포용할 수 없는 것으로, 이를 통해 나의 자손과 백성들을 보존할 수 없을 것이며 또한 위태롭게 될 것이다!"라고 했다. [「个'자는 '古(고)'자와 '賀(하)'자의 반절음이며, 『서』에서는 '介'자로 기록한다. '斷'자는 '丁(정)'자와 '亂(란)'자의 반절음이다. '媢'자의 음은 '冒(모)'이다.]

章句 秦誓, 周書. 斷斷, 誠一之貌. 彦, 美士也. 聖, 通明也. 尙, 庶幾也. 媢, 忌也. 違, 拂戾也. 殆, 危也.

'진서(秦誓)'는 『서』「주서(周書)」에 속한 편이다. '단단(斷斷)'은 정성스럽고 한결같은 모습을 뜻한다. '언(彦)'자는 아름다운 선비를 뜻한다. '성(聖)'자는 두루 통해 밝다는 뜻이다. '상(尙)'자는 거의[庶幾]라는 뜻이다. '모(媢)'자는 시기한다는 뜻이다. '위(違)'자는 어그러트린다는 뜻이다. '태(殆)'자는 위태롭다는 뜻이다.

【062】

唯仁人放流之, 迸諸四夷, 不與同中國. 此謂唯仁人, 爲能愛人, 能惡人. [迸, 讀爲屛, 古字通用, 屛, 必正反, 除也.]

오직 인자한 자만이 이들을 내쳐서 사방 오랑캐 지역에 머물도록 하고 같이 중원에 있지 못하도록 할 수 있다. 이러한 것들을 오직 인자한 자만이 선한 사람을 사랑할 수 있고, 불선한 사람을 미워할 수 있다고 부른다. ['迸'자는 屛자로 풀이하니, 고자에서는 통용되었으며, '屛'자는 '必(필)'자와 '正(정)'자의 반절음으로, 제거한다는 뜻이다.]

章句 迸, 猶逐也. 言有此媢疾之人, 妨賢而病國, 則仁人必深惡而痛絶之. 以其至公無私, 故能得好惡之正如此也.

'병(迸)'자는 쫓아낸다는 뜻이다. 이처럼 시기하는 사람이 있어서 현명한 자를 방해하고 나라를 병들게 한다면, 인자한 사람이 반드시 그를 깊이 미워하여 통렬하게 끊어낸다는 뜻이다. 즉 그는 지극히 공평하고 삿됨이 없기 때문에 좋아함과 싫어함의 올바름을 얻음이 이와 같은 것이다.

【063】

見賢而不能擧, 擧而不能先, 命也. 見不善而不能退, 退而不能遠, 過也. [遠, 去聲.]

소인은 현명한 자를 보더라도 천거할 수 없고, 천거하더라도 자기보다 윗자리에 천거할 수 없으니, 이것은 태만한 것이다. 소인은 불선한 자를 보더라도 그를 물러나게 할 수 없고, 물러나게 하더라도 멀리 물리치지 못하니, 이것은 과실이다. [‘遠’자는 거성으로 읽는다.]

章句 命, 鄭氏云: “當作慢.” 程子云: “當作怠.” 未詳孰是. 若此者, 知所愛惡矣, 而未能盡愛惡之道, 蓋君子而未仁者也.

‘명(命)’자에 대해 정현은 “마땅히 ‘만(慢)’자가 되어야 한다.”라고 했고, 정자는 “마땅히 ‘태(怠)’자가 되어야 한다.”라고 했는데, 누구의 주장이 옳은지는 모르겠다. 이와 같은 자는 친애하거나 미워해야 하는 것은 알지만, 친애함과 미워함의 도리는 다할 수 없으니, 군자이지만 아직 인(仁)을 이루지는 못한 자이다.

【064】
好人之所惡, 惡人之所好, 是謂拂人之性, 菑必逮夫身. [菑, 古災字. 夫, 音扶.]

사람들이 싫어하는 것들을 좋아하고, 사람들이 좋아하는 것을 싫어한다면, 이를 두고 사람의 성품을 어긴다고 부르니, 재앙이 반드시 그에게 이르게 될 것이다. [‘菑’자는 ‘災’자의 고자이다. ‘夫’자의 음은 ‘扶(부)’이다.]

章句 拂, 逆也. 好善而惡惡, 人之性也; 至於拂人之性, 則不仁之甚者也. 自秦誓至此, 又皆以申言好惡公私之極, 以明上文所引南山有臺 · 節南山之意.

‘불(拂)’자는 거스른다는 뜻이다. 선을 좋아하고 악을 싫어하는 것은 사람의 본성이다. 그런데 사람의 본성을 어기는 지경에 이르게 되면 불인함이 심한 자이다. 「진서(秦誓)」를 인용한 구문으로부터 이곳까지는 또한 좋아함과 싫어함 또 공과 사의 지극함을 거듭 말하여, 앞에서 「남산유대(南山有臺)」편과 「절남산(節南山)」편의 시를 인용한 뜻을 밝힌 것이다.

【065】

是故君子有大道, 必忠信以得之, 驕泰以失之.

이러한 까닭으로 군자에게는 큰 도가 있으니, 반드시 충심과 신의를 통해 그것을 얻고, 교만하게 굴면 그것을 잃게 된다.

章句 君子, 以位言之. 道, 謂居其位而修己治人之術. 發己自盡爲忠, 循物無違謂信. 驕者矜高, 泰者侈肆. 此因上所引文王 · 康誥之意而言. 章內三言得失, 而語益加切, 蓋至此而天理存亡之幾決矣.

'군자(君子)'라는 말은 지위를 기준으로 한 말이다. '도(道)'는 해당 지위에 올라 자신을 수양하고 남을 다스리는 방책을 뜻한다. 자신의 본심을 드러내어 스스로 다하는 것은 '충(忠)'이 되고, 다른 대상에 따르며 어김이 없는 것을 '신(信)'이라고 부른다. '교(驕)'는 자랑하고 과시하는 것이며, '태(泰)'는 사치하고 제멋대로 하는 것이다. 이것은 앞에서 「문왕(文王)」 편의 시와 「강고(康誥)」편의 기록을 인용한 뜻에 따라 말한 것이다. 전(傳) 10장 안에서는 득실을 논한 것이 세 차례인데, 그 말이 더욱 간절해지니, 이에 이르게 되면 천리가 보존되거나 망하게 되는 기틀이 결정된다.

【066】

生財有大道, 生之者衆, 食之者寡, 爲之者疾, 用之者舒, 則財恒足矣. [恒, 胡登反]

재물을 증식하는 데에는 큰 도가 있으니, 생산하는 자가 많고 소비하는 자가 적으며, 만들어내는 자가 신속히 하고 쓰는 자가 더디게 한다면, 재물은 항상 풍족하게 될 것이다. ['恒'자는 '胡(호)'자와 '登(등)'자의 반절음이다.]

章句 呂氏曰: 國無遊民, 則生者衆矣; 朝無幸位, 則食者寡矣; 不奪農時, 則爲之疾矣; 量入爲出, 則用之舒矣.

여씨가 말하길, 나라에 하는 일 없이 노니는 백성이 없다면 생산하는 자가 많아질 것이며, 조정에 요행으로 지위를 차지한 자가 없다면 녹봉을 받는 자가 적을 것이다. 또 농사짓는 시기를 빼앗지 않는다면 그 일에 힘쓰는 자가 신속히 할 것이고, 수입을 헤아려 지출을 한다면 재물을 사용하는데 더디게 할 것이다.

章句 愚按: 此因有土有財而言, 以明足國之道在乎務本而節用, 非必外本內末而後財可聚也. 自此以至終篇, 皆一意也.

내가 생각하기에, 이 문장은 유토(有土)와 유재(有財)라는 말로 인해 말한 것이니, 이를 통해 나라를 풍족하게 만드는 도는 근본에 힘쓰고 쓰는 것을 절약함에 있는 것이며, 근본을 밖으로 하고 말단을 안으로 한 이후에 재물을 모을 수 있는 것이 아님을 나타낸다. 이 구문으로부터 끝까지는 모두 동일한 뜻이다.

【067】

仁者以財發身, 不仁者以身發財.

인자한 자는 재물을 통해 자신을 일으키고, 인자하지 못한 사람은 자신을 통해 재물을 일으킨다.

章句 發, 猶起也. 仁者散財以得民, 不仁者亡身以殖貨.

'발(發)'자는 일으킨다는 뜻이다. 인자한 자는 재물을 베풀어 백성들의 마음을 얻고, 인자하지 못한 자는 자신을 망쳐 재물을 증식한다.

【068】

未有上好仁而下不好義者也, 未有好義其事不終者也, 未有府庫財非其財者也.

윗사람이 인을 좋아하는데도 아랫사람이 의로움을 좋아하지 않는 경우는 없고, 아랫사람이 의로움을 좋아하는데도 일이 완수되지 않는 경우가 없으니, 이것은 마치 자기 창고에 쌓인 재물이 자기 소유가 아닌 것이 없는 경우와 같다.

章句 上好仁以愛其下, 則下好義以忠其上; 所以事必有終, 而府庫之財無悖出之患也.

윗사람이 인을 좋아하여 아랫사람을 친애한다면 아랫사람은 의를 좋아하여 윗사람에게 충성을 다하니, 일은 반드시 완수되고, 창고의 재물이 어긋나게 나가는 우환이 없게 되는 이유이다.

【069】

孟獻子曰: "畜馬乘, 不察於雞豚. 伐冰之家, 不畜牛羊. 百乘之家, 不畜聚斂之臣, 與其有聚斂之臣, 寧有盜臣." 此謂國不以利爲利, 以義爲利也.

맹헌자는 "처음 대부에 올라 네 필의 말을 키우는 집에서는 닭이나 돼지를 기르는 작은 이로움을 살피지 않는다. 경과 대부처럼 얼음을 쓰는 집에서는 소와 양을 길러 작은 이로움을 취하지 않는다. 채지를 가지고 있어 100대의 수레를 출자할 수 있는 집에서는 세금을 거두는데 급급한 신하를 기르지 않으니, 세금을 거두는데 급급한 신하를 두기보다는 차라리 도적질하는 신하를 두는 것이 낫다."라고 했다. 이것을 국(國)에서는 재물의 이로움을 이로움으로 여기지 않고 의로움을 이로움으로 여긴다고 부른다.

章句 孟獻子, 魯之賢大夫仲孫蔑也. 畜馬乘, 士初試爲大夫者也. 伐冰之家, 卿大夫以上, 喪祭用冰者也. 百乘之家, 有采地者也. 君子寧亡己之財, 而不忍傷民之力; 故寧有盜臣, 而不畜聚斂之臣. 此謂以下, 釋獻子之言也.

'맹헌자(孟獻子)'는 노나라의 현명한 대부인 중손멸이다. '흑마승(畜馬乘)'은 사가 처음으로 중용되어 대부가 된 자를 뜻한다. '벌빙지가(伐冰

之家)'는 경과 대부 이상의 계층으로, 상례와 제례에 얼음을 쓰는 자들이다. '백승지가(百乘之家)'는 채지를 소유한 자들을 뜻한다. 군자는 차라리 자기의 재물을 잃을지언정 백성들의 힘에 해를 끼치는 것은 차마하지 못한다. 그렇기 때문에 차라리 도적질하는 신하를 둘지언정 세금을 거두는데 급급한 신하를 기르지 않는다. '차위(此謂)'로부터 그 뒤의 말은 맹헌자의 말을 풀이한 것이다.

【070】

長國家而務財用者, 必自小人矣. 彼爲善之, 小人之使爲國家, 菑害並至, 雖有善者, 亦無如之何矣. 此謂國不以利爲利, 以義爲利也.

국가의 수장인 자가 재용에 힘쓰는 자는 반드시 소인으로부터 시작된다. 저 소인으로 하여금 나라와 집안을 다스리게 한다면, 재앙과 해악이 모두 이르게 될 것이니, 비록 잘하는 자가 있더라도 어찌할 수 없게 된다. 이것을 국(國)에서는 재물의 이로움을 이로움으로 여기지 않고 의로움을 이로움으로 여긴다고 부른다.

章句 "彼爲善之", 此句上下, 疑有闕文誤字.

'피위선지(彼爲善之)'라고 했는데, 이 구문 앞뒤로 빠진 글자가 있거나 잘못 기록된 글자가 있는 것 같다.

章句 自, 由也, 言由小人導之也. 此一節, 深明以利爲利之害, 而重言以結之, 其丁寧之意切矣.

'자(自)'자는 "~로부터[由]"라는 뜻이니, 소인이 그렇게 이끄는 것에서 비롯되었다는 뜻이다. 이 문단은 이로움을 이로움으로 삼았을 때 발생하는 피해를 깊이 밝히고 거듭 말해서 결론을 맺었으니, 간절한 뜻이 절실히 나타나고 있다.

右傳之十章. 此章之義, 務在與民同好惡而不專其利, 皆推廣
絜矩之意也. 能如是, 則親賢樂利各得其所, 而天下平矣.

여기까지는 전(傳) 10장에 해당한다. 이 장의 뜻은 백성들과 좋아함이나
싫어함을 함께 하고 그 이로움을 독차지하지 않는데 힘쓰는 것으로, 이
모두는 혈구지도의 뜻을 미루어 확대한 것이다. 이처럼 할 수 있다면 친
애함·현명함·즐겁게 함·이롭게 함이 각각 제자리를 얻게 되어 천하가
평안하게 될 것이다.

右釋治國平天下.

여기까지는 '석치국평천하(釋治國平天下)'에 대한 내용이다.

凡傳十章, 前四章統論綱領指趣, 後六章細論條目功夫. 其第
五章乃明善之要, 第六章乃誠身之本, 在初學尤爲當務之急, 讀者不
可以其近而忽之也.

전의 총 10개 장 중 앞의 4개 장은 삼강령이 의미하는 뜻을 총괄적으로
논의하였고, 그 뒤의 6개 장은 8조목의 공부를 세밀하게 논의하였다. 제
5장은 선을 밝히는 핵심이고, 제 6장은 자신을 정성스럽게 하는 근본이
니, 초학자가 더욱 힘써야 할 급선무가 된다. 따라서 이 글을 읽는 자들은
그 말이 천근하다고 하여 소홀히 여겨서는 안 된다.

禮記類編大全卷之十三

『예기유편대전』 13권

◈ 中庸第十二 朱子章句 / 「중용」 12편 주자장구

類編 程子曰: "不偏之謂中, 不易之謂庸. 中者, 天下之正道. 庸者, 天下之定理. 此篇乃孔門傳授心法, 子思筆之於書, 以授孟子. 其書始言一理, 中散爲萬事, 末復合爲一理." 朱子曰: "聞之先君子, 大學者, 此篇之戶庭, 而此篇則大學之闌奧也." 此書亦有朱子章句.

정자는 "편벽되지 않음을 '중(中)'이라고 부르고, 바뀌지 않는 것을 '용(庸)'이라고 부른다. '중(中)'은 천하의 바른 도이며, '용(庸)'은 천하의 확정된 이치이다. 「중용」편은 공자문하에서 전수해온 심법(心法)인데, 자사가 그것을 문서에 기록하여 맹자에게 전수하였다. 이 문헌은 처음에는 하나의 이치를 말하고 있는데, 중간에는 그 내용이 모든 사안을 다루고 있고, 끝에서는 다시 합치 되어 하나의 이치로 모아진다."라 했다. 주자는 "선대 군자에게 듣기로, 「대학」은 이 편의 마당에 해당하고, 이 편은 「대학」의 내실에 해당한다."라 했다. 이 기록에 대해서도 『주자장구』가 있다.

類編 本居坊記之下. 今分九節.

본래는 『예기』「방기(坊記)」편 뒤에 수록되어 있었다. 지금은 9개 절로 분절한다.

「중용」편 문장 순서 비교		
『예기집설』	『예기유편대전』	
	구분	문장
	統論	001
		002
		003
		004
		005
	言中庸應天命之性	006
		007

「중용」편 문장 순서 비교		
『예기집설』	『예기유편대전』	
	구분	문장
		008
		009
		010
		011
		012
		013
		014
		015
		016
		017
		018
		019
		020
		021
		022
		023
		024
		025
		026
		027
		028
		029
		030
	言費隱應道不可離	031
		032
		033
		034
		035
		036
		037
		038
		039
	言微顯應莫見乎隱	040
		041

「중용」편 문장 순서 비교		
『예기집설』	『예기유편대전』	
	구분	문장
		042
		043
		044
		045
		046
		047
		048
		049
		050
		051
		052
		053
		054
		055
		056
		057
		058
		059
		060
		061
		062
		063
		064
		065
		066
	極言脩身治人應大本達道	067
		068
		069
		070
		071
		072
		073
		074
		075

『예기집설』	『예기유편대전』	
	「중용」편 문장 순서 비교	
	구분	문장
		076
		077
		078
		079
	專言誠應致中和而位育	080
		081
		082
		083
		084
		085
		086
		087
		088
		089
		090
		091
		092
		093
		094
		095
		096
	言聖人之道貫脩道之敎	097
		098
		099
		100
		101
		102
		103
		104
		105
		106
		107
		108
		109

『예기집설』	『예기유편대전』	
	「중용」편 문장 순서 비교	
	구분	문장
		110
		111
		112
		113
		114
	言聖人之德包率性之道	115
		116
		117
		118
		119
		120
		121
		122
		123
	贊道德之妙而極夫天命之性	124
		125
		126
		127
		128
		129

◇ 통론(統論)

【001】

天命之謂性, 率性之謂道, 修道之謂教.

하늘이 명령한 것을 성(性)이라고 부르고, 성에 따르는 것을 도(道)라고 부르며, 도를 다스리는 것을 교(敎)라고 부른다.

> 章句　命, 猶令也. 性, 卽理也. 天以陰陽五行化生萬物, 氣以成形, 而理亦賦焉, 猶命令也. 於是人物之生, 因各得其所賦之理, 以爲健順五常之德, 所謂性也. 率, 循也. 道, 猶路也. 人物各循其性之自然, 則其日用事物之間, 莫不各有當行之路, 是則所謂道也. 脩, 品節之也. 性道雖同, 而氣稟或異, 故不能無過不及之差, 聖人因人物之所當行者而品節之, 以爲法於天下, 則謂之敎, 若禮樂刑政之屬是也. 蓋人知己之有性, 而不知其出於天, 知事之有道, 而不知其由於性, 知聖人之有敎, 而不知其因吾之所固有者裁之也, 故子思於此首發明之, 而董子所謂道之大原出於天, 亦此意也.

'명(命)'자는 "명령하다[令]."는 뜻이다. '성(性)'자는 이치[理]를 뜻한다. 하늘은 음양과 오행을 통해 만물을 화생하는데 기를 통해 형체를 이루며 이치 또한 부여하니, 이것은 명령(命令)을 내리는 것과 같다. 이에 사람과 사물이 태어나며, 각각 부여받은 이치에 따라서 이것을 굳세고 유순한 오상(五常)의 덕으로 삼으니, 이른바 성(性)이라는 것이다. '솔(率)'자는 "따르다[循]."는 뜻이다. '도(道)'자는 길[路]이라는 뜻이다. 사람과 사물이 각기 자기 성(性)의 자연스러움에 따른다면 일상생활 속에서 각각 마땅히 시행해야 할 길이 없지 않으니, 이것을 '도(道)'라고 부른다. '수(脩)'자는 등급에 따라 절제함을 뜻한다. 성(性)과 도(道)가 비록 동일하더라도 부여받은 기에 있어서는 간혹 차이가 있다. 그렇기 때문에 지나치거나 미치지 못하는 차이가 없을 수 없으니, 성인은 사람과 사물이 마땅히 시행해야 하는 것에 따라서 등급에 따라 절제하여, 천하의 모범으로 삼으니, 이것을 '교(敎)'라고 부르는 것이며, 예(禮)·악(樂)·형(刑)·정(政)의 부류가 여기에 해당한다. 사람은 자신이 성(性)을 가지고 있다는 것만 알고, 그것이 하늘에서 비롯되었음을 모르며, 사안에 있어 그것의 도(道)가 있다는 것만 알고, 그것이 성(性)에서 비롯되었는지 모르며, 성인의 가르침이 있는 것만 알고, 그것이 내가 고유하게 가지고 있는 것에 따라 절제하는 것임을 모른다. 그렇기 때문에 자사는 「중용」 첫 부분에 그 사실을 드러내었으니, 동중서[1]가 "도의 큰 본원은 하늘에서 비롯된다."[2]라고 한 말 또한 이러한 의미를 나타낸다.

【002】
道也者, 不可須臾離也, 可離非道也. 是故君子戒愼乎其所不睹, 恐懼乎其所不聞. [離, 去聲.]

도(道)라는 것은 잠시도 벗어날 수 없으니, 벗어날 수 있다면 도(道)가 아니다. 이러한 까닭으로 군자는 아무도 보지 못하는 곳에서도 삼가고, 아무도 듣지 못하는 곳에서도 조심한다. ['離'자는 거성으로 읽는다.]

章句 道者, 日用事物當行之理, 皆性之德而具於心, 無物不有, 無時不然, 所以不可須臾離也. 若其可離, 則豈率性之謂哉? 是以君子之心常存敬畏, 雖不見聞, 亦不敢忽, 所以存天理之本然, 而不使離於須臾之頃也.

'도(道)'는 일상생활에서 마땅히 시행해야 하는 이치이니, 모두 성(性)의

---

1) 동중서(董仲舒, B.C.179 ~ B.C.104) : 전한(前漢) 때의 유학자이다. 호(號)는 계암자(桂巖子)이다. 『공양전(公羊傳)』을 공부하여, 박사(博士)를 지냈으며, 유학의 관학화에 기여를 하였다. 저서로는 『춘추번로(春秋繁露)』, 『동자문집(董子文集)』 등이 있다.

2) 『한서(漢書)』「동중서전(董仲舒傳)」 : 道之大原出於天, 天不變, 道亦不變, 是以禹繼舜, 舜繼堯, 三聖相受而守一道, 亡救弊之政也, 故不言其所損益也.

덕이 되며 마음에 갖춰져 있어서 이것을 갖추지 않은 사물이 없고, 이것에 따라 그렇지 않은 때도 없으니, 이것이 잠시도 떠날 수 없는 이유이다. 만약 떠날 수 있다면 어찌 성(性)에 따른 것이라 할 수 있겠는가? 이러한 까닭으로 군자의 마음은 항상 외경함을 보존하고 있어서, 비록 보거나 듣지 못하더라도 감히 소홀히 하지 않으니, 이것이 천리의 본연성을 보존하여 잠시라도 도에서 떠나지 않게 하는 것이다.

【003】

莫見乎隱, 莫顯乎微, 故君子愼其獨也. [見, 音現.]

가려진 곳보다 드러나는 것이 없고, 미미한 것보다 나타나는 것이 없으니, 그러므로 군자는 홀로 한가롭게 있을 때의 행동을 조심한다. ['見'자의 음은 '現(현)'이다.]

章句 隱, 暗處也. 微, 細事也. 獨者, 人所不知而己所獨知之地也. 言幽暗之中, 細微之事, 跡雖未形而幾則已動, 人雖不知而己獨知之, 則是天下之事無有著見明顯而過於此者. 是以君子旣常戒懼, 而於此尤加謹焉, 所以遏人欲於將萌, 而不使其滋長於隱微之中, 以至離道之遠也.

'은(隱)'자는 어두운 곳이다. '미(微)'자는 세세한 일이다. '독(獨)'은 사람들이 모르고 자신만 알고 있는 장소를 뜻한다. 어두운 장소나 세세한 일에 있어서 그 자취가 비록 드러나지 않더라도 그 기미가 이미 움직였고, 사람들이 비록 알지 못하지만 자신이 알고 있다면, 천하의 일 중에 현격히 드러나는 것에는 이보다 심한 것이 없다. 이러한 까닭으로 군자는 항상 경계하면서도 이러한 부분에 대해서는 더욱 신중을 기하니, 싹이 트려고 할 때 인욕을 막아서 은미한 곳에서 자라나 도에서 멀리 떨어지는 지경에 이르지 않게끔 하는 것이다.

【004】

喜怒哀樂之未發謂之中, 發而皆中節謂之和. 中也者, 天下之大本
也. 和也者, 天下之達道也. [樂, 音洛. 中節之中, 去聲.]

기쁨·성냄·슬픔·즐거움이 아직 나타나지 않은 것을 중(中)이라 부르고,
나타나서 모두 절도에 맞는 것을 화(和)라 부른다. 중(中)이라는 것은 천하
의 큰 근본이다. 화(和)라는 것은 천하의 통용되는 도이다. ['樂'자의 음은 '洛
(낙)'이다. '中節'에서의 '中'자는 거성으로 읽는다.]

章句 喜怒哀樂, 情也. 其未發, 則性也, 無所偏倚, 故謂之中. 發皆
中節, 情之正也, 無所乖戾, 故謂之和. 大本者, 天命之性, 天下之理
皆由此出, 道之體也. 達道者, 循性之謂, 天下古今之所共由, 道之用
也. 此言性情之德, 以明道不可離之意.

기쁨·성냄·슬픔·즐거움은 정(情)에 해당한다. 그것이 아직 나타나지
않았다면 성(性)에 해당하여, 치우친 것이 없다. 그렇기 때문에 '중(中)'
이라고 부른다. 나타났는데 모두 절도에 맞는 것은 정(情) 중에서도 바른
것이니, 어긋나는 바가 없기 때문에 '화(和)'라고 부른다. '대본(大本)'은
하늘이 명령한 성(性)이니, 천하의 이치는 모두 여기에서 비롯되어, 도
(道)의 본체가 된다. '달도(達道)'는 성(性)에 따른다는 뜻이니, 천하의
모든 사물과 고금의 모든 사물이 말미암는 바로, 도(道)의 작용이 된다.
이것은 성(性)과 정(情)의 덕을 말하여, 도를 떠날 수 없다는 뜻을 나타
내었다.

【005】

致中和, 天地位焉, 萬物育焉.

중(中)과 화(和)를 지극히 하면, 천지가 바르게 되며, 만물이 생장한다.

章句 致, 推而極之也. 位者, 安其所也. 育者, 遂其生也. 自戒懼而

約之, 以至於至靜之中, 無少偏倚, 而其守不失, 則極其中而天地位
矣. 自謹獨而精之, 以至於應物之處, 無少差謬, 而無適不然, 則極其
和而萬物育矣. 蓋天地萬物本吾一體, 吾之心正, 則天地之心亦正
矣, 吾之氣順, 則天地之氣亦順矣. 故其效驗至於如此. 此學問之極
功聖人之能事, 初非有待於外, 而修道之敎亦在其中矣. 是其一體一
用雖有動靜之殊, 然必其體立而後用有以行, 則其實亦非有兩事也.
故於此合而言之, 以結上文之意.

'치(致)'자는 미루어서 지극히 한다는 뜻이다. '위(位)'자는 그 자리를 편
안히 여긴다는 뜻이다. '육(育)'자는 생장함을 이룬다는 뜻이다. 스스로
경계하고 조심하여 가다듬어서, 지극히 고요한 가운데에 조금이라도 편
벽됨이 없고 지킴을 잃지 않는 경지에 도달한다면, 그 중(中)을 지극히
하여 천지가 자신의 자리에서 편안하게 여기게 된다. 스스로 홀로 있을
때 삼가고 정밀히 시행하여, 사물과 호응하는 곳에서도 조금이라도 착오
를 일으킴이 없고 가는 곳마다 그렇지 않음이 없는 경지에 도달한다면,
그 화(和)를 지극히 하여 만물이 생장하게 된다. 천지와 만물은 본래 나
와 한 몸이니, 내 마음이 바르다면 천지의 마음 또한 바르게 되고, 내
기운이 순응한다면 천지의 기운 또한 순응하게 된다. 그러므로 그 효과가
이러한 경지에 도달하는 것이다. 이것은 학문의 지극한 공덕이며 성인이
할 수 있는 일인데, 애초에 외부에서 찾을 것이 없고, 도를 다스리는 가르
침 또한 그 안에 포함되어 있다. 이것은 하나의 본체와 하나의 작용에
있어서 비록 움직이거나 고요한 차이가 있더라도 반드시 그 본체가 확립
된 이후에야 작용도 시행될 수 있는 것이지만, 실상은 또한 각기 다른
별개의 사안이 아니다. 그렇기 때문에 이곳에서 함께 언급하여, 앞 문장
의 뜻을 결론 맺었다.

章句 右第一章. 子思述所傳之意以立言. 首明道之本原出於天而
不可易, 其實體備於己而不可離, 次言存養省察之要, 終言聖神功化

之極. 蓋欲學者於此反求諸身而自得之, 以去夫外誘之私, 而充其本
然之善, 楊氏所謂一篇之體要, 是也. 其下十章, 蓋子思引夫子之言,
以終此章之義.

여기까지는 제 1장이다. 자사가 전수받은 뜻을 조술하여 글로 지었다.
처음에는 도의 본원이 하늘에서 비롯되어 바꿀 수 없고, 그 실체는 자신
에게 갖춰져 있어서 떠날 수 없음을 밝혔으며, 그 다음에는 마음을 보존
하고 본성을 기르며 스스로를 돌이켜보는 요점을 언급했으며, 마지막으
로 성신(聖神)의 공업과 교화가 지극함을 언급했다. 학생들이 이를 통해
자신을 돌이켜보아 스스로 터득하고, 이를 통해 외적인 유혹의 사사로움
을 제거하고 본연의 선함을 확충하길 바란 것이니, 양씨가 이것은 「중용」
편의 요체라고 한 말은 옳다. 그 뒤의 10개 장은 자사가 공자의 말을
인용하여 이 장의 뜻을 결론 맺은 것이다.

類編 右統論.
여기까지는 '통론(統論)'에 대한 내용이다.

◇ '중용-응천명지성'을 말함[言中庸應天命之性]

【006】

仲尼曰: "君子中庸, 小人反中庸."

공자가 말하길, "군자는 중용을 하고, 소인은 중용을 반대로 한다."라 했다.

章句 中庸者, 不偏不倚無過不及, 而平常之理, 乃天命所當然, 精微之極致也. 惟君子爲能體之, 小人反是.

중용이라는 것은 편벽되지 않고 치우치지 않으며 지나치거나 미치지 못함이 없어서, 항상 따르는 이치이니, 천명의 당연한 바이며, 정밀하고 은미함이 지극한 것이다. 오직 군자만이 이것을 체득할 수 있고 소인은 이와 반대로 한다.

【007】

"君子之中庸也, 君子而時中. 小人之中庸也, 小人而無忌憚也."

계속하여 공자가 말하길, "군자가 중용을 함은 군자답고 때에 맞게 하는 것이다. 소인이 중용을 반대로 함은 소인답고 두려워하거나 어려워함이 없는 것이다."라 했다.

章句 王肅本作"小人之反中庸也", 程子亦以爲然. 今從之.

『왕숙본』에는 '소인지반중용야(小人之反中庸也)'라고 기록되어 있고, 정자 또한 그것이 옳다고 여겼다. 이곳에서는 그에 따른다.

章句 君子之所以爲中庸者, 以其有君子之德, 而又能隨時以處中也. 小人之所以反中庸者, 以其有小人之心, 而又無所忌憚也. 蓋中無定體, 隨時而在, 是乃平常之理也. 君子知其在我, 故能戒謹不睹恐懼不聞, 而無時不中. 小人不知有此, 則肆欲妄行, 而無所忌憚矣.

군자가 중용을 시행하는 이유는 군자의 덕을 갖추고 있고 또 때에 따라
중(中)에 알맞을 수 있기 때문이다. 소인이 중용을 반대로 하는 이유는
소인의 마음을 갖추고 있고 또 거리낌이 없기 때문이다. 중(中)은 고정된
본체가 없고 때에 따라 존재하니, 이것은 항상 따르는 이치가 된다. 군자
는 그것이 나에게 있음을 알았기 때문에, 보지 못하는 곳에서도 삼가고
듣지 못하는 곳에서도 두려워하여 때에 따라 중(中)에 맞지 않는 경우가
없다. 소인은 이것을 지니고 있음을 몰라서 욕심에 따라 망령되게 행동하
며 거리낌이 없다.

章句 右第二章. 此下十章, 皆論中庸以釋首章之義. 文雖不屬, 而
意實相承也. 變和言庸者, 游氏曰, "以性情言之, 則曰中和, 以德行
言之, 則曰中庸", 是也. 然中庸之中, 實兼中和之義.

여기까지는 제 2장이다. 그 이하의 10개 장은 모두 중용을 논의하여 첫
장의 뜻을 풀이하였다. 문맥이 비록 연결되지 않더라도 그 의미는 실제로
서로 이어진다. '화(和)'자를 바꿔서 용(庸)자로 기록한 것에 대해 유씨[1]
는 "성정(性情)으로 말을 한다면 중화(中和)라고 부르며, 덕행(德行)으
로 말을 한다면 중용(中庸)이라고 부른다."라고 했다. 그러나 '중용(中
庸)'의 중(中)자에는 실제로 중화(中和)의 의미가 포함되어 있다.

【008】
子曰: "中庸其至矣乎! 民鮮能久矣."
공자가 말하길, "중용은 지극하도다! 그러나 백성들 중에 잘할 수 있는 이

---

1) 유초(游酢, A.D.1053 ~ A.D.1123) : =광평유씨(廣平游氏)·유씨(游氏)·유정부
(游定夫). 북송(北宋) 때의 학자이다. 자(字)는 정부(定夫)이고, 호(號)는 광평
(廣平)이다. 저서로는 『논어맹자잡해(論語孟子雜解)』·『역설(易說)』·『중용의
(中庸義)』 등이 있다.

가 적은 지가 오래되었다."라 했다.

[章句] 過則失中, 不及則未至, 故惟中庸之德爲至. 然亦人所同得, 初無難事, 但世敎衰, 民不興行, 故鮮能之, 今已久矣. 論語無能字.
지나치면 중(中)을 잃고, 미치지 못하면 이르지 못한다. 그렇기 때문에 오직 중용의 덕만이 지극함이 된다. 그러나 또한 사람이 동일하게 얻은 것이므로, 애초에는 어려울 일이 없지만, 세상의 교화가 쇠퇴하고 백성들이 잘 따르지 않았기 때문에, 잘 할 수 있는 자가 드물게 된 것이 이미 오래되었다. 『논어』에는 '능(能)'자가 없다.[2]

[章句] 右第三章.
여기까지는 제 3장이다.

【009】

子曰: "道之不行也, 我知之矣, 知者過之, 愚者不及也. 道之不明也, 我知之矣, 賢者過之, 不肖者不及也." [知者之知, 去聲.]
공자가 말하길, "도가 시행되지 않는 이유를 나는 알고 있으니, 지혜로운 자는 지나치고 어리석은 자는 미치지 못하기 때문이다. 도가 밝혀지지 않는 이유를 나는 알고 있으니, 현명한 자는 지나치고 불초한 자는 미치지 못하기 때문이다."라 했다. ['知者'에서의 '知'자는 거성으로 읽는다.]

[章句] 道者, 天理之當然, 中而已矣. 知愚賢不肖之過不及, 則生稟之異而失其中也. 知者知之過, 旣以道爲不足行; 愚者不及知, 又不知所以行, 此道之所以常不行也. 賢者行之過, 旣以道爲不足知; 不肖者不及行, 又不求所以知, 此道之所以常不明也.

---

2) 『논어』「옹야(雍也)」: 子曰, "中庸之爲德也, 其至矣乎! 民鮮久矣."

도(道)는 천리의 당연함인데 중(中)일 따름이다. 지혜롭고 어리석으며 현명하고 불초한 자들이 지나치거나 미치지 못한다면, 태어날 때 부여받은 것이 다르고 중(中)을 잃어버린 것이다. 지혜로운 자는 지혜가 지나쳐서 이미 도(道)에 대해 족히 행할 것이 못된다고 여기고, 어리석은 자는 지혜가 미치지 못하고 또 행하는 방법도 모르니, 이것은 도가 항상 시행되지 않는 이유이다. 현명한 자는 행실이 자니치고 이미 도(道)에 대해 족히 알 것이 못된다고 여기고, 불초한 자는 행실이 미치지 못하고 또 알 수 있는 방법을 찾지 않으니, 이것은 도가 항상 드러나지 않는 이유이다.

【010】

"人莫不飲食也, 鮮能知味也."

계속하여 공자가 말하길, "사람들 중에 음식을 먹지 않는 자가 없지만, 그 맛을 제대로 아는 자는 드물다."라 했다.

章句 道不可離, 人自不察, 是以有過不及之弊.

도는 떠날 수 없지만 사람 스스로 살피지 않으니, 이러한 이유로 지나치거나 미치지 못하는 폐단이 발생한다.

章句 右第四章.

여기까지는 제 4장이다.

【011】

子曰: "道其不行矣夫." [音扶.]

공자가 말하길, "도는 시행되지 못하겠구나."라 했다. ['夫'자의 음은 '扶(부)'이다.]

章句 由不明, 故不行.

밝지 못하는 것에서 비롯되기 때문에 시행되지 못한다.

章句 右第五章. 此章承上章而擧其不行之端, 以起下章之意.

여기까지는 제 5장이다. 이 장은 앞장의 내용을 이어서 시행되지 않는다는 단서를 들어 뒷장의 뜻을 이끌어냈다.

【012】

子曰: "舜其大知也與. 舜好問而好察邇言, 隱惡而揚善, 執其兩端, 用其中於民, 其斯以爲舜乎!" [知, 去聲. 與, 平聲. 好, 去聲.]

공자가 말하길, "순임금은 큰 지혜를 갖춘 분이구나. 순임금은 묻기를 좋아하셔서 천근한 말이라도 살피기를 좋아하셨고, 그 말의 나쁜 점은 가려주고 좋은 점은 드러냈으며, 양 끝단을 잡고서 백성들에게는 알맞은 것을 사용하셨으니, 이러한 이유로 순임금이라 하는 것이구나!"라고 했다. ['知'자는 거성으로 읽는다. '與'자는 평성으로 읽는다. '好'자는 거성으로 읽는다.]

章句 舜之所以爲大知者, 以其不自用而取諸人也. 邇言者, 淺近之, 猶必察焉, 其遺善可知. 然於其言之未善者則隱而不宣, 其善者則播而不匿, 其廣大光明又如此, 則人孰不樂告以善哉. 兩端, 謂衆論不同之極致. 蓋凡物皆有兩端, 如小大厚薄之類, 於善之中又執其兩端, 而量度以取中, 然後用之, 則其擇之審而行之至矣. 然非在我之權度精切不差, 何以與此? 此知之所以無過不及, 而道之所以行也.

순임금이 크게 지혜로운 자가 될 수 있는 이유는 자기만의 지혜를 쓰지 않고 남의 지혜를 취했기 때문이다. '이언(邇言)'은 천근한 말인데도, 오히려 반드시 살폈으니, 선을 남겨두는 일이 없었음을 알 수 있다. 그런데 그 말 중에서 선하지 못한 것은 숨겨주어 드러내지 않았고, 선한 것은 전파해서 가려두지 않았으니, 광대하고 밝음이 또한 이와 같았으므로,

사람들 중 그 누가 선을 즐거이 고하지 않았겠는가? '양단(兩端)'은 중론이 일어나 의견이 다를 때의 양 끝점을 뜻한다. 모든 사물들은 모두 양극단을 가지고 있으니, 작고 큼 두텁고 엷은 등의 부류와 같은 것으로, 선한 것 가운데에서도 또한 양 극단을 잡고서 자세히 헤아려 중(中)을 취했고, 그런 뒤에야 사용을 했으니, 선택함이 자세하였고 시행함이 지극하였다. 그러나 자신에게 있는 헤아림과 간절한 노력에 어긋나지 않는 자가 아니라면 어떻게 이처럼 하겠는가? 이것은 지나치거나 미치지 못함이 없는 이유와 도가 시행되는 이유를 알고 있었기 때문이다.

章句 第六章.
여기까지는 제 6장이다.

【013】
子曰: "人皆曰予知, 驅而納諸罟擭陷阱之中, 而莫之知辟也. 人皆曰予知, 擇乎中庸, 而不能期月守也." [予知之知, 去聲. 罟, 音古. 擭, 胡化反. 阱, 才性反. 辟, 避同. 期, 居之反]
공자가 말하길, "사람들은 모두 자신이 지혜롭다고 하는데, 그를 몰아 그물이나 함정에 빠트리더라도 피할 줄을 모른다. 또 사람들은 모두 자신이 지혜롭다고 하는데, 중용을 택하여 시행하더라도 몇 개월을 지켜내지 못한다."라 했다. ['予知'자에서의 '知'자는 거성으로 읽는다. '罟'자의 음은 '古(고)'이다. '擭'자는 '胡(호)'자와 '化(화)'자의 반절음이다. '阱'자는 '才(재)'자와 '性(성)'자의 반절음이다. '辟'자는 '避'자와 같다. '期'자는 '居(거)'자와 '之(지)'자의 반절음이다.]

章句 罟, 網也; 擭, 機檻也; 陷阱, 坑坎也; 皆所以掩取禽獸者也. 乎中庸, 辨別衆理, 以求所謂中庸, 卽上章好問用中之事也. 期月, 匝一月也. 言知禍而不知辟, 以況能擇而不能守, 皆不得爲知也.
'고(罟)'자는 그물[網]을 뜻한다. '확(擭)'자는 덫을 뜻한다. '함정(陷阱)'은 구덩이이다. 이 모두는 짐승을 포획하기 위한 것이다. 중용을 택하는 것은 여러 이치들을 변별하여 중용에 해당하는 것을 구한다는 뜻이니, 곧 앞에서 묻기를 좋아하고 중(中)을 쓴다는 일에 해당한다. '기월(期月)'은 만 1개월이다. 즉 재앙인 것을 알면서도 피하지 못한다고 말하여, 중용을 택했지만 지키지 못함을 비유하였으니, 이 모두는 지혜로운 자라 할 수 없다.

章句 右第七章. 承上章大知而言, 又擧不明之端, 以起下章也
여기까지는 제 7장다. 앞장에 나온 큰 지혜를 이어서 한 말이며, 또한 드러나지 않는 단서를 제시하여 뒷장의 뜻을 이끌어냈다.

【014】
子曰: "回之爲人也, 擇乎中庸, 得一善, 則拳拳服膺而弗失之矣."
공자가 말하길, "안회의 사람됨은 중용을 택하여, 한 가지 선을 얻게 된다면 받들고 그것을 지키고 마음에 간직하여 잃지 않는다."라 했다.

章句 回, 孔子弟子顏淵名. 拳拳, 奉持之貌. 服, 猶著也. 膺, 胸也. 持而著之心胸之間, 言能守也. 顏子蓋眞知之, 故能擇能守如此, 此行之所以無過不及, 而道之所以明也.
'회(回)'는 공자의 제자인 안연의 이름이다. '권권(拳拳)'은 받들고 지니고 있는 모습이다. '복(服)'자는 "부착하다(著)."는 뜻이다. '응(膺)'자는 가슴[胸]을 뜻한다. 받들고 지녀서 마음에 붙여두니, 잘 지킨다는 의미이다. 안연은 참으로 이러한 것들을 알았기 때문에, 이처럼 중용을 택하여 잘 지킬 수 있었으니, 이것은 행동에 지나치거나 미치지 못함이 없어서 도가 드러나게 되는 이유이다.

章句 右第八章.
여기까지는 제 8장이다.

【015】

子曰: "天下國家可均也, 爵可辭也, 白刃可蹈也, 中庸不可能也."

공자가 말하길, "천하와 국가도 균평히 다스릴 수 있으며, 작위와 녹봉도 사양할 수 있고, 시퍼런 칼날도 밟을 수 있지만, 중용은 잘 할 수 없다."라 했다.

章句 均, 平治也. 三者亦知仁勇之事, 天下之至難也, 然皆倚於一, 故資之近而力勉者, 皆足以能之, 至於中庸, 雖若易能, 然非義精仁熟, 而無一毫人欲之私者, 不能及也. 三者難而易, 中庸易而難, 此民之所以鮮能也.

'균(均)'자는 균평하게 다스린다는 뜻이다. 세 가지 일들은 또한 지(知)·인(仁)·용(勇)에 해당하는 일이며, 천하에서 지극히 어려운 것들로 뽑힌다. 그러나 이 모두는 한쪽에 치우쳐 있기 때문에 부여받은 자질이 해당 사안과 가깝고 열심히 노력할 수 있는 자라면 모두 할 수 있다. 그러나 중용에 있어서는 비록 잘하기 쉬울 것 같지만, 의(義)와 인(仁)이 무르익어서 추호라도 인욕의 삿됨이 없는 자가 아니라면 미치지 못한다. 세 가지 사안들은 어려워 보이지만 실제로는 쉽고, 중용은 쉬워 보이지만 실제로는 어려우니, 이것이 백성들 중 잘 할 수 있는 자가 드문 이유이다.

章句 右第九章. 亦承上章以起下章

여기까지는 제 9장이다. 이 또한 앞장의 을 이어서 뒷장의 뜻을 이끌어냈다.

【016】

子路問強.

자로가 강함에 대해 질문하였다.

章句 子路, 孔子弟子仲由也. 子路好勇, 故問強

'자로(子路)'는 공자의 제자인 유(仲由)를 뜻한다. 자로는 용맹함을 좋아
했기 때문에 강함에 대해서 질문하였다.

【017】

子曰: "南方之强與? 北方之强與? 抑而强與?" [與, 平聲.]

공자가 말하길, "남방의 강함을 말하는 것인가? 북방의 강함을 말하는 것
인가? 아니면 네가 강하게 해야 할 것인가?"라 했다. ['與'자는 평성으로 읽는다.]

章句 抑, 語辭. 而, 汝也

'억(抑)'자는 어조사이다. '이(而)'자는 너[汝]를 뜻다.

【018】

"寬柔以教, 不報無道, 南方之强也, 君子居之."

계속하여 공자가 말하길, "관대함과 너그러움으로 가르치고, 무도한 자에
게 보복하지 않는 것은 남방의 강함이니, 군자가 머무는 곳이다."라 했다.

章句 寬柔以教, 謂含容巽順以誨人之不及也. 不報無道, 謂橫逆之,
直受之而不也. 南方風氣柔弱, 故以含忍之力勝人爲强, 君子之道也.

"관대함과 너그러움으로 가르친다."는 말은 관대함과 유순함을 통해 남의
미치지 못하는 점을 가르쳐준다는 뜻이다. "무도함에 보복하지 않는다."
는 말은 잘못되고 거스르는 것이 오더라도 받기만 하고 보복하지 않는다
는 뜻이다. 남방의 기풍은 부드럽기 때문에 포용하고 참는 힘이 남보다
뛰어난 것을 강함으로 삼으니, 군자의 도에 해당한다.

【019】

"衽金革, 死而不厭, 北方之强也, 而强者居之."

계속하여 공자가 말하길, "병기와 갑옷을 깔고 자며 죽더라도 꺼려하지 않는 것은 북방의 강함이니, 용맹한 자가 머무는 곳이다."라 했다.

章句 衽, 席也. 金, 戈兵之屬. 革, 甲冑之屬. 北方風氣剛勁, 故以敢之力勝人爲强, 强者之事也.

'임(衽)'자는 "자리를 깔다[席]."는 뜻이다. '금(金)'자는 창이나 칼과 같은 부류를 뜻한다. '혁(革)'자는 갑옷이나 투구와 같은 부류를 뜻한다. 북방의 기풍은 굳세고 강경하기 때문에 과감한 힘이 남보다 뛰어난 것을 강함으로 삼으니, 강한 자가 일삼는 것이다.

【020】

"故君子和而不流, 强哉矯; 中立而不倚, 强哉矯; 國有道, 不變塞焉, 强哉矯; 國無道, 至死不變, 强哉矯."

계속하여 공자가 말하길, "그러므로 군자는 조화를 이루되 다른 곳으로 빠지지 않으니, 굳세구나, 강함이여. 중립을 지키며 기울지 않으니, 굳세구나, 강함이여. 나라에 도가 있을 때에는 의지를 변치 않으니, 굳세구나, 강함이여. 나라에 도가 없을 때에는 죽게 되더라도 지조를 변치 않으니, 굳세구나, 강함이여."라 했다.

章句 此四者, 汝之所當强也. 矯, 强貌. 詩曰矯矯虎臣, 是也. 倚, 著也. 塞, 未達也. 國有道, 不變未達之所守; 國無道, 不變平生之所守也. 此則所謂中庸之不可能者, 非有以自勝其人欲之私, 不能擇而守也. 君子之强, 孰大於是? 夫子以是告子路者, 所以抑其血氣之剛, 而進之以德義之勇也.

이 네 가지는 네가 마땅히 강함으로 삼아야 할 대상이다. '교(矯)'자는 굳센 모습을 뜻한다. 『시』에서 "굳세고 굳센 용맹한 신하여."3)라고 한 말이 이러한 사실을 나타낸다. '의(倚)'자는 치우치고 편승한다는 뜻이다.

'색(塞)'자는 아직 영달하지 못하다는 뜻이다. 나라에 도가 있다면 영달하지 못했을 때 지키던 것을 바꾸지 않고, 나라에 도가 없다면 평소에 지키던 것을 바꾸지 않는다. 이것은 곧 "중용은 잘 할 수 없다."는 뜻으로, 스스로 인욕의 삿됨을 이겨내지 못한다면 그것을 고집하여 지킬 수 없다. 군자의 강함이란 무엇이 이보다 크겠는가? 공자가 이러한 사실을 자로에게 알려주었던 것은 혈기의 굳셈을 억눌러서 덕과 의(義)에 따른 용맹함으로 나아가게끔 한 것이다.

章句 右第十章.
여기까지는 제 10장이다.

【021】
子曰: "素隱行怪, 後世有述, 吾弗爲之矣."
공자가 말하길, "은벽한 것을 찾고 교묘한 짓을 벌여서 후세에 명성을 남긴다 하더라도 나는 그러한 짓을 하지 않겠다."라 했다.

章句 素, 按漢書當作索, 蓋字之誤也. 索隱行怪, 言深求隱僻之理, 過爲詭異之行也. 然以其足以欺世而盜名, 故後世或有稱述之者. 此知之過而不擇乎善, 行之過而不用其中, 不當强而强者也, 聖人豈爲之哉!
'소(素)'자에 대해 『한서』를 살펴보니 마땅히 '색(索)'자로 기록해야 하며,4)

---

3) 『시』「노송(魯頌)·반수(泮水)」: 明明魯侯, 克明其德. 旣作泮宮, 淮夷攸服. 矯矯虎臣, 在泮獻馘. 淑問如皐陶, 在泮獻囚.

4) 『한서』「예문지(藝文志)」: 神僊者, 所以保性命之眞, 而游求於其外者也. 聊以盪意平心, 同死生之域, 而無怵惕於胸中. 然而或者專以爲務, 則誕欺怪迂之文彌以益多, 非聖王之所以敎也. 孔子曰, "索隱行怪, 後世有述焉, 吾不爲之矣."

자형이 비슷해서 생긴 오류일 것이다. '색은행괴(索隱行怪)'는 은둔하는 이치를 깊이 찾고 괴이한 행실을 지나치게 함을 뜻한다. 그런데 이것은 세상을 기만하고 명성을 훔치기에 충분하기 때문에 후세에는 간혹 그를 칭찬하며 조술하는 자가 있다. 이것은 지혜가 지나쳐서 선을 택하지 못하고 행실이 지나쳐서 중(中)에 따르지 못한 것이니, 마땅히 강하게 하지 않아야 하는데도 강하게 하는 자인데, 성인이 어찌 이러한 일을 하겠는가!

【022】
"君子遵道而行, 半塗而廢, 吾弗能已矣."
계속하여 공자가 말하길, "군자라는 사람이 도를 준수하여 행동하다가 중도에서 그만두니, 나는 그만두기를 할 수 없다."라 했다.

> **章句** 遵道而行, 則能擇乎善矣; 半塗而廢, 則力之不足也. 此其知足以及之, 而行有不逮, 當强而不强者也. 已, 止也. 聖人於此, 非勉焉而不敢廢, 蓋至誠無息, 自有所不能止也.

도를 따라 시행한다면 선을 택할 수 있는 것이며, 중도에 폐지한다면 힘이 부족한 것이다. 이것은 지혜가 비록 미치기에 충분하더라도 행실에 미치지 못하는 점이 있다는 뜻으로, 마땅히 강하게 해야 하는데도 강하게 하지 않는 자이다. '이(已)'자는 "그치다[止]."는 뜻이다. 성인은 이러한 것들에 대해 억지로 힘써서 감히 폐지하지 않는 것이 아니니, 지극히 성실하여 그침이 없어서, 스스로 그만둘 수 없는 것이다.

【023】
"君子依乎中庸, 遯世不見知而不悔, 唯聖者能之."
계속하여 공자가 말하길, "군자는 중용을 따라 행동하며, 세상을 피하여 남들이 알아주지 않아도 후회하지 않아야 하니, 오직 성인만이 이처럼 할 수 있다."라 했다.

不爲索隱行怪, 則依乎中庸而已. 不能半塗而廢, 是以遯世不
知而不悔也. 此中庸之成德, 知之盡·仁之至, 不賴勇而裕如者, 正
吾夫子之事, 而猶不自居也. 故曰唯聖者能之而已.

은둔할 곳을 찾고 괴이한 짓을 하지 않는다면 중용에 따를 따름이다. 중
도에 폐지할 수 없으니, 이러한 까닭으로 세상을 피해 은둔하여 남들이
알아주지 않아도 후회하지 않는다. 이것은 중용의 융성한 덕으로, 지혜가
지극하고 인자함이 지극하여, 용맹함에 힘입지 않더라도 충분한 자로,
바로 공자가 시행한 일에 해당하지만 오히려 스스로 자처하지 않았다.
그렇기 때문에 "오직 성인만이 할 수 있다."라고 말한 것일 뿐이다.

右第十一章. 子思所引夫子之言, 以明首章之義者止此. 蓋此
大旨, 以知仁勇三達德爲入道之門. 故於篇首, 卽以大舜·顏淵·子
路之事明之. 舜, 知也; 顏淵, 仁也; 子路, 勇也: 三者廢其一, 則無以
造道而成德矣. 餘見第二十章.

여기까지는 제 11장이다. 자사가 공자의 말을 인용하여, 첫 장의 뜻을
나타내었는데 그 내용이 여기에서 그친다. 「중용」편의 큰 뜻은 지(知)·
인(仁)·용(勇)이라는 삼달덕(三達德)을 도로 들어가는 문으로 삼은 것
이다. 그렇기 때문에 「중용」편의 첫 부분에서는 순임금·안연·자로에
대한 사안으로 그 사안을 나타내었다. 순임금은 지(知)에 해당하고, 안연
은 인(仁)에 해당하며, 자로는 용(勇)에 해당한다. 세 가지 것들 중 하나
라도 폐지한다면 도로 나아가 덕을 이룰 수 없다. 나머지는 제 20장에
나온다.

右言中庸應天命之性.
여기까지는 '언중용응천명지성(言中庸應天命之性)'에 대한 내용이다.

◇ '비은응도불가리'를 말함[言費隱應道不可離]

【024】

君子之道, 費而隱. [費, 符味反]

군자의 도는 광대하고도 은미하다. ['費'자는 '符(부)'자와 '味(미)'자의 반절음이다.]

章句 費, 用之廣也. 隱, 體之微也

'비(費)'자는 작용이 광대하다는 뜻이다. 은(隱)'자는 본체가 은미하다는 뜻이다.

附註 程子曰: "費, 指日用處. 隱, 微密也. 夫婦之與知能行, 所謂費也. 聖人之不能知不能行, 所謂隱也." 見經說及輯略, 似與章句所解有異.

정자가 말하길, "'비(費)'는 일용처를 가리킨다. '은(隱)'은 은미하고 깊숙하다는 뜻이다. 부부가 참여하여 알 수 있고 시행할 수 있는 것은 이른바 비(費)에 해당한다. 성인도 알 수 없고 시행할 수 없는 것은 이른바 은(隱)에 해당한다."라 했다. 『경설』과 『집략』을 살펴보면 『장구』의 풀이와는 차이가 있는 것 같다.

【025】

夫婦之愚, 可以與知焉, 及其至也, 雖聖人亦有所不知焉. 夫婦之不肖, 可以能行焉, 及其至也, 雖聖人亦有所不能焉. 天地之大也, 人猶有所憾. 故君子語大, 天下莫能載焉; 語小, 天下莫能破焉.

평범한 남자나 여자처럼 어리석은 자라도 참여하여 알 수 있는데, 그 지극함에 있어서는 비록 성인이라 하더라도 또한 알지 못하는 점이 있다. 평범한 남자나 여자처럼 불초한 자라도 시행할 수 있는데, 그 지극함에 있어서는 비록 성인이라 하더라도 또한 잘하지 못하는 점이 있다. 천지는 지극히 큰데도 사람들은 오히려 원망하는 마음이 있다. 그러므로 군자가 큰 것을 설명하면 천하가 그것을 싣지 못하고, 작은 것을 말하면 천하가 깨뜨리지 못한다.

章句 君子之道, 近自夫婦居室之間, 遠而至於聖人天地之所不能, 其大無外, 其無內, 可謂費矣. 然其理之所以然, 則隱而莫之見也. 蓋可知可能者, 道中之一事, 及其至而聖人不知不能, 則擧全體而言, 聖人固有所不能盡也. 侯氏曰: "聖人所不知, 如孔子問禮問官之類; 所不能, 如孔子不得位·堯舜病博施之類." 愚謂: 人所憾於天地, 如覆載生成之偏, 及寒暑災祥之不得其正者.

군자의 도는 비근하게는 부부가 집에 거처하는 사이로부터 원대하게는 성인과 천지가 다할 수 없는 점에 이르니, 그 큼에는 밖이 없고 그 미세함에는 안이 없어서, 비(費)라고 평할 수 있다. 그러나 이치의 그러한 까닭은 은미하여 드러나지 않는다. 알 수 있고 할 수 있는 것은 도(道) 중에서도 한 가지 사안이며, 지극함에 있어서는 성인도 알지 못하고 할 수 없는 것이 있으니, 그 전체를 들어서 말한 것으로, 성인이라도 진실로 다할 수 없는 점이 있다. 후씨[1]는 "성인도 알지 못한다는 것은 공자가 예에 대해서 묻고 관직에 대해서 물었던 부류와 같고, 하지 못한다는 것은 공자가 지위를 얻지 못하고 요임금과 순임금이 널리 베풀지 못함을 근심하였던 부류와 같다."라고 했다. 내가 생각하기에, 사람이 천지에 대해 원망을 하는 것은 덮어주고 실어주며 태어나게 하고 완성시켜줌에 있어서 나타나는 편벽됨이나 추위와 더위 및 재앙과 상서로움이 바름을 얻지 못한 것을 뜻한다.

---

1) 후중량(侯仲良, ? ~ ?) : =하동후씨(河東侯氏)·후씨(侯氏). 북송(北宋) 때의 학자이다. 자(字)는 사성(師聖)·성희(希聖)이고, 호(號)는 형문(荊門)이다. 저서로는 『논어설(論語說)』·『후자아언(侯子雅言)』 등이 있다.

附註 聖人所不知, 聖人所不能, 侯氏云云, 問禮·問官, 雖是聖人所不知, 君子不謂不知, 農圃亦然. 所謂夫婦與知·聖人所不知, 皆指道理而言; 夫婦能行聖人所不能, 皆指德行而言. 孔子不得位, 是繫於命, 何可謂之不能? 朱子曰: "道無窮無盡, 聖人亦做不盡, 天地亦做不盡. 侯氏說得亦粗. 如所求乎子以事父未能之類, 眞是聖人有未能處." 此一條見朱子語類.

성인도 알지 못하는 것과 성인도 잘하지 못하는 바에 대해 후씨가 운운했는데, 예에 대해 묻고 관직에 대해 묻는 부류들은 비록 성인이 알지 못했던 바라 하더라도 군자는 이것을 두고 알지 못한다고 말하지 않으며, 농작물을 가꾸는 것에 있어서도 이러하다. 이른바 부부가 참여하여 알고 성인도 알지 못한다는 것은 모두 도리를 가리켜 말한 것이며, 부부가 시행할 수 있고 성인도 시행할 수 없다고 하는 것은 모두 덕행을 가리켜 말한 것이다. 공자가 지위를 얻지 못했던 것은 명에 걸려 있는 것인데, 어떻게 이것을 시행하지 못한다 말할 수 있겠는가? 주자는 "도는 무궁무진하여 성인 또한 다할 수 없고 천지 또한 다할 수 없다. 후씨의 말은 또한 거칠다. 예를 들어 자식에게 바라는 것으로 부모를 섬기는데 잘하지 못하는 것과 같은 부류들은 진실로 성인도 잘하지 못하는 부분이 있는 것이다."라 했다. 이 한 조목은 『주자어류』에 나온다.

[026]

詩云: "鳶飛戾天, 魚躍于淵." 言其上下察也.

『시』에서는 "솔개가 날아올라 하늘에 이르고, 물고기가 연못에서 뛰논다."라고 했으니, 위아래에 이치가 밝게 드러남을 뜻한다.

章句 詩大雅旱麓之篇. 鳶, 鴟類. 戾, 至也. 察, 著也. 子思引此詩明化育流行, 上下昭著, 莫非此理之用, 所謂費也. 然其所以然者, 則非見聞所及, 所謂隱也. 故程子曰, "此一節, 子思喫緊爲人處, 活潑潑地", 讀者其致思焉.

이 시는 『시』「대아(大雅)·한록(旱麓)」편이다. '연(鳶)'은 솔개[鴟]의 부류이다. '여(戾)'자는 "~에 이르다[至]."는 뜻이다. '찰(察)'자는 "드러나다[著]."는 뜻이다. 자사는 이 시를 인용하여 화육함이 두루 흘러 상하로 밝게 드러남에 그 이치의 쓰임이 아닌 것들이 없다는 것을 나타내었으니, 이른바 비(費)에 해당한다. 그런데 그렇게 되는 까닭은 보거나 들을 수가 없으니, 이른바 은(隱)에 해당한다. 그래서 정자는 "이 문단은 자사가 사람들을 위해 긴요하게 설명한 곳으로 활기가 넘치는 대목이다."라고 했으니, 이 글을 읽는 자들은 생각을 지극히 해봐야 한다.

【027】

君子之道, 造端乎夫婦, 及其至也, 察乎天地.

군자의 도는 평범한 남녀가 알 수 있거나 시행할 수 있는 것에서 그 단서가 시작되지만, 그 지극함에 이르러서는 천지에 밝게 드러난다.

章句 結上文.

앞 문장의 뜻을 결론 맺은 것이다.

章句 右第十二章. 子思之, 蓋以明首章道不可離之意也. 其下八章, 雜引孔子之言以明之.

여기까지는 제 12장이다. 자사의 말이니, 첫 장에서 "도는 잠시도 떠날 수 없다."고 했던 뜻을 거듭 나타낸 것이다. 그 아래의 8개 장은 공자의 말을 뒤섞어 인용하여 그 사실을 밝힌 것이다.

【028】

子曰: "道不遠人, 人之爲道而遠人, 不可以爲道."

공자가 말하길, "도는 사람과 멀리 떨어져 있지 않은데, 사람이 도를 시행하면서 사람을 멀리 한다면 도라고 할 수 없다."라고 했다.

章句 道者, 率性而已, 固衆人之所能知能行者也, 故常不遠於人. 爲道者, 厭其卑近以爲不足爲, 而反務爲高遠難行之事, 則非所以爲道矣.

'도(道)'는 성(性)에 따르는 것일 뿐이니, 진실로 일반인들도 잘 알 수 있고 잘 시행할 수 있는 것들이다. 그렇기 때문에 항상 사람에게서 멀리 떨어져 있지 않다. 만약 도를 시행하는 자가 비근함을 싫어하여 족히 행할 것이 못된다고 여기고, 반대로 고원하고 시행하기 어려운 일에만 힘쓴다면, 도를 시행하는 것이 아니다.

【029】

"詩云, '伐柯伐柯, 其則不遠.' 執柯以伐柯, 睨而視之, 猶以爲遠. 故君子以人治人, 改而止." [睨, 研計反.]

계속하여 공자가 말하길, "『시』에서는 '도끼자루를 잡고 도끼자루를 벰이여, 그 법칙이 멀리 떨어져 있지 않구나.'라고 했으니, 도끼자루를 잡고 도끼자루로 쓸 나무를 베면서도, 곁눈질로 살펴보며 오히려 멀다고 여긴다. 그러므로 군자는 인도(人道)로 사람을 다스리고, 잘못을 고친다면 그친다."라고 했다. ['睨', '研(연)'자와 '計(계)'자의 반절음이다.]

章句 詩豳風伐柯之篇. 柯, 斧柄. 則, 法也. 睨, 邪視也. 言人執柯木以爲柯者, 彼柯長短之法, 在此柯耳. 然猶有彼此之別, 故伐者視之猶以爲遠也. 若以人治人, 則所以爲人之道, 各在當人之身, 初無彼此之別. 故君子之治人也, 卽以其人之道, 還治其人之身. 其人能

改, 卽止不治. 蓋責之以其所能知能行, 非欲其遠人以爲道也. 張子
所謂"以衆人望人則易從", 是也.

이 시는 『시』「빈풍(豳風)・벌가(伐柯)」편이다. '가(柯)'자는 도끼자루를
뜻한다. '칙(則)'자는 법도[法]를 뜻한다. '예(睨)'자는 비스듬히 보는 것이
다. 즉 사람이 도끼자루를 잡고 나무를 베어 도끼자루를 만드는데, 앞으로
만들게 될 도끼자루의 길이를 정하는 법칙은 자신이 잡고 있는 도끼자루에
달려 있을 뿐이라는 뜻이다. 그런데도 여전히 저것과 이것의 구별이 있기
때문에, 나무를 베는 자가 그것을 바라보기를 오히려 멀다고 여긴다는
뜻이다. 만약 인도(人道)로 사람을 다스린다면, 사람이 되는 도는 각각
자신의 몸에 있으니, 애초에 피차의 구별이 없다. 그러므로 군자가 남을
다스릴 때에는 곧 그 사람의 도로써 다시 그 사람을 다스린다. 그 사람이
고칠 수 있다면 그치고 다스리지 않는다. 그 사람이 잘 알 수 있고 잘
시행할 수 있는 것을 통해 책망하는 것이지, 사람과 멀리 동떨어진 것을
도로 여기려고 하는 것이 아니다. 장자가 "일반인들이 따르는 것으로 남에
게 바란다면 따르기가 쉽다."라고 한 말도 이러한 뜻에 해당한다.

【030】

"忠恕違道不遠, 施諸己而不願, 亦勿施於人."

계속하여 공자가 말하길, "충(忠)과 서(恕)는 도와 거리가 멀지 않으니, 자
신에게 시행하여 원하지 않는다면, 또한 남에게도 시행해서는 안 된다."라
고 했다.

章句 盡己之心爲忠, 推己及人爲恕. 違, 去也, 如春秋傳"齊師違穀
里"之違. 言自此至彼, 相去不遠, 非背而去之之謂也. 道, 卽其不遠
人者, 是也. 施諸己而不願, 亦勿施於人, 忠恕之事也. 以己之心度
人之心, 未嘗不同, 則道之不遠於人者可見. 故己之所不欲, 則勿以
施之於人, 亦不遠人以爲道之事. 張子所謂"以愛己之心愛人則盡

仁", 是也.

자신의 마음을 다하는 것이 충(忠)이며, 자신의 마음을 미루어서 남의 마음까지도 미루어보는 것이 서(恕)이다. '위(違)'자는 "거리를 두다[去]." 는 뜻이니, 『춘추전』에서 "제(齊)나라 군대가 곡(穀) 땅에서 7리(里)쯤 떨어져 있다."2)라고 했을 때의 '위(違)'자와 같다. 이곳으로부터 저곳까지 서로 떨어져 있는 거리가 멀지 않다는 의미이니, 서로 등지고서 떠난다는 뜻이 아니다. 도(道)는 곧 사람에게서 멀리 떨어져 있지 않다고 한 말이 이러한 뜻을 나타낸다. 자신에게 시행하여 원하지 않는 것을 또한 남에게 도 시행하지 말아야 하니, 충서(忠恕)의 일에 해당한다. 자신의 마음을 기준으로 남의 마음을 헤아려서 일찍이 같지 않음이 없다면, 도가 사람과 멀리 떨어져 있지 않다는 사실을 확인할 수 있다. 그러므로 자신이 바라지 않는 것이라면 남에게도 시행하지 말아야 하니, 이 또한 사람과 멀리 떨어지지 않은 것을 도로 여기는 일에 해당한다. 장자가 "자신을 사랑하는 마음으로 남을 사랑한다면 인(仁)을 다하게 된다."라고 한 말이 바로 이러한 뜻을 나타낸다.

【031】

"君子之道四, 丘未能一焉. 所求乎子, 以事父, 未能也. 所求乎臣, 以事君, 未能也. 所求乎弟, 以事兄, 未能也. 所求乎朋友, 先施之, 未能也. 庸德之行, 庸言之謹, 有所不足, 不敢不勉, 有餘不敢盡, 言顧行, 行顧言. 君子胡不慥慥爾." [子臣弟友四字, 絶句.]

계속하여 공자가 말하길, "군자의 도는 네 가지인데, 나는 그 중 하나라도 잘하지 못한다. 자식에게 바라는 것으로 부친 섬기기를 잘하지 못한다. 신하에게 바라는 것으로 군주 섬기기를 잘하지 못한다. 동생에게 바라는 것

---

2) 『춘추좌씨전』「애공(哀公) 27년」: 齊師將興, 陳成子屬孤子三日朝. …… 及留舒, 違穀七里, 穀人不知.

으로 형 섬기기를 잘하지 못한다. 벗에게 바라는 것을 내가 먼저 베푸는 것을 잘하지 못한다. 떳떳한 덕에 따라 시행하고 떳떳한 말을 할 때에는 조심해야 하며 부족한 점이 있다면 감히 노력하지 않을 수 없고, 지나친 점이 있다면 감히 다하지 않으니, 말은 행실을 돌아보고 행실은 말을 돌아보아야 한다. 따라서 군자가 어찌 착실하지 않겠는가?"라고 했다. [‘子’·‘臣’·‘弟’·‘友’ 네 글자에서 구문을 끊는다.]

章句 求, 猶責也. 道不遠人, 凡己之所以責人者, 皆道之所當然也, 反之以自責而自修焉. 庸, 平常也. 行者, 踐其實. 謹者, 擇其可. 德不足而勉, 則行益力; 言有餘而訒, 則謹益至. 謹之至則言顧行矣; 行之力則行顧言矣. 慥慥, 篤實貌. 言君子之言行如此, 豈不慥慥乎, 贊美之也. 凡此皆不遠人以爲道之事. 張子所謂"以責人之心責己則盡道", 是也.

‘구(求)’자는 “요구하다[責].”는 뜻이다. 도는 사람과 멀리 떨어져 있지 않으니, 무릇 자신이 남에게 요구하는 것들은 모두 도의 당연한 것들이다. 그렇기 때문에 반대로 스스로 바라는 것으로 스스로를 수양해야만 한다. ‘용(庸)’자는 평상적이라는 뜻이다. ‘행(行)’은 그 실질을 실천하는 것이다. ‘근(謹)’은 옳은 것을 택하는 것이다. 덕이 부족하여 노력한다면 행실이 더욱 힘써질 것이며, 말에 지나친 점이 있어서 참는다면 조심스러움은 더욱 지극해질 것이다. 조심스러움이 지극하다면 말은 행실을 돌아보게 되고, 행실이 더욱 힘써진다면 행실은 말을 돌아보게 된다. ‘조조(慥慥)’는 독실한 모습이다. 군자의 말과 행실이 이와 같은데 어찌 착실하지 않을 수 있겠느냐는 뜻이니, 찬미한 말에 해당한다. 무릇 이러한 것들은 모두 사람과 멀리 떨어지지 않는 것을 도로 여기는 일에 해당한다. 장자가 “남에게 바라는 마음으로 자신을 책한다면 도를 다하게 된다.”라고 한 말이 이러한 뜻을 나타낸다.

章句 右第十三章. 道不遠人者, 夫婦所能, 丘未能一者, 聖人所不,皆費也. 而其以然者, 則至隱存焉. 下章放此.

여기까지는 제 13장이다. 도는 사람과 멀리 떨어져 있지 않으니, 평범한 남녀라도 시행할 수 있지만, 공자가 하나라도 잘하지 못한다고 한 것은 성인이라도 잘 할 수 없는 것이니 모두 비(費)에 해당한다. 그 이유는 지극한 은미함이 있기 때문이다. 아랫장도 이와 같다.

【032】

君子素其位而行, 不願乎其外.

군자는 그 지위를 향하며 그에 따른 일을 시행하고, 지위 밖의 일을 원하지 않는다.

章句 素, 猶見在也. 言君子但因見在所居之位而爲其所當爲, 無慕其外之心也.

'소(素)'자는 현재라는 뜻이다. 군자는 단지 현재 자신이 머물고 있는 자리에 따라 마땅히 시행해야 할 것을 행하고, 그 이외의 것을 사모하는 마음이 없어야 한다는 뜻이다.

【033】

素富貴行乎富貴, 素貧賤行乎貧賤, 素夷狄行乎夷狄, 素患難行乎患難. 君子無入而不自得焉.

부귀한 곳에 처해서는 부귀한대로 행하고, 빈천한 곳에 처해서는 빈천한대로 행하며, 오랑캐 땅에 처해서는 오랑캐 땅에서대로 행하고, 환란에 처해서는 환란대로 행한다. 군자는 들어가는 곳마다 스스로 도를 얻지 못하는 것이 없다.

章句 此言素其位而行也 이것은 현재 처한 자리에 따라서 행동해야 한다는 이다.

【034】

在上位不陵下, 在下位不援上. 正己而不求於人, 則無怨. 上不怨天, 下不尤人. [援, 平聲.]

윗자리에 있어서는 아랫사람을 업신여기지 않고, 아랫자리에 있어서는 윗사람을 잡아끌지 않는다. 자신을 바르게 하고 남에게 요구하지 않는다면, 원망하는 자가 없게 된다. 위로는 하늘을 원망하지 않고 아래로는 사람을 탓하지 않는다. ['援'자는 평성으로 읽는다.]

章句 此言不願乎其外也.

이것은 자기 지위의 밖에 것을 원하지 않는다는 이다.

【035】

故君子居易以俟命, 小人行險以徼幸. [易, 去聲.]

그러므로 군자는 편안한 곳에 머물며 천명을 기다리고, 소인은 위태로운 것을 시행하고 요행을 바란다. ['易'자는 거성으로 읽는다.]

章句 易, 平地也. 居易, 素位而行也. 俟命, 不願乎外也. 徼, 求也., 謂所不當得而得者.

'이(易)'자는 평지를 뜻한다. "평지에 머문다."는 말은 현재 그 지위에 따라 시행한다는 뜻이다. "명을 기다린다."는 말은 지위 밖의 것을 바라지 않는다는 뜻이다. '요(徼)'자는 "구하다[求]."는 뜻이다. '행(幸)'은 마땅히 얻어서는 안 되는 것인데도 얻음을 말한다.

【036】

子曰: "射有似乎君子, 失諸正鵠, 反求諸其身." [正音征. 鵠, 工毒反.]

공자가 말하길, "활쏘기에는 군자와 닮은 점이 있으니, 정곡을 벗어나게 되면 돌이켜 자신에게서 원인을 찾는다."라 했다. ['正'자의 음은 '征(정)'이다.]

'鵠'자는 '工(공)'자와 '毒(독)'자의 반절음이다.]

[章句] 畫布曰正, 棲皮曰鵠, 皆侯之中, 射之的也. 子思引此孔子之, 以結上文之.

포에 림을 그린 과녁을 '정(正)'이라고 부르고, 가죽을 덧댄 과녁을 '곡(鵠)'이라고 부르는데, 이 모두는 과녁 중에서도 중앙에 해당하며, 활을 쏠 때의 표적이 된다. 자사는 이러한 공자의 말을 인용하여 앞 문장의 뜻을 결론 맺었다.

[章句] 右第十四章. 子思之言也. 凡章首無子曰字者放此.

여기까지는 제 14장이다. 자사의 말에 해당한다. 무릇 각 장의 첫 부분에 '자왈(子曰)'이라는 글자가 없는 것은 모두 여기에 따른다.

【037】
君子之道, 辟如行遠必自邇, 辟如登高必自卑.
군자의 도는 비유하자면 먼 길을 갈 때 반드시 가까운 곳으로부터 출발해야 함과 같고, 비유하자면 높은 곳에 오를 때 반드시 낮은 곳으로부터 출발해야 함과 같다.

[章句] 辟, 譬同.
'비(辟)'자는 "비유한다."는 뜻의 '비(譬)'자와 같다.

【038】
詩曰: "妻子好合, 如鼓瑟琴. 兄弟旣翕, 和樂且耽. 宜爾室家, 樂爾妻帑."
『시』에서는 "처자가 좋아하고 화합하니 마치 금(琴)과 슬(瑟)을 타는 듯하구나. 형제가 화합하여 화락하고 또 즐겁도다. 너의 집안을 마땅하게 하며 너의 처자를 즐겁게 해야 한다."라 했다.

【章句】 詩小雅常棣之篇. 鼓瑟琴, 和也. 翕, 亦合也. 耽, 亦樂也. 帑, 子孫也.

시는 『시』 「소아(小雅)·상체(常棣)」편이다. 금슬을 탄다는 것은 조화로움을 뜻한다. '흡(翕)'자 또한 "화합하다[合]."는 뜻이다. '탐(耽)'자 또한 "즐겁다[樂]."는 뜻이다. '노(帑)'자는 자손을 뜻한다.

【039】
子曰: "父母其順矣乎."

공자가 말하길, "이처럼 하면 부모가 편안해지실 것이다."라고 했다.

【章句】 夫子誦此詩而贊之曰, 人能和於妻子, 宜於兄弟如此, 則父母其安樂之矣. 子思引詩及此語, 以明行遠自邇·登高自卑之意.

공자는 이 시를 암송한 뒤에 찬미하여, "사람이 처자에 대해 화락하게 하고 형제에게 마땅하게 함이 이와 같다면, 그의 부모는 안락하게 여길 것이다."라고 한 것이다. 자사는 『시』와 이러한 공자의 말을 인용하여, 먼 곳으로 갈 때에는 가까운 곳으로부터 시작하고, 높은 곳에 오를 때에는 낮은 곳으로부터 시작한다는 뜻을 나타내었다.

【章句】 右第十五章.

여기까지는 제 15장이다.

【類編】 右言費隱應道不可離.

여기까지는 '언비은응도불가리(言費隱應道不可離)'의 내용이다.

◇ '미현응막현호은'을 말함[言微顯應莫見乎隱]

【040】

子曰: "鬼神之爲德, 其盛矣乎!"

공자가 말하길, "귀신의 덕은 성대하구나!"라 했다.

章句 程子曰, "鬼神, 天地之功用, 而造化之迹也." 張子曰, "鬼神者, 二氣之良能也." 愚謂以二氣言, 則鬼者陰之靈也, 神者陽之靈也. 以一氣言, 則至而伸者爲神, 反而歸者爲鬼, 其實一物而已. 爲德, 猶言性情功效.

정자는 "'귀신(鬼神)'은 천지의 작용이자 바탕이며 조화가 드러난 자취이다."라고 했다. 장자는 "'귀신(鬼神)'은 음양 두 기운의 양능(良能)이다."라고 했다. 내가 생각하기에 음양 두 기운으로 말을 한다면, 귀(鬼)는 음기의 영매함이며, 신(神)은 양기의 영매함이다. 하나의 기로 말을 한다면, 이르러 펴지는 것은 신(神)이 되고, 돌아가 되돌아가는 것은 귀(鬼)가 되는데, 실제로는 하나의 사물일 따름이다. '위덕(爲德)'은 성정(性情)이나 공효(功效)라고 말함과 같다.

【041】

"視之而弗見, 聽之而弗聞, 體物而不可遺."

계속하여 공자가 말하길, "보더라도 보이지 않고 듣더라도 들리지 않는데, 사물의 본체가 되어 빠뜨릴 수 없구나."라 했다.

章句 鬼神無形與聲, 然物之終始, 莫非陰陽合散之所爲, 是其爲物之體, 而物所不能遺也. 其言體物, 猶易所謂幹事.

귀신은 형체나 소리가 없지만, 사물의 시작과 끝은 음양의 두 기운이 합하고 흩어지는 작용 아닌 것들이 없으니, 사물의 본체가 되어, 사물을 빠뜨릴 수 없는 것이다. '체물(體物)'이라고 한 말은 『역』에서 '일의 근간[1]'이라고 한 말과 같다.

【042】

"使天下之人, 齊明盛服, 以承祭祀. 洋洋乎如在其上, 如在其左右."
[齊, 側皆反.]

계속하여 공자가 말하길, "천하의 사람들로 하여금 재계하고 청결하게 하며 성복(盛服)[2]을 하여, 제사를 지내게 한다. 그러면 어렴풋하게 그 위에 있는 듯하며 주변에 있는 듯하다."라고 했다. ['齊'자는 '側(측)'자와 '皆(개)'자의 반절음이다.]

章句 齊之爲言齊也, 所以齊不齊而致其齊也. 明, 猶潔也. 洋洋, 流動充滿之意. 能使人畏敬奉承, 而發見昭著如此, 乃其體物而不可遺之驗也. 孔子曰, "其氣發揚于上, 爲昭明焄蒿悽愴. 此百物之精也, 神之著也", 正謂此爾.

'제(齊)'자는 가지런히 한다는 뜻으로, 가지런하지 않은 것을 가지런히 하여 가지런히 정리함을 지극히 하는 것이다. '명(明)'자는 "청결하다[潔]."는 뜻이다. '양양(洋洋)'은 두루 흘러 움직이며 충만하다는 뜻이다. 사람들로 하여금 외경하고 받들게 만들면서도 밝게 드러남이 이와 같으

---

1) 『역』「건괘(乾卦)」 : 貞固, 足以幹事.
2) 성복(盛服)은 격식에 맞게 갖춰 입는 옷들을 가리킨다. 주로 제례(祭禮) 및 정식 의례(儀禮)에 참여할 때 착용하는 복장들을 가리킨다. 참가자들은 이 복장을 갖춤으로써, 엄숙함과 단정함을 나타내게 된다. 『중용』「16장」에는 "使天下之人齊明盛服, 以承祭祀."라는 기록이 있고, 이에 대한 공영달(孔穎達)의 소(疏)에서는 "盛飾衣服, 以承祭祀."라고 풀이했다. 한편 '성복'은 치장을 화려하게 한 옷을 가리키기도 한다. 『순자(荀子)』「자도(子道)」편에는 "子路盛服見孔子. 孔子曰, 由! 是裾裾何也?"라는 기록이 있다.

니, 사물의 본체가 되어 빠뜨릴 수 없다는 징험이 된다. 공자는 "그 기(氣)는 위로 발향하여 밝게 드러나고 피워 오르며 오싹하게 만드니, 이것은 모든 사물의 정기이며 '신(神)'의 드러남이다."[3]라고 했는데, 바로 이것을 뜻할 따름이다.

【043】

"詩曰: '神之格思, 不可度思, 矧可射思.'" [度, 待洛反. 射音亦, 詩作斁]

계속하여 공자가 말하길, "『시』에서는 '신이 찾아옴에 헤아릴 수 없는데, 하물며 싫어할 수 있겠는가.'"라고 했다. [「度」자는 '待(대)'자와 '洛(낙)'자의 반절음이다. '射'자의 음은 '亦(역)'이며, 『시』에서는 '斁'자로 기록했다.]

章句 詩大雅抑之篇. 格, 來也. 矧, 況也. 射, 厭也, 言厭怠而不敬也. 思, 語辭.

이 시는 『시』「대아(大雅)·억(抑)」편이다. '격(格)'자는 "온다[來]."는 뜻이다. '신(矧)'자는 하물며[況]라는 뜻이다. '역(射)'자는 "물리다[厭]."는 뜻이다. 즉 질리고 태만하여 공경하지 않는다는 뜻이다. '사(思)'자는 어조사이다.

【044】

"夫微之顯, 誠之不可揜, 如此夫." [夫音扶]

계속하여 공자가 말하길, "은미한 것이 드러나니, 성실함을 가릴 수 없음이 이와 같구나."라고 했다. [「夫」자의 음은 '扶(부)'이다.]

---

3) 『예기』「제의(祭義)」 022장 : 衆生必死, 死必歸土, 此之謂鬼. 骨肉斃于下, 陰爲野土. 其氣發揚于上, 爲昭明焄蒿悽愴, 此百物之精也, 神之著也.

章句 誠者, 眞實無妄之謂. 陰陽合散, 無非實者. 故其發見之不可 揜如此.

'성(誠)'은 진실되어 망령됨이 없는 것을 뜻한다. 음양이 합하고 흩어짐에 진실되지 않은 것이 없다. 그렇기 때문에 그것이 드러남을 이처럼 가릴 수 없는 것이다.

章句 右第十六章. 不見不聞, 隱也. 體物如在, 則亦費矣. 此前三 章, 以其費之小者而言. 此後三章, 以其費之大者而言. 此一章, 兼 費隱·包大小而言.

여기까지는 제 16장이다. 보이지 않고 들리지 않는 것은 은(隱)에 해당한 다. 사물의 본체가 되어 존재하는 것과 같은 것은 또한 비(費)가 된다. 이 앞의 3개 장은 비(費) 중에서도 작은 것을 기준으로 한 말이다. 이 뒤의 3개 장은 비(費) 중에서도 큰 것을 기준으로 한 말이다. 이곳 한 장은 비(費)와 은(隱)을 겸하고 대소를 포함해서 한 말이다.

【045】
子曰: "舜其大孝也與. 德爲聖人, 尊爲天子, 富有四海之內, 宗廟饗 之, 子孫保之." [與, 平聲.]

공자가 말하길, "순임금은 위대한 효자일 것이다. 덕으로는 성인이 되셨고, 존귀함으로는 천자가 되셨으며, 부유함으로는 천하를 소유하셔서, 종묘에 서 흠향을 하셨고, 자손들을 보존하셨다."라 했다. ['與'자는 평성으로 읽는다.]

章句 子孫, 謂虞思·陳胡公之屬.

'자손(子孫)'은 우사(虞思)나 진(陳)나라 호공(胡公) 등을 뜻한다.

【046】

"故大德必得其位, 必得其祿, 必得其名, 必得其壽."

계속하여 공자가 말하길, "그러므로 위대한 덕을 갖춘 자는 반드시 그에 걸맞은 지위를 얻고, 반드시 그에 걸맞은 녹봉을 받으며, 반드시 그에 걸맞은 명성을 얻고, 반드시 그에 걸맞게 장수를 한다."라 했다.

章句 舜年百有十歲.

순임금은 110세까지 살았다.

【047】

"故天之生物, 必因其材而篤焉. 故栽者培之, 傾者覆之."

계속하여 공자가 말하길, "그러므로 하늘이 만물을 태어나게 할 때에는 반드시 그의 재질에 따라 돈독히 한다. 그러므로 심은 것은 북돋워주고, 기운 것은 엎어버린다."라 했다.

章句 材, 質也. 篤, 厚也. 栽, 植也. 氣至而滋息爲培. 氣反而游散則覆.

'재(材)'자는 자질[質]을 뜻한다. '독(篤)'자는 "두텁대[厚]."는 뜻이다. '재(栽)'자는 "심다[植]."는 뜻이다. 기운이 이르러 번식함은 배(培)가 된다. 기운이 되돌아가 흩어짐은 복(覆)이 된다.

【048】

"詩曰: '嘉樂君子, 憲憲令德. 宜民宜人, 受祿于天. 保佑命之, 自天申之.'"

계속하여 공자가 말하길, "『시』에서는 '아름다운 군자여, 드러나고 드러난 훌륭한 덕이로다. 백성들에게 마땅하며 사람들에게 마땅하여, 하늘로부터 녹봉을 받는구나. 보우하여 명하시고, 하늘로부터 거듭하는구나.'"라 했다.

章句 詩大雅假樂之篇. 假, 當依此作嘉. 憲, 當依詩作顯. 申, 重也.
이 시는 『시』「대아(大雅)·가락(假樂)」편이다. '가(假)'자는 마땅히 이
곳 기록에 따라서 가(嘉)자로 기록해야 한다. '헌(憲)'자는 마땅히 『시』의
기록에 따라서 '현(顯)'자로 기록해야 한다. '신(申)'자는 거듭[重]이라는
뜻이다.

【049】

"故大德者必受命."
계속하여 공자가 말하길, "그렇기 때문에 위대한 덕을 갖춘 자는 반드시
천명을 받는다."라 했다.

章句 受命者, 受天命爲天子也.
'수명(受命)'은 천명을 받아서 천자가 되었다는 뜻이다.

章句 右第十七章. 此由庸行之常, 推之以極其至, 見道之用廣也.
而其所以然者, 則爲體微矣. 後二章亦此意.
여기까지는 제 17장이다. 이곳 기록은 평상적인 행실의 상도(常道)에 따
라서, 이것을 미루어 지극함을 다하여 도의 쓰임이 넓다는 것을 드러낸
것이다. 그리고 그렇게 된 까닭은 본체가 은미하기 때문이다. 뒤의 2개
장은 또한 이러한 뜻에 해당한다.

【050】

子曰: "無憂者, 其唯文王乎. 以王季爲父, 以武王爲子, 父作之, 子述
之."

공자가 말하길, "근심이 없는 자는 오직 문왕일 것이다. 왕계를 부친으로 두셨고 무왕을 자식으로 두셨는데, 부친이 일으키고 자식이 계승했도다." 라 했다.

章句 此言文王之事. 書言"王季其勤王家", 蓋其所作, 亦積功累仁 之事也.

이것은 문왕에 대한 일을 말한 것이다. 『서』에서는 "왕계가 왕가를 위해 노력하였다."4)라고 했는데, 일으키는 것은 또한 공적과 인(仁)을 쌓는 일에 해당한다.

【051】

"武王纘大王·王季·文王之緒, 壹戎衣而有天下, 身不失天下之顯 名, 尊爲天子, 富有四海之內, 宗廟饗之, 子孫保之." [大音泰, 下同.]

계속하여 공자가 말하길, "무왕은 태왕·왕계·문왕의 업적을 계승하여 한 차례 병사를 일으켜 천하를 소유하셨는데, 그 자신은 천하에 현격한 명성을 잃지 않으셨고, 존귀함으로는 천자가 되셨으며, 부유함으로는 천하를 소유하셔서, 종묘에서 흠향을 하셨고, 자손들을 보전하셨다."라 했다. ['大' 자의 음은 '泰(태)'이며 아래도 이와 같다.]

章句 此言武王之事. 纘, 繼也. 大王, 王季之父也. 書云, "大王肇基 王迹." 詩云, "至于大王, 實始翦商." 緒, 業也. 戎衣, 甲冑之屬. 壹戎 衣, 武成文, 言一著戎衣以伐紂也.

이것은 무왕에 대한 일을 말한 것이다. '찬(纘)'자는 "계승하다[繼]."는 뜻 이다. 태왕은 왕계의 부친이다. 『서』에서는 "태왕이 처음으로 천자의 자

---

4) 『서』「주서(周書)·무성(武成)」: 惟先王建邦啓土, 公劉克篤前烈, 至于大王肇 基王迹, <u>王季其勤王家</u>, 我文考文王, 克成厥勳, 誕膺天命, 以撫方夏, 大邦畏其 力, 小邦懷其德.

취에 대한 기틀을 세웠다."5)라고 했고, 『시』에서는 "태왕에 이르러 실제로 처음으로 은나라를 쳤다."6)라고 했다. '서(緖)'자는 업적[業]을 뜻한다. '융의(戎衣)'는 갑옷이나 투구 부류를 뜻한다. '일융의(壹戎衣)'는 「무성(武成)」편의 문장이니, 한 차례 갑옷을 착용하고 주임금을 정벌했다는 뜻이다.

【052】

"武王末受命, 周公成文·武之德, 追王大王·王季, 上祀先公以天子之禮. 斯禮也, 達乎諸侯·大夫及士·庶人. 父爲大夫, 子爲士, 葬以大夫, 祭以士. 父爲士, 子爲大夫, 葬以士, 祭以大夫. 期之喪, 達乎大夫. 三年之喪, 達乎天子. 父母之喪, 無貴賤一也." [追王之王, 去聲]

계속하여 공자가 말하길, "무왕은 노년에 천명을 받으셨고, 주공은 문왕과 무왕의 덕을 완성하여 태왕과 왕계를 추존해서 천자로 높였으며, 위로는 선공에게 제사를 지내며 천자의 예법을 사용하셨다. 이러한 예법은 제후·대부·사·서인에게 두루 통용된다. 부친이 대부였고 자식이 사였다면, 장례를 치를 때에는 대부의 예법에 따랐고 제사를 지낼 때에는 사의 예법에 따랐다. 반대로 부친이 사였고 자식이 대부였다면, 장례를 치를 때에는 사의 예법에 따랐고 제사를 지낼 때에는 대부의 예법에 따랐다. 기년상은 대부까지 통용된다. 삼년상은 천자까지 통용된다. 부모의 상에 대해서는 신분의 귀천과 상관없이 동일하게 따른다."라고 했다. ['追王'에서의 '王'자는 거성으로 읽는다.]

---

5) 『서』「주서(周書)·무성(武成)」: 惟先王建邦啓土, 公劉克篤前烈, 至于<u>大王肇基王迹</u>, 王季其勤王家, 我文考文王, 克成厥勳, 誕膺天命, 以撫方夏, 大邦畏其力, 小邦懷其德.

6) 『시』「노송(魯頌)·비궁(閟宮)」: 后稷之孫, <u>實維大王</u>. 居岐之陽, <u>實始翦商</u>. 至于文武, 纘大王之緖, 致天之屆, 于牧之野. 無貳無虞, 上帝臨女. 敦商之旅, 克咸厥功. 王曰叔父, 建爾元子, 俾侯于魯. 大啓爾宇, 爲周室輔.

章句 此言周公之事. 末, 猶老也. 追王, 蓋推文武之意, 以及乎王迹之所起也. 先公, 組紺以上至后稷也. 上祀先公以天子之禮, 又推大王·王季之意, 以及於無窮也. 制爲禮法, 以及天下, 使葬用死者之爵, 祭用生者之祿. 喪服自期以下, 諸侯絶; 大夫降; 而父母之喪, 上下同之, 推己以及人也.

이것은 주공에 대한 일을 뜻한다. '말(末)'자는 노년[老]을 뜻한다. '추왕(追王)'은 문왕과 무왕의 뜻을 미루어서 왕가의 자취가 일어난 대상까지 미친 것이다. '선공(先公)'은 조감으로부터 그 위로 후직까지를 뜻한다. 위로 선공에게 제사를 지내며 천자의 예법을 사용하고, 또 태왕과 왕계의 뜻을 미루어서 끝없이 선공에까지 미친 것이다. 예법을 제정하여 천하에 반포해서, 장례를 치를 때에는 죽은 자의 작위에 따르게 하고, 제사를 지낼 때에는 제사를 지내는 자의 녹봉 수위에 따르도록 했다. 상복에 있어서 기년복으로부터 그 이하의 경우 제후는 단절되고, 대부는 수위를 낮추지만, 부모의 상에 대해서는 상하 계층이 동일하게 따르니, 자신의 마음을 미루어서 남에게까지 미친 것이다.

章句 右第十八章.

여기까지는 제 18장이다.

【053】

子曰: "武王周公, 其達孝矣乎!"

공자가 말하길, "무왕과 주공은 누구나 아는 효자일 것이다."라 했다.

章句 達, 通也. 承上章而言武王·周公之孝, 乃天下之人通謂之孝, 猶孟子之言達尊也.

'달(達)'자는 "통하다[通]."는 뜻이다. 앞 장을 이어서 무왕과 주공의 효를 언급했으니, 천하 사람들이 통괄적으로 효라고 부른다는 뜻으로, 맹자가 달존(達尊)이라고 한 말과 같다.[7]

【054】

"夫孝者, 善繼人之志, 善述人之事者也."

계속하여 공자가 말하길, "무릇 효는 조상의 뜻을 잘 계승하고, 조상의 일을 잘 잇는 것이다."라 했다.

章句 上章言武王纘大王 · 王季 · 文王之緒以有天下, 而周公成文武之德以追崇其先祖, 此繼志述事之大者也. 下文又以其所制祭祀之禮, 通於上下者言之.

앞 장에서는 무왕이 태왕 · 왕계 · 문왕의 업적을 이어서 천하를 소유하였고, 주공은 문왕과 무왕의 덕을 완성하여 선조들을 추존했다고 했는데, 이것은 뜻을 계승하고 일을 잇는 것 중에서도 큰 것에 해당한다. 아래 문장에서는 또한 제사의 예법을 제정했고 이것이 상하 계층에 두루 통용되는 것을 기준으로 말했다.

【055】

"春秋脩其祖廟, 陳其宗器, 設其裳衣, 薦其時食."

계속하여 공자가 말하길, "사계절마다 종묘를 청소하고, 제기들을 진설하며, 선조가 남겨둔 의복을 진설하고, 사계절마다 제철의 음식을 올린다."라 했다.

章句 祖廟: 天子七, 諸侯五, 大夫三, 適士二, 官師一. 宗器, 先世

---

7) 『맹자』「공손추하(公孫丑下)」: 天下有達尊三, 爵一, 齒一, 德一.

所藏之重器; 若周之赤刀·大訓·天球·河圖之屬也. 裳衣, 先祖之
遺衣服, 祭則設之以授尸也. 時食, 四時之食, 各有其物, 如春行羔
豚, 膳膏香之類是也.

조묘(祖廟)의 경우, 천자는 7개를 세우고 제후는 5개를 세우며 적사(適
士)⁸⁾는 2개를 세우고 관사(官師)⁹⁾는 1개를 세운다. '종기(宗器)'는 이전
세대에서 보관해둔 중요한 기물을 뜻하니, 마치 주나라 때의 적도(赤
刀)·대훈(大訓)·천구(天球)·하도(河圖) 등의 부류에 해당한다. '상
의(裳衣)'는 선조가 남겨둔 의복을 뜻하니, 제사를 지내게 되면 이것들을
진설하여 시동에게 주게 된다. '시식(時食)'은 사계절마다 나는 음식인데,
각각 해당하는 사물이 있는 것으로 마치 봄에는 새끼 양고기와 돼지고기
를 쓰되 소의 지방으로 조리하는 부류와 같다.¹⁰⁾

【056】

"宗廟之禮, 所以序昭穆也. 序爵, 所以辨貴賤也. 序事, 所以辨賢也.
旅酬下爲上, 所以逮賤也. 燕毛, 所以序齒也." [昭, 如字. 爲, 去聲.]

---

8) 적사(適士)는 상사(上士)를 가리킨다. 사(士)라는 계급은 3단계로 세분되는데, 상
   사, 중사(中士), 하사(下士)가 그것이다. 『예기』「제법(祭法)」편의 경문에는 "適
   士二廟, 一壇, 曰考廟, 曰王考廟, 享嘗乃止."라는 기록이 있다. 이에 대한 정현
   의 주에서는 "適士, 上士也."라고 풀이했다.

9) 관사(官師)는 하급 관리들을 부르는 말이다. 『서』「하서(夏書)·윤정(胤征)」편에
   는 "每歲孟春, 遒人以木鐸徇于路, 官師相規, 工執藝事以諫."이라는 기록이 있
   는데, 이에 대한 공안국(孔安國)의 전(傳)에서는 "官師, 衆官."이라고 풀이했다.
   또한 『예기』「제법(祭法)」편에는 "官師一廟, 曰考廟. 王考無廟而祭之. 去王考
   爲鬼."라는 기록이 있는데, 이에 대한 정현의 주에서는 "官師, 中士下士庶士府史
   之屬."이라고 풀이하여, '관사'의 대상을 구체적으로 중사(中士), 하사(下士), 서사
   (庶士), 부사(府史)의 부류라고 설명한다.

10) 『주례』「천관(天官)·포인(庖人)」: 凡用禽獻, 春行羔豚, 膳膏香; 夏行腒鱐, 膳
   膏臊; 秋行犢麛, 膳膏腥; 冬行鮮羽, 膳膏羶.

계속하여 공자가 말하길, "종묘의 의례는 소목(昭穆)의 질서에 따라 차례를 정하는 것이다. 작위에 따라 서열을 정하는 것은 귀천을 분별하는 것이다. 일에 따라 서열을 정하는 것은 현명한 자를 변별하는 것이다. 여수(旅酬)를 할 때 아랫사람이 윗사람을 위해 술을 권하는 것은 미천한 자에게까지 술이 돌아가도록 하는 것이다. 연회를 하며 머리카락의 색깔에 따라 자리의 서열을 정하는 것은 나이에 따라 서열을 정하는 것이다."라고 했다. [昭'자는 글자대로 읽는다. '爲'자는 거성으로 읽는다.]

章句 宗廟之次: 左爲昭, 右爲穆, 而子孫亦以爲序. 有事於太廟, 則子姓兄弟群昭群穆咸在而不失其倫焉. 爵, 公・侯・卿・大夫也. 事, 宗祝有司之職事也. 旅, 衆也. 酬, 導飮也. 旅酬之禮, 賓弟子・兄弟之子各擧觶於其長而衆相酬. 蓋宗廟之中以有事爲榮, 故逮及賤者, 使亦得以申其敬也. 燕毛, 祭畢而燕, 則以毛髮之色別長幼, 爲坐次也. 齒, 年數也.

종묘에서의 묘(廟) 배치는 좌측은 소(昭) 항렬이 되고 우측은 목(穆)항렬이 되니, 각 묘(廟)에 해당하는 자손들 또한 이것을 질서로 삼는다. 즉 태묘 안에서 제사를 지내게 되면, 자손들과 형제들 및 뭇 소목(昭穆)에 해당하는 후손들이 모두 위치하게 되지만, 그 질서를 잃지 않는다. '작(爵)'자는 공・후・경・대부 등을 뜻한다. '사(事)'자는 종축(宗祝)11)이나 유사 등이 맡아서 처리하는 직무이다. '여(旅)'자는 무리[衆]를 뜻한다. '수(酬)'자는 술을 마시게끔 인도한다는 뜻이다. 여수(旅酬)의 의례에서는 빈객의 제자들과 형제의 자식들이 각각 그들 무리의 존장자에게 치(觶)를 들어 술을 권하고 그 이후에 각각의 무리들이 서로에게 술을 권한

---

11) 종축(宗祝)은 종백(宗伯)과 태축(太祝)을 뜻한다. 둘 모두 제사를 주관하는 관리들인데, '종백'은 예법과 관련된 부서의 수장이며, '태축'은 제사를 시행할 때 일을 주도하는 관리이다. 『국어(國語)』「주어중(周語中)」편에는 "門尹除門, 宗祝執祀, 司里授館."이라는 기록이 있고, 이에 대한 위소(韋昭)의 주에서는 "宗, 宗伯, 祝, 太祝也."라고 풀이하였다.

다. 종묘 안에서는 일을 맡아보는 것을 영예로 여긴다. 그렇기 때문에 미천한 자에게까지 일이 돌아가게끔 하여, 그들 또한 공경함을 나타낼 수 있도록 한다. '연모(燕毛)'는 제사를 끝내고서 연회를 한다면, 머리카락의 색깔에 따라 연장자와 나이가 어린 자를 구별하여 좌석을 차례대로 배열한다는 뜻이다. '치(齒)'자는 나이를 뜻한다.

【057】

"踐其位, 行其禮, 奏其樂, 敬其所尊, 愛其所親, 事死如事生, 事亡如事存, 孝之至也."

계속하여 공자가 말하길, "선조의 지위에 오르게 되면, 해당하는 예법을 시행하고, 해당하는 음악을 연주하며, 선조가 존경하던 대상에 대해 공경하고, 선조가 친애하던 대상에 대해 친근하며, 죽은 자를 섬기길 살아 있는 자를 섬기듯이 하고, 현재 없는 자를 섬기길 현재 있는 자를 섬기듯이 하면, 효의 지극함이다."라 했다.

章句 踐, 猶履也. 其, 指先王也. 所尊所親, 先王之祖考 · 子孫 · 臣庶也. 始死謂之死, 旣葬則曰反而亡焉, 皆指先王也. 此結上文兩節, 皆繼志述事之意也.

'천(踐)'자는 "밟다[履]."는 뜻이다. '기(其)'자는 선왕을 가리킨다. '소존(所尊)'과 '소친(所親)'은 선조의 조상 · 자손 · 신하들을 뜻한다. 죽었을 때에는 사(死)라고 부르는데, 이미 장례를 치렀다면 되돌아와서 없어졌다고 하니, 이 모두는 선왕을 가리킨다. 이곳 문장은 앞의 2 문단에 대해 결론을 맺은 것으로, 모두 뜻을 계승하고 일을 잇는 뜻에 해당한다.

【058】

"郊社之禮, 所以事上帝也. 宗廟之禮, 所以祀乎其先也. 明乎郊社之
禮·禘嘗之義, 治國其如示諸掌乎!"

계속하여 공자가 말하길, "교사의 의례는 상제를 섬기는 방법이다. 종묘의
의례는 선조를 섬기는 방법이다. 교사의 의례와 체상(禘嘗)12)의 뜻에 해박
하다면, 나라를 다스리는 것은 마치 손바닥 위에 물건을 올려두는 보는
것처럼 쉬울 것이다."라 했다.

章句 郊, 祀天. 社, 祭地. 不言后土者, 省文也. 禘, 天子宗廟之大
祭, 追祭太祖之所自出於太廟, 而以太祖配之也. 嘗, 秋祭也. 四時
皆祭, 擧其一耳. 禮必有義, 對擧之, 互文也. 示, 與視同. 視諸掌, 言
易見也. 此與論語文意大同小異, 記有詳略耳.

'교(郊)'는 하늘에 대해 제사를 지낸다는 뜻이다. '사(社)'자는 땅에 대해
제사를 지낸다는 뜻이다. 후토(后土)를 언급하지 않은 것은 문장을 생략
해서 기록했기 때문이다. '체(禘)'13)자는 천자가 종묘에서 지내는 성대한
제사이니, 태묘에서 태조를 출생한 대상에 대해 추존하여 제사를 지내고
태조를 그에게 배향하는 것이다. '상(嘗)'자는 가을에 지내는 제사를 뜻한
다. 사계절마다 모두 제사를 지내는데, 그 중에서도 한 가지만 제시했을
뿐이다. 예에는 반드시 그에 해당하는 의미가 있으니, 상대적으로 제시한

---

12) 체상(禘嘗)은 체(禘)제사와 상(嘗)제사를 뜻한다. 주(周)나라의 예법에 따르면,
여름에 종묘에서 지내는 제사를 '체(禘)'제사라고 불렀고, 가을에 종묘에서 지내는
제사를 '상(嘗)'제사라고 불렀다. 고대에는 '체상'이라는 용어를 이용하여, 군주가
조상에게 지내는 제사를 범칭하였다.

13) 체제(禘祭)는 천신(天神) 및 조상신(祖上神)에게 지내는 '큰 제사[大祭]'를 뜻한
다. 『이아』「석천(釋天)」편에는 "禘, 大祭也."라는 기록이 있고, 이에 대한 곽박
(郭璞)의 주에서는 "五年一大祭."라고 풀이하여, 대제(大祭)로써의 체제사는 5년
마다 1번씩 지낸다고 설명한다. 그러나 『예기』「왕제(王制)」에 수록된 각종 제사
들에 대한 기록을 살펴보면, 체제사는 큰 제사임에는 분명하나, 반드시 5년마다
1번씩 지내는 제사는 아니었다.

것은 상호 그 뜻을 드러내는 문장이기 때문이다. '시(示)'자는 "살펴본다."
고 할 때의 '시(視)'자와 같다. 즉 손바닥을 살펴본다는 것은 쉽게 볼 수
있음을 말한다. 즉 이 문장은 『논어』의 문장 뜻과 대동소이한데,14) 『예
기』의 기록에 상세하거나 간략한 차이점이 있을 따름이다.

章句 右第十九章.
여기까지는 제 19장이다.

類編 右言微顯應莫見乎隱.
여기까지는 '언미현응막현호은(言微顯應莫見乎隱)'에 대한 내용이다.

---

14) 『논어』「팔일(八佾)」: 或問禘之說. 子曰, "不知也, 知其說者之於天下也, 其如
示諸斯乎!" 指其掌.

◇ '수신치인응대본달도'를 극언함[極言脩身治人應大本達道]

【059】
哀公問政.
애공이 정치에 대해서 물었다.

章句　哀公, 魯君, 名蔣.
'애공(哀公)'은 노(魯)나라 군주로, 이름은 장(蔣)이다.

【060】
子曰: "文武之政, 布在方策, 其人存則其政擧, 其人亡則其政息."
공자가 말하길, "문왕과 무왕이 시행했던 정치는 책에 쓰여 있으니, 그에 걸맞은 사람이 있다면 그 정치가 시행될 것이고, 그에 걸맞은 사람이 없다면 그 정치는 없어질 것입니다."라 했다.

章句　方, 版也. 策, 簡也. 息, 猶滅也. 有是君, 有是臣, 則有是政矣.
'방(方)'자는 나무판[版]을 뜻한다. '책(策)'자는 죽간[簡]을 뜻한다. '식(息)'자는 "없어진다[滅]."는 뜻이다. 그에 걸맞은 군주가 있고 그에 걸맞은 신하가 있다면, 그에 따른 정치가 있게 된다.

【061】
"人道敏政, 地道敏樹. 夫政也者, 蒲盧也."
계속하여 공자가 말하길, "사람의 도는 정치에 빠르게 나타나고, 땅의 도는 나무에 빠르게 나타납니다. 무릇 정치라는 것은 갈대와 같습니다."라 했다.

章句 敏, 速也. 蒲盧, 沈括以爲蒲葦是也. 以人立政, 猶以地種樹, 其成速矣, 而蒲葦又易生之物, 其成尤速也. 言人存政擧, 其易如此.

'민(敏)'자는 "빠르다[速]."는 뜻이다. '포로(蒲盧)'에 대해 심괄[1]은 갈대 종류라고 여겼는데, 이 말이 옳다. 사람이 정치를 확립하는 것은 땅이 나무를 심는 것과 같아서, 완성됨이 빠르고, 갈대는 또한 쉽게 생장하는 사물이므로, 그것의 완성됨은 더욱 빠르다. 즉 걸맞은 사람이 있어서 정치가 시행되면 그 쉬움이 이와 같다는 뜻이다.

【062】

"故爲政在人. 取人以身, 脩身以道, 脩道以仁."

계속하여 공자가 말하길, "그러므로 정치를 시행하는 것은 사람에게 달려 있습니다. 사람을 취할 때에는 자신으로써 하고 자신을 수양할 때에는 도로써 하며 도를 수양할 때에는 인으로써 해야 합니다."라 했다.

章句 此承上文人道敏政而言也. 爲政在人, 家語作"爲政在於得人", 語意尤備. 人, 謂賢臣. 身, 指君身. 道者, 天下之達道. 仁者, 天地生物之心, 而人得以生者, 所謂元者善之長也. 言人君爲政在於得人, 而取人之則又在脩身. 能脩仁其身, 則有君有臣, 而政無不擧矣.

이 문장은 앞에서 사람의 도가 정치에 빠르게 나타난다고 한 말을 이어서 말한 것이다. '위정재인(爲政在人)'을 『공자가어』에서는 '위정재어득인(爲政在於得人)'[2]이라고 기록했는데, 말의 뜻이 더욱 상세하다. '인(人)'

---

1) 심괄(沈括, A.D.1031 ~ A.D.1095) : 송대(宋代) 때의 과학자이자 학자이다. 자(字)는 존중(存中)이다. 천문(天文), 역법(曆法) 등에 해박하였다. 저서로는 『악론(樂論)』, 『봉원력(奉元曆)』 등이 있다.

2) 『공자가어(孔子家語)』「애공문정(哀公問政)」 : 待化以成, <u>故爲政在於得人</u>, 取人以身, 修道以仁.

자는 현명한 신하를 뜻한다. '신(身)'자는 군주 본인을 뜻한다. '도(道)'는 천하에 두루 통용되는 도를 뜻한다. '인(仁)'은 천지가 만물을 낳는 마음으로, 사람은 이것을 통해 생겨나게 되는데, 이른바 "원(元)은 선 중에서도 으뜸이다."3)라고 한 말에 해당한다. 군주가 정치를 시행하는 것은 현명한 신하를 얻는데 달려 있는데, 현명한 신하를 등용하는 것은 또한 군주 본인이 수양하는데 달려 있다. 자신을 수양하여 인(仁)을 갖출 수 있다면, 현명한 군주가 있고 현명한 신하가 있어서 훌륭한 정치 중 시행되지 않는 것이 없게 된다.

【063】

"仁者, 人也, 親親爲大. 義者, 宜也, 尊賢爲大. 親親之殺, 尊賢之等, 禮所生也." [殺, 去聲.]

계속하여 공자가 말하길, "인(仁)이라는 것은 사람의 몸이니, 부모를 친애하는 것이 가장 큽니다. 의(義)라는 것은 마땅함이니, 현명한 자를 존경하는 것이 가장 큽니다. 친근한 자를 친애할 때 나타나는 차등과 현명한 자를 존경할 때 나타나는 등차는 예(禮)가 생겨나게 된 바입니다."라고 했다. ['殺'자는 거성으로 읽는다.]

章句 人, 指人身而言. 具此生理, 自然便有惻怛慈愛之意, 深體味之可見. 宜者, 分別事理, 各有所宜也. 禮, 則節文斯二者而已.

'인(人)'자는 사람을 가리켜서 한 말이다. 사람은 이러한 생생(生生)의 이치를 갖추고 있고, 자연적으로 측은하게 여기고 자애로운 뜻을 갖추고 있으니, 깊이 체득하고 음미해보면 확인할 수 있다. '의(宜)'는 사물의 이치를 분별하여 각각 마땅함을 갖추게 하는 것이다. '예(禮)'는 이러한 두

---

3) 『역』「건괘(乾卦)」: 文言曰, 元者, 善之長也, 亨者, 嘉之會也, 利者, 義之和也, 貞者, 事之幹也.

가지 것들에 대해서 규범과 형식을 제정하는 것이다.

【064】

"在下位不獲乎上, 民不可得而治矣."

계속하여 공자가 말하길, "아랫자리에 있으면서 윗사람에게 신임을 얻지 못한다면, 백성을 다스릴 수 없습니다."라 했다.

章句 鄭氏曰: 此句在下, 誤重在此.

정현이 말하길, 이곳 구문은 아래에 속하니, 잘못하여 이곳에 중복 기록되었다.

【065】

"故君子不可以不脩身. 思脩身, 不可以不事親. 思事親, 不可以不知人. 思知人, 不可以不知天."

계속하여 공자가 말하길, "그러므로 군자는 자신을 수양하지 않을 수 없습니다. 자신을 수양하고자 생각한다면, 우선적으로 부모를 섬기지 않을 수 없습니다. 부모를 섬기고자 생각한다면, 우선적으로 사람을 알아보지 못해서는 안 됩니다. 사람을 알아보고자 생각한다면, 우선적으로 하늘의 이치를 알지 못해서는 안 됩니다."라 했다.

章句 爲政在人, 取人以身, 故不可以不脩身. 脩身以道, 脩道以仁, 故思脩身不可以不事親. 欲盡親親之仁, 必由尊賢之義, 故又當知人. 親親之殺, 尊賢之等, 皆天理也, 故又當知天.

정치를 시행하는 것은 사람을 얻는데 달려 있고, 사람을 얻을 때에는 몸소 한다. 그렇기 때문에 자신을 수양하지 않을 수 없다. 자신을 수양할 때에는 도(道)로써 하고, 도를 수양할 때에는 인(仁)으로써 한다. 그렇기 때문에 자신을 수양하고자 생각할 때에는 부모를 섬기지 않을 수 없다. 친근한 자에게 친근하게 대하는 인(仁)을 다하고자 한다면, 반드시 현명한 자를 존경하는 의(義)로부터 비롯되어야 한다. 그렇기 때문에 또한 사람에 대해서 알아보아야만 한다. 친근한 자를 친애함에 나타나는 차등과 현명한 자를 존경할 때 나타나는 등급은 모두 하늘의 이치에 해당한다. 그렇기 때문에 또한 하늘에 대해서도 알아야만 한다.

【066】

"天下之達道五, 所以行之者三, 曰君臣也 · 父子也 · 夫婦也 · 昆弟也 · 朋友之交也. 五者, 天下之達道也. 知 · 仁 · 勇三者, 天下之達德也. 所以行之者一也." [知, 去聲.]

계속하여 공자가 말하길, "천하의 공통된 도는 다섯 가지이고, 그것을 시행하는 방법은 세 가지이니, 군신 · 부자 · 부부 · 곤제 · 붕우관계에서의 사귐을 말합니다. 이 다섯 가지가 바로 천하의 공통된 도입니다. 그리고 지(知) · 인(仁) · 용(勇)이라는 세 가지는 천하의 공통된 덕입니다. 그리고 그것을 시행하는 것은 하나입니다."라 했다. ['知'자는 거성으로 읽는다.]

章句 達道者, 天下古今所共由之路, 卽書所謂五典, 孟子所謂"父子有親 · 君臣有義 · 夫婦有別 · 長幼有序 · 朋友有信", 是也. 知, 所以知此也; 仁, 所以體此也; 勇, 所以强此也; 謂之達德者, 天下古今所同得之理也. 一則誠而已矣. 達道雖人所共由, 然無是三德, 則無以行之; 達德雖人所同得, 然一有不誠, 則人欲間之, 而德非其德矣. 程子曰, "所謂誠者, 止是誠實此三者. 三者之外, 更別無誠."

'달도(達道)'는 온 천하와 고금을 통틀어 모두가 따라야 할 길이니, 『서』에서 말한 '오전(五典)'4)과5) 『맹자』에서 "부자관계에 친애함이 있고, 군

---

4) 오전(五典)은 다섯 종류의 윤리 덕목을 뜻한다. 『서』「우서(虞書) · 순전(舜典)」

신관계에 의로움이 있으며, 부부사이에 유별함이 있고, 장유관계에 질서가 있고, 붕우관계에 신의가 있다."6)라고 한 말에 해당한다. '지(知)'는 이러한 것들을 아는 것이며, '인(仁)'은 이러한 것들을 체득하는 것이고, '용(勇)'은 이러한 것들을 굳세게 실천하는 것인데, 이들을 '달덕(達德)'이라고 부르는 것은 온 천하와 고금을 통틀어 모두가 동일하게 부여받은 이치이기 때문이다. '일(一)'은 성(誠)일 따름이다. 달도는 비록 사람들이 모두 따라야 하는 것이지만, 이러한 세 가지 덕이 없다면 시행할 수 없고, 달덕은 비록 사람들이 동일하게 부여받은 것이지만, 하나라도 성실하지 못한 점이 있다면, 인욕이 개입하여 그의 덕은 제대로 된 덕이 아니게 된다. 정자는 "이른바 성(誠)이라는 것은 단지 이러한 세 가지를 성실히 시행하는 것이다. 이 세 가지 이외에 별도의 성(誠)은 없다."라고 했다.

【067】

"或生而知之, 或學而知之, 或困而知之, 及其知之, 一也. 或安而行之, 或利而行之, 或勉強而行之, 及其成功, 一也." [强, 上聲]

계속하여 공자가 말하길, "어떤 자들은 태어나면서부터 이러한 것들을 알

편에는 "愼徽五典, 五典克從."이라는 기록이 있는데, 이에 대한 공안국(孔安國)의 전(傳)에서는 "五典, 五常之教. 父義 · 母慈 · 兄友 · 弟恭 · 子孝."라고 풀이했다. 즉 '오전'이란 오상(五常)에 따른 가르침으로, 부친의 의로움, 모친의 자애로움, 형의 우애로움, 동생의 공손함, 자식의 효성스러움을 뜻한다. 또 채침(蔡沈)의 『집전(集傳)』에서는 "五典, 五常也. 父子有親, 君臣有義, 夫婦有別, 長幼有序, 朋友有信是也."라고 풀이했다. 즉 '오전'이란 오상(五常)으로, 부자관계에 친애함이 있고, 군신관계에 의로움이 있으며, 부부사이에 유별함이 있고, 장유관계에 질서가 있고, 붕우관계에 신의가 있음을 뜻한다.

5) 『서(書)』「우서(虞書) · 순전(舜典)」: 愼徽五典, 五典克從, 納于百揆, 百揆時敍, 賓于四門, 四門穆穆, 納于大麓, 烈風雷雨弗迷.

6) 『맹자』「등문공상(滕文公上)」: 聖人有憂之, 使契爲司徒, 敎以人倫, <u>父子有親, 君臣有義, 夫婦有別, 長幼有序, 朋友有信</u>.

고, 어떤 자들은 배움을 통해서 알며, 어떤 자들은 뒤늦게 곤궁함을 깨달아 배움을 통해서 알게 되는데, 앎에 이르러서는 동일합니다. 어떤 자들은 편안하게 시행하고, 어떤 자들은 이롭게 여겨서 시행하며, 어떤 자들은 억지로 힘써 시행하는데, 공적을 이룸에 이르러서는 동일합니다."라 했다. 〔'强' 자는 상성으로 읽는다.〕

章句 知之者之所知, 行之者之所行, 謂達道也. 以其分而言, 則所以知者知也, 所以行者仁也, 所以至於知之成功而一者勇也. 以其等而言, 則生知安行者知也, 學知利行者仁也, 困知勉行者勇也. 蓋人性雖無不善, 而氣稟有不同者, 故聞道有蚤莫, 行道有難易, 然能自强不息, 則其至一也. 呂氏曰, "所入之塗雖異, 而所至之域則同, 此所以爲中庸. 若乃企生知安行之資爲不可幾及, 輕困知勉行謂不能有成, 此道之所以不明不行也."

'지지(知之)'에서의 안다는 것과 '행지(行之)'에서의 행한다는 것은 달도(達道)를 뜻한다. 구분하여 말을 하자면, 알게 하는 것은 지(知)이며, 행하게 하는 것은 인(仁)이고, 알아서 공적을 이루어 동일하게 함에 이르게 만드는 것은 용(勇)이다. 등차에 따라서 말을 하자면, 태어나면서부터 알고 편안하게 시행하는 것은 지(知)이고, 배움을 통해서 알고 이롭게 여겨 시행하는 것은 인(仁)이며, 애를 써서 알고 억지로 시행하는 것은 용(勇)이다. 사람의 본성에는 비록 불선함이 없지만, 품수받은 기질에는 차이가 있기 때문에, 도를 알아듣는 데에도 빠르거나 늦는 차이가 발생하고, 도를 시행함에 있어서도 어렵거나 쉬운 차이가 생기지만, 스스로 노력하길 그치지 않는다면 지극해짐에 있어서는 동일하게 된다. 여씨7)는 "들어가

---

7) 남전여씨(藍田呂氏, A.D.1040 ~ A.D.1092) : =여대림(呂大臨)·여씨(呂氏)·여여숙(呂與叔). 북송(北宋) 때의 학자이다. 이름은 대림(大臨)이고, 자(字)는 여숙(與叔)이며, 호(號)는 남전(藍田)이다. 장재(張載) 및 이정(二程)형제에게서 수학하였다. 저서로는 『남전문집(藍田文集)』 등이 있다.

는 길은 비록 다르지만, 도달한 영역에 있어서는 동일하니, 이것이 바로 중용이 되는 이유이다. 만약 태어나면서부터 알고 편안하게 시행할 수 있는 자질을 기대하며 따라갈 수 없다고 여기고, 애를 써서 알고 억지로 시행하는 것을 경시하여 공적을 이룰 수 없다고 한다면, 이것은 도가 밝아지지 못하고 시행되지 못하는 이유이다."라고 했다.

【068】
子曰, "好學近乎知, 力行近乎仁, 知恥近乎勇."
공자가 말하길, "배우길 좋아함은 지(知)에 가깝고, 힘써 시행하는 것은 인(仁)에 가까우며, 부끄러움을 아는 것은 용(勇)에 가깝습니다."라 했다.

> 章句 "子曰"二字衍文.

'자왈(子曰)' 두 글자는 연문이다.

> 章句 此言未及乎達德而求以入德之事. 通上文三知爲知, 三行爲仁, 則此三近者, 勇之次也. 呂氏曰, "愚者自是而不求, 自私者殉人欲而忘反, 懦者甘爲人下而不辭. 故好學非知, 然足以破愚; 力行非仁, 然足以忘私; 知恥非勇, 然足以起懦."

이곳 문장은 달덕(達德)에 아직 미치지 못하여 덕으로 들어가는 것을 구하는 일을 말한 것이다. 앞 문장에서 세 가지 지(知)는 통괄적으로 지(知)가 되고, 세 가지 행(行)은 인(仁)이 되니, 이곳에서 가깝다고 한 세 가지 것은 용(勇) 다음이 된다. 여씨는 "어리석은 자는 스스로 옳다고 여겨서 찾지 않고, 스스로 사사롭게 하는 자는 인욕에 따라서 되돌아올 줄 모르며, 나약한 자는 남의 아래에 있기를 좋아하여 사양하지 않는다. 그렇기 때문에 배우길 좋아하는 것은 지(知) 자체는 아니지만, 어리석음을 타파하기에 충분하며, 시행에 힘쓰는 것은 인(仁) 자체는 아니지만, 사사로움을 잊게 하는데 충분하고, 부끄러움을 아는 것은 용(勇) 자체는 아니지만, 나약함에서 일으키기에 충분하다."라고 했다.

【069】

"知斯三者, 則知所以脩身. 知所以脩身, 則知所以治人. 知所以治人, 則知所以治天下國家矣."

계속하여 공자가 말하길, "이러한 세 가지를 안다면, 자신을 수양할 줄 아는 것입니다. 자신을 수양할 줄 안다면, 남을 다스리는 방법을 아는 것입니다. 남을 다스리는 방법을 안다면, 천하와 국가를 다스리는 방법을 아는 것입니다."라 했다.

章句 斯三者, 指三近而言. 人者, 對己之稱. 天下國家, 則盡乎人矣. 言此以結上文脩身之意, 起下文九經之端也.

'사삼(斯三)'이라는 것은 세 가지 가깝다는 것을 가리켜서 한 말이다. '인(人)'은 자신과 대비시켜 칭한 말이다. 천하와 국가라고 했다면, 모든 사람을 다 포함하게 된다. 이곳 문장은 이를 통해 앞에서 자신을 수양한다고 했던 뜻을 결론 맺고, 아래문장에 나오는 구경(九經)의 단서를 나타낸 것이다.

【070】

"凡爲天下國家有九經, 曰: 脩身也, 尊賢也, 親親也, 敬大臣也, 體群臣也, 子庶民也, 來百工也, 柔遠人也, 懷諸侯也."

계속하여 공자가 말하길, "무릇 천하와 국가를 다스리는 데에는 아홉 가지 떳떳한 법이 있으니, 자신을 수양하는 것이고, 현명한 자를 존경하는 것이며, 친근한 자를 친애하는 것이고, 대신들을 공경하는 것이며, 뭇 신하들을 체찰하는 것이고, 백성들을 자식처럼 사랑하는 것이며, 온갖 공인들을 불러 모으는 것이고, 번국의 제후들을 회유하는 것이며, 제후들을 품어주는 것입니다."라 했다.

經, 常也. 體, 謂設以身處其地而察其心也. 子, 如父母之愛其
子也. 柔遠人, 所謂無忘賓旅者也. 此列九經之目也. 呂氏曰, "天下
國家之本在身, 故脩身爲九經之本. 然必親師取友, 然後脩身之道
進, 故尊賢次之. 道之所進, 莫先其家, 故親親次之. 由家以及朝廷,
故敬大臣 · 體群臣次之. 由朝廷以及其國, 故子庶民 · 來百工次之.
由其國以及天下, 故柔遠人 · 懷諸侯次之. 此九經之序也. 視群臣猶
吾四體, 視百姓猶吾子, 此視臣視民之別也."

'경(經)'자는 항상됨[常]을 뜻한다. '체(體)'자는 본인이 그 입장에 처한
것으로 가정하여 그 마음을 살핀다는 뜻이다. '자(子)'자는 부모가 자신의
자식을 사랑함과 같다. "멀리 떨어져 있는 사람을 회유한다."는 말은 "손
님과 나그네를 잊지 말아라."[8]는 뜻이다. 이곳 문장은 구경(九經)의 항
목을 나열한 것이다. 여씨는 "천하와 국가를 다스리는 근본은 자신에게
달려 있기 때문에, 자신을 수양하는 것은 구경의 근본이 된다. 그러나
반드시 스승을 친애하고 현명한 벗을 사귄 뒤에야 자신을 다스리는 도가
진척되기 때문에 현명한 자를 존경하는 것이 그 다음이 된다. 도가 진척
되는 것 중 자기 집안에서 이루어지는 것보다 먼저인 것이 없기 때문에
친근한 자를 친애하는 것이 그 다음이 된다. 가정에서 비롯되어 조정에
미치기 때문에 대신을 공경하고 뭇 신하들을 내 몸처럼 살피는 것이 그
다음이 된다. 조정에서 비롯되어 그 나라에 미치기 때문에 백성들을 사랑
하고 백공들을 찾아오게끔 하는 것이 그 다음이 된다. 그 나라에서 비롯
되어 천하에 미치기 때문에 멀리 떨어져 있는 사람을 회유하고 제후들을
품어주는 것이 그 다음이 된다. 이것은 구경의 차례이다. 뭇 신하들 보기

---

8) 『맹자』「고자하(告子下)」: 初命曰, 誅不孝, 無易樹子, 無以妾爲妻. 再命曰, 尊
   賢育才, 以彰有德. 三命曰, 敬老慈幼, 無忘賓旅. 四命曰, 士無世官, 官事無攝,
   取士必得, 無專殺大夫. 五命曰, 無曲防, 無遏糴, 無有封而不告.

를 내 몸을 보는 것처럼 하고, 백성들 보기를 내 자식을 보는 것처럼 하니, 이것이 신하를 보고 백성을 볼 때 나타나는 구별이다."라고 했다.

【071】

"脩身則道立, 尊賢則不惑, 親親則諸父昆弟不怨, 敬大臣則不眩, 體群臣則士之報禮重, 子庶民則百姓勸, 來百工則財用足, 柔遠人則四方歸之, 懷諸侯則天下畏之."

계속하여 공자가 말하길, "자신을 수양하면 도가 확립되고, 현명한 자를 존경하면 의혹되지 않으며, 친근한 자를 친애하면 제부들과 형제들이 원망하지 않고, 대신을 공경하면 혼란하지 않으며, 뭇 신하들을 체찰하면 보답하는 예가 중시되고, 서민을 자식처럼 사랑한다면 백성들이 열심히 노력하며, 백공들을 오게끔 하면 국가의 재화가 풍족하게 되고, 번국의 제후들을 회유하면 사방이 귀의하며, 제후들을 품어주면 천하가 외경하게 됩니다."라 했다.

章句 此言九經之效也. 道立, 謂道成於己而可爲民表, 所謂皇建其有極是也. 不惑, 謂不疑於理. 不眩, 謂不迷於事. 敬大臣則信任專, 而小臣不得以間之, 故臨事而不眩也. 來百工則通功易事, 農末相資, 故財用足. 柔遠人, 則天下之旅皆悅而願出於其塗, 故四方歸. 懷諸侯, 則德之所施者博, 而威之所制者廣矣, 故曰天下畏之.

이 문장은 구경(九經)의 효과에 대해서 말한 것이다. "도가 세워진다."는 말은 도가 자신에게서 완성되어 백성들의 표본이 될 수 있다는 뜻으로, "임금이 그 극을 세운다."[9]는 뜻에 해당한다. "의혹되지 않는다."는 말은 이치에 대해 의심을 품지 않는다는 뜻이다. "어지럽지 않다."는 말은 사안

---

9) 『서』「주서(周書)·홍범(洪範)」: 五, 皇極, 皇建其有極, 斂時五福, 用敷錫厥庶民, 惟時厥庶民, 于汝極, 錫汝保極.

에 대해 미혹되지 않는다는 뜻이다. 대신을 공경한다면 믿고 일을 맡기며 전권을 행할 수 있도록 하여, 소신들이 간여할 수 없게 된다. 그렇기 때문에 일에 임해서 미혹되지 않는다. 백공이 찾아오게 하면, 기술이 통하고 일이 쉬워져서, 농업과 상업이 서로 보탬이 된다. 그렇기 때문에 재화가 풍족하게 된다. 멀리 떨어져 있는 사람을 회유하면, 천하에 떠도는 나그네 들이 모두 기뻐하며 그의 길에서 나오기를 원하기 때문에 사방의 백성들 이 귀의한다. 제후를 품어주면, 덕의 펼쳐짐이 넓고 위엄을 통해 제어하는 것이 넓어진다. 그렇기 때문에 "천하가 두려워한다."라고 했다.

【072】
"齊明盛服, 非禮不動, 所以脩身也. 去讒遠色, 賤貨而貴德, 所以勸 賢也. 尊其位, 重其祿, 同其好惡, 所以勸親親也. 官盛任使, 所以勸 大臣也. 忠信重祿, 所以勸士也. 時使薄斂, 所以勸百姓也. 日省月 試, 旣稟稱事, 所以勸百工也. 送往迎來, 嘉善而矜不能, 所以柔遠 人也. 繼絶世, 擧廢國, 治亂持危, 朝聘以時, 厚往而薄來, 所以懷諸 侯也."[齊, 側皆反. 去, 上聲. 遠好惡斂, 幷去聲. 旣, 許氣反. 省, 悉井反. 稟, 彼錦 力錦二反. 稱, 去聲. 朝, 音潮.]

계속하여 공자가 말하길, "가다듬고 깨끗하게 하며 복장을 바르게 하여, 예가 아니라면 움직이지 않는 것은 자신을 수양하는 방법입니다. 거짓으로 참소하는 자를 제거하고 여색을 멀리하며, 재화를 하찮게 여기고 덕을 존 귀하게 여기는 것은 현명한 자가 더욱 분발하도록 하는 방법입니다. 그 지위를 존경하고, 그 녹봉을 높여주며, 좋아함과 싫어함을 함께 하는 것은 친근한 자를 친애하길 권면하는 방법입니다. 관직을 세밀히 갖추고 일을 맡겨서 부리는 것은 대신들이 더욱 분발하도록 하는 방법입니다. 마음을 다하고 믿으며 녹봉을 높여주는 것은 사들이 더욱 분발하도록 하는 방법입 니다. 때에 맞게 부리고 세금을 적게 걷는 것은 백성들이 더욱 분발하도록 하는 방법입니다. 날마다 살피고 달마다 시험을 보아 녹봉을 그가 이룬 사업의 공적에 걸맞게 해주는 것은 백공이 더욱 분발하도록 하는 방법입니다. 가는 자를 전송하고 오는 자를 맞이하며, 잘하는 자는 가상하게 여기고 잘 못하는 자를 불쌍히 여기는 것은 번국의 제후를 회유하는 방법입니다. 세대가 끊어진 자를 이어주고, 폐망한 나라를 다시 세워주며, 혼란을 다스리고 위태로울 때 지탱해주며, 때에 맞게 조빙(朝聘)¹⁰⁾을 하도록 하고, 보내주는 것은 많이 해주지만 가지고 오는 것은 적게 해주는 것은 제후들을 품어주는 방법입니다."라고 했다. ['齊'자는 '側(측)'자와 '皆(개)'자의 반절음이다. '去'자는 거성으로 읽는다. '遠'·'好'·'惡'·'斂'자는 모두 거성으로 읽는다. '旣'자는 '許(허)'자와 '氣(기)'자의 반절음이다. '省'·'悉(실)'자와 '井(정)'자의 반절음이다. '稟'자는 '彼(피)'자와 '錦(금)'자의 반절음이나 '力(력)'자와 '錦(금)'자의 반절음이다. '稱'자는 거성으로 읽는다. '朝'자의 음은 '潮(조)'이다.]

章句 此言九經之事也. 官盛任使, 謂官屬衆盛, 足任使令也, 蓋大臣不當親細事, 故所以優之者如此. 忠信重祿, 謂待之誠而養之厚, 蓋以身體之, 而知其所賴乎上者如此也. 旣, 讀曰餼. 餼廩, 稍食也. 稱事, 如周禮槀人職, 曰"考其弓弩, 以上下其食", 是也. 往則爲之授節以送之, 來則豐其委積以迎之. 朝, 謂諸侯見於天子. 聘, 謂諸侯使大夫來獻. 王制"比年一小聘, 三年一大聘, 五年一朝." 厚往薄來, 謂燕賜厚而納貢薄.

이 문장은 구경(九經)의 일에 대해서 언급한 것이다. '관성임사(官盛任

---

10) 조빙(朝聘)은 본래 제후가 주기적으로 천자를 찾아뵙는 것을 뜻한다. 고대에는 제후가 천자에 대해서 매년 1번씩 소빙(小聘)을 했고, 3년에 1번씩 대빙(大聘)을 했으며, 5년에 1번씩 조(朝)를 했다. '소빙'은 제후가 직접 찾아가지 않았고, 대부(大夫)를 대신 파견하였으며, '대빙' 때에는 경(卿)을 파견하였다. '조'에서만 제후가 직접 찾아갔는데, 이것을 합쳐서 '조빙'이라고 부른다. 춘추시대(春秋時代) 때에는 진(晉)나라 문공(文公)과 같은 패주(霸主)에게 '조빙'을 하기도 하였다. 『예기』 「왕제(王制)」편에는 "諸侯之於天子也, 比年一小聘, 三年一大聘, 五年一朝."라는 기록이 있고, 이에 대한 정현의 주에서는 "比年, 每歲也. 小聘, 使大夫, 大聘, 使卿, 朝, 則君自行. 然此大聘與朝, 晉文霸時所制也."라고 풀이했다. 후대에는 서로 찾아가서 만나보는 것을 '조빙'이라고 범칭하기도 했다.

使)'는 배속되는 관리가 많아서, 일을 맡겨서 부리기에 충분하다는 뜻이니, 대신은 직접적으로 자잘한 일을 해서는 안 된다. 그렇기 때문에 이와 같이 그를 우대하는 것이다. '충신중록(忠信重祿)'은 대우하길 진실됨으로 하고 봉양하길 두텁게 한다는 뜻으로, 자신을 통해 직접 체득하여, 이처럼 윗사람에게 의지해야 함을 아는 것이다. '기(旣)'자는 희(餼)자로 풀이하니, '희름(餼廩)'은 녹봉을 뜻한다. '칭사(稱事)'는 『주례』「고인(槀人)」편의 직무 기록에서, "궁노의 수준을 살펴서, 그의 녹봉을 낮추거나 올려준다."라고 한 말에 해당한다. 가는 자에 대해서는 그를 위해 부절을 주어 전송하고, 오는 자에 대해서는 재화를 풍족하게 해서 그를 맞이한다. '조(朝)'자는 제후가 천자를 알현한다는 뜻이다. '빙(聘)'자는 제후가 대부를 파견하여 공납품을 헌상한다는 뜻이다. 『예기』「왕제(王制)」편에서는 "매년 한 번 소빙(小聘)11)을 하고, 3년마다 한 번 대빙(大聘)12)을 하며, 5년마다 한 번 조(朝)를 한다."13)라고 했다. '후왕박래(厚往薄來)'는 연회를 베풀고 하사하는 것은 후하게 하고, 공납품을 들이는 것은 적게 한다는 뜻이다.

---

11) 소빙(小聘)은 본래 제후가 대부(大夫)를 시켜서 매해 천자를 찾아뵙는 것을 뜻한다. 제후는 천자에 대해서, 매년 '소빙'을 하고, 3년에 1번 대빙(大聘)을 하며, 5년에 1번 조(朝)를 한다. 대빙을 할 때에는 경(卿)을 시키고, 조를 할 때에는 제후가 직접 찾아간다. 『예기』「왕제(王制)」편에는 "諸侯之於天子也, 比年一小聘, 三年一大聘, 五年一朝."라는 기록이 있고, 이에 대한 정현의 주에서는 "比年, 每歲也. 小聘使大夫, 大聘使卿, 朝則君自行."이라고 했다.

12) 대빙(大聘)은 본래 제후가 경(卿)을 시켜서 매해 천자를 찾아뵙는 것을 뜻한다. 제후는 천자에 대해서, 매년 소빙(小聘)을 하고, 3년에 1번 '대빙(大聘)'을 하며, 5년에 1번 조(朝)를 한다. 소빙을 할 때에는 대부(大夫)를 시키고, 조를 할 때에는 제후가 직접 찾아간다. 『예기』「왕제(王制)」편에는 "諸侯之於天子也, 比年一小聘, 三年一大聘, 五年一朝."라는 기록이 있고, 이에 대한 정현의 주에서는 "比年, 每歲也. 小聘使大夫, 大聘使卿, 朝則君自行."이라고 했다.

13) 『예기』「왕제(王制)」 024장 : 諸侯之於天子也, <u>比年一小聘, 三年一大聘, 五年一朝.</u>

【073】

"凡爲天下國家有九經, 所以行之者一也."

계속하여 공자가 말하길, "무릇 천하와 국가를 다스리는 데에는 구경(九經)이 있는데, 그것을 시행하는 것은 한 가지입니다."라 했다.

> 章句　一者, 誠也. 一有不誠, 則是九者皆爲虛文矣, 此九經之實也.

'일(一)'은 성(誠)이다. 하나라도 성실하지 못한 점이 있다면, 아홉 가지 것들은 모두 헛된 형식에 지나지 않으니, 이것이 바로 구경(九經)의 실체이다.

【074】

"凡事豫則立, 不豫則廢. 言前定則不跲, 事前定則不困, 行前定則不疚, 道前定則不窮."

계속하여 공자가 말하길, "모든 일에 대해서 미리 하면 성립되고 미리 하지 않으면 없어집니다. 말에 있어서도 미리 정하면 차질이 없고, 일에 있어서도 미리 정하면 곤궁해지지 않으며, 행동에 있어서도 미리 정하면 결함이 없고, 도에 있어서도 미리 정하면 궁하지 않습니다."라 했다.

> 章句　凡事, 指達道達德九經之屬. 豫, 素定也. 跲, 躓也. 疚, 病也. 此承上文, 言凡事皆欲先立乎誠, 如下文所推是也.

'범사(凡事)'는 달도(達道)·달덕(達德)·구경(九經) 등을 가리킨다. '예(豫)'자는 평소에 확정한다는 뜻이다. '겁(跲)'자는 "넘어진다[躓]."는 뜻이다. '구(疚)'자는 병폐[病]를 뜻한다. 이 문장은 앞 문장을 이어서, 모든 일에 대해서는 모두 그보다 앞서 성(誠)에서 확립해야 함을 말하니, 아래 문장에서 미루어 나간다고 한 것이 여기에 해당한다.

【075】

"在下位不獲乎上, 民不可得而治矣. 獲乎上有道, 不信乎朋友, 不獲乎上矣. 信乎朋友有道, 不順乎親, 不信乎朋友矣. 順乎親有道, 反諸身不誠, 不順乎親矣. 誠身有道, 不明乎善, 不誠乎身矣."

계속하여 공자가 말하길, "신하가 아랫자리에 있으면서 군주의 신임을 얻지 못한다면, 백성들을 다스릴 수 없습니다. 군주의 신임을 얻는 데에는 방법이 있으니, 벗에게 신의롭게 대하지 않는다면, 군주의 신임을 얻을 수 없습니다. 벗에게 신의롭게 대하는 데에는 방법이 있으니, 부모에게 순종하지 않는다면, 벗에게 신의롭게 대할 수 없습니다. 부모에게 순종하는 데에는 방법이 있으니, 자신을 돌이켜보아 성실하지 않다면 부모에게 순종할 수 없습니다. 자신을 성실히 하는 데에는 방법이 있으니, 선에 대해 해박하지 않다면 자신을 성실히 할 수 없습니다."라 했다.

[章句] 此又以在下位者, 推言素定之意. 反諸身不誠, 謂反求諸身而所存所發, 未能眞實而無妄也. 不明乎善, 謂未能察於人心天命之本然, 而眞知至善之所在也.

이 문장은 또한 아랫자리에 있는 자를 기준으로 평소에 확정해야 하는 뜻을 미루어 말한 것이다. 자신에게 돌이켜보아 성실하지 않다는 말은 자신에게 돌이켜 구하여 보존하는 것과 나타내는 것 중에 진실되어 망령됨이 없지 못한 것을 뜻한다. 선을 밝게 알지 못한다는 말은 인심과 천명의 본연성을 살펴서 지극한 선이 있는 곳을 참으로 알지 못한다는 뜻이다.

【076】

"誠者, 天之道也. 誠之者, 人之道也. 誠者不勉而中, 不思而得, 從容中道, 聖人也. 誠之者, 擇善而固執之者也." [中, 並去聲. 從, 七容反]

계속하여 공자가 말하길, "성실함이란 하늘의 도입니다. 성실하게 하는 것은 사람의 도입니다. 성실함이란 노력하지 않아도 알맞고, 깊이 생각하지 않아도 맞아서, 차분하고 여유롭게 도에 합당하니, 성인에 해당합니다. 성실하게 하는 것은 선을 택해서 굳게 지키는 것입니다."라고 했다. ['中'자는 모두 거성으로 읽는다. '從'자는 '七(칠)'자와 '容(용)'자의 반절음이다.]

章句 此承上文誠身而言. 誠者, 眞實無妄之謂, 天理之本然也. 誠之者, 未能眞實無妄, 而欲其眞實無妄之謂, 人事之當然也. 聖人之德, 渾然天理, 眞實無妄, 不待思勉而從容中道, 則亦天之道也. 未至於聖, 則不能無人欲之私, 而其爲德不能皆實. 故未能不思而得, 則必擇善, 然後可以明善; 未能不勉而中, 則必固執, 然後可以誠身, 此則所謂人之道也. 不思而得, 生知也. 不勉而中, 安行也. 擇善, 學知以下之事. 固執, 利行以下之事也.

이 문장은 앞에서 자신을 성실하게 한다고 했던 뜻을 이어서 한 말이다. '성(誠)'이란 진실하여 망령됨이 없다는 뜻으로, 천리의 본연에 해당한다. '성지(誠之)'는 아직까지 진실하거나 망령됨이 없을 수 없어서, 진실하고 망령됨이 없고자 함을 뜻하니, 인사의 당연함에 해당한다. 성인의 덕은 결점이 없는 천리에 해당하고 진실하고 망령됨이 없어서, 생각하거나 노력하지 않아도 차분히 도에 맞으니 또한 하늘의 도에 해당한다. 아직 성인의 경지에 도달하지 못했다면, 인욕의 삿됨이 없을 수 없고, 덕 또한 모두 진실될 수 없다. 그렇기 때문에 생각하지 않고서는 얻지 못하니, 반드시 선을 택한 뒤에야 선을 밝힐 수 있고, 열심히 노력하지 않으면 알맞지 않으니, 반드시 굳게 지킨 뒤에야 자신을 성실하게 할 수 있는데, 이것은 사람의 도를 가리킨다. 생각하지 않아도 터득하는 것은 태어나면서부터 아는 것이다. 노력하지 않아도 알맞은 것은 편안히 시행하는 것이다. 선을 택하는 것은 배워서 안다는 것으로부터 그 이하의 일에 해당한다. 굳게 지키는 것은 이롭게 여겨서 행동하는 것으로부터 그 이하의 일에 해당한다.

【077】

"博學之, 審問之, 愼思之, 明辨之, 篤行之."

계속하여 공자가 말하길, "널리 배우고, 자세히 물으며, 신중히 생각하고, 밝게 변별하며, 독실하게 시행해야 합니다."라 했다.

章句 此誠之之目也. 學·問·思·辨, 所以擇善而爲知, 學而知也. 篤行, 所以固執而爲仁, 利而行也. 程子曰, "五者廢其一, 非學也." 이 문장은 성실히 하는 것의 항목에 해당한다. 배우고 묻고 생각하고 변별하는 것은 선을 택하여 앎으로 삼는 것이니, 배워서 아는 경우에 해당한다. 독실하게 시행한다는 것은 굳게 지켜서 인으로 삼는 것이니, 이롭게 여겨서 행동하는 경우에 해당한다. 정자는 "다섯 가지 중에 하나라도 폐한다면, 학문이 아니다."라고 했다.

【078】

"有弗學, 學之弗能, 弗措也. 有弗問, 問之弗知, 弗措也. 有弗思, 思之弗得, 弗措也. 有弗辨, 辨之弗明, 弗措也. 有弗行, 行之弗篤, 弗措也. 人一能之, 己百之, 人十能之, 己千之."

계속하여 공자가 말하길, "배우지 않을지언정 배움에 있어서 잘 할 수 없는 것이 있다면 그만 두지 말아야 합니다. 또 묻지 않을지언정 물음에 있어서 알지 못하는 것이 있다면 그만 두지 말아야 합니다. 생각하지 않을지언정 생각함에 있어서 터득하지 못하는 것이 있다면 그만 두지 말아야 합니다. 변별하지 않을지언정 변별함에 있어서 밝지 못한 것이 있다면 그만두지 말아야 합니다. 실천하지 않을지언정 실천함에 있어서 독실하게 하지 못한 것이 있다면 그만두지 말아야 합니다. 남이 한 번 하고도 잘 할 수 있다면, 자신은 백배를 해야 하고, 남이 열 번 하고도 잘 할 수 있다면, 자신은 천배를 해야 합니다."라 했다.

君子之學, 不爲則已, 爲則必要其成, 故常百倍其功. 此困而知, 勉而行者也, 勇之事也.

군자의 학문은 하지 않았으면 않았지 한다면 반드시 그 완성을 이루고자 한다. 그렇기 때문에 항상 백배의 노력을 하는 것이다. 이것은 애써서 아는 것과 힘써 시행하는 경우에 해당하니, 용(勇)의 사안이 된다.

【079】

"果能此道矣, 雖愚必明, 雖柔必强."

계속하여 공자가 말하길, "이러한 도리를 과감히 실천할 수 있다면, 비록 우둔한 자라도 반드시 명민하게 되고, 비록 유약한 자라도 반드시 굳세게 될 것입니다."라 했다.

明者擇善之功, 强者固執之效. 呂氏曰, "君子所以學者, 爲能變化氣質而已. 德勝氣質, 則愚者可進於明, 柔者可進於强. 不能勝之, 則雖有志於學, 亦愚不能明, 柔不能立而已矣. 蓋均善而無惡者, 性也, 人所同也; 昏明强弱之稟不齊者, 才也, 人所異也. 誠之者所以反其同而變其異也. 夫以不美之質, 求變而美, 非百倍其功, 不足以致之. 今以鹵莽滅裂之學, 或作或輟, 以變其不美之質, 及不能變, 則曰天質不美, 非學所能變. 是果於自棄, 其爲不仁甚矣!"

'명(明)'이라는 것은 선을 택해서 나타나는 효과이며, '강(强)'이라는 것은 굳게 지켜서 나타나는 효과이다. 여씨는 "군자가 학문을 하는 이유는 기질을 변화시키기 위해서일 따름이다. 덕이 기질을 이겨내게 된다면, 어리석은 자라도 밝음에 나아갈 수 있고, 유약한 자라도 굳셈에 나아갈 수 있다. 그러나 덕이 기질을 이겨내지 못한다면, 비록 학문에 뜻을 두고 있더라도 어리석은 자는 밝아지지 못하고, 유약한 자는 자립하지 못할 따름이다. 모두 선하고 악이 없는 것은 성(性)이며 사람이 동일하게 갖추고 있는 것인데, 품수받은 기질에 어둡거나 밝고 굳세거나 유약함 등의 차이가 있는 것은 재질이며 사람마다 다른 것이다. 성실히 한다는 것은 누구나 동일하게 갖추고 있는 것을 돌이키고 차이를 변화시키는 것이다. 좋지 못한 자질로 변화되어 좋게 되고자 할 때에는 백배의 노력을 하지 않는다면 도달할 수 없다. 현재 거칠고도 소략하며 지리멸렬한 학문으로 어떤 때에는 시행하고 또 어떤 때에는 그만두면서 좋지 못한 자질을 변화시키고자 하는데, 변화시킬 수 없게 되면, 천성적으로 부여받은 자질이 좋지 못한 것은 배움을 통해서 변화시킬 수 있는 것이 아니라고 말한다. 이것은 스스로를 버리는 일에 과감한 것이며, 불인함이 배우 심한 것이다."라고 했다.

章句 右第二十章. 此引孔子之言, 以繼大舜·文·武·周公之緒, 明其所傳之一致, 擧而措之, 亦猶是耳. 蓋包費隱兼小大, 以終十二章之意. 章內語誠始詳, 而所謂誠者, 實此篇之樞紐也. 又按: 孔子家語, 亦載此章, 而其文尤詳. "成功一也"之下, 有"公曰: 子之言美矣! 至矣! 寡人實固, 不足以成之也." 故其下復以"子曰"起答辭. 今無此問辭, 而猶有"子曰"二字; 蓋子思刪其繁文以附于篇, 而所刪有不盡者, 今當爲衍文也. "博學之"以下, 家語無之, 意彼有闕文, 抑此或子思所補也歟.

여기까지는 제 20장이다. 이 문장은 공자의 말을 인용하고 순임금·문왕·무왕·주공의 업적을 연이어 기술해서 전수한 것이 일치하니, 이것을 들어서 시행하면 또한 이와 같을 따름임을 나타내고 있다. 즉 비(費)와 은(隱)을 포함하고 소(小)와 대(大)를 겸하여 12장의 뜻을 매듭지었다. 이 문장에서 성(誠)을 설명한 것은 이제까지의 기록 중 처음으로 상세하니, 이른바 성(誠)이라는 것은 바로 「중용」편의 핵심이다. 또 살펴보니, 『공자가어』에도 이 장의 내용이 수록되어 있고, 그 문장이 더욱 상세하다. '성공일야(成功一也)'라는 구문 뒤에는 "애공이 말하길, 그대의 말이 아름답고 지극하구나! 그러나 과인은 실제로 고루하여 이것을 이루기에는 부족하다."라는 기록이 있다. 그렇기 때문에 그 뒤의 문장에서 재차 '자왈(子曰)'이라는 말로 대답하는 말을 표시한 것이다. 현재 이곳에서는 묻는 말이 없는데도, 여전히 '자왈(子曰)'이라는 두 글자가 기록되어 있다. 아마도 자사가 번잡스러운 문장을 삭제하여 「중용」편에 수록하는 중 모두 삭제하지 못한 것이 있었기 때문이니, 마땅히 연문으로 여겨야 한다. '박학지(博學之)'라는 구문 뒤의 내용에 있어서 『공자가어』에는 해당 내용이 없는데, 아마도 『공자가어』에 빠진 문장이 있기 때문이거나 그것이 아니라면 이것은 자사가 보충한 기록일 것이다.

類編 右極言脩身治人應大本達道.

여기까지는 '극언수신치인응대본달도(極言脩身治人應大本達道)'에 대한 내용이다.

◇ '성응치중화이위육'을 전언함(專言誠應致中和而位育)

【080】

自誠明謂之性, 自明誠謂之敎. 誠則明矣, 明則誠矣.

성실함을 통해 밝아지는 것을 성(性)이라 부르고, 밝아짐을 통해 성실해지는 것을 가르침이라 부른다. 성실하다면 밝아지고, 밝아지면 성실하게 된다.

> **章句** 自, 由也. 德無不實而明無不照者, 聖人之德. 所性而有者也, 天道也. 先明乎善, 而後能實其善者, 賢人之學. 由敎而入者也, 人道也. 誠則無不明矣, 明則可以至於誠矣.

'자(自)'자는 '~로부터[由]'라는 뜻이다. 덕에 진실되지 않음이 없고, 밝음에 밝히지 못하는 것이 없는 경우는 성인의 덕에 해당한다. 성(性)으로 삼아 간직한 자이니, 하늘의 도에 해당한다. 우선적으로 선을 밝게 알고 그 이후에 선을 채울 수 있는 경우는 현명한 자의 배움에 해당한다. 가르침으로부터 도로 들어가는 자이니, 사람의 도에 해당한다. 성실하다면 밝지 못한 것이 없고, 밝다면 성실함에 도달할 수 있다.

> **章句** 右第二十一章. 子思承上章夫子天道人道之意而立言也. 自此以下十二章, 皆子思之言, 以反覆推明此章之意.

여기까지는 제 21장이다. 자사는 앞 장에서 공자가 천도와 인도를 말한 뜻을 이어 설명한 것이다. 이 장으로부터 그 이하에 있는 12개의 장은 모두 자사의 말이니, 이 장의 뜻을 반복해서 미루어 밝힌 것이다.

【081】

唯天下至誠, 爲能盡其性. 能盡其性, 則能盡人之性. 能盡人之性, 則能盡物之性. 能盡物之性, 則可以贊天地之化育. 可以贊天地之化育, 則可以與天地參矣.

오직 천하 사람들 중 지극한 성실함을 갖춘 자만이 자신의 성(性)을 다할 수 있다. 자신의 성(性)을 다할 수 있다면, 사람의 성(性)도 다하게 할 수 있다. 사람의 성(性)을 다하게 할 수 있다면, 만물의 성(性)도 다하게 할 수 있다. 만물의 성(性)을 다하게 할 수 있다면, 천지의 화육하는 작용을 도울 수 있다. 천지의 화육하는 작용을 도울 수 있다면, 천지와 더불어 참여하게 된다.

章句 天下至誠, 謂聖人之德之實, 天下莫能加也. 盡其性者德無不實, 故無人欲之私, 而天命之在我者, 察之由之, 巨細精粗, 無毫髮之不盡也. 人物之性, 亦我之性, 但以所賦形氣不同而有異耳. 能盡之者, 謂知之無不明而處之無不當也. 贊, 猶助也. 與天地參, 謂與天地並立爲三也. 此自誠而明者之事也.

'천하지성(天下至誠)'은 성인의 덕은 꽉 차서 천하에 더할 수 있는 것이 없다는 뜻이다. 그 성(性)을 다한다는 것은 덕에 차지 않은 것이 없기 때문에, 인욕의 삿됨이 없고, 자신에게 있는 천명을 살피고 그에 따라서 크고 미세함, 정밀하고 거친 모든 것들에 있어, 털끝만큼이라도 다하지 않음이 없다는 뜻이다. 사람과 사물의 성(性)은 또한 나의 성(性)과 동일하니, 다만 형체와 기질을 부여받은 것이 달라서 차이가 생긴 것일 뿐이다. 그것을 다할 수 있다는 것은 앎에 밝지 못함이 없고 대처함에 마땅하지 않음이 없다는 뜻이다. '찬(贊)'자는 "돕다[助]."는 뜻이다. '여천지삼(與天地參)'은 천지와 더불어 함께 서서 셋이 된다는 뜻이다. 이것은 성실함으로부터 비롯되어 밝아지는 경우에 해당한다.

章句 右第二十二章. 言天道也.

여기까지는 제 22장이다. 천도를 말하고 있다.

【082】

其次致曲, 曲能有誠, 誠則形, 形則著, 著則明, 明則動, 動則變, 變
則化. 唯天下至誠爲能化.

그 다음은 한쪽으로 지극함이니, 한쪽으로 지극히 하면 성실함을 갖출 수
있으며, 성실하다면 형체가 드러나게 되고, 형체가 드러나면 밝게 드러나
며, 밝게 드러나면 현격히 나타나고, 현격히 나타나면 사람의 마음을 감동
시키고, 사람의 마음을 감동시킨다면 변하게 하며, 변화시키면 조화롭게
할 수 있다. 오직 천하의 지극한 성실함을 갖춘 자만이 조화롭게 할 수
있다.

> 章句 其次, 通大賢以下凡誠有未至者而言也. 致, 推致也. 曲, 一偏
> 也. 形者, 積中而發外. 著, 則又加顯矣. 明, 則又有光輝發越之盛也.
> 動者, 誠能動物. 變者, 物從而變. 化, 則有不知其所以然者. 蓋人之
> 性無不同, 而氣則有異, 故惟聖人能擧其性之全體而盡之. 其次則必
> 自其善端發見之偏, 而悉推致之, 以各造其極也. 曲無不致, 則德無
> 不實, 而形・著・動・變之功自不能已. 積而至於能化, 則其至誠之
> 妙, 亦不異於聖人矣.

'기차(其次)'는 위대한 현자로부터 그 이하로 성실함에 지극하지 못한 점
이 있는 자들을 통괄적으로 말한 것이다. '치(致)'자는 미루어 지극히 한
다는 뜻이다. '곡(曲)'자는 한쪽으로 치우쳤다는 뜻이다. '형(形)'자는 내
면에 쌓여서 밖으로 드러난다는 뜻이다. '저(著)'자는 더욱 드러난다는
뜻이다. '명(明)'은 또한 광채가 융성하게 발산하는 점이 있는 것이다.
'동(動)'은 성실함이 사물을 움직일 수 있음을 뜻한다. '변(變)'은 사물이
그에 따라 변한다는 뜻이다. '화(化)'는 그 원인에 대해 자신도 모르는
점이 있는 것이다. 즉 사람의 성(性)은 동일하지 않은 경우가 없지만,
기에 있어서는 차이가 생긴다. 그렇기 때문에 오직 성인만이 성(性)의
온전한 본체를 들어서 그것을 다할 수 있다. 그리고 그 다음 단계에 해당
하는 자는 반드시 선한 단서 중 밝게 드러나는 한 측면으로부터 깊이

미루어 지극히 해서, 각각 그 지극함을 이루어야 한다. 한 측면에 대해서 지극히 하지 않음이 없다면, 덕에 있어서도 꽉 차지 않은 것이 없고, 형체가 드러나고, 밝게 드러나며, 움직이고, 변하게 하는 공덕도 저절로 그치지 못하게 된다. 이러한 것들이 쌓여서 화(化)할 수 있는 경지에 도달한다면, 지극한 성실함의 묘리가 또한 성인과 차이가 없게 된다.

章句 右第二十三章. 言人道也.
여기까지는 제 23장이다. 인도를 말하고 있다.

【083】

至誠之道, 可以前知. 國家將興, 必有禎祥. 國家將亡, 必有妖孼. 見乎蓍龜, 動乎四體, 禍福將至, 善必先知之, 不善必先知之, 故至誠如神. [見, 音現.]

지극히 성실한 도를 갖춘 자는 앞으로 발생할 일들을 미리 알 수 있다. 국가가 장차 흥성하려고 할 때에는 반드시 상서로운 조짐이 나타난다. 반면 국가가 패망하려고 할 때에는 반드시 요상한 조짐이 나타난다. 이러한 것들은 시초와 거북점을 통해 나타나고, 사체(四體)에 동하니, 재앙과 복이 이르고자 할 때, 선함에 대해서는 반드시 먼저 그것을 알 수 있고, 불선함에 대해서 반드시 먼저 그것을 알 수 있기 때문에, 지극히 성실함은 신과도 같다. [「見」자의 음은 '現(현)'이다.]

章句 禎祥者, 福之兆. 妖孼者, 禍之萌. 蓍, 所以筮. 龜, 所以卜. 四體, 謂動作威儀之間, 如執玉高卑, 其容俯仰之類. 凡此皆理之先見者也. 然惟誠之至極, 而無一毫私僞留於心目之間者, 乃能有以察其幾焉. 神, 謂鬼神.

'정상(禎祥)'은 복을 내린다는 조짐이다. '요얼(妖孼)'은 재앙을 내린다는 조짐이다. '시(蓍)'는 시초점을 치는 도구이다. '구(龜)'는 거북점을 치는

도구이다. '사체(四體)'는 움직이거나 위엄을 갖춰 거동하는 사이를 뜻하
니, 옥을 들고 높이거나 낮출 때 몸이 숙여지거나 치켜드는 부류와 같다.
무릇 이러한 것들은 모두 이치가 먼저 드러나는 것들이다. 그러나 오직
지극한 성실함을 갖추고 한 터럭의 사사로움이나 거짓됨이 마음과 눈에
남아 있지 않은 자만이 그 기미를 살필 수 있다. '신(神)'은 귀신을 뜻한
다.

[章句] 右第二十四章. 言天道也.
여기까지는 제 24장이다. 천도를 말하고 있다.

【084】
誠者自成也, 而道自道也. [道也之道, 音導.]
성실함이라는 것은 스스로 이루어지는 것이며, 도는 스스로 행해야 하는
것이다. ['道也'에서의 '道'자 음은 '導(도)'이다.]

[章句] 言誠者物之所以自成, 而道者人之所當自行也. 誠以心言, 本
也; 道以理言, 用也.
성(誠)은 사물이 스스로 이루어지는 것이고, 도(道)는 사람이 마땅히 스스
로 행해야 할 것이라는 뜻이다. 성(誠)은 마음을 기준으로 말한 것이니
근본에 해당하고, 도(道)는 이치를 기준으로 말한 것이니 작용에 해당한다.

【085】
誠者物之終始, 不誠無物. 是故君子誠之爲貴.
성실함이라는 것은 만물의 시작과 끝이 되니, 성실하지 않다면 만물도 없
게 된다. 이러한 까닭으로 군자는 지극히 성실하게 함을 귀하게 여긴다.

章句 天下之物, 皆實理之所爲, 故必得是理, 然後有是物. 所得之理旣盡, 則是物亦盡而無有矣. 故人之心一有不實, 則雖有所爲亦如無有, 而君子必以誠爲貴也. 蓋人之心能無不實, 乃爲有以自成, 而道之在我者亦無不行矣.

천하의 사물은 모두 진실된 이치가 행한 것이다. 그렇기 때문에 반드시 해당하는 이치를 얻은 뒤에야 해당하는 사물이 있게 된다. 얻은 이치가 이미 다하게 된다면, 해당하는 사물 또한 다하여 없게 된다. 그렇기 때문에 사람의 마음에 하나라도 진실되지 않은 것이 있다면, 비록 행한 바가 있더라도 또한 없는 것과 같으므로, 군자는 반드시 성실하게 함을 귀하게 여긴다. 무릇 사람의 마음에 진실하지 않은 것이 없을 수 있어야만, 스스로 이룰 수가 있고, 나에게 부여된 도에 대해서도 행하지 않음이 없게 된다.

【086】

誠者非自成己而已也, 所以成物也. 成己, 仁也. 成物, 知也. 性之德也, 合外內之道也. 故時措之宜也.

성실함이라는 것은 스스로 자신만을 완성할 뿐 아니니, 사물도 완성시켜주는 것이다. 자신을 완성하는 것은 인(仁)에 해당한다. 사물을 완성시켜주는 것은 지(知)에 해당한다. 이러한 것은 성(性)의 덕이니, 내외를 합한 도이다. 그러므로 때로 둠에 마땅한 것이다.

章句 誠雖所以成己, 然旣有以自成, 則自然及物, 而道亦行於彼矣. 仁者體之存, 知者用之發, 是皆吾性之固有, 而無內外之殊. 旣得於己, 則見於事者, 以時措之, 而皆得其宜也.

성(誠)은 비록 자신을 완성시키는 것이지만, 이미 스스로 완성할 수 있다면, 자연히 사물에게도 미치게 되고 도(道) 또한 사물에서 시행된다. 인(仁)은 본체가 보존된 것이고, 지(知)는 작용이 나타나는 것인데, 이 모두는 나의 본성 중 고유하게 있는 것이니, 내외의 구분이 없다. 이미 자신이 이것들을 터득했다면, 일에 있어서도 나타나는데, 그것들이 때에 맞게 시행되어 모두 마땅함을 얻게 된다.

章句 右第二十五章. 言人道也.
여기까지는 제 25장이다. 인도를 말하고 있다.

【087】
故至誠無息.
지극한 성실함은 그침이 없다.

章句 旣無虛假, 自無間斷.
이미 허위나 가식이 없으니, 중간에 끊어짐이 저절로 없게 된다.

【088】
不息則久, 久則徵.
그치지 않는다면 오래도록 지속되고, 오래도록 지속한다면 효과가 나타난다.

章句 久, 常於中也. 徵, 驗於外也.
'구(久)'자는 내적으로 항상 지속된다는 뜻이다. '징(徵)'자는 외적으로 나타난다는 뜻이다.

【089】
徵則悠遠, 悠遠則博厚, 博厚則高明.
효과가 나타난다면 멀리까지 시행되고, 멀리까지 시행된다면 넓고 두텁게 되며, 넓고 두텁게 된다면 높고 밝게 된다.

此皆以其驗於外者言之. 鄭氏所謂至誠之德, 著於四方者, 是
也. 存諸中者旣久, 則驗於外者益悠遠而無窮矣. 悠遠, 故其積也廣
博而深厚; 博厚, 故其發也高大而光明.

이 문장은 모두 외적으로 나타나는 것을 기준으로 한 말이다. 정현이 "지
극한 성실함의 덕은 사방으로 드러난다."라고 한 말이 이러한 뜻에 해당
한다. 내적으로 보존한 것이 이미 오래도록 지속되었다면, 외적으로 나타
나는 것도 더욱 원대하여 다함이 없게 된다. 원대하게 되므로 쌓이는 것
도 넓고 두텁게 되며, 넓고 두텁게 되므로 나타나는 것도 광대하고 빛나
게 된다.

【090】

博厚所以載物也, 高明所以覆物也, 悠久所以成物也.

넓고 두텁게 하는 것은 사물을 실어주는 것이고, 높고 밝게 하는 것은 사물
을 덮어주는 것이며, 오래도록 지속하는 것은 만물을 완성시켜주는 것이다.

章句 悠久, 卽悠遠, 兼內外而言之也. 本以悠遠致高厚, 而高厚又
悠久也. 此言聖人與天地同用.

'유구(悠久)'는 곧 유원(悠遠)에 해당하니, 내외를 겸해서 말한 것이다.
본래는 유원으로 고후하게 되고, 고후하면 또한 유구하게 된다. 이것은
성인이 천지와 더불어 작용을 동일하게 함을 뜻한다.

【091】

博厚配地, 高明配天, 悠久無疆.

넓고 두터운 것은 땅에 짝하고, 높고 밝은 것은 하늘에 짝하며, 오래도록
지속하는 것은 다함이 없다.

此言聖人與天地同體.

땅에 짝하고 하늘에 짝한다는 문장은 성인이 천지와 더불어 본체를 동일
하게 함을 뜻한다.

【092】
如此者, 不見而章, 不動而變, 無爲而成. [見, 音現.]

이와 같은 것들은 보여주지 않아도 드러나고, 움직이지 않아도 변하며, 시
행하는 것이 없어도 이루어진다. ['見'자의 음은 '現(현)'이다.]

章句 見, 猶示也. 不見而章, 以配地而言也. 不動而變, 以配天而言
也. 無爲而成, 以無疆而言也.

'현(見)'자는 "보여주다[示]."는 뜻이다. 보여주지 않아도 드러난다는 말은
땅에 짝함을 기준으로 한 말이다. 움직이지 않아도 변한다는 말은 하늘에
짝함을 기준으로 한 말이다. 행위함이 없어도 완성된다는 말은 다함이
없음을 기준으로 한 말이다.

【093】
天地之道, 可一言而盡也, 其爲物不貳, 則其生物不測.

천지의 도는 한 마디 말로 그 뜻을 다할 수 있으니, 그 물건됨이 변치 않는
다. 따라서 만물을 생장시킴을 헤아릴 수 없다.

章句 此以下, 復以天地明至誠無息之功用. 天地之道, 可一言而盡,
不過曰誠而已. 不貳, 所以誠也. 誠故不息, 而生物之多, 有莫知其
所以然者.

이곳 구문으로부터 그 이하의 내용은 재차 천지를 통해 지극한 성실함은
그침이 없다는 공덕과 작용을 밝히고 있다. 천지의 도는 한 마디 말로

그 뜻을 다 나타낼 수 있으니, '성(誠)'이라 말하는데 지나지 않을 뿐이다. 차이를 두지 않는 것은 성(誠)을 하는 것이다. 성(誠)하기 때문에 그치지 않고, 만물을 생장시킴이 많아서 그 원인에 대해서는 모르는 점이 있는 것이다.

【094】
天地之道, 博也, 厚也, 高也, 明也, 悠也, 久也.
천지의 도는 넓고 두터우며, 높고 밝으며, 오래도록 지속되는 것이다.

> **章句** 言天地之道, 誠一不貳, 故能各極所盛, 而有下文生物之功.
> 천지의 도는 성실하고 전일하여 차이가 나지 않기 때문에 각각 융성함을 지극히 할 수 있고, 아래문장에서 사물을 낳는 공이 있다고 한 것이다.

【095】
今夫天, 斯昭昭之多, 及其無窮也, 日月星辰繫焉, 萬物覆焉. 今夫地, 一撮土之多, 及其廣厚, 載華嶽而不重, 振河海而不洩, 萬物載焉. 今夫山, 一拳石之多, 及其廣大, 草木生之, 禽獸居之, 寶藏興焉. 今夫水, 一勺之多, 及其不測, 黿鼉蛟龍魚鼈生焉, 貨財殖焉. [夫音扶. 華藏, 並去聲. 洩, 私列反. 卷, 平聲. 勺, 市若反. 黿, 音元. 鼉, 湯何反.]
현재 저 하늘이라는 것은 자잘한 밝음이 많이 모인 것인데, 다함이 없는데 이르러서는 해·달·별들이 매달려 있고, 만물을 덮어준다. 현재 저 땅이라는 것은 한 줌의 흙이 많이 모인 것인데, 넓고 두터움에 이르러서는 화산을 싣고 있으면서도 무거워하지 않고, 황하와 바다를 거두고 있으면서도 물이 새지 않으며 만물을 실어준다. 현재 저 산이라는 것은 주먹만 한 크기의 돌이 많이 모인 것인데, 광대함에 이르러서는 초목이 그곳에서 생장하고 짐승들이 그곳에 머물며 보화가 나온다. 현재 저 물이라는 것은 한 잔의

물이 많이 모인 것인데, 깊이를 헤아릴 수 없음에 이르러서는 큰 자라와 악어, 교룡과 자라 및 물고기가 생장하고, 재화가 번식한다. ['夫'자의 음은 '扶(부)'이다. '華'·'藏'자는 모두 거성으로 읽는다. '洩'자는 '私(사)'자와 '列(렬)'자의 반절음이다. '卷'자는 평성으로 읽는다. '勺'자는 '市(시)'자와 '若(약)'자의 반절음이다. '黿'자의 음은 '元(원)'이다. '鼉'자는 '湯(탕)'자와 '何(하)'자의 반절음이다.]

章句 昭昭, 猶耿耿, 小明也. 此指其一處而言之. 及其無窮, 猶十二章及其至也之意, 蓋擧全體而言也. 振, 收也. 卷, 區也. 此四條, 皆以發明由其不貳不息以致盛大而能生物之意. 然天·地·山·川, 實非由積累而後大, 讀者不以辭害意可也.

'소소(昭昭)'는 경경(耿耿)과 같으니 작은 밝음을 뜻한다. 이 문장은 한 곳을 가리켜서 한 말이다. "무궁함에 미친다."는 말은 12장에서 "그 지극함에 미친다."라고 한 뜻과 같으니, 전체를 제시해서 한 말이다. '진(振)'자는 "거두다[收]."는 뜻이다. '권(卷)'자는 작고 미미한 것을 뜻한다. 여기에 나온 네 조목은 모두 차이가 나지 않고 그치지 않음으로부터 성대함을 이루어서 만물을 생장시킬 수 있다는 뜻을 나타낸 것이다. 그러나 하늘·땅·산·하천은 실제로 작은 것들이 쌓인 뒤에야 커진 것이 아니니, 이 글을 읽는 자들은 말의 표면적인 뜻으로 본래의 의미를 해치지 말아야 한다.

【096】
詩曰: "惟天之命, 於穆不已." 蓋曰天之所以爲天也. "於乎不顯, 文王之德之純." 蓋曰文王之所以爲文也, 純亦不已.
『시』에서 "하늘의 명이여, 아! 심원하여 그치지 않는구나."라 했는데, 하늘이 하늘이 되는 까닭을 말하는 것이다. 또 "오호라! 드러나지 않는단 말인가, 문왕의 덕이 순(純)함이여."라 했는데, 문왕이 문(文)이 되는 까닭을 말하는 것이며, 순수함이 또한 그치지 않는다는 뜻이다.

詩周頌維天之命篇. 於, 歎辭. 穆, 深遠也. 不顯, 猶言豈不顯
也. 純, 純一不雜也. 引此以明至誠無息之意. 程子曰, "天道不已, 文
王純於天道, 亦不已. 純則無二無雜, 不已則無間斷先後."

이 시는 『시』「주송(周頌)·유천지명(維天之命)」편이다. '오(於)'자는
감탄사이다. '목(穆)'자는 심원하다는 뜻이다. '불현(不顯)'은 "어찌 드러
나지 않는단 말인가?"라고 한 말과 같다. '순(純)'자는 순일하여 섞여있지
않다는 뜻이다. 이 시를 인용하여 지극한 정성스러움은 그침이 없다는
뜻을 나타내었다. 정자는 "하늘의 도가 그치지 않는데, 문왕은 하늘의
도에 순일하게 따라서 또한 그치지 않았다. 순수하다면 다름이 없고 섞임
이 없는 것이며, 그치지 않는다면 중간에 끊어짐이나 선후의 구별이 없는
것이다."라고 했다.

章句 右第二十六章. 言天道也.
여기까지는 제 26장이다. 천도를 말하고 있다.

類編 右專言誠應致中和而位育.
여기까지는 '전언성응치중화이위육(專言誠應致中和而位育)'에 대한 내
용이다.

◇ '성인지도관수도지교'를 말함[言聖人之道貫脩道之敎]

【097】
大哉聖人之道.

위대하도다 성인의 도여.

> 章句 包下文兩節而言.

아래 두 문단을 포괄해서 말한 것이다.

【098】
洋洋乎發育萬物, 峻極于天.

충만하게 만물을 낳고 나타나게 하여, 그 높음이 하늘에 이르렀다.

> 章句 峻, 高大也. 此言道之極於至大而無外也.

'준(峻)'자는 높고 크다는 뜻이다. 이 문장은 도가 지극히 큼을 다하여 그 외의 것이 없다는 뜻이다.

【099】
優優大哉, 禮儀三百, 威儀三千.

너그럽고도 관대하여 매우 크구나, 예의는 300가지이고, 위의는 3,000가지이다.

> 章句 優優, 充足有餘之意. 禮儀, 經禮也. 威儀, 曲禮也. 此言道之入於至小而無間也.

'우우(優優)'는 충분하여 남음이 있다는 뜻이다. '예의(禮儀)'는 기준이 되는 예를 뜻한다. '위의(威儀)'는 세부적인 예를 뜻한다. 이 문장은 도는 지극히 작은 곳으로도 들어가 틈이 없음을 뜻한다.

【100】
待其人然後行.

현명한 자를 기다린 뒤에야 행해진다.

章句 總結上兩節.

앞의 두 문단의 뜻을 총괄적으로 결론 맺은 것이다.

【101】
故曰: "苟不至德, 至道不凝焉."

그러므로 "진실로 지극한 덕을 갖춘 자가 아니라면, 지극한 도가 모이지 않는다."라 했다.

章句 '지덕(至德)'은 '기인(其人)'을 뜻한다. '지도(至道)'는 앞의 두 문단을 가리켜서 한 말이다. '응(凝)'자는 모인다는 뜻이며, 이룬다는 뜻이다.

【102】
故君子尊德性而道問學, 致廣大而盡精微, 極高明而道中庸, 溫故而知新, 敦厚以崇禮.

그러므로 군자는 덕성을 높이고 학문을 말미암으며, 광대함을 지극히 하고 정밀하고 은미한 것을 다하며, 높고 밝은 것을 지극히 하고 중용을 따르며, 옛 것을 잊지 않고 새로운 것도 알며, 돈독하고 두텁게 하여 예를 존숭한다.

章句 尊者, 恭敬奉持之意. 德性者, 吾所受於天之正理. 道, 由也. 溫, 猶燖溫之溫, 謂故學之矣, 復時習之也. 敦, 加厚也. 尊德性, 所以存心而極乎道體之大也. 道問學, 所以致知而盡乎道體之細也. 二者修德凝道之大端也. 不以一毫私意自蔽, 不以一毫私欲自累, 涵泳乎其所已知, 敦篤乎其所已能, 此皆存心之屬也. 析理則不使有毫釐之差, 處事則不使有過不及之謬, 理義則日知其所未知, 節文則日謹其所未謹, 此皆致知之屬也. 蓋非存心無以致知, 而存心者又不可以不致知. 故此五句, 大小相資, 首尾相應, 聖賢所示入德之方, 莫詳於此, 學者宜盡心焉.

'존(尊)'자는 존경하고 받든다는 뜻이다. '덕성(德性)'은 내가 하늘로부터 부여받은 바른 이치를 뜻한다. '도(道)'자는 '~로부터[由]'라는 뜻이다. '온(溫)'자는 "데우고 따뜻하게 한다."라고 할 때의 '온(溫)'자와 같으니, 예전에 그것을 배우고 재차 수시로 익히는 것을 뜻한다. '돈(敦)'자는 두텁게 한다는 뜻이다. "덕성을 존경한다."는 것은 마음을 보존하여 도체의 큼을 지극히 하는 것이다. "학문에 따른다."는 것은 앎을 지극히 하여 도체의 세밀함을 다하는 것이다. 이 두 가지는 덕을 수양하고 도를 이루는 큰 단서가 된다. 한 터럭의 사사로운 뜻이 스스로를 가리지 않도록 하고, 한 터럭의 사사로운 욕심이 스스로 얽어매지 않도록 하여, 이미 알고 있는 것을 익숙히 하고, 이미 잘하는 것들을 돈독히 하는 것들은 모두 마음을 보존하는 방법들이다. 이치를 분석한다면 털끝만큼의 작은 차이도 생기지 않게 하고, 일을 처리한다면 지나치거나 미치지 못하는 잘못이 생기지 않게끔 하며, 의리(義理)에 대해서는 날마다 아직 몰랐던 것을 알게끔 하고, 예의에 대해서는 날마다 아직 삼가지 못하는 것들을 노력하게 하니, 이러한 것들은 모두 앎을 지극히 하는 방법들이다. 무릇 마음을 보존하지 않는다면 앎을 지극히 할 수 없고, 마음을 보존한 자는 또한 앎을 지극히 하지 않아서는 안 된다. 그러므로 이곳의 다섯 구문은 크고 작은 것들이 서로의 바탕이 되고, 머리와 꼬리가 서로 호응하니, 성현이 덕에 들어가는 방법을 보여준 것 중 이보다 자세한 것이 없다. 따라서 배우는 자들은 마땅히 마음을 다해야 한다.

【103】

是故居上不驕, 爲下不倍. 國有道, 其言足以興, 國無道, 其默足以
容. 詩曰: "旣明且哲, 以保其身." 其此之謂與. [倍, 與背同. 與, 平聲.]

이러한 까닭으로 윗자리에 있으면 교만하게 굴지 않고, 아랫자리에 있으면
배반하지 않습니다. 나라에 도가 있을 때라면, 그의 말은 나라를 흥성하게
만들기에 충분하고, 나라에 도가 없을 때라면, 그의 침묵은 몸을 용납하기
에 충분한다. 시에서 "이미 밝고 또 밝아서 그 몸을 보호하는구나."라고
했으니, 바로 이러한 뜻에 해당할 것이다. ['倍'자는 '背'자와 같다. '與'자는 평성으
로 읽는다.]

章句 興, 謂興起在位也. 詩大雅烝民之篇.

'흥(興)'자는 흥성하게 일어나서 지위에 오른다는 뜻이다. 시는 『시』「대
아(大雅)·증민(烝民)」편이다.

章句 右第二十七章. 言人道也.

여기까지는 제 27장이다. 인도를 말하고 있다.

【104】

子曰: "愚而好自用, 賤而好自專, 生乎今之世, 反古之道, 如此者, 烖
及其身者也." [好, 去聲. 烖, 古灾字.]

공자가 말하길, "어리석은데도 제 뜻에 따르기를 좋아하고, 미천한데도 제
마음대로 하길 좋아하며, 지금의 세상에 태어났으면서도 옛날의 도만을 돌
이키려고 한다면, 이와 같은 경우에는 재앙이 그 자신에게 미치게 된다."라
고 했다. ['好'자는 거성으로 읽는다. '烖'자는 옛 '灾'자이다.]

章句 以上孔子之言, 子思引之. 反, 復也.

이상은 공자의 말로, 자사가 인용을 한 것이다. '반(反)'자는 "반복한다
[復]."는 뜻이다.

【105】

非天子, 不議禮, 不制度, 不考文.

천자가 아니라면, 예를 의논하지 못하고, 법도를 제정하지 못하며, 글자의
명칭을 상고하지 못한다.

章句 此以下, 子思之言. 禮, 親疏貴賤相接之體也. 度, 品制. 文,
書名.

이곳 구문으로부터 그 이하의 내용은 자사의 말에 해당한다. '예(禮)'는
친소·귀천의 관계에 있는 자들이 서로를 대하는 본체이다. '도(度)'는
등급에 따른 규정이다. '문(文)'은 글의 명칭이다.

【106】

今天下車同軌, 書同文, 行同倫. [行, 去聲]

오늘날 천하는 수레에 있어서 바퀴의 치수가 동일하고, 글에 있어서 문자
가 동일하며, 행실에 있어서 질서가 동일하다. ['行'자는 거성으로 읽는다.]

章句 今, 子思自謂當時也. 軌, 轍迹之度. 倫, 次序之體. 三者皆同,
言天下一統也.

'금(今)'자는 자사가 스스로 자기가 살던 당시를 가리켜서 한 말이다. '궤
(軌)'자는 수레바퀴 자국에 나타나는 치수를 뜻한다. '윤(倫)'자는 차례와
질서의 본체이다. 이 세 가지가 모두 동일하다는 것은 천하가 하나로 통
일되었음을 뜻한다.

【107】

雖有其位, 苟無其德, 不敢作禮樂焉. 雖有其德, 苟無其位, 亦不敢
作禮樂焉.

비록 천자의 지위를 가지고 있더라도, 만약 그에 걸맞은 성인의 덕이 없다면, 감히 예악을 제정하지 않는다. 반면 비록 성인의 덕을 가지고 있더라도, 만약 천자의 지위가 없다면, 이러한 경우에도 또한 감히 예악을 제정하지 않는다.

章句 鄭氏曰, "言作禮樂者, 必聖人在天子之位."

정현이 말하길, "예악을 제정할 수 있는 경우는 반드시 성인이면서도 천자의 지위에 있어야만 한다는 뜻이다."라고 했다.

【108】

子曰: "吾說夏禮, 杞不足徵也. 吾學殷禮, 有宋存焉. 吾學周禮, 今用之, 吾從周."

공자가 말하길, "나는 하나라의 예를 설명할 수 있는데, 기나라가 그것을 충분히 증거해주지 못한다. 나는 은나라의 예를 배웠는데, 송나라에가 있다. 나는 주나라의 예를 배웠는데, 현재 그에 따르고 있으니, 나는 주나라의 예를 따르겠다."라 했다.

章句 此又引孔子之言. 杞, 夏之後. 徵, 證也. 宋, 殷之後. 三代之禮, 孔子皆嘗學之而能言其意; 但夏禮既不可考證, 殷禮雖存, 又非當世之法, 惟周禮乃時王之制, 今日所用. 孔子既不得位, 則從周而已.

이 문장 또한 공자의 말을 인용한 것이다. 기나라는 하나라의 후손국이다. '징(徵)'자는 "증명하다[證]."는 뜻이다. 송나라는 은나라의 후손국이다. 삼대의 예에 대해서 공자는 모든 것들을 일찍이 공부하여 그 의미를 말할 수 있었다. 다만 하나라의 예는 이미 고증할 수 없고, 은나라의 예는 비록 남아 있지만, 또한 당시에 사용하는 예법이 아니며, 오직 주나라의 예법만이 당시의 천자가 제정한 것이고, 현재도 사용하는 것이다. 공자는 이미 지위를 얻지 못했으니, 주나라의 예를 따랐을 뿐이다.

章句　右第二十八章. 承上章爲下不倍而言, 亦人道也.

여기까지는 제 28장이다. 앞 장에서 "아랫자리에 있게 되면 배반하지 않는다."고 한 말을 이어서 말한 것이니, 이 또한 인도를 말하고 있다.

附註　此段恐當爲下章之首. 朱子分章, 一章內無兩"子曰". 第二十章"好學近乎知"上"子曰"字, 亦以爲衍文. 孝經考異首章亦然, 可參考也. 或曰: "章首一段, 當入於前章之末." 更詳之.

이 단락은 아마도 아래 장의 첫 부분이 되어야 할 것 같다. 주자가 장을 분절했을 때, 1장 내에 두 개의 '자왈(子曰)'이라는 말이 나오지 않았다. 20장에서 '호학근호지(好學近乎知)'라고 한 말 앞의 '자왈(子曰)'이라는 글자 또한 연문으로 여겼다. 『효경고이』의 수장 또한 이러하니, 참고할만 하다. 혹자는 "장의 첫 부분에 나오는 한 단락은 마땅히 앞 장의 끝으로 가야 한다."라 했는데, 다시 살펴보아야 한다.

【109】

"王天下有三重焉, 其寡過矣乎!" [王, 去聲.]

계속하여 공자가 말하길, "천하를 통치하는 자에게 있어서 세 가지 중요한 것이 있으니, 그것을 시행할 수 있다면 과실이 적을 것이다."라고 했다.
['王'자는 거성으로 읽는다.]

章句　呂氏曰: 三重, 謂議禮·制度·考文. 惟天子得以行之, 則國不異政, 家不殊俗, 而人得寡過矣.

여씨가 말하길, '삼중(三重)'은 예를 의논하는 것, 제도를 만드는 것, 문장을 상고하는 것을 뜻한다. 오직 천자만이 이러한 것들을 시행할 수 있다면, 제후국에서는 정사를 달리하지 않고, 대부의 가(家)에서도 풍속을 달리하지 않아서, 사람들은 과실을 적게 할 수 있다.

附註 王天下有三重焉, 此一句當在“非天子不議禮”之上. 其寡過矣乎, 此一句當承“吾從周”, 言從時王而寡過也.

'왕천하유삼중언(王天下有三重焉)'이라는 한 구문은 마땅히 “천자가 아니라면, 예를 의논하지 못한다.”라고 한 구문 앞으로 와야 한다. '기과과의호(其寡過矣乎)'라는 한 구문은 마땅히 “나는 주나라의 예를 따르겠다.”라고 한 구문을 이어야 하니, 당시 제왕의 것을 따라서 과실을 적게 한다는 의미이다.

【110】

“上焉者, 雖善無徵, 無徵不信, 不信, 民弗從. 下焉者, 雖善不尊, 不尊不信, 不信民弗從.”

계속하여 공자가 말하길, “위의 것은 비록 선하더라도 증거할 것이 없으니, 증거할 것이 없다면 믿지 않고, 믿지 않는다면 백성들이 따르지 않는다. 아래에 있는 자가 비록 선을 시행하더라도 높지 않으니, 높지 못하기 때문에 믿지 않고, 믿지 않기 때문에 백성들이 따르지 않는다.”라 했다.

章句 上焉者, 謂時王以前, 如夏・商之禮雖善, 而皆不可考. 下焉者, 謂聖人在下, 如孔子雖善於禮, 而不在尊位也.

'상언(上焉)'은 당시 제왕 이전 시대를 뜻하니, 예를 들어 하나라와 은나라의 예가 비록 선하더라도 이 모두를 상고할 수 없는 경우와 같다. '하언(下焉)'은 성인이 아랫자리에 있는 것을 뜻하니, 예를 들어 공자가 비록 예에 대해서 잘 알고 있었지만 존귀한 지위에 있지 않았던 경우와 같다.

【111】

"故君子之道, 本諸身, 徵諸庶民, 考諸三王而不繆, 建諸天地而不悖, 質諸鬼神而無疑, 百世以俟聖人而不惑."

계속하여 공자가 말하길, "그러므로 군자의 도는 자신에게 근본하여 백성들에게 징험하고, 삼왕 때와 비교를 하더라도 어긋나지 않으며, 천지에 세워보더라도 거스르지 않고, 귀신에게 질정하더라도 의혹됨이 없으며, 100세대가 지나서 후세의 성인이 따져보길 기다리더라도 의혹을 품지 않는다."라 했다.

▶章句 此君子, 指王天下者而言. 其道, 卽議禮・制度・考文之事也. 本諸身, 有其德也. 徵諸庶民, 驗其所信從也. 建, 立也, 立於此而參於彼也. 天地者, 道也. 鬼神者, 造化之迹也. 百世以俟聖人而不惑, 所謂聖人復起, 不易吾言者也.

여기에서 말한 '군자(君子)'는 천하에 왕노릇하는 군왕을 가리켜서 한 말이다. 그 도는 바로 예를 의논하고 법도를 제정하며 문자를 상고하는 일에 해당한다. 자신에게 근본을 둔다는 말은 해당하는 덕을 갖추고 있다는 뜻이다. 백성들에게 징험한다는 말은 믿고 따르는 것을 징험한다는 뜻이다. '건(建)'자는 "세우다[立]."는 뜻이니, 여기에 세우고 저기에 참여하는 것이다. '천지(天地)'는 도(道)에 해당한다. '귀신(鬼神)'은 조화가 드러난 자취이다. 100세대가 지나 후대의 성인을 기다려도 의혹하지 않는다는 말은 "성인이 다시 태어나더라도 나의 말을 바꾸지 않는다."[1]는 뜻이다.

---

1) 『맹자』「등문공하(滕文公下)」: 吾爲此懼, 閑先聖之道, 距楊墨, 放淫辭, 邪說者不得作. 作於其心, 害於其事, 作於其事, 害於其政. <u>聖人復起, 不易吾言矣</u>.

【112】

"'質諸鬼神而無疑', 知天也. '百世以俟聖人而不惑', 知人也."

계속하여 공자가 말하길, "'귀신에게 질정하더라도 의혹됨이 없다.'는 말은 하늘의 도를 안다는 뜻이다. '100세대가 지나서 후세의 성인이 따져보길 기다리더라도 의혹을 품지 않는다.'는 말은 사람의 도를 안다는 뜻이다."라 했다.

章句 知天知人, 知其理也.

하늘을 알고 사람을 안다는 말은 해당하는 이치를 안다는 뜻이다.

【113】

"是故君子動而世爲天下道, 行而世爲天下法, 言而世爲天下則. 遠之則有望, 近之則不厭."

계속하여 공자가 말하길, "이러한 까닭으로 군주가 움직이면 대대로 천하의 도가 되고, 행동하면 대대로 천하의 법도가 되며, 말하면 대대로 천하의 법칙이 된다. 따라서 멀리 떨어지면 우러러봄이 생겨나고, 가까이 있더라도 싫증을 내지 않는다."라고 했다.

章句 動, 兼言行而言. 道, 兼法則而言. 法, 法度也. 則, 準則也.

'동(動)'자는 말과 행동을 겸해서 말한 것이다. '도(道)'는 법도와 법칙을 겸해서 말한 것이다. '법(法)'자는 법도를 뜻한다. '칙(則)'자는 준칙을 뜻한다.

【114】

"詩曰: '在彼無惡, 在此無射, 庶幾夙夜, 以永終譽.' 君子未有不如此而蚤有譽於天下者也."

계속하여 공자가 말하길, "『시』에서 '저기에 있으면 미워하는 자가 없고, 여기에 있으면 싫어하는 자가 없으니, 아침 일찍부터 밤늦게까지 시행하여, 이로써 명예를 길이 마친다.'라고 했으니, 군자 중에는 이처럼 하지 못하고서 일찍이 천하 사람들에게 명예를 얻었던 자는 없었다."라고 했다.

[章句] 詩周頌振鷺之篇. 射, 厭也. 所謂此者, 指本諸身以下六事而言.

시는 『시』「주송(周頌)·진로(振鷺)」편이다. '역(射)'자는 "싫어하다[厭]."는 뜻이다. 이른바 이것이라는 말은 "자신에게 근본을 둔다."라는 말로부터 그 이하의 여섯 가지 사안을 가리켜서 한 말이다.

[章句] 右第二十九章. 承上章居上不驕而言, 亦人道也.

여기까지는 제 29장이다. 앞 장에서 윗자리에 있으면 교만하지 않는다는 뜻을 이어서 말한 것이니, 또한 인도에 해당한다.

[類編] 右言聖人之道貫脩道之敎.

여기까지는 '언성인지도관수도지교(言聖人之道貫脩道之敎)'에 대한 내용이다.

【115】

仲尼祖述堯舜, 憲章文武, 上律天時, 下襲水土.

공자는 요와 순임금을 조술하고, 문왕과 무왕을 법도로 삼았으며, 위로는 천시를 따르고, 아래로는 수토를 인하셨다.

章句 祖述者, 遠宗其道. 憲章者, 近守其法. 律天時者, 法其自然之運. 襲水土者, 因其一定之理. 皆兼內外該本末而言也.

'조술(祖述)'은 멀리 그 도를 높여서 종주로 삼는다는 뜻이다. '헌장(憲章)'은 가까이 그 법을 지킨다는 뜻이다. '율천시(律天時)'는 자연의 운행을 본받는다는 뜻이다. '습수토(襲水土)'는 하나로 확정된 이치에 따른다는 뜻이다. 이 모두는 내외와 본말을 포함해서 한 말이다.

【116】

辟如天地之無不持載, 無不覆幬. 辟如四時之錯行, 如日月之代明.

[辟, 音譬. 幬, 徒報反]

비유하자면 천지가 실어주지 않는 것이 없고 덮어주지 않는 것이 없음과 같다. 비유하자면 사계절이 순차적으로 운행하고 해와 달이 교대로 비춰주는 것과 같다. ['辟'자의 음은 '譬(비)'이다. '幬'자는 '徒(도)'자와 '報(보)'자의 반절음이다.]

章句 錯, 猶迭也. 此言聖人之德.

'착(錯)'자는 번갈아[迭]라는 뜻이다. 이 문장은 성인의 덕을 나타낸다.

【116】

萬物並育而不相害, 道並行而不相悖, 小德川流, 大德敦化, 此天地之所以爲大也.

만물이 함께 생장하면서도 서로에게 해를 끼치지 않고 도가 함께 시행되면서도 서로 어그러지지 않으니, 작은 덕은 하천의 흐름과 같고 큰 덕은 교화를 두텁게 하니, 이것은 천지가 큼이 되는 이유이다.

章句 悖, 猶背也. 天覆地載, 萬物並育於其間而不相害; 四時日月, 錯行代明而不相悖. 所以不害不悖者, 小德之川流; 所以並育並行者, 大德之敦化. 小德者, 全體之分; 大德者, 萬殊之本. 川流者, 如川之流, 脈絡分明而往不息也. 敦化者, 敦厚其化, 根本盛大而出無窮也. 此言天地之道, 以見上文取辟之意也.

'패(悖)'자는 "배반하다[背]."는 뜻이다. 하늘은 덮어주고 땅은 실어주는데, 만물은 그 사이에서 모두 생장하면서도 서로에게 해를 끼치지 않고, 사계절과 해·달은 번갈아 운행하고 교대로 밝혀주는데 서로 어긋나지 않는다. 해를 끼치지 않고 어긋나지 않는 것은 작은 덕이 하천처럼 흐르는 것에 해당하고, 모두 생장하고 모두 시행되는 것은 큰 덕의 두터운 교화에 해당한다. 작은 덕은 전체 중에서도 한 부분이며, 큰 덕은 온갖 다름 중에서도 그것의 근본이 된다. '천류(川流)'는 하천의 흐름과 같아서, 서로 이어짐이 분명하면서도 감에 그치지 않는 것을 뜻한다. '돈화(敦化)'는 교화를 돈독히 한다는 뜻으로, 근본이 성대하여 밖으로 나옴에 끝이 없다는 의미이다. 이 문장은 천지의 도를 말하여, 앞 문장에서 비유를 든 의미를 드러내고 있다.

章句 右第三十章. 言天道也.

여기까지는 제 30장이다. 천도를 말하고 있다.

【117】

唯天下至聖, 爲能聰明睿知, 足以有臨也, 寬裕溫柔, 足以有容也, 發强剛毅, 足以有執也, 齊莊中正, 足以有敬也, 文理密察, 足以有別也. [知, 去聲. 齊, 側皆反. 別, 彼列反.]

오직 천하의 지극한 성인이라야만 총명하고 슬기로워서 임할 수 있고, 관대하고 온화하여 포용할 수 있으며, 뜻을 드러내고 강직하여 결단할 수 있고, 장엄하고 알맞아서 공경할 수 있으며, 조리가 있고 세밀하고 명확하여 구별할 수 있다. ['知'자는 거성으로 읽는다. '齊'자는 '側(측)'자와 '皆(개)'자의 반절음이다. '別'자는 '彼(피)'자와 '列(렬)'자의 반절음이다.]

章句 聰明睿知, 生知之質. 臨, 謂居上而臨下也. 其下四者, 乃仁義禮知之德. 文, 文章也. 理, 條理也. 密, 詳細也. 察, 明辯也.

'총명예지(聰明睿知)'는 태어나면서부터 안다는 자의 자질에 해당한다. '임(臨)'자는 윗자리에 있으며 아랫사람에게 임한다는 뜻이다. 그 뒤의 네 사안은 곧 인(仁)·의(義)·예(禮)·지(知)의 덕에 해당한다. '문(文)'자는 화려하게 드러남을 뜻한다. '이(理)'자는 조리가 있음을 뜻한다. '밀(密)'자를 자세하고 세밀하다는 뜻이다. '찰(察)'자는 명확히 변별한다는 뜻이다.

【118】

溥博淵泉, 而時出之.

부박(溥博)하고 연천(淵泉)하여 때에 맞게 내놓는다.

章句 溥博, 周徧而廣闊也. 淵泉, 靜深而有本也. 出, 發見也. 言五者之德, 充積於中, 而以時發見於外也.

'부박(溥博)'은 두루하고 광활하다는 뜻이다. '연천(淵泉)'은 맑고 깊으며 근본을 갖추고 있다는 뜻이다. '출(出)'자는 나타낸다는 뜻이다. 즉 다섯 가지 덕이 그 내면에 충만하게 쌓여 있고, 때에 알맞게 밖으로 나타낸다는 의미이다.

【119】
溥博如天, 淵泉如淵, 見而民莫不敬, 言而民莫不信, 行而民莫不說.
[見, 音現. 說, 音悅.]
부박(溥博)은 하늘과 같고, 연천(淵泉)은 못과 같으니, 나타나면 백성들 중에 공경하지 않는 자가 없고, 말하면 백성들 중 믿지 않는 자가 없으며, 행동하면 백성들 중 기뻐하지 않는 자가 없다. ['見'자의 음은 '現(현)'이다. '說'자의 음은 '悅(열)'이다.]

章句 言其充積極其盛, 而發見當其可也.
충만하게 쌓인 것이 융성함을 지극히 하고 나타남이 옳음에 마땅하다는 뜻이다.

【120】
是以聲名洋溢乎中國, 施及蠻貊, 舟車所至, 人力所通, 天之所覆, 地之所載, 日月所照, 霜露所隊, 凡有血氣者, 莫不尊親, 故曰配天.
이러한 까닭으로 그 명성이 중국에 가득 퍼져서 오랑캐에게까지 미쳤으니, 배와 수레가 도달하는 곳, 사람의 힘이 미치는 곳, 하늘이 덮어주고 땅이 실어주며 해와 달이 비추고 서리와 이슬이 내리는 모든 곳에 있어서 혈기를 가지고 있는 자들 중 존경하고 친애하지 않는 자가 없다. 그렇기 때문에 "하늘에 짝하다."라고 부른다.

章句 舟車所至以下, 蓋極言之. 配天, 言其德之所及, 廣大如天也.
배와 수레가 도달한 곳이라는 말로부터 그 이하의 내용들은 극진하게 말한 것이다. '배천(配天)'은 그의 덕이 미치는 곳은 광대하여 마치 하늘과 같다는 뜻이다.

章句 右第三十一章. 承上章而言小德之川流, 亦天道也.

여기까지는 제 31장이다. 앞 장의 뜻을 이어서 작은 덕이 하천처럼 흐르는 것을 말하였으니, 이 또한 천도에 해당한다.

【121】

唯天下至誠, 爲能經綸天下之大經, 立天下之大本, 知天地之化育. 夫焉有所倚? [夫, 音扶. 焉, 於虔反.]

오직 천하의 지극히 성실한 자여야만 천하의 대경을 경륜할 수 있고, 천하의 큰 근본을 세울 수 있으며, 천지의 조화로운 생육작용을 알 수 있다. 그런데 어찌 딴 것에 의지할 수 있겠는가? ['夫'자의 음은 '扶(부)'이다. '焉'자는 '於(어)'자와 '虔(건)'자의 반절음이다.]

章句 經·綸, 皆治絲之事. 經者, 理其緒而分之; 綸者, 比其類而合之也. 經, 常也. 大經者, 五品之人倫. 大本者, 所性之全體也. 惟聖人之德極誠無妄, 故於人倫各盡其當然之實, 而皆可以爲天下後世法, 所謂經綸之也. 其於所性之全體, 無一毫人欲之僞以雜之, 而天下之道千變萬化皆由此出, 所謂立之也. 其於天地之化育, 則亦其極誠無妄者有默契焉, 非但聞見之知而已. 此皆至誠無妄, 自然之功用, 夫豈有所倚著於物而後能哉?

'경(經)'자와 '윤(綸)'자는 모두 실을 직조하는 일에 해당한다. '경(經)'은 그 실마리를 다듬어서 나누는 것을 뜻하며, '윤(綸)'은 그 부류를 나란히 두어 합치는 것을 뜻한다. '경(經)'은 항상됨[常]을 뜻한다. '대경(大經)'은 오품(五品)[1]에 해당하는 인륜이다. '대본(大本)'은 부여받은 본성의 전

---

1) 오품(五品)은 오상(五常)과 같은 말이며, 다섯 종류의 인륜(人倫)을 뜻한다. '오

체를 뜻한다. 오직 성인의 덕만이 지극히 성실하고 망령됨이 없기 때문에 인륜에 있어서 각각 그 마땅한 실리를 다하여, 모두 천하와 후세의 법도로 삼기에 충분하니, 이른바 경륜(經綸)한다는 뜻이다. 부여받은 본성의 전체에 대해서 한 터럭만한 인욕의 거짓됨이 뒤섞여 있지 않아서, 천하의 도가 무수히 변화하는 것들이 모두 여기에서 비롯되어 나타나니, 이른바 입(立)한다는 뜻이다. 천지의 화육에 대해서도 지극히 성실하고 망령됨이 없는 자는 묵묵히 서로 들어맞음이 있는 것이지, 단지 듣거나 보아서 아는 것뿐만이 아니다. 이러한 것들은 모두 지극히 성실하고 망령됨이 없어서 자연적으로 나타나는 공덕과 작용인데, 어찌 다른 사물에 의지한 뒤에야 잘하는 면이 있겠는가?

【122】

肫肫其仁, 淵淵其淵, 浩浩其天. [肫, 之純反.]

준준(肫肫)한 그 인이며, 연연(淵淵)한 그 못이고, 호호(浩浩)한 그 하늘이다. ['肫'자는 '之(지)'자와 '純(순)'자의 반절음이다.]

章句 肫肫, 懇至貌, 以經綸而言也. 淵淵, 靜深貌, 以立本而言也. 浩浩, 廣大貌, 以知化而言也. 其淵其天, 則非特如之而已.

품'에서의 '품(品)'자는 품질(品秩)을 뜻한다. 한 가정 내에서는 서열에 따라 부·모·형·동생·자식의 다섯 등급으로 나뉘는데, 이러한 관계는 '품'에 해당하며, 이러한 관계 속에서 지켜야 하는 인륜은 의로움[義], 자애[慈], 우애[友], 공손함[恭], 효(孝)에 해당한다. 따라서 이러한 다섯 종류의 인륜을 '오품'이라고 부르는 것이다. 또한 이러한 다섯 종류의 인륜은 고정불변의 것으로, 항상 실천해야 하는 것이다. 따라서 '상(常)'자를 붙여서 '오상'이라고도 부르는 것이다. 『서』「우서(虞書)·순전(舜典)」편에는 "帝曰, 契, 百姓不親, 五品不遜."이라는 기록이 있고, 이에 대한 공안국(孔安國)의 전(傳)에서는 "五品謂五常."이라고 풀이했고, 공영달(孔穎達)의 소(疏)에서는 "品謂品秩, 一家之內尊卑之差, 卽父母兄弟子是也. 敎之義·慈·友·恭·孝, 此事可常行, 乃爲五常耳."라고 풀이했다.

'준준(肫肫)'은 간절함이 지극한 모습을 뜻하니, 경륜(經綸)으로 한 말이다. '연연(淵淵)'은 고요하고 깊은 모습을 뜻하니, 입본(立本)으로 한 말이다. '호호(浩浩)'는 광대한 모습을 뜻하니, 지화(知化)로 한 말이다. 기연(其淵)과 기천(其天)이라고 했으니, 단지 그것들과 같기만 할 따름이 아니라는 의미이다.

【123】

苟不固聰明聖知達天德者, 其孰能知之. [聖知之知, 去聲.]

진실로 총명하며 성인과 같은 지혜를 갖춰서 하늘의 덕에 두루 통한 자가 아니라면, 그 누가 이것을 알아볼 수 있겠는가. [聖知의 '知'자는 거성으로 읽는다.]

【章句】 固, 猶實也. 鄭氏曰, "惟聖人能知聖人也."

'고(固)'자는 실제[實]라는 뜻이다. 정현은 "오직 성인만이 성인을 알아볼 수 있다."라고 했다.

【章句】 右第三十二章. 承上章而言大德之敦化, 亦天道也. 前章言至聖之德, 此章言至誠之道. 然至誠之道, 非至聖不能知; 至聖之德, 非至誠不能爲, 則亦非二物矣. 此篇言聖人天道之極致, 至此而無以加矣.

여기까지는 제 32장이다. 앞 장을 이어서 큰 덕의 두터운 교화를 말한 것이니 또한 천도에 해당한다. 앞 장에서는 지극한 성인의 덕을 말했고, 이곳에서는 지극한 성실함의 도를 말했다. 그러나 지극한 성실함의 도는 지극한 성인이 아니라면 알아볼 수 없고, 지극한 성인의 덕은 지극한 성실함이 아니라면 시행할 수 없으니, 이 또한 별개의 두 대상이 아니다. 「중용」편에서 성인과 천도의 지극함을 말한 것 중에 이 문장에 있어서는 더할 것이 없다.

右言聖人之德包率性之道.

여기까지는 '언성인지덕포솔성지도(言聖人之德包率性之道)'에 대한 내용이다.

◇ '도덕지묘'를 찬하고 '천명지성'을 극함[贊道德之妙而極夫天命之性]

【124】

詩曰: "衣錦尙絅." 惡其文之著也. 故君子之道, 闇然而日章; 小人之道, 的然而日亡. 君子之道, 淡而不厭, 簡而文, 溫而理, 知遠之近, 知風之自, 知微之顯, 可與入德矣. [衣, 去聲. 絅, 口逈反. 惡, 去聲. 闇, 於感反.]

『시』에서는 "비단옷을 입고 그 위에 홑옷을 껴입는다."라고 했는데, 문채가 화려하게 드러남을 싫어했기 때문이다. 그래서 군자의 도는 어두운 것 같지만 날마다 드러나고, 소인의 도는 확연한 것 같지만 날마다 없어진다. 군자의 도는 담백하되 싫어할만한 것이 없고, 간략하되 날마다 화려해지며, 온화하되 외부 대상을 다스릴 수 있으니, 먼 곳이 가까운 곳으로부터 시작됨을 알고, 바람이 불어오기 시작하는 곳을 알며, 은미한 것이 드러날 것임을 알면, 성인의 덕으로 진입할 수 있다. [衣'자는 거성으로 읽는다. '絅'자는 '口(구)'자와 '逈(정)'자의 반절음이다. '惡'자는 거성으로 읽는다. '闇'자는 '於(어)'자와 '感(감)'자의 반절음이다.]

章句 前章言聖人之德, 極其盛矣. 此復自下學立心之始言之, 而下文又推之以至其極也. 詩國風衛碩人·鄭之丰, 皆作"衣錦褧衣". 褧·絅同, 禪衣也. 尙, 加也. 古之學者爲己, 故其立心如此. 尙絅故闇然, 衣錦故有日章之實. 淡·簡·溫, 絅之襲於外也; 不厭而文且理焉, 錦之美在中也. 小人反是, 則暴於外而無實以繼之, 是以的然而日亡也. 遠之近, 見於彼者由於此也. 風之自, 著乎外者本乎內也. 微之顯, 有諸內者形諸外也. 有爲己之心, 而又知此三者, 則知所謹而可入德矣. 故下文引詩言謹獨之事.

앞 장에서는 성인의 덕이 지극함을 다한다고 말했다. 이곳에서는 재차 하학(下學)에 해당하는 자가 마음을 세우는 시초로부터 말한 것이고, 아래문장에서는 또한 이것을 미루어서 지극함을 다하였다. 『시』의 국풍(國

風)에 해당하는 「위풍(衛風)·석인(碩人)」편과 「정풍(鄭風)·봉(丰)」편2)에는 모두 '의금경의(衣錦褧衣)'라고 기록되어 있다. '경(褧)'자와 '경(絅)'자는 동일하니, 홑옷을 뜻한다. '상(尚)'자는 "더한다[加].'는 뜻이다. 고대의 학문을 하는 자들은 자신을 위한 학문을 했기 때문에 마음을 세우는 것이 이와 같았다. 홑옷을 껴입었기 때문에 어둡고, 비단옷을 입었기 때문에 날마다 드러나는 실질을 가지고 있다. 담백하고 간략하며 온화하다는 것은 그 겉에 홑옷을 껴입은 것을 뜻하며, 싫어하지 않고 문채가 나며 조리가 있다는 것은 그 안에 비단옷의 화려함이 있다는 뜻이다. 소인은 이와 반대로 하니, 겉으로 드러나되 실질을 갖춰 연속함이 없으니, 이러한 까닭으로 확연한 것 같지만 날마다 없어지는 것이다. '원지근(遠之近)'은 저기에서 나타난 것은 여기에서 비롯되었다는 뜻이다. '풍지자(風之自)'는 겉으로 드러난 것은 내면에 근본을 두고 있다는 뜻이다. '미지현(微之顯)'은 내적으로 갖춘 것이 외적으로 드러난다는 뜻이다. 자신을 위하는 마음을 갖추고 있고, 또 이러한 세 가지 것들을 안다면, 삼가야 할 점을 알아서 덕으로 들어갈 수 있다. 그렇기 때문에 아래문장에서는 『시』를 인용해서 홀로 있을 때 삼가는 일을 언급한 것이다.

【125】
詩云: "潛雖伏矣, 亦孔之昭." 故君子內省[悉井反]不疚, 無惡於志. 君子所不可及者, 其唯人之所不見乎. [惡, 去聲.]

『시』에서는 "물고기가 물속에 있어 비록 숨어 있지만, 또한 매우 밝게 드러난다."라고 했다. 그러므로 군자는 내적으로 자신을 성찰하여['省'자는 '悉(실)' 자와 '井(정)'자의 반절음이다] 병폐가 될 만한 것을 만들지 않으니, 마음에 부끄러울 것이 없다. 군자에 대해서 사람들이 따르지 못하는 점은 남이 보지 못하는 것에 있다. ['惡'자는 거성으로 읽는다.]

---

2) 『시』「정풍(鄭風)·봉(丰)」: 衣錦褧衣, 裳錦褧裳. 叔兮伯兮, 駕予與行.

章句 詩小雅正月之篇. 承上文言"莫見乎隱‧莫顯乎微"也. 疚, 病也. 無惡於志, 猶言無愧於心, 此君子謹獨之事也.

시는 『시』 「소아(小雅)‧정월(正月)」편이다. 앞 문장에서 "은미한 것보다 드러난 것이 없고, 미미한 것보다 나타난 것이 없다."라고 한 말을 이어서 설명한 것이다. '구(疚)'자는 병폐[病]를 뜻한다. "뜻에 미움이 없다."는 말은 "마음에 부끄러울 것이 없다."고 한 말과 같으니, 군자가 홀로 있을 때 삼가는 일에 해당한다.

【126】

詩云: "相在爾室, 尚不愧于屋漏." 故君子不動而敬, 不言而信. [相, 去聲.]

『시』에서는 "네가 방안에 있는 것을 보니, 오히려 옥루(屋漏)의 신에게 부끄럽지 않게 하는구나."라고 했다. 그러므로 군자는 움직이지 않아도 백성들이 공경하고, 말을 하지 않아도 백성들이 믿는다. [相'자는 거성으로 읽는다.]

章句 詩大雅抑之篇. 相, 視也. 屋漏, 室西北隅也. 承上文又言君子之戒謹恐懼, 無時不然, 不待言動而後敬信, 則其爲己之功益加密矣. 故下文引詩并言其效.

시는 『시』 「대아(大雅)‧억(抑)」편이다. '상(相)'자는 "보다[視]."는 뜻이다. '옥루(屋漏)'는 방의 서북쪽 모퉁이를 뜻한다. 앞 문장의 뜻을 이어서 또한 군자가 조심하고 두려워함에는 그렇지 않을 때가 없으니, 말이나 행동을 한 이후에야 공경하거나 믿는 것이 아니라고 말했으니, 자신을 위한 공부가 더욱 정밀히 나타난다. 그러므로 아래문장에서는 『시』를 인용하여 그 효과에 대해서도 함께 말한 것이다.

【127】

詩曰: "奏假無言, 時靡有爭." 是故君子不賞而民勸, 不怒而民威於
鈇鉞. [假, 格同. 鈇, 方無反.]

『시』에서는 "신명 앞에 나아가 신명을 감격할 때에 말이 없어, 다투는 이가
없다."라고 했다. 이러한 까닭으로 군자는 상을 주지 않아도 백성들이 권면
하며, 성내지 않아도 백성들은 도끼보다도 더 두려워한다. ['假'자는 '格'자와
같다. '鈇'자는 '方(방)'자와 '無(무)'자의 반절음이다.]

章句 詩商頌烈祖之篇. 奏, 進也. 承上文而遂及其效, 言進而感格
於神明之際, 極其誠敬, 無有言說而人自化之也. 威, 畏也. 鈇, 莝斫
刀也. 鉞, 斧也.

이 시는 『시』「상송(商頌)·열조(烈祖)」편이다. '주(奏)'자는 "나아간다
[進]."는 뜻이다. 앞 문장을 이어서 마침내 그 효과에 대해서 언급한 것이
니, 즉 나아가 신명을 이르게 할 때, 정성과 공경을 지극히 하여 말을
하지 않아도 사람들이 저절로 교화된다는 뜻이다. '위(威)'자는 "두려워하
다[畏]."는 뜻이다. '부(鈇)'자는 여물을 써는 작은 칼이다. '월(鉞)'은 도끼
이다.

【128】

詩曰: "不顯惟德, 百辟其刑之." 是故君子篤恭而天下平.

『시』에서는 "드러나지 않는 덕을 제후들이 본받는구나."라고 했다. 이러한
까닭으로 군자는 독실하고 공손하게 행동하여 천하가 태평하게 된다.

章句 詩周頌烈文之篇. 不顯, 說見二十六章, 此借引以爲幽深玄遠
之意. 承上文言天子有不顯之德, 而諸侯法之, 則其德愈深而效愈遠
矣. 篤, 厚也. 篤恭, 言不顯其敬也. 篤恭而天下平, 乃聖人至德淵微,
自然之應, 中庸之極功也.

이 시는 『시』「주송(周頌)·열문(烈文)」편이다. '불현(不顯)'에 대해서는 그 설명이 제 26장에 나오는데, 이곳에서는 이 시를 인용하여 그윽하고 깊으며 현묘하고 원대한 뜻으로 삼은 것이다. 앞 문장의 뜻을 이어서 천자에게는 드러나지 않는 덕이 있어서 제후들이 본받으니, 그 덕은 매우 깊고 그 효과가 매우 원대함을 설명하였다. '독(篤)'자는 "두텁다[厚]."는 뜻이다. '독공(篤恭)'은 공경함을 드러내지 않는다는 뜻이다. 공손함을 독실하게 해서 천하가 태평하게 되었다는 것은 성인의 지극한 덕은 깊고 은미하여 자연히 그에 호응하니, 중용에 따른 지극한 효과이다.

【129】

詩曰: "予懷明德, 不大聲以色." 子曰, "聲色之於以化民, 末也. 詩曰, '德輶如毛.' 毛猶有倫. '上天之載, 無聲無臭.' 至矣." [輶, 由酉二音.]

『시』에서는 "나의 밝은 덕의 소리와 얼굴빛을 대단찮게 여김을 생각한다."라고 했다. 공자가 말하길, "큰 소리를 지르거나 매서운 표정을 짓는 것을 백성들을 교화함에 있어서 말단에 해당한다. 『시』에서는 '덕은 그 가볍기가 털과도 같다.'라 했지만, 털은 여전히 형체를 가지고 있어서 비견될 수 있다. 『시』에서 '하늘이 만물을 낳음에 소리도 없고 냄새도 없다.'라고 했으니, 지극하도다."라고 했다. ['輶'자의 음은 '由(유)'와 '酉(유)' 두 음이 된다.]

章句 詩大雅皇矣之篇. 引之以明上文所謂不顯之德者, 正以其不大聲與色也. 又引孔子之言, 以爲聲色乃化民之末務, 今但言不大之而已, 則猶有聲色者存, 是未足以形容不顯之妙. 不若烝民之詩所言 "德輶如毛", 則庶乎可以形容矣, 而又自以爲謂之毛, 則猶有可比者, 是亦未盡其妙. 不若文王之詩所言 "上天之事, 無聲無臭", 然後乃爲不顯之至耳. 蓋聲臭有氣無形, 在物最爲微妙, 而猶曰無之, 故惟此可以形容不顯篤恭之妙. 非此德之外, 又別有是三等, 然後爲至也.

이 시는 『시』「대아(大雅)·황의(皇矣)」편이다. 이 시를 인용하여 앞 문장에서 드러나지 않는다고 했던 덕은 바로 큰 소리와 표정을 대단하게 여기지 않음에 해당함을 나타내었다. 또한 공자의 말을 인용하여, 소리와 표정을 지어서 백성들을 교화하는 것은 말단에 해당한다고 했는데, 이곳에서는 단지 "대단하게 여기지 않는다."라고만 말하였으니, 여전히 소리와 표정을 짓는 일이 남아있는 것으로, 드러나지 않는 오묘함에 대해서 형용하기에는 부족하다. 이것은 『시』「증민(烝民)」편에서 "덕의 가볍기는 털과 같다."라고 한 말만 못하니, 이처럼 말한다면 거의 형용할 수 있다고 평할 수 있다. 그러나 또한 이것을 털이라고 한다면, 여전히 비교할 것이 있으니, 이 또한 그 오묘함을 다 드러내지 못한다. 이것은 『시』「문왕(文王)」편에서 "하늘의 일은 소리도 없고 냄새도 없다."라고 한 말만 못하니, 이처럼 표현한 뒤에야 드러나지 않는 것을 표현하기에 지극하게 될 따름이다. 무릇 소리와 냄새는 기는 있지만 형체는 없으니 사물에 있어서는 가장 은미하고 오묘한 것이 되는데도 오히려 없다고 했다. 그러므로 이 말만이 드러나지 않고 공손함에 독실하다는 오묘함을 드러내기에 충분한 것이다. 이것은 이러한 덕 이외에 별도로 이러한 세 가지 등급을 갖춘 뒤에야 지극해진다는 뜻이 아니다.

章句 右第三十三章. 子思因前章極致之言, 反求其本, 復自下學爲己謹獨之事, 推而言之, 以馴致乎篤恭而天下平之盛. 又贊其妙, 至於無聲無臭而後已焉. 蓋擧一篇之要而約言之, 其反復丁寧示人之意, 至深切矣, 學者其可不盡心乎!

여기까지는 제 33장이다. 자사가 앞장에서 지극히 말한 것에 따라서 돌이켜 그 근본을 구하고, 재차 하학(下學)이 자신을 위한 학문을 하고 홀로 됨을 삼가는 일로부터 미루어서 말하여, 공손함을 독실하게 해서 천하가 태평하게 되는 융성함을 점진적으로 지극히 나타낸 것이다. 또한 그 오묘함을 찬미함에 있어서는 소리도 없고 냄새도 없다는 데에 이르러서야 그쳤다. 무릇 이것은 「중용」편의 요점을 들어 요약해서 말한 것이니,

반복하고 간곡하게 기술하여 사람들에게 보여주려는 뜻이 지극하고 간절한 것으로, 배우는 자가 자신의 마음을 다하지 않을 수 있겠는가!

類編 右贊道德之妙而極夫天命之性.
여기까지는 '찬도덕지묘이극부천명지성(贊道德之妙而極夫天命之性)'에 대한 내용이다.

附註 中庸分節, 朱子四節, 饒氏演爲六節. 今就饒六節, 演爲九節, 以分照首章. 讀者詳之.
『중용』의 분절에 대해서 주자는 4개 절로 나눴고 요씨는 이를 늘려 6개 절로 나눴다. 지금은 요씨가 나눈 6개 절을 취하고 다시 이를 늘려 9개 절로 나눠서 수장의 뜻을 골고루 드러내도록 했다. 독자가 상세히 살펴주길 바란다.

| 저자소개 |

최석정(崔錫鼎, 1646~1715)

· 조선 후기의 문신이자 학자이다.
· 본관은 전주(全州)이고 초명은 석만(錫萬)이며, 자는 여시(汝時) · 여화(汝和)이
  고, 호는 명곡(明谷) · 존와(存窩)이며, 시호는 문정(文貞)이다.

| 역자소개 |

정병섭鄭秉燮

· 1979년 출생
· 2002년 성균관대학교 유교철학과 졸업
· 2004년 성균관대학교 대학원 유학과 석사
· 2013년 성균관대학교 대학원 유학과 철학박사
· 『역주 예기집설대전』 · 『역주 예기보주』 · 『역주 예기천견록』을 완역하였다.
· 『의례』, 『주례』, 『대대례기』 번역과 한국유학자들의 예학 관련 저작들의 번역
  을 계획 중이다.

· 『예기유편대전(禮記類編大全)』의 표점과 원문은 한국유경편찬센터(http://ygc.
  skku.edu)의 자료를 사용하였다.

譯註
禮記類編大全 ❸

초판 인쇄   2020년 2월 1일
초판 발행   2020년 2월 18일

저   자 | 최 석 정(崔錫鼎)
역   자 | 정 병 섭(鄭秉燮)
펴 낸 이 | 하 운 근
펴 낸 곳 | 學古房

주   소 | 경기도 고양시 덕양구 통일로 140 삼송테크노밸리 A동 B224
전   화 | (02)353-9908   편집부(02)356-9903
팩   스 | (02)6959-8234
홈페이지 | hakgobang.co.kr
전자우편 | hakgobang@naver.com, hakgobang@chol.com
등록번호 | 제311-1994-000001호

ISBN   979-11-6586-135-3 94150
          979-11-6586-132-2 (세트)

값 : 32,000원

※ 파본은 교환해 드립니다.